高等学校经管类"十三五"规划教材

电 子 商 务 导 论

主　编　徐雅卿
参　编　（按姓氏音序排列）
　　　　李　慧　李　琳　王　玙　杨朝君　曾　凯

西安电子科技大学出版社

内 容 简 介

　　本书共分为四篇十二章,分别从电子商务基础、电子商务理论、电子商务实施和电子商务环境这四个角度,系统地介绍了电子商务基本理论与知识、电子商务基本技术、电子商务基本应用和电子商务法律环境等内容。书中借鉴国内外同类教材的经验,阐述了电子商务的基本内涵和外延,勾画出电子商务专业的基本理论知识和应用知识的轮廓,并辅以大量案例展现电子商务的发展,反映出电子商务是一门综合性、交叉性的新型边缘学科。

　　本书可以作为电子商务专业的本科教材,也可以作为研究生的参考书,还可作为经济、管理、信息类专业学习电子商务知识的参考书。

图书在版编目(CIP)数据

电子商务导论/徐雅卿主编. —西安:西安电子科技大学出版社,2017.12
ISBN 978 - 7 - 5606 - 4791 - 3

Ⅰ.① 电… Ⅱ.① 徐… Ⅲ.① 电子商务—研究 Ⅳ.① F713.36

中国版本图书馆 CIP 数据核字(2017)第 307955 号

策　　划　刘玉芳
责任编辑　崔　雪　雷鸿俊
出版发行　西安电子科技大学出版社(西安市太白南路 2 号)
电　　话　(029)88242885　88201467　　　邮　　编　710071
网　　址　www.xduph.com　　　　　　电子邮箱　xdupfxb001@163.com
经　　销　新华书店
印刷单位　陕西利达印务有限责任公司
版　　次　2017 年 12 月第 1 版　2017 年 12 月第 1 次印刷
开　　本　787 毫米×1092 毫米　1/16　印张 18
字　　数　423 千字
印　　数　1～2000 册
定　　价　40.00 元
ISBN 978 - 7 - 5606 - 4791 - 3/F

XDUP 5093001 - 1

＊＊＊如有印装问题可调换＊＊＊

前 言

在现代经济社会中，电子商务正发挥着越来越大的作用，呈现出无比强大的生命力。在 2008 年以来的金融危机和全球经济衰退中，电子商务逆势上扬，呈现出大规模和快速增长的态势。截至 2016 年 12 月，我国网络购物用户规模达到 4.67 亿，占网民比例的 63.8％，较 2015 年底增长 12.9％。伴随着电子商务的快速发展，许多新的商务模式、方式，新的技术以及法律、规章不断涌现；学术理论界也在不断地总结和探究电子商务的知识、规律；教育界更是在积极地推进着电子商务教育事业的大发展。

电子商务的迅速发展对教育界和学术界提出了新的挑战，新模式不断出现，电子商务公司的新生和关闭也一直在上演。如果要从科学的视角来观察电子商务世界的变迁，为参与现在和将来的电子商务活动打下基础，就需要一套系统的知识体系来支撑。作为多年从事电子商务教学及研究的大学教师，我们一直在为编写一本能够充分吸收国内外最新理论研究和实践成果，且符合中国国情的优秀电子商务教材而努力。历经一年半时间，我们组织在电子商务领域有多年教学经验和较强科研、实践能力的一线教师，群策群力，紧密合作，参考大量现有教材，吸收新的知识、科研成果和案例，完成了本书的编写工作。

本书主要内容分为四个部分，即电子商务基础篇、电子商务理论篇、电子商务实施篇和电子商务环境篇。其中，电子商务基础篇包括两章内容，主要概述电子商务以及现有的主要商业模式；电子商务理论篇包括三章内容，即管理学和经济学相关理论；电子商务实施篇包括六章内容，即电子商务系统建设、安全技术、支付系统、物流系统、网上服务业和移动电子商务；电子商务环境篇包括一章内容，即电子商务法律问题。通过以上内容编排，可以使读者在了解电子商务的概念、历史之后，掌握管理学、经济学、信息技术等相关多学科知识，并结合电子商务实施及电子商务法律环境对电子商务体系形成清晰认识。

本书编写人员均为电子商务的教学研究者。全书由徐雅卿总体设计并定稿，参加编写的工作人员有：徐雅卿（前言、第 2、5、10、11、12 章）、曾凯（第 1、3 章）、李琳（第 4、9章）、杨朝君（第 6 章）、王玙（第 7 章）、李慧（第 8 章）。另外，感谢赵偏偏、张文君、胡洋等同学在资料收集和图片处理过程中给予的支持。感谢西安电子科技大学出版社刘玉芳编辑的大力支持。本书的编写得到西安电子科技大学教材基金资助。

在编写本书的过程中，作者借鉴了国内外大量的出版物和资料，由于编写体例的限制没有在文中一一注明，只在最后的参考文献中列出。在此，谨向各位文献作者表示由衷的敬意和感谢。

由于电子商务仍在不断发展，作者的水平亦有限，书中难免存在不足之处，欢迎读者批评指正。

E-mail：yaqingxu2002@sina.com

徐雅卿

2017.10

目 录

电子商务基础篇

— 1 —

电子商务理论篇

电子商务实施篇

　　　　　電子商务环境篇

电子商务

基础篇

第1章 电子商务概述

感受互联网的魅力

互联网究竟为我们带来了怎样的改变？TNS全球总裁Scott Ernst认为："全球各地不再将互联网视为一种重要的沟通工具，而是人们日常生活不可缺少的交流工具。"

2016年1月22日，中国互联网络信息中心(CNNIC)发布《第37次中国互联网络发展状况统计报告》（以下简称为《报告》）。《报告》显示，截至2015年12月，中国网民规模达6.88亿，互联网普及率达到50.3%，半数中国人已接入互联网。其中，手机网民规模的持续增长促进了手机端各类应用的发展，成为2015年中国互联网发展的一大亮点。其中，手机网上支付增长尤为迅速。截至2015年12月，手机网上支付用户规模达到3.58亿，增长率为64.5%，网民使用手机网上支付的比例由2014年底的39.0%提升至57.7%。

随着政府和企业大力开展"智慧城市"建设，公共区域无线网络迅速普及。《报告》显示，手机、平板电脑、智能电视带动家庭无线网络的使用，网民通过WiFi无线网络接入互联网的比例高达91.8%，较2015年6月增长了8.6个百分点。目前，WiFi无线网络已成为网民在固定场所下接入互联网的最佳方式。

此外，网民数量的激增和旺盛的市场需求推动了互联网领域更广泛的应用发展热潮。《报告》表明，2015年1.10亿网民通过互联网实现在线教育，1.52亿网民使用网络医疗，9664万人使用网络预约租车，网络预约专车人数已达2165万。互联网的普惠、便捷、共享特性，已经渗透到公共服务领域，也为加快提升公共服务水平、有效促进民生改善与社会和谐提供了有力保障。

不仅如此，中国企业开始将"互联网+"行动计划纳入企业战略规划的重要组成部分。《报告》显示，截至2015年12月，34.0%的企业在基层设置了互联网专职岗位，24.4%的企业设置了互联网相关专职团队，13.0%的企业由决策层主导互联网规划工作。在中国网络零售市场快速发展的带动下，企业开展网上销售、采购业务的比例均超过30%。随着网络移动端的广泛使用，移动营销成为企业推广的重要渠道。在开展过移动营销的企业中，微信营销推广使用率达75.3%，成为最受企业欢迎的移动营销推广方式。

互联网正以无限创新的可能性成为改造其他行业的"魔术棒"，同时其自身也成为一支重要的经济力量。为此，雅虎口碑网总裁金建杭不禁感叹：今天，制造业不用互联网做全球生意的已经找不到了。而搜狐公司董事局主席张朝阳说，"在金融危机中，其他行业都比较萧条，网络行业依然春意盎然"。

与信息化的融合，令所有类型企业都驶上了"高速公路"。微软全球资深副总裁、微软中国研发集团主席张亚勤举例说，目前他们只需要4名员工就可管理公司3500台服务器。

以互联网为代表的信息领域，其辐射能量也远非传统经济可比。数据表明，在美国，对交通、能源、供水等领域投入 10 亿美元，能创造 1.8 万个岗位；在信息技术领域投入 10 亿美元，则可创造 3.1 万个新的工作岗位。而在中国，刚刚启动 3G 服务时，就直接或间接地创造了 30 万个就业机会。

在零售领域，网购的兴起，使得零售实体店越来越多地承担了展示功能，如苹果等公司在中国都设立了实体店体验中心，但顾客的真实购买却有很多种渠道可以选择。

电子商务经历了以制造业为主的第一阶段和以零售业为主的第二阶段后，又迎来了一个新的发展阶段，即服务业的电子商务化。金建杭认为："生活服务的电子商务化是未来十年的一个方向。"专家预言，未来，具备小规模定制、个性化生产、低消耗、高附加值等特点的企业将成为主流。

近几年，中国网民深刻体会到了互联网的变革力量。互联网不仅渗透到人们的日常生活中，更让人们体验到它为推动经济格局的改变所起的巨大作用。网络正在深刻影响和改变世界，面对诸多改变，我们准备好了吗？

1.1　商务与商务活动

商务起源于史前。当我们的祖先开始对日常活动进行分工时，商务活动就开始了。每个家庭不再像以前那样既要种植谷物，又要制造工具和打猎。每个家庭可专注于某一项生产活动，然后用生产的产品去换取所需之物。例如，制造工具的家庭可以和种植谷物的家庭互换产品。

货币的出现取代了易货交易，交易活动变得更容易了。然而，交易的基本原理没有变化：社会某一成员创造有价值的物品，这种物品是其他成员所需要的。因此，本书定义的商务活动就是至少有两方参与的有价物品或服务的协商交换过程，它包括买卖双方为完成交易所进行的各项活动。

我们可以从买方或卖方的角度来考察商务活动。在传统商务中，涉及买方的业务活动包括以下几个方面。

首先，买方需要确定自己的需要，比如上班需要乘坐交通工具，由于工作地点较远，公共汽车已经来不及了，现在需要更快的交通工具去上班。因此，买方一旦确定了自己的需要，接下来就要寻找能够满足这种需要的产品或服务。比如选择私家汽车上班是一种更有效率的方法。接下来买方通过卖方的各种宣传了解不同品牌的供应商，选择适合自己品牌的供应商。这些宣传包括广告和促销活动。买方一旦通过促销活动有了回应，双方就开始为购买交易进行谈判。多数情况下，谈判是非常简单的，不过是客户进入商店选择商品、讨价还价。当然也有大宗商品交易需要艰苦漫长的谈判，以便对商品的运输、检验、测试和接收达成协议。

双方谈判结束，买方决定购买后，买方就要向卖方支付货款，同时向卖方索要销售发票。多数情况下，卖方要求买方在交货前或交货后付款，而大宗商品的交易总是卖方先交货然后买方再付款。销售活动结束后，买方常常要求卖方为产品或服务提供持续的日常维护并要求质量担保，以便买方认可卖方的品牌并在不久的将来重新购买其产品。

对于买方完成的每一次业务，卖方都有一个相应的业务与之对应。

首先卖方要进行市场调查来确定潜在客户的需要。企业在确定客户的需要时，经常使用的方法包括问卷调查、与客户交谈或聘请企业外部的咨询人员等。一旦卖方确定了客户的需要，它们就要开发出能够满足客户需要的产品和服务。产品的开发过程包括新产品的设计、测试和生产等过程。下一步卖方的工作是让潜在客户知道这种新的产品或服务已经存在。卖方要开展广告和多种促销活动，同潜在客户沟通关于新的产品或服务的信息。一旦客户有了回应，双方就开始就交易的条件进行谈判。很多情况下零售活动不过是客户进入商店、选择商品然后付清货款，但有时却需要艰苦漫长的谈判，以便对商品的检验、测试、运输和付款达成协议。

双方解决了运输问题后，卖方就要向买方交付货物或提供服务，同时还要向买方提供销售发票。大部分企业先记下销售记录，然后等待客户付款。在有些情况下，卖方要求买方在交货前或交货时付款。大部分企业都有先进的客户付款接收和处理系统，保证所收到的每笔货款都对应正确的客户和发票。销售活动完成后，卖方常常要提供持续的售后服务，包括对售出的产品或服务提供日常维护和质量担保，从而使客户满意并重新购买企业的产品。

从上面的描述来看，不管是从买方还是从卖方的角度来看，每个商务过程都包含多项业务活动。这被称为商务活动的嵌套或聚类的特征。比如，买方在安排所购商品的运输时，常常需要运输公司的运输服务，而运输公司往往并不是销售产品的公司，在交易中这项服务的购买也属于买方安排运输活动的一部分。再比如，当卖方进行广告和促销活动时，卖方企业可能会购买广告代理商、广告设计者和调查公司的服务，也可能购买展览和广告中所用的物品。也有些企业用内部员工来完成这些活动。对于这些企业来说，商务活动还包括内部员工的协调和管理。

商务活动的每个过程都可能有多项活动，这些活动反过来又可被称为商务活动的过程。企业在进行商务活动时开展的各项业务活动通常被称为业务流程。资金转账、发出订单、寄送发票和运输商品都是业务流程的例子。理解了商务活动的嵌套或聚类特征，就可以将在一个流程中运用良好的技术推广到其他流程中去。

1.2 传统商务及其局限性

分析传统商务可从诺贝尔经济学奖得主罗纳德·科斯1937年所写的有关交易成本的论文开始。所谓交易成本，是指买主和卖主收集信息和协商买卖交易时发生的全部成本的总和。虽然中介费和销售佣金也可成为交易成本的一部分，但信息寻找和获得成本还是成本的最重要组成部分。透过交易成本的概念可以得到这样一个结论：大到一种社会制度的变迁，小到一种经营组织形式的改变，其背后都有着降低交易成本这样一支无形的手在指引着。它一方面体现了对生产力的进一步释放，另一方面也自然是社会总交易成本的降低。

传统商务的发展可以体现为传统商务经历的4个发展阶段。这4个发展阶段也体现了交易成本逐渐降低的过程。

(1) 从原始条件下的产品交换到简单的商品交换。两者的共同特点在于：① 交换的都是劳动产品，即生产者之间为了满足各自的消费需要，通过交换生产物的形式达到交换各自劳动的目的；② 交换都是采取物物交换形式实现的，买卖同时发生；③ 交换都由生产者自身进行，带有很大的随意性和偶然性。它们的区别在于，前者交换的是剩余产品，而后者是为了交换而生产产品，从而使产品逐渐成为商品。

（2）由简单的商品交换到商品流通的变革。前者表现为直接的物物交换，没有商人参与，没有货币介入，由生产者自身完成，它是商品交换的原始形态；后者则是一连串的交换，是交换的整体，它是指商品从生产领域被生产出来，在还没有进入消费领域之前的整个买卖过程。按照马克思的观点，构成商品流通的两个条件，首先以价格为前提，产生货币，并以货币为媒介，打破简单商品交换的时空限制，扩大交换范围，形成商品流通；其次它不是单个的交换行为，而是一连串的交换，使商品交换具有时间和空间的连续性。

（3）从简单的商品流通到发达的商品流通。它们的不同在于，前者从事的商品交换事务是由商品生产者直接承担的，追求商品的使用价值，为买而卖，运动的起点和终点都是商品，反映生产者与生产者之间的直接关系；后者从事的商品交换事务是以商人为媒介的交换活动，追求商品价值，是为卖而买，运动的起点和终点均为货币，反映了多重经济关系，包括生产者与生产者、生产者与经营者、经营者与消费者以及经营者之间的经济联系。

（4）零售和批发的分离。所谓商业，是在生产者和消费者之间从事转卖的，是交换的媒介或中项，起着媒介作用。而批发业的特有功能则决定了它成为转卖的转卖，媒介的媒介，中项的中项，马克思称其为"较高的中项"。早期的商业没有批零之分，商人之间为了调剂余缺，偶尔也相互供货，但那种供货是双向的，谁也不曾把它当作自己的专业。使它走向专业化的动因大致有三点：生产与消费之间矛盾的尖锐化；大宗销售的纯粹经济优势；纯粹经济优势的外化。支撑这一理论的则是亚当·斯密提出的"分工的深度决定交换的广度"。

传统商务的四个发展阶段体现了亚当·斯密所论述的分工不断深化、市场不断扩大、交易效率不断提高、交易成本不断下降的过程。然而，由于买卖双方的信息总是处于不对称状态，卖方对产品质量和成本的信息往往多于买方，因此买方在与卖方交易的过程中总是处于劣势地位，而新出现的工具和技术则显著地改变了人们的交易方式，如印刷术、蒸汽机和电话。在过去几十年里，企业使用多种电子通信工具来完成各种交易活动，使得买卖双方信息不对称的状况大为改善，交易成本大幅降低，交易效率有了前所未有的改善。

1.3　EDI 及其应用

电子数据交换（EDI）是指以某种标准形式在企业之间以计算机对计算机的方式传递企业信息。交换信息的两个企业通常称为交易伙伴。如果企业是以特定标准形式来交换数据的，则称企业是 EDI 兼容。所交换的业务信息通常是交易数据，一般包括发票、订购单、报价请求、发货单和收货通知等。因此，EDI 就是企业最早广泛采用的电子商务。

1.3.1　早期的业务信息交换

19 世纪末到 20 世纪初出现的大企业带来了对正式记录企业交易的需要。在 20 世纪 50 年代，企业开始用计算机存储和处理内部的交易记录，但企业间的信息流还是记录在纸面上。

通过手工或计算机填写表单后邮寄，再让另一个人将数据输入到交易伙伴的计算机里，整个过程耗时、低效、成本高、冗余也不可靠。到 20 世纪 60 年代，交易量大的企业开始交换在穿孔卡或磁带上记录的交易信息。直到 20 世纪 70 年代，随着数据通信技术的发展，交易伙伴开始利用电话线替代穿孔卡或磁带来传输数据。

尽管交易伙伴之间的这些信息传递协定提高了交易效率，又降低了误差，但这并不是理想的解决办法。由于一个交易伙伴的翻译程序并不适用于另一个交易伙伴，参与信息交换的各个公司都需要在计算机基础设施上进行大量投资。只有企业规模较大的交易伙伴才有能力进行这种投资，而即使是这些公司，也只能在完成很多交易后收回成本，小企业或交易量不大的交易伙伴无法负担得起无线交换的成本。

1968 年，很多运输公司组成了"运输数据协调委员会"(TDCC)，这个委员会的任务是寻找减轻发货人和承运人书面作业负担的方法。TDCC 建立了一套标准信息集，涵盖了发货人在发货单、提单、报关单和其他单证里涉及的所有数据元。发货人可用符合 TDCC 标准的计算机文件的方式而不是纸面形式来传递货运信息。发货人可将此计算机文件以电子方式传递给采纳 TDCC 的货运公司。货运公司将 TDCC 格式转成自己的信息系统所用的数据。对大多数发货人和承运人来说，因省去各种表单的打印和处理、数据重复输入和校对工序而节约的成本是非常大的。

尽管这些早期的行业数据交换工作很有成效，但对这些行业的企业却帮助有限，因为大多数企业需要从其他行业的企业那里购买产品和服务。例如，几乎所有企业都要购买办公用品和运输服务，因此，EDI 经济和效率的完全实现需要所有行业中各公司都采用 EDI 标准。

1.3.2 广泛 EDI 标准的出现

美国国家标准协会(ANSI)是成立于 1918 年的美国国家标准的协调组织。ANSI 不制定标准，只是为制定国家标准设定了一套工作程序和组织标准，并指定执行这些工作程序的委员会。1979 年，ANSI 指定一个新的委员会制定统一的 EDI 标准。该委员会叫做"公认标准委员会"(ASC X12)，它每年集会三次，讨论 EDI 标准。该委员会及其分会由八百多家企业和组织的信息系统专业人员组成。会员资格向对标准感兴趣的组织和个人开放。协调 ASC X12 活动的管理机构是"数据交换标准协会"(DISA)。

ASC X12 标准得益于各行业成员的广泛参与。此标准目前已有数百个报文集。报文集是特殊业务数据格式的名称。尽管美国的大公司很快采用了 ASC X12 标准，但其他国家的企业很多情况下却继续使用自己国家的标准。20 世纪 80 年代中期，联合国邀请北美和欧洲的 EDI 专家根据美国公司使用 ASC X12 标准的经验制定了通用的 EDI 标准。1987 年，联合国以管理、商务和运输的 EDI(EDIFACT)名义公布了第一个标准。

ASC X12 在 2000 年年底已同意将自己的标准靠拢 EDIFACT 国际标准，但尚未确定日期。这两个标准组织都是从记录业务交易的纸面表单中提取信息来建立报文集的。

1.3.3 增值网

EDI 减少了纸面单证的流动，使公司内部各部门之间以及公司之间的信息交换更为顺畅。贸易伙伴可通过多种形式来实现 EDI 网络和 EDI 翻译处理，但不论哪种方式，都不外乎是直接连接或间接连接。

第一种方法称为直接连接 EDI,它要求网络上每个企业都运行自己的 EDI 翻译计算机。这些翻译计算机通过调制解调器以及拨号电话线或专线直接相连。如果时区不同且交易量很大或交易时间要求很高,拨号连接的方法就很麻烦。如果企业需要很多顾客/供应商建立连接,专线连接的方法就很昂贵。使用不同通信协议的贸易伙伴也很难实现拨号和专线连接。

除了与贸易伙伴直接连接外,企业还可以通过增值网(VAN)与贸易伙伴间接连接。VAN 提供接收、存储和发送电子信息(包括 EDI 报文)所需的通信设备、软件和技术。公司要使用 VAN 服务,需要安装同 VAN 兼容的 EDI 翻译软件。

要向贸易伙伴发送一个 EDI 报文,VAN 用户可用专线或电话线连入 VAN,然后把 EDI 格式的信息发给 VAN。VAN 记录此信息并把信息送到贸易伙伴在 VAN 上的邮箱里。贸易伙伴可拨号进入 VAN 并从邮箱中找到这些 EDI 格式的信息。贸易伙伴通过 VAN 这种间接连接来传递信息。

1.3.4　互联网上的 EDI

随着互联网逐渐成为商务活动的主流工具,那些采用 EDI 的贸易伙伴开始考虑用互联网代替昂贵的专线和拨号连接。那些负担不起 EDI 费用的企业则把互联网看成一项重要的支持技术,使他们能够为大客户供货。

在互联网进行 EDI 的主要障碍包括:互联网的安全性较差,而且不能为信息传输提供运行记录和第三方验证。随着互联网的 TCP/IP 基础结构用 SHTTP 等安全协议和多种加密技术增强后,企业对互联网安全问题的担心减少。EDI 的交易属于商业合同,通常涉及大笔金钱,由于互联网没有内置的第三方验证工具,因此不可否认(证明一笔交易确定已经发生)的问题就非常突出。

1. 互联网的体制结构

20 世纪 90 年代中叶,很多新企业已开始提供互联网的 EDI 服务,提供传统 VAN 服务的企业也开始提供同样的服务。这种新型的 EDI 提供了很多超出传统 EDI 的服务,能够帮助贸易伙伴实现更多的信息交换,这些信息交换往往是 EDI 标准报文无法满足的。互联网 EDI 增长很快,但是还没有取代传统 EDI,因为很多大企业在传统 EDI 技术上的投资太大。包括很多 VAN 都提供互联网 EDI 服务,但也没有放弃传统 EDI 服务。

2. 金融 EDI

尽管快速增长的互联网 EDI 为贸易伙伴提供了全新的、灵活的信息交换解决方案,但还是有些 EDI 内容很难通过互联网传输。向贸易伙伴的银行发出指令的 EDI 报文标准称为金融 EDI(FEDI)。很多企业认为互联网的安全水平较低,不愿意通过互联网发送巨款转移指令的 FEDI 报文。FEDI 报文是可转让的票据,其可靠性也是一个问题。由于 FEDI 使用互联网,会遇到采用专线连接的 VAN 没有的问题。例如,如果一条转移 1000 万美元的指令因为互联网路由器停机而耽搁了,贸易伙伴的资金账户就轻易地损失了一天的利息。因此已建立间接 EDI 连接的企业愿意继续使用 VAN 来传输 FEDI 报文,即使成本要比使用 FEDI 高得多。

1.4 Internet(互联网)及其应用

计算机网络是将计算机彼此连接的技术。计算机网络以及将全球的计算机网络彼此连接的互联网构成了电子商务的技术基础设施。现在每天有成千上百万的人在使用互联网，但是真正能够理解互联网工作原理的人却凤毛麟角。互联网是互相连接的计算机网络组成的一个大系统，这个系统覆盖全球。通过互联网，人们可以用电子邮件与世界各地的人进行交流，可以阅读网络版的报纸、杂志、学术期刊和图书，可以加入任何主题的讨论组，可以参加各种网上游戏，可以免费获得计算机软件。

WWW 是互联网的一部分，它是一些计算机按照一种特定方式互相连接所构成的互联网的子集，这些计算机可以很容易地进行内容互访。WWW 最重要的特点是具有容易使用的标准图形界面。这种界面可使那些对计算机不是很精通的人也可用 WWW 访问大量的互联网资源。

1.4.1 互联网的起源和发展

20 世纪 60 年代初期，美国国防部担心核攻击可能对其计算机设施带来严重后果，开始想办法把一些功能强大的计算机互相连接成一种全球性的网络，并把它们和遍布全球的武器装置连到一起以便进行协调和控制。科学家花了大量心血研究各种可以建立独立运行网络的方法，这种网络不需要一个中央计算机来控制网络的运行，即使网络的一部分被敌人的军事行动或破坏活动摧毁，整个网络还可以正常运行。

早期的网络租用电信公司的专线连接，两台计算机通过单信道连接进行通信，所有数据在一条路径上传输。为了减少单信道连接的风险，研究人员提出了通过多信道发送信息的方法，即将文件和信息分解打包，使每个信息包都打上电子代码以标明其来源和目的地。从 20 世纪 70 年代初到 80 年代，人们为网络的使用开发出了很多创造性的用途，比如，1972 年，电子邮件诞生，并迅速得到广泛使用，但是还仅仅限于军事、教育和科研领域，直到 80 年代末，对商业用户也只提供与互联网的有限连接。

从 20 世纪 90 年代开始，放宽了对互联网商业活动的限制，并开始对互联网实施私有化，这些分布在全球不同国家的计算机运行着成千上万个不同软件包，每年有数十亿美元的商品和服务通过互联网完成交易，所有活动都是在没有中央控制的情况下进行的。除了对商业活动的开放引发了互联网的高速发展，伴随着互联网发展而出现的另一项技术——WWW 也大大加快了互联网的进程。

1.4.2 WWW 的兴起

WWW 是运行在连入互联网的计算机上的软件。目前 WWW 是互联网上使用最广泛的应用，已经超过电子邮件、文件传输和其他数据传输。与其说 WWW 是一种技术，不如说它是对信息的存储和获取进行组织的一种思维方式。WWW 的两项重要创新是超文本和图形用户界面。

1. 超文本的发展

1945 年，时任美国科学研究与发展办公室(USOSRD)主任的范内瓦·布什(Vannevar

Bush)在《大西洋月刊》(Atlantic Monthly)上发表了一篇文章，探讨科学家应如何把第二次世界大战中获得的技术运用于战后的和平建设活动。文章涉及如何利用先进的技术来组织和利用信息资源。他推测工程师最终将建成一种所谓 Memex 机器——记忆扩展设备，可以将一个人所有的书籍、磁带、信件和研究结果都存储在微型胶卷里。Memex 带有机械的辅助设施，可以帮助用户迅速灵活地使用所找到的资料。

20 世纪 60 年代，特德·尼尔森(Ted Nelson)描述了一种类似的系统，一个页面的文本可以和其他页面的文本连接到一起。尼尔森把这种页面连接的系统称为超文本。尼尔森用"超文本"这个术语描述将分散在世界各地的信息页面按内容的关联进行连接的系统。

1989 年，欧洲粒子物理试验室(CERN)的蒂姆·伯纳斯·李开始着手改进实验室的研究档案处理程序，并提出了一个超文本开发计划以提供这种数据共享功能，互相交流全球的高能物理研究领域的科学论文和数据。接下来两年里，伯纳斯·李开发了超文本服务器程序代码，并使之适用于互联网。超文本服务器是一种存储超文本标注语言(HTML)文件的计算机，其他计算机可以连入这种服务器并读取这些 HTML 文件。伯纳斯·李为超文本服务器程序开发的超文本标注语言是附加在文本上的一套代码(标记)语言。这些代码描述了文本元素之间的关系。例如，HTML 中的标记说明了哪个文本是标题元素的一部分，哪个文本是段落元素的一部分，哪个文本是项目列表元素的一部分。其中一种重要的标记类型是超文本链接标记。超文本链接可以指向同一 HTML 文件的其他位置或其他 HTML 文件。

2. 超文本图形界面

读取 HTML 文件的软件有很多，大部分人用的是网景公司的 Navigator 或微软公司的 Internet Explorer 等 WWW 浏览器。WWW 浏览器是一种软件界面，帮助用户读取或浏览 HTML 文件，也可以让用户通过文件中附近的超文本链接标记，从一个 HTML 文件转移到另一个 HTML 文件。如果这些 HTML 文件放在连入互联网的计算机上，用户就可用 WWW 浏览器从一台计算机上的一个 HTML 文件移到互联网上另一台计算机上的一个 HTML 文件。

WWW 浏览器在其图形用户界面上以一种易读的方式把 HTML 文件显示出来。图形用户界面(GUI)是一种向用户显示程序控制功能和输出结果的显示方式。它显示图片、图符和其他图形元素，而不仅仅显示文本。现在几乎所有的个人计算机都使用了微软的 Windows 或 Macintosh 等图形用户界面。

3. WWW

伯纳斯·李把他设计的超文本链接的 HTML 文件构成的系统称为 WWW，WWW 迅速在科学研究领域普及开来，但在此领域之外，几乎没有人有可以读取 HTML 文件的软件。1993 年，伊利诺斯大学的马克·安德烈森(Marc Andreessen)领着一群学生写出了 Mosaic，这是第一个可以读取 HTML 文件的程序，它用 HTML 超文本链接在互联网上的任意计算机页面之间实现自由邀游。Mosaic 是第一个广泛用于个人电脑的 WWW 浏览器。

程序设计人员很快意识到，用超文本链接构成的页面功能系统可以帮助互联网的众多新用户方便地获得互联网上的信息。1994 年，安德烈森和伊利诺斯大学 Mosaic 小组的成员同硅图(SGI)公司的詹姆斯·克拉克(James Clark)合作成立了网景公司(现为时代华纳

Time Warner 公司)。公司的第一个产品——基于 Mosaic 的网景 Navigator 浏览器立即获得极大的成功。网景公司成为有史以来发展最快的一家软件公司。看到网景公司的成功，微软也不甘示弱，随即开发出了 Internet Explorer 浏览器。

1.4.3 互联网协议

协议是一组规则的集合，它规定网络传输数据的格式和顺序，并检查这些数据中的错误。例如，协议确定了数据的发送设备如何表示已经完成信息的发送，以及接收设备如何表示已经收到信息。彼此传递信息的计算机必须使用相同的协议。

1. TCP/IP

支持互联网基本操作的两个协议是传输控制协议(TCP)和互联网协议(IP)。这些协议是互联网的先驱文森特·瑟夫(Vincent Cerf)和罗伯特·卡恩(Robert Kahn)开发的。它们确定了一些基本规则来确定数据的网络传输方式以及建立和断开网络连接的方式。我们通常用缩写字母 TCP/IP 来表示这两种协议。

TCP 控制信息在互联网传输前的打包和到达目的地后的重组。IP 控制信息包从源到目的地的传输路径。IP 处理每个信息包的寻址信息，确保每个信息包都打上了正确的源地址和目的地地址标签。除了用于互联网，TCP/IP 也可用于局域网。目前个人计算机常用的操作系统(如 Linux、Macintosh、Microsoft Windows 和 UNIX 等)都支持 TCP/IP 协议。

2. IP 地址

过去 30 年中互联网上应用的 IP 地址是互联网协议第 4 版，简写为 IPv4。它用一个 32 位的数字来识别连入互联网的计算机，这个数字被称为 IP 地址。计算机使用二进制系统进行所有内部运算，这里每个数字不是 0 就是 1，表示关或开的状态。IPv4 所用的 32 位数字可以表示四十多亿个地址($2^{32}=4\ 294\ 967\ 296$)。

在互联网向目的地发送信息之前，IP 协议需要对信息打包，包中既包括源 IP 地址，也包括目的地 IP 地址。IP 地址一般写成四组以圆点分隔的数字。这种地址称为点分十进制。每个 IPv4 地址都是一个 32 位的数字，因此这四组数字每组都由一个 8 位数字($4\times8=32$)构成。在大多数计算机应用中，将这种 8 位数字称为一个字节，但在网络应用中称为一个八位位组。在二进制中，一个八位位组取值范围从 00000000～11111111，这些数字分别对应十进制的 0～255。这四组数字都是从 0～255，因此可能的 IP 地址都是在 0.0.0.0(二进制中 32 个 0)和 255.255.255.255(二进制中 32 个 1)之间。多数人认为 255.115.108.245 的地址总比 11111111011100110110100011110101 或十进制的 3631433189 容易读、写和记忆。

今天，IP 地址由三家非营利组织负责分配，即美国互联网号码注册中心(ARIN)、欧洲 IP 注册中心(RIPE)和亚太地区网络信息中心(APNIC)。这些注册机构负责世界不同地区 IP 地址的分配和管理：ARIN 管理北美、南美、加勒比海和非洲撒哈拉地区；RIPE 负责欧洲、中东和非洲其他地区；APNIC 负责亚太地区。这些组织从互联网号码分配委员会(IANA)手中接管了 IP 地址的管理任务。

在互联网发展早期，由 IPv4 规则提供的四十多亿个 IP 地址足够应付一个实验性研究网络所需要的地址。但是，由于 IP 地址区段分配方法的问题，这些 IP 地址中有大约 20 亿不是被占用就是不可用。现在互联网允许很多新设备(如无线 PDA、上网手机等)上网运行，又增加了 IP 地址的需求。

"国际互联网工程任务组"(IETF)曾提出若干网络协议来解决 IPv4 协议的地址容量问题，1997 年又推出互联网协议第 6 版(IPv6)来替代 IPv4。新 IP 会逐步实施，虽然这两种协议不兼容，但网络工程师们已设法在互连的网络上同时运行这两种协议。IPv6 的主要优点是用 128 位地址替代 IPv4 的 32 位地址，地址量可以达到 2^{128}，比 IPv4 的地址量大无数倍。

IPv6 也有一个地址标记法，类似 IPv4 的点分十进制标记法。由于 IPv6 地址空间非常大，它的标记也复杂一些，采用 8 组 16 位数字(8×16＝128)，每组是 4 个十六进制数字，组之间用冒号分隔，称为冒号区分十六进制。十六进制用 16 个数字计数(0，1，2，3，4，5，6，7，8，9，A，B，C，D，E，F)。例如，这种标记法表示的 IPv6 地址为 CD18:0000:0000: AF23:0000:FF9E:61B2:884D。为节省空间，0 都可以省略，这样就缩写成 CD18:：：AF23::FF9E:61B2:884D。

3. 域名

互联网的创建者发现点分十进制标记法非常难以记忆，于是发明了一种用单词替代数字的地址标记方式。在这种系统中，类似 www.thomson.com 表示的地址就称为域名。域名是用来表示 IP 地址的单词组，包括以句点分隔的两个以上的单词。域名最右部分是域名中最通用的部分，域名越左面的部分越具体。

例如，域名 www.business.sandiege.edu 由句点分隔的四部分组成。从右边开始，"edu"表示这台计算机是一家四年制大学教育机构。机构名称"圣选戈大学"用"sandiego"表示，"business"是这所大学里某个或某组计算机的名称，"www"则表示这台计算机运行的是连入互联网的软件。大多数网络地址都以"www"开头。域名最右边部分称为顶级域名(TLD)。多年来已经形成一些通用顶级域名(如.edu、.com、.org)和国家域名。

4. 页面请求与传输协议

WWW 是运行在通过互联网彼此连接的计算机上的软件。WWW 客户机上运行的软件称为 WWW 客户机软件或 WWW 浏览器软件。WWW 客户机软件发送 WWW 页面文件请求给 WWW 服务器。WWW 服务器上运行的软件称为 WWW 服务器软件。WWW 服务器软件收到许多 WWW 客户机的请求，它将文件发给这些 WWW 客户机以做出响应。每台 WWW 客户机上的 WWW 客户及软件将这些文件显示成页面。因此，WWW 服务器的目的就是响应 WWW 客户机提交的请求。这种运行 WWW 客户机软件的 WWW 客户机与运行 WWW 服务器软件的 WWW 服务器的组合称为客户机/服务器结构。

在互联网上传输页面文件的规则集称为超文本传输协议(HTTP)，该协议是蒂姆·伯纳斯·李(Tim Berners Lee)1991 年开发出来的。当用户在 WWW 浏览器地址栏里输入域名(如 www.yahoo.com)时，浏览器发送一个 HTTP 格式的信息给存储页面信息的 yahoo! 服务器，yahoo! 服务器的响应是向客户机发回一组文件(包括页面文件和页面的图形、声音、视频等文件)，这些文件是在 HTTP 格式的信息中发送的。

在浏览器里发送一个页面请求，用户需要先输入协议名称，接着是"://"和域名。例如，用户要访问 yahoo!，需要输入 http://www.yahoo.com。现在大多数浏览器都能自动插入 http://。协议名和域名合称为统一资源定位符(URL)，它可以让用户找到一台计算机(WWW 服务器)上的一个资源(页面)。

1.4.4 互联网、内部网和外部网

并非所有的 TCP/IP 网络都要接入互联网。许多公司在组织内部建立了互联的网络。内部网是组织内部使用 TCP/IP 协议的互联网络。外部网是内部网的扩展,连接了组织之外的业务伙伴、客户或供应商。多年来,传真、电话、电子邮件和快递一直是主要的业务交流工具,现在外部网能以更低的成本取代它们。

1. 内部网

内部网是传播企业信息的一种流行方法,成本很低。由于同样是基于客户机/服务器模型,内部网对文件、文档和图表等内部请求的处理过程与互联网是一样的。内部网使用基于互联网的协议,包括 TCP/IP、FTP、Telnet、HTML 和 WWW 浏览器。因为企业的内部网和互联网是兼容的,内部网的信息不但可以在采用不同技术的部门之间共享,也易于让企业外部的客户共享。公司还能用内部网减少员工计算机上软件维护和升级的成本。计算机维护人员可把软件的升级和补丁放入内部网,制作一个脚本程序,在员工下次登录自己工作站时就可自动更新工作站。

2. 外部网

外部网是将公司与供应商、业务伙伴或其他授权用户连接起来的网络。外部网的每个用户都有权访问外部网上的数据库、文件或其他信息。外部网可用互联网建立,也可以使用单独的网络。

有些外部网开始是内部网,然后将内部网数据向互联网用户开放。以联邦快递(FedEx)为例,多年来顾客跟踪包裹的方法一直是:拨打联邦快递的免费电话,告诉接线员自己的包裹号码。20 世纪 90 年代早期,联邦快递免费向所有提出要求的人提供包裹跟踪软件。顾客在计算机上安装这个软件后,通过调制调解器拨叫联邦快递的计算机,询问包裹的状态,结果将显示在顾客的计算机上,不需要任何接线员介入。后来联邦快递改成在网站上提供包裹跟踪服务。这样,客户用浏览器运行联邦快递网站上的一个程序,就能查询到包裹的状态。联邦快递将这种基于互联网的系统称为 FexEx ShipManager。该系统允许客户(使用任何浏览器)完成包裹跟踪、生成空运单据、登记装运等业务。重要的信息(如包裹的状态)都保存在联邦快递的外部网的 FexEx ShipManager 区里,允许客户随时访问。

3. 公共网络和专用网络

公共网络是公众可用的任何计算机网络或电信网络。互联网就是一个公共网络,虽然公司可以用公共网络来运营外部网,但是安全风险很高,很少有公司这样做。专用网络是两个企业间的专线连接,这种连接是两个企业的内部网之间的物理连接。专线是两点之间永久的专用电话线连接。和一般的拨号连接不同,专线是一直连通的。这种连接的最大优点是安全,只有用专线建立专用网络的双方才能进入该网络。专用网络的最大缺陷是成本太高,因为专线是非常昂贵的。每对想要使用专用网络的企业都需要一条独立的专用(电话)线把它们连到一起。例如,如果一个企业想通过专用网络与 7 个企业建立外部网连接,

企业必须支付 7 条专线的费用。如果外部网扩展到 20 家公司，企业需要再租 13 条专线。随着每家新公司的加入，成本以同样的幅度增加，很快就变得无法接受。随着加入外部网公司的增加，人们开始考虑其他网络方案。

4. 虚拟专用网

虚拟专用网（VPN）的外部网是一种特殊的网络，它采用一种叫做 IP 通道或数据封装的系统，通过公共网络及其协议向贸易伙伴、顾客、供应商和雇员发送敏感的数据。IP 通道是互联网上一种专用通道，可保证数据在外部网上的企业之间安全地传输。这条通道由 VPN 软件创建，它对信息包加密，然后把加密包封装于另一个信息包内。外层的信息包称为 IP 包装。WWW 服务器通过互联网把封装的信息包送到目的地，收到信息包的计算机打开信息包并用 VPN 软件对消息进行解密，这个 VPN 软件同在发送时加密/封装的 VPN 软件是兼容的。虚拟专用网中"虚拟"一词意即：这种连接似乎是永久的内部网络连接，但实际上只是临时连接。两个内部网每次要传输时就建立 VPN，在互联网上传输信息，之后就终止连接。

VPN 软件必须安装在传输两端的计算机上。由于最敏感的数据处于最严格的控制之下，VPN 就提供了安全的保护。VPN 就像高速公路（互联网）上一条单独密封的公共汽车通道，公共汽车通道外的车辆看不到通道内的兼容。利用建立在互联网上的 VPN 专用通道，处于异地的企业员工可以向企业的计算机发送敏感的信息。

1.5　电子商务的定义与分类

1.5.1　电子商务的定义

在过去几千年的贸易实践中，人们总是及时地利用新出现的工具和技术。例如，古时帆船的出现为买卖双方的交易开辟了一个新的舞台。此后的一些发明，如印刷术、蒸汽机和电话等，也都显著地改变了人们的交易方式。

在过去几十年里，企业使用了多种电子通信工具来完成各种交易活动。银行使用电子资金转账技术在全球范围内转移客户的资金，企业使用电子数据交换技术发出订单、寄送发票，零售商针对各种商品做电视广告以吸引客户电话订货。

对于很多人来说，电子商务（Electronic Commerce，EC），就是在互联网上购物。但电子商务的业务领域并不局限于网上购物，它还包括很多商业活动，例如企业之间的交易活动，公司用以支持销售、采购、招聘、计划以及其他活动的业务流程。企业界和学术界则常常用 Electronic Business（EB）这个词来描述广义的电子商务，例如，IBM 公司在 1997 年率先推出电子业务（EB）这个概念，这个概念不仅包括了在线的商品交换，还包括对客户的服务和商业伙伴之间的合作，IBM 甚至认为企业在其按照 Internet 标准构造的内部网（Intranet）和外部网（Extranet）上从事的业务都包括在 EB 之中。

本书倾向于认为电子商务源于英文 Electronic Commerce（EC），并采用 EC 这个词的最广泛定义：通过电子数据传输技术开展的商务活动，常用的技术是互联网和 www，也包括诸如在移动电话和 PDA(Personal Digital Assistant)设备上进行的无线传输技术。虽然技术是电子商务的基础，但它只是业务流程的实现者。商务领域的变化速度是前所未有的，本书的重点在于电子商务的业务活动。

1.5.2 电子商务的分类

电子商务代表的是买卖各方之间展开的交易活动，因此可以按交易或商业环节的参与方对电子商务进行分类，分别是企业间电子商务 B2B、企业与消费者间电子商务 B2C、消费者之间电子商务 C2C、企业对政府电子商务 B2G、消费者对政府电子商务 C2G。其他更新颖的模式如 BBC 等都是这些基本模式的衍生物。而涉及政府(G)的电子商务行为如政府采购、网上报关、报税等都不以盈利为目的，对整个电子商务行业不会产生大的影响。因此，本节重点介绍 B2B、B2C、C2C 这三种模式。

1. B2B

企业间电子商务活动(Business-to-Business，B2B)是各类电子商务活动中最重要、最受企业重视的一种形式，目前在电子商务交易额中所占的资金额度也最大。企业可以使用 Internet 或其他网络寻找每笔交易的最佳合作伙伴，完成从订购到结算的全部交易行为。企业与企业之间的电子商务活动可以按以下三个阶段进行：

(1) 交易前的搜寻工作。这一阶段主要指参加交易各方在签约前的准备工作。通常买方要根据需要制订购买计划，进行市场调查分析，了解交易对方的情况。这时可利用网络查询信息，寻找满意的商品和商家。卖方需要根据销售产品进行一系列促销活动，包括利用电子网络发布商品广告，寻找贸易伙伴和交易时机。其他各交易参与方(金融机构、信用卡公司、海关、税务部门)也将利用电子工具为交易做好准备。

(2) 谈判和签约。这一阶段交易双方就交易细节进行磋商、谈判，并将结果以文件形式确定下来。交易各方利用电子工具和通信手段对谈判的内容以电子合同方式做出规定，并利用电子数据交换(EDI)进行签约，或通过数字签名(Digital Signature)方式签约。

(3) 办理相关手续。参加交易的各方签订合同后需要办理相关手续，会涉及有关各方，如银行、海关、保险公司、商检系统以及运输公司，交易各方可利用电子数据交换进行电子票据和电子单证的交换。

(4) 交易后的履约。交易各方签约并完成相关手续后，开始履行合同。买卖双方可通过服务器跟踪发出的货物，金融机构也将按合同处理双方收付款，进行结算。在交易过程中出现违约时，受损方需向违约方索赔。这一切都可通过电子手段完成。

企业之间的电子商务活动，提高了企业与合作伙伴的集成度，使各方之间的协作更加有序，缩短了交易活动的周期。网上资金流动加快，信息传递及时准确，这一切都有助于企业之间的合作，降低了企业成本。

2. B2C

企业与消费者电子商务(Business-to-Consumer，B2C)是指企业通过互联网为消费者提供一个新型的购物环境——网络商店。消费者通过网络选择商品、支付货款。B2C 模式是我国最早产生的电子商务模式，以 8848 网上商城正式运营为标志。目前，在互联网上有许许多多各种类型的虚拟商店和虚拟企业，提供各种与商品销售有关的服务。通过网上商店买卖的商品可以是实体化的，如书籍、鲜花、服装、食品、汽车、家电等；也可以是数字化的，如新闻、音乐、电影、软件等商品；还提供其他各类服务，如远程教育、在线医疗诊断、旅游服务等。这种电子商务类型特别能满足消费者的个性化要求，虽然在整个电子商务活动中所占比重较小，但发展前景光明。

企业与消费者间电子商务过程如下：

（1）企业在互联网上建立网络商店，并通过电子目录详细说明商品的性能、价格甚至商品的外形。消费者通过互联网浏览各个网店，寻找比较中意的商品。

（2）在确认购买商品的品种、数量后，消费者在计算机上输入订单，通过服务器与有关商店联系，并立即得到应答。

（3）消费者确认后，用电子信用卡付款。服务器对信用卡号码采取保密算法，加密后发送到相应银行，同时销售商店收到加密的购货账单，将客户编码加入购货账单上，再转送到服务器上。消费者经过服务器确认是一位合法的客户后，服务器将购货账单同时送到信用卡公司和银行。在信用卡公司和银行之间进行结算处理。

（4）经银行确认后，如果消费者这张信用卡已超过透支限额，消费者可通过电子钱包取出另一张信用卡，重复上述过程。经银行确认信用卡有效并授权后，销售商店就可送货。

上述购物过程在实际进行中仅需几十秒时间通过网络传递完成。对于消费者来说，在购物过程中，可随时利用任何一种浏览器查看，购物结束也可以从计算机中调出电子购物账单查询。由于消费者信用卡上的信息是别人看不到的，服务器也能够确认销售商店的真实性，因此整个购物过程自始至终都是安全可靠的。读者可以通过当当、京东等国内比较成功的 B2C 企业网站体验这种电子商务模式带给消费者的好处。

3. C2C

这种电子商务类型是一种个人对个人的网上交易行为。目前 C2C（Consumer-to-Consumer）电子商务企业采用的是通过为买卖双方搭建平台，按比例收取交易费用，或提供平台方便个人在上面开店铺，以会员制方式收费。这种方式需要交易集市的提供者处于主导地位，建立一套有利于交易在线达成的合理机制。信用问题是制约 C2C 发展的瓶颈，我国电子商务网站推出的"支付宝"、"安付通"支付工具以及相关赔付制度，能够在很大程度上改善购买的信任危机。目前 C2C 电子商务仍处于融资烧钱聚集用户阶段，并未形成成熟的盈利模式。随着各种技术的进步，网上支付工具的改善和电子货币的推广，网上 C2C 电子商务也会像在现实社会自由市场上一样方便。

这里以淘宝网为例，来介绍 C2C 的交易流程。

（1）注册成为淘宝会员。

（2）建立"支付宝"账户并充值，金额足够购买需要的物品。

（3）选择所需物品，与卖方交流沟通并确定是否购买。

（4）一旦成交，通过"支付宝"向淘宝付款，由淘宝通知卖方发货。收到货物没有问题，立即向淘宝"支付宝"确认收货并同意向卖家放款。

（5）给卖方做出适当评价，可以帮助完善交易平台的信用机制，以便 C2C 更好地服务消费者。

这种模式目前采用的企业主要有 eBay、淘宝、拍拍等公司，虽然涉及的单笔交易量相对较小，但由于联系了更多消费者，有更广阔的市场空间和发展潜力。

1.6 国内外电子商务发展概况

自 20 世纪 90 年代电子商务出现以来，在经历了一个低谷后，近年来，电子商务势如破竹，作为商贸经济活动的一个平台，引发了一场信息技术对传统商务活动的革命。电子商务突破了时间和空间的限制，使供应商与最终客户直接接触，将客户从"有限选择"转变为"无限要求"。电子商务已经从"虚热"转向"务实"。

1.6.1 电子商务在世界范围内的发展

从 20 世纪 90 年代中期开始，在短短 20 年的时间里，电子商务在世界范围内的发展经历了三个阶段。

(1) 第一阶段是初期的爆炸式发展。20 世纪最后几年，计算机与通信结合的网络环境的出现使在互联网上从事商务活动成为经济活动中的热点。大量风险投资家涌入电子商务领域，向企业投资让其进入电子商务领域。根据著名咨询公司 CMP Research 在 1998 年初做的一项调查，大约 1/3 的美国企业宣称将在一年内实施电子商务，而在已经实施电子商务的企业中，有 64％的企业期望能在一年内收回投资。而据另一项调查显示，美国在 1997年 1 至 6 月间申请商业域名(.com)的公司从 17 万个增加到 42 万个，到 1997 年底这一数据又翻了一番。

(2) 第二个阶段是在 2000 年以后经历了寒冬。2000 年初，IT 业经过 10 年的高速增长后积累的问题开始暴露，一些电子商务网站的支出开始超过营业收入，支付、物流等方面的问题开始突显。从 2000 年开始，股市泡沫开始破灭，NASDAQ 指数在一年时间内已经从 5000 点跌至 2000 点以下，许多依赖资本市场资金投入的网站陷入了困境，不少网络开始清盘倒闭，超过 1/3 网站销声匿迹，电子商务经历了发展中的寒冬。

(3) 第三个阶段是近年来开始的复苏稳步发展。在经历了惨烈的寒冬之后，电子商务企业开始趋于务实，即首先要在网站运营上找到经济上的盈利点。正是这种务实的经营理念使这些经营性网站一反长期亏损局面开始出现盈利。例如，雅虎公司 2002 年底公布了连续 3 个季度盈利的财务报告，净利润为 4620 万美元，销售收入激增 51％。再比如网易公司在美国NASDAQ 股价最低时仅有 0.7 美元，而到 2003 年 5 月，其股价已稳稳站在 20 美元以上。

目前，电子商务出现了许多新的趋势，比如与政府采购行为相结合的电子政务服务，与个人手机通信相结合的移动商务模式，与娱乐消遣相结合的网上游戏经营等，都得到了很好发展。

1.6.2 电子商务在中国的发展

我国的电子商务是在 20 世纪后期伴随着 Internet 快速发展起来的。我国政府非常重视国民经济信息化及电子商务对我国市场经济持续发展的巨大推动作用。从 20 世纪 90 年代初开始，我国便开始实施了金桥、金关、金卡、金税等一系列金字工程。在组织机构方面，国务院机构中增设了信息产业部。在外部环境方面，中国电信作为全国最大的信息网络服务商，除建立覆盖全国的电话网和移动通信网外，还建立了覆盖全国的公用数据通信网和多媒体通信网。在人才培养方面，高等院校制定了一系列电子商务人才培养计划，为我国电子商务发展造就了人才梯队。

自 20 世纪 90 年代开始，中国企业开始涉及电子商务。中国证券交易网和中国金融结算系统覆盖全国，提升了金融、证券的运作平台与交易方式。中国民航订票系统、中国商品交易网、招商银行网上银行、上海书城网上书店、中国商品订货系统、中国银行网上银行等相继建立，形成了强大的网上商务运作系统。其中，上海市电子商务安全证书管理中心实现了数字证书授权和密钥管理，确保了网上交易身份确认和电子商务安全运行。

有关电子商务的法律法规也开始逐步完善。从 2003 年 2 月 1 日开始，《广东省电子交易条例》正式在该省实施，这是我国第一部真正意义上的电子商务立法。2005 年 4 月 1 日，为了规范电子签名行为，确立其法律效力，维护有关各方的合法权益，十届全国人大第十一次会议通过并正式实施《中华人民共和国电子签名法》，这部法律明确了电子签名与手写签名(盖章)具有同等的法律效力。这部法律的通过标志着我国首部"真正意义上的信息化法律"正式诞生。2013 年 10 月 26 日，中国人民银行正式实施了部门规范性文件——《电子支付指引(第一号)》。有了这些法律法规的引导，相信我国的市场环境将越来越适应电子商务的快速发展。

种种现象表明我国电子商务已经进入了一个良性发展的阶段。但是与美国等先进国家相比，我国的电子商务才刚刚起步，很多方面不尽如人意。主要表现在：我国各行各业信息化程度还不够高，信息基础设施建设还比较薄弱，信息流动不通畅；物流快递业务在国内发展速度快，但不够规范；我国的社会化信用体系很不健全，交易行为缺乏必要的自律和严厉的社会监督；电子商务高级人才缺乏；等等。因此，发展具有中国特色的电子商务之路任重而道远，需要理论和实践工作者付出艰辛的努力。

本 章 小 结

本章介绍了商务活动(谈判并交换产品或服务)数千年来的传统运作方式以及由于商务活动本身的演变而带来的交易成本的降低，并从买方和卖方的角度考察了商务活动的业务流程。

电子数据交换(EDI)是电子商务的一种形式，它由运输企业首先开发，在过去 30 年已经扩展到所有大企业，这也迫使小企业寻求低成本方式投身 EDI。而互联网和 WWW 技术提供了一种经济的沟通渠道，帮助个人、企业和其他组织改进商务运作方式。本章介绍了电子商务的狭义和广义定义，并按照交易环节的参与方对电子商务进行了分类。正像工业革命一样，电子商务在世界范围内也经历了变革的浪潮。第一次浪潮于 2000 年结束，并经历了寒冬，近年来开始复苏并稳定发展。而我国的电子商务在政府部门的积极支持下，有了较快的发展并出现了一些新的问题亟待解决。

案 例 与 分 析

网络购物冲击下的实体店如何突围

1. 电商井喷

电商的井喷发展对传统零售商的商业模式产生冲击，这在 2015 年"双十一"促销中表现尤为明显。阿里集团公布的数据显示，2015 年 11 月 11 日零时，天猫、淘宝"网购狂欢节"开场，18 秒后，活动通过支付宝交易额便突破 1 亿元；1 分 12 秒，交易额突破 10 亿元；12 分 28 秒，交易额突破 100 亿元；凌晨 4 点 26 分，交易额突破 362 亿元，超过 2013 年双十一全天交易额；7 点 45 分，交易额突破 417 亿元，超过 2014 年美国感恩节购买季线上交易总额；11 点 50 分，交易额突破 571 亿元，打破 2014 年双 11 全天交易额；24 点，交易额达到 912.17 亿元，移动端交易 626.42 亿元，占比达 68.67％，再次刷新全球电商记录。这些惊人的增长数字都表明，节日促销和网购正渐渐成为商家和消费者的"香饽饽"。

同时，随着电商的发展，国内众多电商平台也开始注重用户体验，包括网站建设、用户购物流程优化等，推出货到付款、72 小时到货等周到、便捷的服务。电子商务日益完善的各项配套设施，给用户省去了大量时间和精力，使网购变得十分便捷，以致越来越多的人喜欢并选择网购。

2. 实体店不敌网购浪潮

与网络零售的持续升温相反，不少实体店却逐渐成为"试衣间"，甚至面临生存危机。

2007 年，拥有 13 万会员的上海明君书店各家门店关门了；2011 年，知名的民营书店"光合作用"也由于资金等各种问题停止了营业……网店正在以压倒性的销售业绩一步步蚕食着实体店的生存空间。

西安交通大学营销学教授郝渊晓认为："网购趋势不可逆转，作为企业来说，应该适应这种变化，积极主动改变商业模式，以取得发展。同时由于商业模式的变化，各企业发展过程中优胜劣汰是必然的。但在网购冲击下，实体店也不会退出，只是发展空间会变小。长期看，网购和实体还是并存的业态，因为不管网购如何发展，总有人会在实体店买东西，而且也不是所有东西都可以在网上卖。"

尽管实体店并不会在网购冲击下消失，但其发展空间已经越来越小。当前传统零售商必须做出战略调整，以应对网店带来的冲击，实体店当务之急是走差异化路线。

3. 差异化求突破

尽管网购规模逐渐扩大，但也存在不少弊病，如售后不完善、质量没保证等。而传统实体店可以让消费者体验到产品的细节，对于部分消费者来说，实体店仍是其购物的不二选择。实体店与其大喊"狼来了"，不如与狼共舞，对自己的发展模式进行一场革命性颠覆。

首先，实体店需寻找线上线下资源优势互补的机会。比如苏宁作为线上线下融合的标杆企业，拥有线下店铺累积的品牌和稳固的用户资源优势，善于融合线上线下的优势资源，通过实现同品同价，一举打破自身实体店与电商渠道左右互搏的局面，将自身打造成互联网零售公司。实现资源互补，还可以把电商渠道定位为线下渠道消化库存的渠道。线上既可卖合适网络的低价商品，又和线下专卖店的形象与价格都不冲突，比如李宁的淘宝店，就是专门定位于处理存货的。

其次，实体店还可以通过产品结构调整来寻求差异化，卖用户不敢网购的东西，如化妆品、奢侈品。另外，实体店要更注重对新品更新速度的把控，根据时下潮流，迅速推出最新款式，超越电商。因为网购的产品偏向尾货和库存。针对电商的短板，提升服务水平，搞个性化服务，做足体验。

最后，营销时间差异化。"双 11"、"双 12"已然成为电商购物"狂欢日"，实体店应避开这些电商大战当口，选择春节等电商歇业时间点进行营销。传统实体店受网店冲击在夹缝中生存，应积极寻找与网店的差异，才能在电子商务发展热潮中保住自身的市场份额，留住客户。其实，不仅线上、线下差异化同存是行业发展趋势，就消费者而言，网购与逛街购物并不矛盾，只是不同方式按需选择而已。

思 考 题

1. 与传统实体店相比，网络购物平台为什么能取得巨大成功？

2. 从传统实体店与网络购物平台的竞争中，分析网络平台对于传统实体店的冲击主要体现在哪些方面。

复 习 与 讨 论

1. 传统商务与电子商务的主要区别有哪些？

2. 什么是 EDI？它与电子商务有什么关系？

3. Internet 在电子商务发展中的作用是什么？

4. 什么是电子商务？从交易参与者角度如何对电子商务进行分类？

5. 电子商务在世界范围内经历了哪些阶段？并简述电子商务在我国的发展过程。

第2章 电子商务商业模式

淘宝网的电子商务模式探寻①

一、淘宝网简介

淘宝网成立于 2003 年 5 月 10 日,由阿里巴巴集团投资创办。截至 2014 年底,淘宝网拥有注册会员近 5 亿,日活跃用户超 1.2 亿,在线商品数量达到 10 亿。在 C2C 市场,淘宝网占 95.1% 的市场份额。淘宝网在手机端的发展势头迅猛,据易观 2014 年最新发布的手机购物报告数字,手机淘宝+天猫的市场份额达到 85.1%。截至目前,淘宝网创造的直接就业机会达 467.7 万。

二、淘宝发展之路

马云是中国互联网的传奇人物,而淘宝的诞生同样具有传奇色彩。投资淘宝的想法诞生于 2003 年年初,此时中国的网络购物市场中"易趣"一枝独秀,占据着 90% 以上的市场份额。"易趣当时在中国的确做得很大,但我们发现它有很多弱点。"时任淘宝网项目负责人的孙彤宇所说的弱点,其中的重要一点是易趣坚持的收费原则。在瞄准对手弱点之后,经过短短的 120 天,孙彤宇就完成了从详细的市场调研到组建 10 人团队的"创业"过程。2003 年 7 月 7 日,阿里巴巴正式宣布投资 1 亿元开办淘宝网。马云在公开场合明确表示,淘宝网从它诞生起要免费三年。就这样淘宝网扛着"免费大旗"风风火火地杀入了 C2C 市场,开创了一个电子商务的新时代。

易趣自 2001 年开始尝试向其卖家收费,这种收费政策(店铺费、商品登录费、成交费)在此后被坚持了数年,而且拥有良好的品牌优势和用户基础。而淘宝认为,中国电子商务尚处于培育期,"一刀切"的收费方式势必会削弱新兴网商的积极性,因而淘宝在 2003 年推出了免费策略。淘宝的免费政策,很快招揽了大量卖家,也吸引了部分易趣卖家在淘宝上同时开店。

"免费"二字是淘宝迅速崛起的"杀手锏",但也一直是淘宝的软肋。不过,天下没有免费的午餐,免费是为了更多地收费。2006 年 5 月,淘宝推出"招财进宝"试探性地进行收费,该系统有点类似搜索企业的竞价排名,由淘宝卖家自愿就某个关键词出价进行商品的推广,并按照成交额来收取费用,不成交不收费。但这一产品一推出立刻受到卖家的抵制,6 月 12 日,仅实施了一个月的"招财进宝"服务黯然下线。不知是为了挽回负面影响,还是腾讯拍拍宣布"三年免费"带来了压力,淘宝还宣布了一项断臂政策:永远不再用竞价排名收费。同时宣布,将继续"三年免费"的政策。

既然不靠交易佣金赢利,又不再用竞价排名赢利,剩下的赢利模式,除了广告实在找不

---

① 资料来源:根据"大淘宝跨界:不仅仅是网络购物"(《21 世纪经济报道》,2010 年 7 月 17 日),"淘宝的艰难新生:商城成为新核心　高层难舍 C2C"(《中国企业家》,2010 年 12 月 13 日)等整理。

到其他方式。2007 年中，淘宝就推出广告收费模式，2008 年 4 月，淘宝又开始对 B2C"品牌商场"的店铺收取不等的店铺服务费、二级域名服务费和保证金等，开始了曲线收费之路。

三、淘宝网新商业模式

目前淘宝的主要收入仍来自于广告。作为平台要持续发展，淘宝的商业模式将逐渐从以广告为基础转变到以佣金为基础，淘宝正在形成并试图定义一种新的商业模式。

1. 淘宝商城，平台式 B2C

淘宝商城创立于 2008 年 4 月 10 日，所有卖家均为商家企业，也就是所谓的 B 店。淘宝商城致力于整合数千家品牌商、生产商，为商家和消费者之间提供一站式解决方案，提供 100%品质保证的商品，7 天无理由退货的售后服务，以及购物积分返现等优质服务。淘宝商城自建立以来，众多品牌包括联想、惠普、优衣库、迪士尼、Kappa、乐扣乐扣、JackJones、罗莱家纺等在淘宝商城开设了官方旗舰店，受到了消费者的热烈欢迎。

2010 年年初以来，淘宝商城内相继成立了淘宝电器城、淘宝名鞋馆等垂直商城。11 月 1 日，淘宝商城开始启用独立域名 tmall.com。两天之后，家装频道上线。淘宝与京东、当当等"自营模式"的 B2C 企业最大的不同在于，它只是给卖家提供一个营销平台，并不直接参与销售、仓储、物流，被称为"平台模式"。开设 B2C 商城除了可以继续为淘宝带来广告收入之外，最大的好处是打造了一个新的赢利模式，即"佣金"模式。

2. 淘宝集市

淘宝集市是相对淘宝商城而言的，商城属于淘宝官方认证的商家，而集市就是原来全免费的淘宝网站，统称为集市。一般来说，淘宝集市以淘宝卖家为主，也就是通常所说的 C 店卖家。淘宝目前有 200 多万家中小卖家，他们主要在 C2C 集市经营淘宝店铺，以投放直通车广告、购买增值服务工具等形式为淘宝贡献收入。

3. 大淘宝战略

2008 年，"大淘宝战略"应运而生（如图 2.1 所示）。秉承"开放、协同、繁荣"的理念，通过开放平台，发挥产业链协同效应，"大淘宝"就是要做电子商务的服务提供商，为所有的电子商务参与者提供营销推广、支付、物流以及技术支持等基础服务。淘宝的动作令人眼

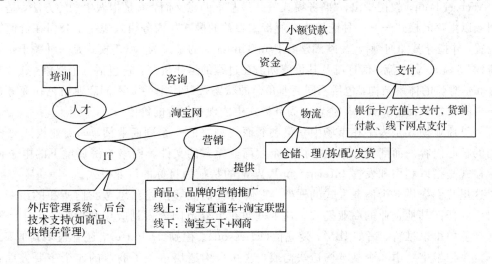

图 2.1　大淘宝战略

花缭乱：面向第三方软件开发者开放 API，打造淘宝箱软件应用商店；与湖南卫视合作，将网购延伸至电视媒体；与联想移动合作，推出淘宝电器商城；与线下运营商合作，开设线下社区淘宝店……频频的动作显示出淘宝打造电子商务生态圈的野心。

四、淘宝网发展展望

作为全球 13 亿人口的聚集地，中国 C2C 的发展潜力将是惊人的，这使得个人网购市场依然充满了不确定性和想象的空间。虽然淘宝以行业中最强势的面貌出现，但如今的市场格局已经与淘宝刚出道时迥然不同。电子商务的现状，已不是仅仅通过免费就能吸引卖家了。对许多已经做大的卖家而言，更重要的是平台的网购人群数目和品牌美誉度带来的经济效益，而买家则重视商品的质量和诚信保障。

淘宝网的强势在前端，也就是"信息流"，比如商品页面展示、对顾客需求的把握、与顾客的互动、如何做促销，以及巨大的卖家流量。但弱势在后端，比如供应链整合、仓储、物流、售后服务、技术支持等问题，特别是物流问题。2010 年 6 月，淘宝正式对外宣布其酝酿已久的"大物流"计划，包括物流宝平台、物流合作伙伴体系以及物流服务标准体系等三大块内容。线上平台与线下物流配送体系、前端平台展示与后端物流管理功能能力全面进行对接。2010 年年底，淘宝开通淘宝超市，购物范围涉及食品、家用、日化等快消品，并称全场满百包邮，统一发货，24 小时送到家。"大淘宝战略"计划是诱人的，它能否真正走向成功，一定有一段艰难的路要走。

2.1　商业模式及其要素

商业模式，也称为"商务模式"。迄今为止，商务模式和电子商务模式尚未有一个统一明确的定义，不同的专家、学者和企业从不同的角度出发，总结出不同的观点和看法，但它们大体上都涉及以下几方面：商务的体系结构、价值创造、商业策略。其中，商务体系结构反映了商务的固有特性，显示出商务运作的基本框架；价值创造是商务模式的本质和核心，不同的商务模式创造和体现的价值不同，价值的实现方式也存在差异；商业策略反映了商务的外延特征。Michael Rappa 教授指出，"商务模式就其最基本的意义而言，是指做生意的方法，是一个公司赖以生存的模式——一种能够为企业带来收益的模式。商务模式规定了公司在价值链中的位置，并指导其如何赚钱"。欧洲学者 Paul Timmers 的定义为：商务模式是一种关于企业产品流(服务流)、资金流、信息流及其价值创造在过程的运作机制，它包括三个要素：① 产品、资金和信息流的体系结构，包括不同商业角色的状态及其作用；② 不同商业角色在商务运作中获得的利益和收入来源；③ 企业在商务模式中体现和创造的价值。

可见商业模式是为了在市场中获得利润而规划好的一系列商业活动，商业模式是商业计划的核心内容。而商业计划是指描述企业商业模式的文件。网络经济环境下的电子商务商业模式是指以利用和发挥 Internet 和 WWW 的特征为目标的商业模式。

这里我们提供一个商业模式的框架，它使得我们能够描述和思考我们所在的组织、竞争对手和任何其他企业的商业模式。这个框架在世界范围内得到应用和检验，而且已经在一些企业中得以推行，诸如 IBM、爱立信(Ericsson)、德勤(Deloitte)，还有很多其他案例。

这个框架主要由 9 个基本构造块构成，这 9 个构造块覆盖了商业的 4 个主要方面：客户、提供物(产品/服务)、基础设施和财务生存能力。商业模式像一个战略蓝图，可以通过企业组织结构、流程和系统来实现它。

这 9 个构造块包括：客户细分（Customer Segments，CS），价值主张（Value Propositions，VP），渠道通路（Channels，CH），客户关系（Customer Relationships，CR），收入来源（Revenue Streams，RS），核心资源（Key Resources，KR），关键业务（Key Activities，KA），重要合作（Key Partnerships，KP），成本结构（Cost Structure，CS）。表 2.1详细描述了 9 个构造块的相关问题和特点。

表 2.1　商业模式的 9 个构造块

构造块	关键问题
客户细分	企业或机构所服务的一个或多个客户分类群体
价值主张	通过价值主张来解决客户难题和满足客户需求
渠道通路	通过沟通、分销和销售渠道向客户传递价值主张
客户关系	在每一个客户细分市场建立和维系客户关系
收入来源	产生于成功提供给客户的价值主张
核心资源	提供和交付先前描述要素所必备的重要资产
关键业务	通过执行一些关键业务活动，运转商业模式
重要合作	有些业务要外包，而另外一些资源需要从企业外部获得
成本结构	商业模式上述要素所引发的成本构成

1. 客户细分

客户细分构造块用来描述一个企业想要接触和服务的不同人群或组织。

客户构成了任何商业模式的核心。没有（可获益的）客户，就没有企业可以长久存活。为了更好地满足客户，企业可能把客户分成不同的细分区隔，每个细分区隔中的客户具有共同的需求、共同的行为和其他共同的属性。商业模式可以定义一个或多个或大或小的客户细分群体。企业必须做出合理决议，到底该服务哪些客户细分群体，该忽略哪些客户细分群体。一旦做出决议，就可以凭借对特定客户群体需求的深刻理解，仔细设计相应的商业模式。客户群体现为独立的客户细分群体，如果：

- 需要和提供明显不同的提供物（产品/服务）来满足客户群体的需求；
- 客户群体需要通过不同的分销渠道来接触；
- 客户群体需要不同类型的关系；
- 客户群体的盈利能力（收益性）有本质区别；
- 客户群体愿意为提供物（产品/服务）的不同方面付费。

客户细分群体存在不同的类型，这里给出一些例子。

（1）大众市场（Mass Market）。聚焦于大众市场的商业模式在不同客户细分之间没有多大区别。价值主张、渠道通路和客户关系全都聚焦于一个大范围的客户群组，在这个群组中，客户具有大致相同的需求和问题，这类商业模式经常能在消费类电子行业中找到。

（2）利基市场（Nich Market）。以利基市场为目标的商业模式迎合特定的客户细分群体。价值主张、渠道通路和客户关系都针对某一利基市场的特定需求定制。这样的商业模式常常可以在供应商-采购商（supplier - buyer）的关系中找到。例如，很多汽车零部件厂商严重依赖来自主要汽车生产工厂的采购。

（3）区隔化市场（Segmented）。有些商业模式在略有不同的客户需求及困扰（needs and problems）的市场细分群体间会有所区别。例如，瑞士信贷的银行零售业务，在拥有超过10万美元资产的大客户群体与拥有超过50万美元资产的更为富有的群体之间的市场区隔就有所不同。这些客户细分有很多相似之处，但又有不同的需求和困扰。这样的客户细分群体影响了瑞士信贷商业模式的其他构造块，诸如价值主张、渠道通路、客户关系和收入来源。瑞士微型精密系统公司（Micro Precision Systems），其专门提供外包微型机械设计和生产解决方案业务，服务于3个不同的客户细分群体——钟表行业、医疗行业和工业自动化行业，而为这些行业所提供的价值主张略有不同。

（4）多元化市场（Diversified）。具有多元化客户商业模式的企业可以服务于两个具有不同需求和困扰的客户细分群体。例如，2006年亚马逊（Amazon.com）决定通过销售云计算服务而使其零售业务多样化，即在线存储空间业务与按需服务器使用业务。因此亚马逊开始以完全不同的价值主张迎合完全不同的客户细分群体——网站公司。这个策略（可以实施）的根本原因是亚马逊强大的IT基础设施经营的多样化，其基础设施能被零售业务运营和新的云计算服务所共享。

2. 价值主张

价值主张构造块用来描述为特定客户细分创造价值的系列产品和服务。价值主张是客户转向一个公司而非另一个公司的原因，它解决了客户困扰或者满足了客户需求。每个价值主张都包含可选系列产品或服务，以迎合特定客户细分群体的需求。在这个意义上，价值主张是公司提供给客户的受益集合或受益系列。

有些价值主张可能是创新的，并表现为一个全新的或破坏性的提供物（产品或服务），而另一些可能与现存市场提供物（产品或服务）类似，只是增加了功能和特性。

在价值主张部分，需要考虑一些关键问题，如："我们该向客户传递什么样的价值？""我们正在帮助我们的客户解决哪一类难题？""我们正在满足哪些客户需求？""我们正在提供给客户细分群体哪些系列的产品和服务？"。

价值主张通过迎合细分群体需求的独特组合来创造价值。价值可以是定量的（如价格、服务速度）或定性的（如设计、客户体验）。下面一些简要要素列表有助于为客户创造价值。

（1）新颖（Newness）。有些价值主张满足客户从未感受和体验过的全新需求，因为以前从来没有类似的产品或服务。这通常但不总是与技术有关，举例来说，移动电话围绕移动通信开创了一个全新的行业。另外，诸如伦理投资基金（ethical investment funds）的产品与新技术关系甚微。

（2）性能（Performance）。改善产品和服务性能是一个传统意义上创造价值的普遍方法。个人计算机行业有依赖于这个因素的传统，向市场推出更强劲的机型，但性能的改善似乎也有它的局限。例如，近几年更快速的PC、更大的磁盘存储空间和更好的图形显示都未能在用户需求方面促成对应的增长。

（3）定制化（Customization）。定制产品和服务以满足个别客户或客户细分群体的特定需求来创造价值。近几年来，大规模定制和客户参与制作的概念显得尤为重要。这个方法允许定制化产品和服务，同时还可以利用规模经济优势。

（4）便利性/可用性。使事情更方便或易于使用可以创造可观的价值。苹果公司的

iPod 和 iTunes 为用户提供了在搜索、购买、下载和收听数字音乐方面前所未有的便捷体验。现在，苹果已经主导了市场。

3. 渠道通路

渠道通路构造块用来描述公司是如何沟通、接触其客户细分而传递其价值主张的。

沟通、分销和销售这些渠道构成了公司相对客户的接口界面。渠道通路是客户接触点，它在客户体验中扮演着重要角色。

渠道通路包含以下功能：① 提升公司产品和服务在客户中的认知；② 帮助客户评估公司价值主张；③ 协助客户购买特定产品和服务；④ 客户传递价值主张；⑤ 供售后客户支持。

渠道具有 5 个不同的阶段，每个渠道都能经历部分或全部阶段。我们可以区分直销渠道与非直销渠道，也可以区分自有渠道和合作伙伴渠道。

4. 客户关系

客户关系构造块用来描述公司与特定客户细分群体建立的关系类型。

客户关系范围可以从个人到自动化。客户关系可以被以下几个动机所驱动：① 客户获取；② 客户维系；③ 提升销售额（追加销售）。

例如，早期移动网络运营商的客户关系由积极的客户获取策略所驱动，包括免费移动电话。当市场饱和后，运营商转而聚焦客户保留以及提升单客户的平均收入。

商业模式所要求的客户关系深刻地影响着全面的客户体验。

我们可以把客户关系分成以下几种类型，这些客户关系可能共存于企业与特定客户细分群体之间。

（1）个人助理（Personal Assistance）。这种关系类型基于人与人之间的互动。在销售过程中或者售后阶段，客户可以与客户代表交流并获取帮助。在销售地点，可以通过呼叫中心、电子邮件或其他销售方式等个人助理手段来进行。

（2）专用个人助理（Dedicated Personal Assistance）。这种关系类型包含了为单一客户安排的专门的客户代表。它是层次最深、最亲密的关系类型，通常需要较长时间来建立。例如，私人银行服务会指派银行经理向高净值个人客户提供服务。在其他商业领域也能看到类似的关系类型，关键客户经理与重要客户保持着私人联系。

（3）自助服务（Self-service）。在这种关系类型中，一家公司与客户之间不存在直接的关系，而是为客户提供自助服务所需要的所有条件。

（4）共同创作（Co-creation）。许多公司超越了与客户之间传统的客户-供应商关系，而倾向于和客户共同创造价值。亚马逊书店就邀请顾客来撰写述评，从而为其他图书爱好者提供价值。有的公司还鼓励客户参与到全新和创新产品的设计过程中来。还有一些公司，例如 YouTube，请用户来创作视频供其他用户观看。

5. 收入来源

收入来源构造块用来描述公司从每个客户群体中获取的现金收入（需要从创收中扣除成本）。

如果客户是商业模式的"心脏"，那么收入来源就是"动脉"。企业必须问自己，什么样的价值能够让各客户细分群体真正愿意付款？只有回答了这个问题，企业才能在各客户细分群体上发掘一个或多个收入来源。每个收入来源的定价机制可能不同，例如固定标价、谈判议价、拍卖定价、市场定价、数量定价或收益管理定价等。

一个商业模式可以包含两种不同类型的收入来源：

（1）通过客户一次性支付获得的交易收入。

（2）经常性收入来自客户为获得价值主张与售后服务而持续支付的费用。

以下是一些可以获取收入的方式：

（1）资产销售（Asset Sale）。最为人熟知的收入来源方式是销售实体产品的所有权。亚马逊在线销售图书、音乐、消费类电子产品和其他产品。菲亚特销售汽车，客户购买之后可以任意驾驶、转售甚至破坏。

（2）使用收费（Usage Fee）。这种收入来源于通过特定的服务收费。客户使用的服务越多，付费越多。电信运营商可以按照客户通话时长来计费。旅馆可以按照客户入住天数来计费。快递公司可以按照运送地点的距离来计费。

（3）订阅收费（Subscription Fees）。这种收入来自销售重复使用的服务。一家健身房可以按月或按年以会员制订阅方式来销售健身设备的使用权。在线魔兽世界——一款大型多人在线角色扮演游戏，允许用户使用按月订阅的付费方式。诺基亚的音乐服务也可以让用户通过按月订阅付费的方式来收听音乐。

（4）租赁收费（Lending/Renting/Leasing）。这种收入来源于针对某个特定资产在固定时间内的暂时性排他使用权的授权。对于出借方而言，租赁收费可以带来经常性收入的优势。另一方面，租用方或承租方可以仅支付限时租期内的费用，而无需承担购买所有权的全部费用。

Zipcar.com 提供了一个很好的例证。该公司可以让客户在北美各大城市按小时租车。Zipcar.com 的服务导致许多消费者决定租赁汽车而不再购买汽车。

（5）广告收费。这种收入来源于为特定的产品、服务或品牌提供广告宣传服务。传统上，媒体行业和会展行业均以此作为主要收入来源。近几年，在其他行业包括软件和服务，也开始逐渐向广告收入倾斜。

6. 核心资源

核心资源用来描述让商业模式有效运转所必需的最重要因素。

每个商业模式都需要核心资源，这些资源使得企业组织能够创造和提供价值主张、接触市场、与客户细分群体建立关系并赚取收入。不同的商业模式所需要的核心资源也有所不同。微芯片制造商需要资本集约型的生产设施，而芯片设计商则需要更加关注人力资源。

核心资源可以是实体资产、金融资产、知识资产或人力资源。核心资源既可以是自有的，也可以是公司租借的或从重要伙伴那里获得的。

核心资源可以分为以下几类：

（1）实体资产（Physical）。实体资产包括实体的资产，诸如生产设施、不动产、汽车、机器、系统、销售网点和分销网络等。沃尔玛和亚马逊等零售企业的核心资产就是实体资产，且均为资本集约型资产。沃尔玛拥有庞大的全球店面网络和与之配套的物流基础设施。亚马逊拥有大规模的 IT 系统、仓库和物流体系。

（2）知识资产（Intellectual）。知识资产包括品牌、专有知识、专利和版权、合作关系和客户数据库，这类资产日益成为强健商业模式中的重要组成部分。知识资产的开发很难，但成功建立后可以带来巨大价值。

快速消费品企业例如耐克和索尼主要依靠品牌为其核心资源。微软和 SAP 依赖于通过多年开发所获得的软件和相关的知识产权。宽带移动设备芯片设计商和供应商高通

(Qualcomm)是围绕芯片设计专利来构建其商业模式的，这些核心资源为该公司带来了大量的授权收入。

(3) 人力资源(Human)。任何一家企业都需要人力资源，但是在某些商业模式中，人力资源更加重要。例如，在知识密集产业和创意产业中人力资源是至关重要的。制药企业，例如诺华公司，在很大程度上依赖于人力资源，其商业模式基于一批经验丰富的科学家和一支强大娴熟的销售队伍。

(4) 金融资产(Financial)。有些商业模式需要金融资源抑或财务担保，例如现金、信贷额度或用来雇用关键雇员的股票期权池。电信设备制造商爱立信提供了一个在商业模式中利用金融资产的案例。爱立信可以选择从银行和资本市场筹资，然后使用其中的一部分为其设备客户提供卖方融资服务，以确保是爱立信而不是竞争对手赢得订单。

7. 关键业务

关键业务构造块用来描述为了确保其商业模式可行，企业必须做的最重要的事情。

任何商业模式都需要多种关键业务活动。这些业务是企业得以成功运营所必须实施的最重要的动作。正如核心资源一样，关键业务也是创造和提供价值主张、接触市场、维系客户关系并获取收入的基础。关键业务也会因商业模式的不同而有所区别。例如对于微软等软件制造商而言，其关键业务包括软件开发。对于戴尔等电脑制造商来说，其关键业务包括供应链管理。对于麦肯锡咨询企业而言，其关键业务包含问题求解。

关键业务可以分为以下几类：

(1) 制造产品(Production)。这类业务活动设计生产一定数量或满足一定质量的产品，与设计、制造及发送产品有关。制造产品这一业务活动是企业商业模式的核心。

(2) 问题解决(Problem Solving)。这类业务指的是为个别客户的问题提供新的解决方案。咨询公司、医院和其他服务机构的关键业务是问题解决。它们的商业模式需要知识管理和持续培训等业务。

(3) 平台/网络(Platform/Network)。以平台为核心资源的商业模式，其关键业务都是与平台或网络相关的。网络服务、交易平台、软件甚至品牌都可以看成是平台。eBay 的商业模式决定了公司需要持续地发展和维护其平台 eBay.com 网站。微软的商业模式则是要求管理其他厂商软件与其 Windows 操作系统平台之间的接口。此类商业模式的关键业务与平台管理、服务提供和平台推广相关。

8. 重要合作

重要合作构造块用来描述让商业模式有效运作所需的供应商与合作伙伴的网络。

企业会基于多种原因打造合作关系，合作关系正日益成为许多商业模式的基石。很多公司创建联盟来优化其商业模式、降低风险或获取资源。

以下三种动机有助于创建合作关系：

(1) 商业模式的优化和规模经济的运用。伙伴关系或购买方-供应商关系的最基本的形式，是设计用来优化资源和业务的配置。公司拥有所有资源或自己执行每项业务活动是不合逻辑的。优化的伙伴关系和规模经济的伙伴关系通常会降低成本，而且往往涉及外包或基础设施共享。

(2) 风险和不确定性的降低。伙伴关系可以帮助减少以不确定性为特征的竞争环境的风险。竞争对手在某一领域形成了战略联盟而在另一个领域展开竞争的现象很常见。例如，蓝光——一种光盘格式，由一个世界领先的消费类电子、个人电脑和媒体生产商所构成的团体联合开发。该团体合作把蓝光技术推向市场，但个体成员之间又在竞争销售自己的蓝光产品。

（3）特定资源和业务的获取。很少有企业拥有所有的资源或执行所有其商业模式所要求的业务活动。相反，它们依靠其他企业提供特定资源或执行某些业务活动来拓展自身能力。这种伙伴关系可以根据需要，主动地获取知识、许可或接触客户。例如，移动电话制造商可以为它的手机获得一套操作系统授权而不用自己开发。保险公司可以选择依靠独立经纪人销售其保险，而不是发展自己的销售队伍。

9. 成本结构

成本结构构造块用来描述运营一个商业模式所引发的所有成本。

这个构造块用来描述在特定的商业模式运作下所引发的最重要的成本。创建价值和提供价值、维系客户关系以及产生收入都会引发成本。这些成本在确定关键资源、关键业务与重要合作后可以相对容易地计算出来。然而，有些商业模式，相比其他商业模式更多的是由成本驱动的。例如，那些号称"不提供非要服务"（no frills）的航空公司，是完全围绕低成本结构来构建其商业模式的。

很显然，在每个商业模式中成本都应该被最小化，但是低成本结构对于某些商业模式来说比另一些更重要。因此，区分两种商业模式成本结构类型会更有帮助，即成本驱动和价值驱动（许多商业模式的成本结构介于这两种极端类型之间）。

（1）成本驱动（Cost-driven）。成本驱动的商业模式侧重于在每个地方尽可能地降低成本。这种做法的目的是创造和维持最经济的成本结构，采用低价的价值主张、最大程度自动化和广泛外包。廉价航空公司，如西南航空就是以成本驱动商业模式为特征的。

（2）价值驱动（Value-driven）。有些公司不太关注特定商业模式设计对成本的影响，而是专注于创造价值。增值型的价值主张和高度个性化服务通常是以价值驱动型商业模式为特征的。豪华酒店的设施及其独到的服务，就属于这一类。

以上9个商业模式构造块组成了构建商业模式便捷工具的基础。

2.2 电子商务的经济特征

电子商务的发展使得现实的经济现象更为复杂、多变。可以从电子商务市场的主要组成部分来了解网络经济环境下电子商务的经济特征，分别是新形式的产品（数字产品）、消费者（买方）、卖方、电子商务中介、电子商务基础设施公司、内容制作者以及电子商务支持服务机构。

1. 数字产品

数字产品（Digital Product）是电子商务中的核心产品概念。它是指在电子商务的各种商业模型中，基于计算机网络交易的数字编码。在网络经济时代，数字产品包含了两层意思：一是"硬"产品的数字交易替代；二是信息产品本身，如软件、服务信息、教育、数据、娱乐等。Soon‐Yong Choi、Dale O. Stahl 和 Andrew B. Whinston 在他们的《电子商务经济学》中将数字产品分为如下三类：信息和娱乐产品类，象征、符号和概念以及过程和服务类。每种类型的特点和例子如表2.2所示。

表 2.2　数字产品的分类及特征

信息和娱乐产品	象征、符号和概念	过程和服务类
· 纸上信息数字产品：报纸、杂志、期刊、书籍等； · 产品信息数字产品：产品说明书、用户手册、销售培训手册等； · 图形图像的数字产品：照片、卡片、日历、地图、海报等； · 音频数字产品：音乐唱片、语音等； · 视频数字产品：电影、电视节目等	· 订票：航班、旅馆、音乐会、体育比赛等； · 财务工具：支票、电子货币、信用卡、电视节目	· 政府服务：表格、福利金支付； · 电子通信：信件、传真、电话、网上聊天等； · 商业价值制造过程：订货、簿记、盘点、签约等； · 拍卖和电子化市场； · 远程教育、远程医疗、远程咨询等交互式服务； · 交互式娱乐信息

在电子商务市场中，数字产品是特殊的产品，不需要物理地存在，可以以多种方式传播。作为可消费的产品来分析，可以得出数字产品的六个方面的特点，这些特点中蕴含着新的经济规律。

（1）数字产品的高固定成本、低增量成本特征。高固定成本、低增量成本，是数字产品的重要特征。一部电影，巨大的成本都集中在第一部拷贝上，一个软件、一部著作、一张报纸也是这样。这种成本结构造就巨大的规模经济，生产得越多，产品的平均成本就越低。数字产品的高固定成本、低增量（可变）成本的特点，导致了传统经济学（新古典经济学）中关于供求关系和市场均衡理论的失灵，使产品的边际成本递增变为边际成本递减。

（2）数字产品的易仿性。数字产品的低成本复制也导致了数字产品的易仿性。为此，开发商一方面要求有相应的知识产权法律保护，维护自己的合法权益；另一方面要不断研制新的升级产品，提高产品的市场进入门槛，并同时使数字产品的价格随时间呈下降状，以保持自己的竞争优势。

（3）信息产品是"经验产品"。所谓"经验产品"，是指必须先尝试才能进行评价的产品。虽然几乎所有的产品都是经验产品，但是信息产品每次被消费时都是经验产品。与经验产品相关的经济学问题有很多，其中最重要的是它们被消费了之后，价格才能确定，因此市场营销者应当开发出形形色色的策略来帮助消费者了解自己的产品，例如免费样品、测试版本、促销、广告宣传等，以提高产品的注意力。

（4）信息产品的用户适应性和用户偏好依赖性。信息产品所携带的内容是信息，是人类思想、知识、智力劳动的成果和资料。人由于在这些方面的差异，因而对信息产品会表现出不同层次、内容以及表现形式的需求程度。这些都要求在生产信息产品时，注意信息产品形式的个性化和定制性，以便打开更多的销售渠道。生产者也会利用这些特征进行捆绑销售与定制销售，以争取更多的市场份额。

（5）可共享性和公共产品属性。在消费时具有非竞争性的商品称为公共产品。信息产品是典型的公共产品，它们可以供不同的系统分享，而不计分享者的多少，这是信息有别于物质和能源的关键之一。信息产品的可复制性加强了其公共产品特征。信息的可共享性带来的问题是，对应广泛知晓及使用的，应加速复制、传输；对必须保密、具有排他性的，应杜绝复制、传输；同时，应加快信息立法，做到依法使用信息。

（6）增值传输过程与使用中的重新创造过程。一般来说，物理产品是可损耗的，在运输或使用中，会造成损耗或使用价值的减少，并且按照消费过程中容易损坏的程度，可以分为耐用消费品和非耐用消费品，也有新旧之分。然而，数字产品不会因为运输或使用而损耗，无耐用和非耐用之分，也无二手货的概念。非但如此，信息产品的传输还是一个繁殖过程（而物理产品的运输过程仅仅是改变其分布的过程），其使用、消费过程是一个积累、重新创造的过程。

2. 消费者

全球的数亿网民都可以看作网上广告和销售的产品及服务的潜在消费者。消费者在网上寻找商品的意愿各异：寻找便宜货、定制产品、特殊收藏品以及娱乐服务等。他们主动搜寻信息，进行比较、竞价，有时候会讨价还价。

3. 卖方

在网上有数十万家商店，销售几百万种商品，每天都会出现许多新的产品，需要消费者消耗搜寻成本。电子商务市场有效地降低了消费者的搜寻成本，使消费者能找到他需要的更低价格的卖方。从长期来看，尽管它增加了实际发生交易的数量，但却降低了电子市场中卖方的利润水平。如果卖方不愿意加入这样的市场环境，电子市场的影响可能被减弱。

4. 电子商务中介

各种中介都在网上提供自己的服务。在电子商务环境下中介和一般中介有所不同。他们建立或者管理电子市场，撮合买方和卖方，提供一些基础设施服务，帮助顾客和卖方开始并完成交易。大多数的中介都是信息化的系统，被称为电子中介或者信息中介。当电子商务市场能够直接撮合卖方和买方的时候，中介将非常有效。然而，一些行业要求有交易经纪人，因此比起那些不需要经纪人的行业来说，它们受电子市场的影响可能较小。在一定情况下，股票经纪人、保险代理、旅行代理商等服务仍然有必要，但他们可能用一些软件来替代，特别是出现智能系统以后。

5. 电子商务基础设施公司

有数千家公司提供电子商务所必需的软件和硬件支撑。许多供应软件的公司还提供网上建立商店和开展业务的信息咨询服务，另外也有一些公司为小型销售商提供主页存放和服务器托管等服务。

6. 电子商务内容制作者

电子商务的发展出现了许多网络媒体公司，它们已经建立或者不断更新自己的网络。通过网上内容的更新，这些网络媒体公司为自己，也为其他公司的网站工作。对它们来讲，网站内容的质量和速度是电子商务取得成功的关键因素。

7. 电子商务支持服务机构

电子商务的支持服务机构主要是为满足电子市场的基本制度和法规而创建。支持服务有数百种之多，从认证、信用服务到知识提供。这些服务都是为了解决具体实施问题而产生的。

2.3　B2C 电子商务的主要商业模式

B2C 电子商务模式，是企业通过网络针对个体消费者，实现价值创造的商业模式，是目前电子商务发展最为成熟的商业模式之一。B2C 目前发展较为成熟的电子商务模式主要有门户网站、电子零售商、内容提供商、交易经纪人以及社区服务商等。

2.3.1　门户网站

门户网站是在一个网站上向用户提供强大的 Web 搜索工具，以及集成为一体的内容和服务提供者。

在门户网站的发展中，逐步形成了水平型门户网站和垂直型门户网站两大类型。水平型门户网站将市场空间定位于 Internet 上的所有用户。如 Yahoo、美国在线、MSN 以及中国的新浪网、搜狐网、网易均属于水平型门户网站。垂直型门户网站的市场空间定位为某个特定的主题和特定的细分市场。如美国的 iBoats.com，为美国划船消费市场的门户网站。在中国，如雅昌艺术网，将市场定位为大型艺术品，通过资讯、交流、交易等各个方面功能的整合，将艺术机构的传统形象及服务带入互联网世界，建立多赢的商业模式。

门户网站的盈利模式主要依靠广告费、订阅费以及交易费等。但并非每个门户网站都能够有很好的收益。事实上，网络中有大量的门户型网站，但排名前 10 位的网站约占据了整个门户市场搜索引擎流量的 90%。究其原因，很多排名靠前的门户网站都是最早开展网上业务的，因而具有先行者的优势，从而不断积累产生非常好的品牌知名度。消费者信任可靠的网络服务提供商，如果要他们转移到其他网络服务商的网站，他们会承担更大的转移成本，因此消费者对品牌门户网站更为偏好。

2.3.2　电子零售商

电子零售商是在线的零售店，其规模各异，内容也相当丰富，既有像当当网一样大型的网上购物商店，也有一些只有一个 Web 页面的本地小商店。由于电子零售具有为消费者省时间、给消费者以方便、帮消费者省钱、向消费者传送信息等优点，因此对于这种新的零售形式的诞生，无论国内还是国外，消费者都表现出了相当的热情。

2.3.3　内容提供商

内容提供商(Content Provider,CP)是通过信息中介商向最终消费者提供信息、数字产品、服务等内容的信息生产商，或直接给专门信息需求者提供定制信息的信息生产商。随着电子商务的发展，出现了因特网内容提供商(Internet Content Provider,ICP)，即在 Internet 上提供大量丰富且实用信息的服务提供商。ICP 提供的产品就是网络内容服务，包括搜索引擎、虚拟社区、电子邮箱、新闻娱乐等。

内容提供商将市场定位于信息内容的服务上，因此成功的信息内容是内容提供商模式的关键因素。信息内容的定义很广泛，包含了知识产权的各种形式，即以有形媒体(如书本、光盘或者网页等)为载体的各种形式的人类表达。

内容提供商的盈利模式主要有内容订阅费、会员推荐费以及广告费用等。由于内容服务的竞争日趋激烈，一些内容服务商的网络内容并不收费，如一些报纸和杂志的在线版纷纷推出了免费的举措，它们的盈利模式主要通过网络广告或者以网络为平台进行企业合作促销、产品销售链接以及网友自助活动等来获得收益。

2.3.4 交易经纪人

交易经纪人是指通过电话或电子邮件为消费者处理个人交易的网站。采用这种模式最多的是金融服务、旅游服务以及职业介绍服务等。在金融服务方面，招商银行、工商银行等推出的网上银行服务成为金融个人服务的新亮点。在旅游服务方面，以携程网、春秋旅行网等为代表的旅游电子商务也纷纷通过电话或者邮件形式为旅游者提供便利。在职业介绍服务方面，中华英才网、前程无忧等是网上职业经纪人的代表。

交易经纪人的盈利模式主要是通过对每次交易收取佣金获得收益。比如，在网上股票交易中，无论是按单一费率还是按与交易规模相关的浮动费率，每进行一次股票交易，交易经纪人就获得一次收益。在旅游电子商务中，在线成交一次机票、景点门票以及酒店客房的预定，旅游电子商务企业便按一定比例获得提成。职业介绍网站一般是预先向招聘企业收取招聘职位排名的服务费，然后向求职者收取会员注册费用等，再为招聘企业和求职者提供撮合、配对等服务。

2.3.5 社区服务商

社区服务商是指那些创建数字化在线环境的网站，有相似兴趣、经历以及需求的人们可以在社区中交易、交流以及共享信息。

网络社区服务商的构想来源于现实的社区服务，但实际的社区服务通常受到地域限制，并不能够很好地整合需求，从而无法实现个性化的服务。而网络社区服务商通过构建数字化的在线环境，将有相似需求的人联系在一起，甚至利用在线身份扮演一些虚拟角色。社区服务商的关键价值在于建立一个快速、方便、一站式的网站，使得用户可以在这里关注他们最感兴趣、最关心的事情。

社区服务商的盈利模式较为多样化，包括收取信息订阅费、获得销售收入、收取交易费用、会员推荐费用以及广告费等。

B2C 商业模式的特点如表 2.3 所示。

表 2.3　B2C 商业模式的特点

模式类型	特　　点	举　　例	盈利模式
门户网站	提供集成的综合性服务与内容，如搜索、新闻、购物、娱乐等	163.com sina.com sohu.com	广告费、订阅费、交易费等
电子零售商	在线的零售商店，提供在线的零售服务	dangdang.com	广告费、订阅费、交易费、产品销售等
内容提供商	主要提供信息和娱乐服务，是网络中的传统资讯提供商	cctv.com xinhuannet.com	广告费、订阅费、会员推荐费等
交易经纪人	在线的交易处理人，帮助客户完成在线交易	51job.com ctrip.com	交易费等
社区服务商	建立网上平台，集中有相同兴趣、爱好、需求的人交流、交易	iVillage.com	广告费、订阅费、会员推荐费等

2.4　B2B 电子商务的主要商业模式

B2B 电子商务模式,是一种企业之间的电子商务,它是一种主要针对其他企业进行销售的业务形式。B2B 目前应用较为广泛的模式主要有电子市场、电子分销商、B2B 服务提供商以及信息中介等。

2.4.1　电子市场

电子市场有时称为 B2B 交易中心。由于其潜在的市场规模,电子市场已成为 B2B 电子商务中最为成熟和有前景的商业模式。一个电子市场就是一个数字化的市场形态,供应商和商业采购均可以在此进行交易。

对于买方来说,利用 B2B 电子市场只要在一个地方就能够收集信息,检验供应商,收集价格,根据最新发生的变化进行更新。而另一方面,对于卖方来说,则能够从与买方的广泛接触中不断优选,因为潜在的购买者越多,销售的成本越低,而成交的机会和利润也就越高。

从整体来看,电子市场可以最大限度地减少识别潜在的供应商、客户和合作伙伴,以及在双方和多方开展交易所需要的成本和时间等。因此,电子市场的出现,可以降低交易成本,简化交易手续,获得更多的交易机会。

目前全球的电子市场,主要出现了两种细分模式:综合型电子市场和垂直型电子市场。综合型电子市场又称为水平型市场,主要针对较大范围的企业来进行销售产品和服务。在中国,阿里巴巴成为综合交易平台最为成功的企业之一,聪慧网、买麦网也是综合型电子市场的重要代表。而垂直型电子市场主要针对特定的行业,如钢铁、汽车、化学或者物流配送等,这些行业多为生产资料性行业,成交量大、专业性强。垂直型电子市场已迅速成为该行业商业信息、物资信息的集成地。目前中国较为成熟的垂直型电子市场有中国纺织网、中国化工网等。

2.4.2　电子分销商

电子分销商是直接向各个企业提供产品和服务的企业。电子分销商与 B2B 电子市场有所区别。B2B 电子市场是将许多企业放到一起,使它们有机会与其他公司做生意,而电子分销商则是由一家寻求为多个客户服务的企业所建立的。

2.4.3　B2B 服务提供商

B2B 电子商务服务商是指向其他企业提供业务服务的企业,它通过整合各方资源,提供集中物流服务、公共服务、信用保障服务、支付服务、咨询服务的一站式服务与供应链运作整体解决方案给客户,并对客户决策产生影响。从本质上看,B2B 服务提供商就是为企业级采购、分销等供应链过程提供服务的。

2.4.4　信息中介

信息中介是以收集消费者信息并将其出售给其他企业为商业模式。目前的信息中介主要为面向供应商模式，即中介将消费者信息收集给供应商，供应商利用这些信息向特定的消费者有针对性地提供产品、服务和促销活动。面向供应商的信息中介可分为两类：受众代理和商机制造者。

受众代理收集消费者的信息，并用来帮助广告商向最适合的受众做广告；商机制造者则收集消费者信息，通过数据挖掘形成的消费者的特征、偏好，然后他们指导供应商将符合消费者需求的产品和服务销售给消费者。信息中介的盈利主要靠信息费用和数据挖掘后的咨询费用等。

B2B 商业模式的特点如表 2.4 所示。

表 2.4　B2B 商业模式的特点

模式类型	特　点	举　例	盈利模式
电子市场	将买卖双方集合在一起，降低交易成本	alibaba.com	交易费用
电子分销商	直接为企业提供产品或者服务	grainger.com	产品销售
B2B 服务提供商	通过网络向其他企业提供业务服务	salesforce.com	交易费、租金等
信息中介	收集消费者信息并出售给其他企业	doubleclick.com	信息出售费、咨询费等

2.5　C2C 电子商务的主要商业模式

2.5.1　C2C 平台盈利模式

（1）交易提成。因为 C2C 平台只是一个交易平台，它为交易双方提供机会，就相当于现实中的交易所、大卖场，从交易收取提成是其市场的本性。

（2）广告收入。C2C 网站在网络中的地位就像大型超市在生活中的地位一样，它是网民经常光顾的地方，拥有超强的人气、高点击率和数量庞大的会员。因此为网站带来的广告收入也应该是网站利润的一大来源。

（3）首页黄金铺位推荐费。据 Alexa 网站统计，除了目的性较强的上网者外，有 70% 的上网者只是观看一个网站的首页。所以网站首页的广告铺位和展位都具有很高的商业价值。对于 C2C 网站首页的"黄金铺位"，网站可以定价销售，也可以进行拍卖，购买者或者中标者可以在规定时间内在铺位上展示自己的商品。

（4）网站提供增值服务。C2C 网站不只是为交易双方提供一个平台，更多的是为双方提供交易服务，尽量满足客户的各种需求，来达成双方的交易。网站可以推出搜索服务来提高效率，卖家可以通过购买关键字来提高自己的商品在搜索结果中的排名，完成更多的交易。

2.5.2　C2C 网商商业模式

C2C 网商是 C2C 电子商务发展中出现的新兴群体，广义的定义为"网上持续运用电子商务方式从事商务活动的个人和企业，其中，个人包括企业负责人、商人、个体经营者和业务操作者"。

C2C 网商服务商使面向网商提供服务和产品的服务商明显增加，服务领域覆盖软件、营销、物流、运营外包等环节，服务模式不断推陈出新。网商服务商构成主体呈现出多元化特征，大体可以分为三大类：传统服务商转型"上网"、新兴服务商和网商转型成为服务商，如表 2.5 所示。服务商采用灵活多样的收费模式，包括收取固定服务费、增值服务收费、交易佣金提成等。

表 2.5　三类网商服务商对比①

服务商类型	传统服务商转型"上网"	新兴服务商	网商转型成为服务商
特点	之前主要为传统行业的企业提供软件、呼叫中心外包、广告代理等专业服务，拥有丰富的经验和成熟的客户	在成立之初即定位为网商服务，围绕着网商的需求和特点设计发展战略、商业模式、产品服务等，天然融入了电子商务基因	原本是网商，发现为网商服务蕴藏着新的商机而转型，在电子商务运营、网络营销等方面拥有丰富经验
典型服务商	百胜软件、维富友软件、飞翔、特思尔大宇宙、悦维等	五洲在线、星辰急便、百世物流、壹商咨询、EC培训网、同创未来等	丽人丽妆、古星互联等

本 章 小 结

1. 商业模式是为了在市场中获得利润而规划好的一系列商业活动，商业模式是商业计划的核心内容，而商业计划是描述企业商业模式的文件。网络经济环境下的电子商务商业模式是指以利用和发挥 Internet 和 WWW 特征为目标的商业模式。

电子商务模式是企业运作电子商务，创造价值的具体表现形式，它直接、具体地体现了电子商务的生存状态和生存规律。本章列出了 9 个商业模式的构成要素，并且较具体地阐述了每一个构成要素及彼此之间的关系。

2. 电子商务的参与者很多，有顾客，有政府，有 Internet 服务提供者(ISP)，有在线服务的提供者，有配送、支付服务的提供者等。根据这些参与者的不同性质，可以将其称为 B(Business)、C(Consumer)、G(Government)，由此形成了我们耳熟能详的商业模式：B2B、B2C、C2C、B2G、C2G 等。

3. B2C 电子商务模式，是企业通过网络针对个体消费者实现价值创造的商业模式，是目前电子商务发展最为成熟的商业模式之一。B2C 目前发展较为成熟的电子商务模式主要有门户网站、电子零售商、内容提供商、交易经纪人以及社区服务商等。

4. B2B 电子商务模式，是一种企业之间的电子商务，它是一种主要针对其他企业进行销售的业务形式。B2B 目前应用较为广泛的模式主要有电子市场中心、电子分销商、B2B

---

① 资料来源：阿里研究中心，2010.08。

服务提供商以及信息中介等。

案 例 与 分 析

免费的 Skype

Skype 成立于 2004 年,通过提供基于网络的免费通话服务扰乱电信市场。Skype 公司开发了同样以 Skype 命名的软件,在电脑或智能电话上安装这个软件后,用户可以在设备间拨打免费电话。Skype 已拥有超过 4 亿用户,拨打过超过 1000 亿次的免费电话。

Skype 能够提供这种服务是因为它和电信运营商的成本结构完全不同。免费电话完全是通过网络基于所谓的点对点技术路由的,这项技术利用了用户的硬件和互联网作为通信的基础设施。因此,Skype 不必像电信运营商那样管理自己的网络,而只需支持额外用户所引发的少量成本。

除了后端软件和用户账号托管服务外,Skype 基本没有自己的基础设施。

用户只有在呼叫固定电话和移动电话时才需要付费,这种增值服务被称做 SkypeOut,费用非常低廉。实际上,用户的收费只比接通费用略多一点,接通费用是 Skype 通话通过诸如 iBasis 和 Level3 等批发运营商时的呼叫路由所引发的,这些批发运营商处理 Skype 公司的网路流量。

思 考 题

1. 请用商业模式构成要素分析 Skype 公司的商业模式。

2. 作为一家遵照软件公司经济规律运营的语音电话服务商,为什么会被认为"扰乱电信市场"?

复 习 与 讨 论

1. 简述商业模式含义及其要素。

2. 简述网络经济的含义及其特点。

3. 数字产品的分类及特征有哪些?

4. 总结 B2B、B2C、C2C 电子商务模式的特点。

电子商务

理论篇

第3章 网络经济学

三大巨头并购加剧,"马太效应"日益明显

2013 年以来,互联网行业并购事件不断上演,故事的主角则是腾讯、阿里、百度(简称BAT)。BAT 三大巨头凭借丰沛的现金流和多元化布局,成为收购主力军。随着移动互联网的深入发展,我国互联网市场的并购还将继续,资源进一步向优势企业集中,加剧互联网行业马太效应。

一、百度:以地图为核心打造 O2O 竞争力

以搜索起家的百度在 2008 年上线了百度地图后,便开始了对 O2O 的布局。2009 年 8月,百度和《新京报》合作组建了北京本地生活服务平台京探网。2010 年 10 月,"百度有啊"生活频道测试版上线。2011 年 4 月,"百度有啊"转型为本地生活服务平台,同年 12 月百度把"百度有啊"分拆独立运营,改名"爱乐活"。2012 年 3 月,百度联合投资机构创建的爱乐活新版正式上线。2012 年 9 月,百度地图正式向本地生活服务转型,10 月,百度宣布分拆地图业务,成立 LBS 事业部。

移动搜索和基于位置的服务,是百度的两个移动互联网入口。从 2012 年开始,百度上线了一系列移动互联网 APP 应用,包括百度搜索、百度地图、百度贴吧以及百度云、百度新闻、百度手机助手等基于搜索功能的客户端。2013 年 3 月,百度收购团购网站糯米网。5 月,百度宣布以 3.7 亿美元收购 PPS 视频业务,根据收购计划,PPS 视频业务将与百度已有视频业务爱奇艺合并,此前百度还战略入股去哪儿、安居客、爱生活、百伯网等。

二、阿里巴巴:全面撒网,完成 O2O 全产业链布局

在 PC 互联网时代,阿里巴巴系不太依赖外部入口。但在移动互联网时代,蘑菇街、美丽说的崛起给了阿里集团一些触动。

陌陌、虾米网、快的打车、友盟、在路上等先后成为阿里的投资标的。2013 年,阿里更是大手笔收购。5 月 10 日,高德软件宣布阿里以 2.94 亿美元购买该公司 28% 的股份,成为第一大股东。4 月底,新浪微博宣布阿里以 5.86 亿美元购买新浪微博公司发行的优先股和普通股,占其总股份的 18%。2014 年 2 月,阿里以总价 16 亿美元(约合人民币 97.1 亿元)全面收购高德公司。

从现有数据看,新浪微博拥有 5 亿用户,阿里旗下淘宝、支付宝、天猫等平台的账号大约有 8 亿。双方数据一旦互通,有望成为中国最大的账户体系。此外,天猫的品牌效应、淘宝的海纳百川、支付宝的底层渗透……依靠这个大数据网,阿里能够掌握庞大的数据流和现金流。

阿里盒子实现了把搭载阿里云操作系统的手机端、电视屏幕端、电脑端的多个屏幕打通,让几个屏幕在阿里操作系统里形成闭环。这意味着,阿里移动互联网的生态系统已逐

步完善，从云手机、盒子到云操作系统，再到社交、音乐、O2O、旅游、地图、浏览器等各个入口。移动互联战略背后又是隐藏着阿里巴巴在大数据领域的布局。

三、腾讯：深耕微信平台，借此整合 O2O

腾讯凭借微信已提前拿到移动互联网的船票。正是微信的通信功能，使腾讯与三大移动运营商坐在谈判桌上。目前在微信平台上，急速扩张的微信公众号不仅捧红了大量自媒体，也带来了微信商业化路径。马化腾在 2013 年全球移动互联网大会上谈及微信商业化问题时称，移动社交游戏可能是微信商业化的最大突破点。2011 年，腾讯又投资团购网站高朋网和 F 团，总投资超 1 亿美元。2012 年 11 月，腾讯收购餐饮 CRM 企业通卡，增强其技术及线下能力；2013 年年初，腾讯设立移动互联网事业群，圈定了安全、浏览器、地图、应用宝四大攻坚业务。与此同时，腾讯还与百度、阿里争抢并购机会，例如，百度和腾讯争相收购网秦，以壮大杀毒市场。2014 年 2 月，腾讯入股大众点评，联合对抗阿里＋高德＋美团。

百度做搜索，腾讯做即时通信和娱乐，阿里做电商和支付……以前这些巨头们井水不犯河水。可是随着各自业务版图越摊越大，交叉越来越多，竞争也越来越密集。"行业集中度高，规模效益显著"，已成为中国互联网行业的现实。随着竞争深入，中国互联网行业的"马太效应"也日益加剧。何为"马太效应"？为何互联网行业的"马太效应"会如此显著？学完本章或许可以得到一些启示。

3.1　网络经济学概述

3.1.1　网络经济的内涵

信息技术的发展以及随之而来的互联网上经济活动的扩展导致了一个新经济时代的到来。互联网不再仅仅作为一种新技术受到人们的关注，而更是成为一种重要的经济力量，这促使人们去研究网络经济学。由于经济网络化，一些在传统经济学中被忽略了的次要因素在新经济形态中发挥了重要作用。对传统经济学的修正和拓展、使传统经济学能够更好地描述和解释现今的新经济现象，是网络经济学研究的重要任务。

在尝试建立网络经济学基本分析框架之前，必须对网络经济做出清晰界定。人们混合使用新经济、网络经济、注意力经济等来描述近年来发生新变化的经济运行形态。实际上，这些名称分别从不同角度对人们所面临的网络经济做了描述，彰显了网络经济的不同特征，因此有必要对网络经济这一概念进行明确、清晰的界定，从而为明确网络经济学的研究对象奠定基础。

1. 后工业经济

在众多名词中，最早出现的是所谓的"后工业经济"。1980 年，美国著名社会学家托夫勒(A·Toffler)在他的《第三次浪潮》(The Third Wave)一书中提到人类社会出现了一种不同于工业经济的经济——后工业经济，并把它描绘成"超工业经济"，反映了人们对未来经济走向的初步判断和向往，但是由于现实发展的限制，在那个年代，人们无法对经济发展的具体形态做出更加准确的界定，因此，后工业经济着重强调的是人类社会从农业时代到工业时代再到后工业时代的一种发展趋势和演变过程，重点讨论这种转化的方向，而没有包含更加具体和精确的内容。

2. 信息经济和知识经济

1982 年，美国未来学家奈斯比特（J·Naisbitt）在《大趋势》中提出了"信息经济"一说，以新型经济的主要支柱产业命名这种经济。1990 年联合国研究机构提出了"知识经济"（knowledge economy）的说法，定义了这种新型经济的性质。1996 年经济合作与发展组织明确定义了"以知识为基础的经济"（knowledge based economy）：知识经济是建立在知识和信息的生产、分配和使用之上的经济。实际上，知识经济描述的是一种以知识为基础和增长驱动器的经济，这种经济的发展直接依赖于知识的创新、传播和应用，而与之相对应的以往传统的农业经济和工业经济则是以土地、劳动力、资金和能源为基础的物质型经济。显然，知识经济的突出特点就是强调了知识作为经济资源、经济商品在整个社会资源配置和经济发展中的决定性地位。

同时，对于信息经济，美国经济学家马克·波拉特进行了独到而深入的研究，他把信息经济分为第一信息部门和第二信息部门。第一信息部门是指以信息的处理、传输、使用为主的行业和生产信息设备的行业；第二信息部门是指非第一信息部门的农业、制造业、服务业中主要从事信息工业的部门。但是，这一定义并未抓住信息经济这一经济形态的本质。与知识经济一样，信息经济强调的是信息作为一种资源和商品在经济资源配置和经济发展中所发挥的重要作用。

实际上，关于知识经济和信息经济这两者之间的关系，理论界存在着不同的观点。第一种观点认为，知识经济与信息经济是一种相同的经济，两者只不过是对信息社会经济的不同称谓而已。第二种观点认为，知识经济与信息经济是两种不同的经济。信息经济是信息产业的总和，这里的信息产业是指收集、传播、存储信息的产业，包括邮电业、新兴的计算机网络、卫星通信、信息高速公路、图书馆、广播电视和报刊书籍出版等。知识经济是知识产业的总和，这里的知识产业是指制造和运用知识的产业，现代教育部门、研究与开发部门，以及新技术产业、计算机制造业都属于知识产业。这两者之间存在着清晰的界限。

第三种观点认为，信息经济是知识经济的一个组成部分。信息产业是知识经济的基础和载体，以信息产业为内涵的信息经济是知识经济的基本内容之一，知识经济是以信息经济为基础，但比信息经济内容更丰富，对后工业社会经济形态概括更为准确的一种经济形态。从经济发展阶段看，知识经济比信息经济对国民素质和国家经济发展水平的要求更高，因此，可以说知识经济是在信息经济发展到一定水平之后产生的新阶段。在这些观点讨论的基础上，目前理论界一般倾向于最后这种观点，即知识经济是以信息经济为基础，但比信息经济内容更丰富、对国民素质和国家经济发展水平的要求更高，是在信息经济发展到一定水平之后产生的新阶段。

3. 信息（知识）经济和数字经济

到 2000 年为止，美国政府已经连续发布了三期数字经济报告。在报告中，美国政府对数字经济的内涵进行界定，其中包括两个方面：电子商务及其赖以实施的信息技术（IT）产业。简言之，美国政府报告中的数字经济是指由信息、知识和技术驱动和引发的一系列经济转型及其对整个经济和社会所产生的影响。

我们知道，"信息(知识)经济"这一术语强调了信息(知识)的重要作用，反映了基于信息(知识)的经济资源和经济产品相对于传统经济中有形资源和有形产品的不断扩展。虽然这个术语很好地抓住了新的经济形态的本质特征之一，在逐渐过渡的经济中，如何度量其所占的经济份额和所做出的经济贡献并非易事。毕竟在传统的经济形态中，知识和信息也同样发挥着作用。

使用"数字经济"这一定义能够大大减少这方面的问题。整个新经济的框架基本如下：计算机为商业化的互联网建立了一个平台，互联网又为万维网建立了一个平台，而万维网又为电子商务提供了一个运作基础。这些变化带来了新的经济形式、全新的商业关系和伙伴关系，也带来了市场的新领域和新效率。无论如何变化，其中有一点是共同的：无论是资源、产品还是交易本身，都在以数字的形式运作。凭借这一点，就可以容易地将传统经济成分和新经济成分区分开来。美国政府发布的数字经济报告正是对经济中的这部分内容加以评估和调查，以确定它们对经济发展的作用和影响。因此，"数字经济"一词特别强调的就是基于计算机技术的信息数字化所带来的整个经济系统的转型。

4. 注意力经济

与上述概念相比，"注意力经济"一词所揭示的，并不是新经济的本质特征，而只是表达了这样一个现实：随着信息的发展，有价值的不是信息，而是注意力。"人们的注意力，而不是用来消费注意力的内容，将成为商业模式价值的源泉"。(艾瑟·戴森，《数字时代的生活设计》)。与其说注意力经济反映了一种新的经济形态，不如说它反映了新经济生存和获取利益的一个基本要求。

在网络经济中，注意力之所以成为竞争目标，主要由以下几个原因造成：

首先，工业文明形成生产过剩导致竞争目标转移。现在发达国家一个大型汽车厂一年的产量，可以满足世界各国一年的需要。我国的生产力也已出现相对过剩，彩电、冰箱、布匹、自行车等已超过年需求的四五倍。过剩的生产力同有限需求相比，从不足到过剩导致竞争目标从直接经营商品转变为经营注意力。谁想要卖掉商品谁就先要竞争到大量的注意力。

其次，在网络经济时代，信息量的爆炸发展导致注意力相对短缺。相对而言，世界上的信息量是无限的，而注意力却是有限的，有限的注意力在无限的信息量中就会产生巨大的商业价值。信息量的爆炸发展和过剩打破了与原有注意力的比例，造成注意力相对缺少，当然注意力就会带来价值。《财富》杂志在上海举办《财富》全球五百强论坛，其广告发布权之所以三天赚了 1000 万元，关键就在于上海会议吸引了全世界众多的注意力，这就是注意力的价值。注意力经济的出现，预示着将出现工业文明财富向新的文明财富的转移。

最后，注意力经济的出现也向人们展示了网络经济不同于传统经济的又一创新之处。艾瑟·戴森在《数字时代的生活设计》一书中断言传统的知识产权保护形式在网络社会中行将消解，传统意义上的知识产权将在两个方面受到侵害：第一是复制的便利和监督成本的提高；第二是人的注意力价值提高，知识相对贬值。在网络经济时代，产权不再是单方面的保护，知识产权维护的是生产者主权，与生产者主权相对的另一面是消费者主权，或称为注意力主权。因此，消费者的各种信息也像注意力一样，受到前所未有的关注。在电子商务中广泛运用的数据挖掘技术以及成为争论焦点的消费者隐私权保护等，实际上都是围绕着消费者主权进行的。

5. 网络经济

与信息（知识）经济和数字经济相同，"网络经济"一词同样是对目前在世界范围内新兴的经济形态的一个描述。但是与它们分别强调经济的信息（知识）内涵和数字形式不同的是，网络经济突出了经济运行的基本组织形式，即网络化特征。

在现实生活中，一方面，不难发现许多产品在单独使用时基本没有任何价值，如只有一个用户的 E-mail 服务、电话传真服务等，但是这些产品随着实际使用的用户不断加入，形成的用户网络规模不断增大，产品的价值就不断凸显和增大。另一方面，离开计算机硬件支持的软件产出也是无法发挥它应有的功能的，只有依托于硬件平台才能向用户提供组合使用带来的效用。类似这样的通过组合使用催生价值的网络产品很多，像电视机和电视台提供的节目、汽车和标准化的零部件及维修服务、传真机和传真通信协议、自动提款机和 ATM 卡、照相机和胶片等。因此，我们将新经济中出现的具有显著网络化特征的产品市场和相关产业作为网络经济学的研究对象。

3.1.2 网络经济学的发展脉络

早在数字网络出现之前，人们就对网络的经济学问题产生了兴趣。一方面，人们对实体的通信、电力、交通等具有网络结构的基础设施产业进行研究；另一方面，人们将网络概念抽象出来，以网络的视角分析经济主体之间网状的交互关系。随着 Internet 的出现及商业应用的普及，人们对于网络相关的经济问题更为关注。

网络经济学的发展经历了三个阶段：

(1) 萌芽阶段：20 世纪 50 年代至 20 世纪 80 年代初；

(2) 奠基与发展阶段：20 世纪 80 年代中期至 20 世纪 90 年代中期；

(3) 应用和拓展阶段：20 世纪 90 年代末至今。

1. 萌芽阶段

该阶段的理论成果较少，主要的理论贡献来自罗尔夫斯（Rolfs）等。1924 年，罗尔夫斯研究了通信行业的"消费外部经济"：通信用户的效用水平随着用户数量的增加而增加，进而分析了通信服务的倒 U 型需求曲线，证明了多重均衡的存在性并讨论了市场扩张中的启动（Start-up）和临界容量（Critical Mass）问题。由此可见，该研究已经涉及网络外部性这一基础性议题。

2. 奠基与发展阶段

20 世纪 80 年代中期开始，网络经济学研究进入理论奠基和快速发展期。一方面，以美国为首的发达国家开始预见到高科技经济的广阔发展前景，实业界和学术界都给予这一新型经济莫大的关注；另一方面，博弈论和产业组织理论的渐趋成熟，丰富了网络经济学研究的方法论，完善了其理论基础。

这一时期网络经济学研究是由网络外部性等核心概念出发，围绕市场需求、竞争、兼容性和标准化等问题展开的。1985 年，卡茨（Katz）和夏皮罗（C.Shapiro）在《美国经济评论》上发表了《网络外部性、竞争与兼容性》一文，正式定义了"网络外部性"这一概念，并将其分为直接网络外部性和间接网络外部性，这一研究成果在网络经济学研究中具有开创性意义。

　　紧接着，最为活跃的研究者伊克诺米德斯涉足网络经济学研究领域，其初期理论成果都汇集在《网络经济学》这篇经典文献中。文章分析了双向网络和单向网络的区别，然后探讨了网络外部性的来源——网络组件的互补性，并明确指出间接网络外部性来自单向网络，直接网络外部性来自消费者直接的相互作用。

　　另外，戴维(P.David，1985)从 QWERTY 键盘案例出发指出了"锁定"的重要性，阿瑟(1989，1996)不仅发展了"锁定"的内容，而且在从规模递增角度研究技术演进时提出了著名的"路径依赖"思想，即强调历史事件偶然性对技术发展路径的影响。不仅如此，阿瑟(1990)对网络经济学中的另一重要概念"正反馈"进行了系统论述。

　　在理论基础奠定之后，学者们开始研究网络外部性下的市场运行规律，主要着力点是市场需求、技术变革、兼容性和标准化、产品系统竞争等问题。

　　(1)市场需求。对网络外部性下市场需求及均衡的研究最早来自于对电信行业的分析，卡茨和夏皮罗(1985，1986)等考虑了消费者的理性预期，完成将研究对象由电信网络向一般网络的转变。Taylor(1994)提出电信市场高负荷时可能存在负的外部性——拥塞效应。在表达临界容量与市场结构无关的观点后(1995)，伊克诺米德斯(1996)沿着卡茨和夏皮罗的理性预期假设，对需求曲线进行了演绎、推导。

　　(2)技术变革。法雷尔和塞隆纳(1985，1986)首次提出"过度惰性"和"过度张力"两个概念，然后从标准化和用户基础角度出发对技术变革进行研究，认为标准化和巨大用户基础有可能导致"次优技术占领市场"。卡茨和夏皮罗(1986，1992)从主创性技术角度并结合用户基础对网络外部性条件下的技术变革问题进行了探讨。

　　(3)兼容性和标准化。卡茨和夏皮罗(1985，1986)构建静态和动态两种寡头模型，研究了私人动机和公共动机对厂商兼容决策的影响。法雷尔和塞隆纳(1985，1986，1988)首先预见性地强调了标准的战略意义，然后讨论了决定兼容标准的三种机制：委员会制度、市场制度以及两者的混合制度。1992 年，法雷尔和塞隆纳提出转换器可以实现部分兼容，但是会降低市场产出。Choi(1996)认为转换器的使用会阻碍向新技术或者非兼容技术的转变，因为转换器提高了旧技术的价值。兼容性决策、标准的确定等方面一直受到学术界的追捧。

　　(4)产品系统竞争。Matutes and Regibeau(1988)研究了互补性产品组件情形下的均衡状况及社会福利水平，证明在相互兼容情形下，尽管消费者剩余降低，但厂商利润和社会福利水平都会提高。伊克诺米德斯和赛洛普(1992)将古诺模型推广为多品牌兼容性组件的情形，讨论了互补性组件的竞争和融合行为，同时认为该分析方法同样适用于非网络外部性行业中。卡茨和夏皮罗(1994)又一篇经典文献《系统竞争和网络效应》考察了网络外部性下产品系统的竞争，指出预期、协调和兼容性是系统竞争的三大核心问题，同时对 20 世纪 80 年代有关网络经济学的研究做了一个总结。

3. 应用和拓展阶段

　　进入 20 世纪 90 年代末期，网络经济学研究开始进入应用和深化阶段，主要研究热点包括数字产品、网络产业分析、双边市场理论、社会关系、公共政策等。这一时期两部具有承前启后意义的著作是《信息规则：网络经济的策略指导》(Shapiro and Varian，1998)和《网络产业经济学》(Oz Shy，2001)。

　　在《信息规则：网络经济的策略指导》一书中，两位大师表达了"技术会变，经济规律不变"的思想，成功将传统经济学理论运用到网络经济学研究中。书中不仅对之前的锁定、正反馈、标准、兼容等问题进一步分析阐述，尤其系统论述了信息产品定价及其版权问题，书中关于"信息产品沉没成本巨大，边际成本接近于零"的结论更是奠定了信息产品分析的理论基础。

而在《网络产业经济学》中，作者以博弈论为基本工具，对具有网络性质的产业归类分析，不仅包括硬件产业、软件产业、电信业、广播和有线电视业、图书馆和互联网、银行业、航空业等"硬产业"，还包括社会交往、语言网络、诉讼和律师等"软产业"。事实上，网络产业研究的思想最早源于伊克诺米德斯(1994，1996)，他认为纵向关联产业结构与单向网络经济结构具有一定的相似性，因此将网络分析方法推广到许多行业。就这样，网络经济学的研究重点开始由基础设施的供给方研究逐渐转向网络本身随着可连接点数增加而价值提高的需求方分析。

双边市场(Two-sides Markets，TSMS)理论研究兴起于 20 世纪 90 年代末，Rochet 和 Tirole(2001)初步定义了双边市场，并且指出网络外部性是双边市场存在的原因。在此之后，研究重点逐渐向双边市场的特征和分类、市场价格理论、效率和规制以及企业行为和策略等领域扩展开来。目前，双边市场理论研究体系已经基本形成。

网络经济学者对公共政策的研究包括反垄断政策、知识产权保护政策、标准政策以及普遍服务政策等。首先，Lemley 和 McGowan(1998)认为反托拉斯法、知识产权法、电信法、互联网法、公司法及合同法都应该因为网络效应的存在而进行修改，其次，Economides(2006)探讨了反垄断规则及相关法律在网络产业中的应用，文中分析了网络型产业的多种特征以及反托拉斯法、管制政策的作用机制。同时，还有一些经济学家对其他一些公共政策进行了深入研究。

3.1.3　网络经济学的特点

综合来看，网络经济与以往传统经济相比，有着诸多截然不同的特征，归纳起来主要包括以下十个方面的特点：

(1) 全球化。首先，在地理空间上，互联网可进行全球信息传播，全球性的交易没有地理位置的障碍限制，使网络经济的市场更具有全球一体化特点。其次，在信息资源上，互联网体系因近乎无限的信息存储空间可以便捷地检索和迅速地传输，使不同地域的经济联系更加便利。

(2) 虚拟化。虚拟化指在信息网络构筑的虚拟空间中进行的经济活动。经济的虚拟性源于网络的虚拟性，转移到网上去经营的经济都是虚拟经济，它是与网外物理空间中的现实经济并存和相互促进的。培育和促进虚拟经济的成长，已成为现代经济发展的新动向。

(3) 智能化。在网络经济发展的时期，经济的发展不再是靠体力而是靠知识和信息；财富被重新定义为所拥有信息、知识和智力的多少；智能工具将日益占据社会的主导地位；传统产品中知识的含量不断增加。生产、交换和分配等各种经济活动都将日益智能化。

(4) 速度型。现代信息网络可用光纤传输信息。反映技术变化的"网络年"概念流行起来，而网络年只相当于正常日历年的1/4。网络经济以接近于实时的速度收集、处理和应用大量的信息。21世纪前10年的经济将是在注重质量的基础上注重速度的经济。

(5) 高效型。网络的发展使得各经济主体里最高决策者与最基层执行者之间建立起直接的联系，管理层次减少，中间管理机构和组织没有了存在的必要性。生产者与消费者的界限也愈来愈模糊，他们可以直接沟通，相互掌握对方的信息。可以说，网络经济使中介弱化、社会交易成本不断降低，经济效益不断提高。

（6）创新型。网络经济源于高技术和互联网，但又超越高技术和互联网。网络技术的发展日新月异，以此为基础的网络经济需强调研究开发和教育培训。若非不断创新，其新经济的"新"也就难以为继了。在技术创新的同时还需要有制度创新、组织创新、管理创新、观念创新等相配合。

（7）开放共享型。网络经济由于建立在现代通信、电子计算机、信息资源、生产交换及消费等各自网络化及相互渗透交织而形成的综合性全球信息网络的基础之上，从而形成了经济活动在全球范围内相互联动、资源共享的态势。随着世界各国互联网络和各种内部网络的发展，经济在各个领域的相互依存和交流增加，各种经贸往来甚至日常交往都离不开网络，且都是交互的而非单向的，开放自由的而非孤立封闭的。

（8）竞争与合作。信息网络使企业之间的竞争与合作的范围扩大了，也使竞争与合作之间的转化速度加快了。世界已进入大竞争时代，在竞争中有合作，合作也是为了竞争。在竞争合作或合作竞争中，企业的活力增强了，企业的应变能力提高了，否则就会被迅速淘汰出局。企业可持续的竞争优势，主要不再依靠自然资源禀赋或可供利用的资金，而更多地仰仗于信息与知识。

（9）数字化。电子信息降低了时空距离造成的摩擦系数，并且产生了"正反馈规律"——边际消费效应递减，越用越想用；边际成本递减，越生产越便宜。网络经济中扩张成本接近于零，供给增加，价格下降，导致需求随即增长。网络经济可以突破三维时空的诸多限制，提高生产力。

（10）全天候运作。由于信息网络每天 24 小时都在运转中，基于网络的经济活动很少受时间因素的限制，可以全天候地连续进行。

3.2　网络经济学基本规律

网络经济市场的运行有其自身的特定规律，只有对这些运行规律有清晰的理解，才有可能制定相应的策略，在市场中立于不败之地。摩尔定律、梅特卡夫法则和达维多定律构成网络经济市场的三大基本规律。

3.2.1　摩尔定律（Moore's Law）

与传统经济相比，网络经济的整体扩张速度快，产品更新换代的频率更高，摩尔定律就体现了网络经济下这种"速度至上"的精髓。戈登·摩尔（Gordon Moore）是英特尔公司的创始人之一，他观察了 1959—1965 年半导体工业的实际数据后发现，以 1959 年的数据为基准，每隔 18 个月左右芯片技术大约进展一倍。1965 年 4 月，摩尔做出预言：计算机芯片集成电路上可容纳的元器件密度每 18 个月左右就会增长一倍，性能也会提升一倍。以新一代 iPhone 5 采用的 A6 处理器为例，该款处理器是苹果公司花巨资精心打造的，表明苹果公司终于可以摆脱对芯片供应商的依赖。2008 年 4 月，苹果公司收购了 PASemi 芯片公司，开始了独立于三星和英特尔公司的研发苹果专用 CPU 芯片的历程。2010 年初，开发团队终于完成了 A6 处理器的微架构设计，开始进入物理设计阶段。最终 A6 内有两颗 1066MHz 处理器，其尺寸比 A5 处理器小 22%，其面积仅为 96 平方毫米，其能耗更低，iPhone5 的性能是 iPhone 4S 的两倍。50 多年来，摩尔的预言一直发挥着作用，因此被称为摩尔定律。这一定律反映了在信息通信领域技术更新升级的速度以及企业发展面临的危机，对信息产业的发展、技术竞争及市场策略产生了重要影响。

首先，摩尔定律对技术变革和价格竞争产生了推动作用。半导体工业的发展逐渐证实了摩尔定律，许多厂商开始运用摩尔定律来确定自身的技术发展速度，从而使整个产业在技术发展速度上表现出惊人的一致性。随着竞争的加强，摩尔定律的含义也有了进一步的拓展，其表述更新为每 18 个月左右性能提升一倍而价格下降一半。例如像英特尔这种处于主导地位的厂商，为了获取动态的竞争优势，仍不断地驱动技术快速向前发展，并且在竞争对手能够生产出性能相近的产品时，将价格大幅降低，利用规模经济和学习曲线使竞争对手处于不利地位。

其次，摩尔定律表明规模经济在一些高速发展的高科技行业具有更深远的意义。高科技行业投资成本较高，技术发展速度较快，这就迫使厂商如果想要盈利，就必须在技术周期内尽可能短的时间里，既要重视市场、回收投资成本，又要关注研发、实现技术创新，企业任务之艰巨必须通过规模经济来实现。

最后，摩尔定律驱动软件市场的发展。由于软件和硬件之间具有很强的关联性，因此在发展过程中需要相互支持。一方面，软件供应商自身必须适应摩尔定律，重视软件开发速度，顺应技术发展趋势；另一方面，硬件供应商也必须在产品开发过程中将有关技术架构和特性告知软件开发商，以便软件开发商及时迅速做出反应，开发出与硬件相互匹配并能充分发挥其技术性能的软件，从而使新技术迅速占领市场。

独霸操作系统市场的微软公司总裁比尔·盖茨就曾用这样一句话提醒自己的员工和竞争对手："微软离破产永远只有 18 个月！"在摩尔定律的作用下，企业要想更好地生存，建立学习型组织是企业应对网络经济挑战的一剂良方。同时，高科技企业要对研发给予特别的关注，不仅因为它可以使企业的产品升级换代速度加快，而且研发要对环境的变化相当敏感，并重视硬件、软件研发的齐头并进。

3.2.2 梅特卡夫法则(Metcalfe's Law)

在网络经济下，消费者效用与网络规模紧密相关，梅特卡夫法则揭示了网络效应的经济特征。梅特卡夫法则认为，网络的价值等于网络节点数的平方，即网络价值随网络用户数量的增加而呈指数增加。网络经济中，增加一个节点，其本身的价值并没有改变，但是由于增加了这个节点而增加了整个网络的价值，拥有者可以获得更多的信息，和更多的人进行交流，获得价值的群体效应。

我们假设起初只有一个用户安装了电话，由于无法通过电话与别人交流，因此这部电话对他而言效用为 0；当第二位用户安装了电话时，他们可以互相接听电话，总效用(TU)为 2，增加一个用户所增加的边际效用(MU)为 2；当第三位用户加入时，总效用增至 6，边际效用为 4。夏皮罗和瓦里安在《信息规则：网络经济的策略指导》一书中指出，若网络中有 n 个节点，则每个节点都可以与其他 n−1 个节点发生作用，获得 n(n−1) 个单位的价值，因此该网络的总价值与 n(n−1) = n^2 − n 成正比。当网络规模 n 很大时，n−1 近似等于 n，网络的总价值可以表示为 n^2。该定律是基于每个新入网的用户都因为别人的入网而获得了更多的信息交流机会。例如，随着采用微信用户数量的增加，微信的网络价值就以指数级的速度增加，同时这也成为新用户考虑使用何种移动通信网络的因素之一；另外，还存在一种由于采用兼容产品的用户数量增加所产生的"硬件-软件"范式。如电脑硬件与软件的关系，电脑的价值随着可兼容软件数量的增加而增大。由此也可看出梅特卡夫定律指出了从总体上看消费方面存在效用递增，即需求创造了新的需求。

一般而言，梅特卡夫法则不仅存在于互联网环境中，在非电子化领域，包括社会关系网络、广播电视媒体等生活中的方方面面都存在梅特卡夫法则。例如，人们的沟通环境就是其中的应用之一：假设有一个沟通环境，如果只有 2 个人，那么在排除重复会话的前提下只可能有 1 次会话；如果有 3 个人，就有 3 次会话；如果有 4 个人，则有 6 次会话；如果有 5 个人，则有 10 次会话；如果有 6 个人，就有 15 次会话；如果有 n 个人，就有 $n(n-1)/2$ 次会话。可以看出，当人数增加越多，会话次数也会加速增加。

总之，梅特卡夫定律对企业的竞争战略产生了重要影响。对于网络厂商而言，最优的竞争策略就是利用消费者预期、渗透定价、初期免费定价等策略迅速吸引大量用户进入网络，建立自己行业领头羊的地位。无论是老用户还是新用户，随着使用人数不断增加，他们使用产品的效用都会呈指数级增加，这样，先入厂商的优势地位就会得到很好的巩固。

3.2.3　达维多定律(Davidow's Law)

在网络市场中，持续的创新是必不可少的。威廉·H·达维多(William H.Davidow)作为高级营销主管和副总裁曾任职于英特尔公司。达维多认为，如果一家企业要在市场上占据主导地位，那么必须第一个开发出新一代产品。如果某企业被动地以第二家或第三家企业的身份将新产品推向市场，那么获得的利益就远不如第一家企业作为冒险者获得的利益，因为市场的第一代产品能够自动获得 50% 的市场份额，即使此时产品还不尽完善，在这种网络经济的马太效应(Matthew Effect)之下，所有企业在其产业中必须第一个淘汰自己的产品。达维多定律反映了信息活动中人们的心理反应和行为惯性，一旦人们的行为在一定的条件下出现了优势和劣势之分的局面，就会自行地对这种优势和劣势进行强化，呈现循环累积效应，最终造成优劣势的强烈反差；这也反映了电子商务市场中强者越强、弱者越弱的现象。在更为极端的达维多效应下，赢家通吃的局面也将难以避免。在达维多定律的压力下，任何企业都必须不断地创新进步。例如，位居 CPU 处理器领头羊位置的英特尔公司从未放弃推陈出新的步伐，它通过不断淘汰自己的旧产品，推出新产品来保持强者越强的优势。同样，作为操作系统应用的主导者，微软的 Windows 也依循达维多定律的发展。微软公司并不是一次向消费者提供尽善尽美的产品，而是逐步改进产品使其升级换代。例如，Windows 95 本身就不是一个成熟的产品，而微软公司竭力推荐，在完成大批量生产之后，又推出 Windows 97 及其后续版本。为了在软件行业取得领导地位，微软公司奉行所谓的"开拓并适应不断演变的大规模市场"的战略，虽然 Dos、Windows 和 Vista 系统不能说是最好的系统，但微软不断创新的步伐，自己打败自己的思路赢得了市场的主流客户。

达维多定律说明，在网络市场竞争中，企业必须不断创造新产品，及时淘汰老产品，使成功的新产品尽快进入市场，才能形成新的市场和产品标准，从而掌握制定游戏规则的权力。要做到这一点，其前提是要在技术上永远领先。企业只能依靠创新所带来的短期优势获得高额的创新利润，而不是试图维持原有的技术或产品优势，才能获得更大发展。

3.3 网络经济的新探索

3.3.1 网络外部性（Network Externalities）

网络外部性是网络经济理论中最基础、最核心的概念。网络经济中的市场运行特性、市场参与者行为以及市场效率等方面与传统市场的种种不同，都是网络外部性的存在所导致的。

1. 外部性的含义

网络外部性是外部性在网络经济领域的一个特例，因此有必要回顾一下传统经济学中的外部性概念。马歇尔1890年在《经济学原理》一书中首次提出"外部经济"的概念，并分析了内部经济和外部经济对企业成本的影响。庇古（Pigou）在1920年首次使用"外部性"一词，在马歇尔提出的外部经济概念的基础上扩充了"外部不经济"的概念和内容，并从福利经济学的角度系统地研究了企业或居民对其他企业或居民的影响效果。在这些研究的基础上，经过20世纪70年代以来的快速发展，逐渐形成了外部性理论。外部性是指一个市场参与者（个人、家庭、企业或其他经济主体）的行为影响到他人或公共的利益，而行为人却没有因该行为做出赔偿或得到补偿的现象。由于市场参与者的行为决策依据的是私人成本和私人收益，因此外部性导致了私人决策时不会考虑他们的行为对其他人或者公共利益的影响，从而导致了价格系统对资源的错误配置。也就是说，当外部性存在时，一种商品的价格不一定反映它的社会价值，因此企业的产量可能太大或太小，从而导致市场无效率。

传统经济学将外部性分为正的外部性和负的外部性两种类型。比较引人注目的是负的外部性导致的市场失灵。例如，在河的下游有一群渔夫靠打鱼为生，当造纸厂向河里排放污水的时候，河里的活鱼就会减少，而且随着污水排放物增加，河里的活鱼会减少得越多。然而，厂商在做出决策时并没有动力来补偿渔民的损失，这就是经典的污染案例。

正的外部性的经典例子是研究带来的创新常常难以受到保护。例如，一家厂商设计了一种新的产品，如果该新设计能够被其他厂商模仿，这些厂商就能够通过竞争分享一部分开发厂商的利润。这种现象在网络时代尤为明显，当一个网站推出一项新业务，如虚拟社区、电子拍卖，很快就会被其他网站竞相模仿。这种正的外部性使厂商从事研发的回报很低，厂商缺乏研发创新的动力。可见，正的外部性同样会导致私人决策与社会最优方案的偏离，造成市场失灵。

2. 网络外部性的含义

在网络经济下，经济以网络的形式组织和运作，经济网络内的信息流动达到前所未有的速度、生产、交换、分配和消费都与智能化的数字网络信息息息相关，使网络外部性问题日益突出，并呈现出一个基本的经济特征：消费者连接到一个网络所获得的价值，取决于已经连接到该网络的其他消费者的数量。

在正式给出网络外部性的定义之前，先分析一下网络外部性在现实经济中的表现。以购买办公软件为例，假设你是一个办公软件的初学者，购买软件时面临着 WPS 和 Microsoft Office 的两难选择，这时你会考虑哪些因素帮助你做出决策呢？也许你会考虑软件的价格、质量、售后服务等直接影响软件的使用效用的因素，如果你对办公软件有足够的了解，那么你还会考虑到软件的兼容性、软件的用户量等影响用户网络大小的因素。为什么这些因素在你做出购买决策时起主导作用呢？根据经济学理论，你在权衡购买软件的成本和收益，只不过在购买软件时，你还考虑到与其他用户交流所能带来的效用。

在这个假想的例子中，从消费者角度来看，消费者在决定是否购买软件时考虑了软件这类产品的两部分价值：一部分是产品的自有价值，即与产品用户网络大小无关的产品自身所具有的价值（不能否定的是有些产品的自有价值几乎为零，如固定电话、E-mail 这样的纯网络产品）；另一部分是协同价值，即已购买的消费者同新消费者的加入获得的额外价值，这部分价值与产品销售网络规模的大小相关。这部分协同价值就是网络外部性的经济本质。

关于网络外部性的研究起源于 20 世纪 70 年代，最早由罗尔夫斯提出，直到 1985 年。瓦里安和夏皮罗在《美国经济评论》上公开发表的学术论文中才给出较为正式的定义：一个消费者消费一单位某产品的效用随着消费该产品的消费者的数量增加而增加。在网络市场中，如果产品之间可以完全兼容，那么可以扩大产品的网络规模。因此，当一种产品对用户的价值随着采用相同产品或可兼容产品的用户数增加而增大时，就出现了网络外部性。也就是说，在正的网络外部性作用下，由于用户数量的增加，原有的用户免费得到了产品中蕴涵的新增价值而无需为这一部分价值提供相应的补偿。在购买办公软件的例子中，随着使用 office 软件的用户增多，该产品对原有用户的价值也随之增大，因为可以与使用 office 产品的更多用户实现信息的兼容与共享，从而提高办事效率。在现实经济中，网络外部性是否存在可根据"消费者加入某一网络系统所愿意支付的价格是否与网络中现有的顾客数量或规模相关"来判断。例如，WPS 的售价远低于 Microsoft Office 的售价，但仍有大量的消费者购买 Microsoft Office，而不是价格更便宜的 WPS，这说明 Office 巨大的用户群可带来较大的协同价值，Office 的用户网络存在网络外部性。

著名的梅特卡夫法则所描述的经济现象就是网络外部性：网络价值以用户数量的平方的速度增长。从更加广义的角度来说，网络外部性意味着在网络中一种行为的价值增加，且这种价值增加通常伴随着采取相同行为的市场主体的数量增加。

3.3.2　免费经济学

1. 吉尔德定律（Gilder's law）

20 世纪的传统经济主要是一种原子经济，而 21 世纪的经济则是一种字节经济。在原子经济中，想要得到的任何免费都需要另一种方式付费，这也是为什么很多传统的"免费"看起来像是诱饵的原因所在，正所谓"天下没有免费的午餐"。然而，在字节经济中，真正的免费是存在的，如果某样东西成了以电脑字节为基础的软件，那么它的成本和价格就会不可避免地趋向于零。

免费经济学的兴起由数字时代的科技进步推动。正如摩尔定律指出的那样，电脑处理器的价格平均每两年下降一半，网络带宽和存储器的价格下降的速度更快。互联网的作用就是将三者融合在一起，加速价格下降的趋势，使得在线网络每年以近 50% 的速度贬值。

未来学家乔治·吉尔德1990年出版的《微观宇宙》是第一本阐述字节经济学的著作，他将字节经济学的产生纳入了历史的视野：

在每次产业革命中，都会有某种关键生产要素成本大幅下降，在新产业革命中这种要素的价格几乎降到了零。经过工业革命，与以前的畜力和人力相比，机械提供的动力成本陡然下降，突然间，你可以让工厂24小时不间断地开工，源源不断地生产产品，这在工业革命之前是难以想象的。

同时，吉尔德对光纤技术的发展做出了如下判断："主干网的带宽将每6个月增长一倍"，这一速度是摩尔定律预测的计算机CPU增长速度的3倍。今天，他的判断被光纤通信网络快速发展的事实印证。微软公司曾通过实验证明：在300公里的距离1秒钟可以无线传输1G的内容，这是目前我们家中Modem实际传输能力的10000倍。这证明，带宽的增加早已不是一个技术的问题，而只是一个用户需求问题。随着互联网的日益普及，用户对带宽的需求会越来越强烈，正因为如此，今天几乎所有知名的电信公司都在乐此不疲地铺设缆线。

另外，吉尔德还认为，最为成功的商业模式是价格最低的资源将会被尽可能地消耗，以此来保存最昂贵的资源。今天最为廉价的资源就是电脑及网络带宽资源，当网络带宽资源变得足够充裕时，上网的代价就会下降，而当网络带宽资源近乎免费时，网络带宽将取代一切有价资源。正如20世纪70年代昂贵的晶体管，现今变得如此便宜一样。因此，我们可以预期：随着通信能力的飞速发展，每比特传输价格将朝免费的方向逼近。现今，在美国已经有很多互联网服务提供商（Internet Service Provider，ISP）向用户提供免费上网服务，通过增值服务实现盈利。同时，无线带宽也会随着3G标准的实施，达到目前规模的数千倍。随着带宽的增加，将会有更多的设备通过有线或无线上网。因此，在网络经济时代，无论是高科技企业还是传统企业，都必须学会充分利用网络在企业经营中的作用，从而获取新经济时代的竞争优势。

2. 网络经济中的生产者行为

杨小凯认为，在数字市场上，越来越多的产品和服务趋向于免费提供，比如几年内私人电脑上网在发达国家就会完全免费。如果你不能爽快地免费给予消费者，其他人也会找到办法免费给予他们，以至于不免费厂商会退出市场。

这可以从数字产品的成本函数和短期供给曲线得到启示。

通过微观经济学基础中的生产者行为分析，可以得到传统经济中生产者的短期供给曲线，生产者可以通过供给曲线制定相应的生产策略。网络经济下的生产者决策和行为是否发生了变化，同样要从生产成本的角度对这个问题展开分析。

网络经济下产品的固定成本绝大部分是沉没成本。沉没成本通常必须在生产开始以前预付，一旦第一件产品被生产出来，大部分成本就无法挽回了。这些巨大的成本主要出自三个方面：一是进行产品的研发和创造。网络产品和传统产品在生产中最大的不同在于其生产初期本质上是创造性的研发行为。研发人员发挥其才智开发新产品，所消耗的费用（人力、物资）是巨大的。二是建生产者流通的实体网络。网络产品都是在一定的网络中传播才能体现其价值，尤其是数字产品，其本身是由字节组成的程序，没有任何价值，只有在由实体硬件构建的物理网络中才能发挥作用，厂商利用产品扩大网络外部性，提高销量，增加利润。例如，移动公司没有信号站便无法发送信号，没有移动基站便无法传送信号，用户没有手机也无法接收到信号。三是建立虚拟网络。虚拟网络的建设往往需要企业在产品进入市场初期利用渗透定价等方式扩大用户规模，引发网络外部性来提升产品价值。

电信产业在创设初期需要搭建基站、发射塔、埋下电缆、光缆等，这需要企业巨大的前期投入，这部分成本一旦形成便无法收回。电信类产品的研发阶段也需要相当大的投入，这部分投入主要集中在聘请研发人员及相应的物资上的投入。比如电影的制作，它的拍摄、剪辑、后期制作、广告宣传等活动都是在电影放映实现票房收入之前完成的，电影制作商能否收回这部分成本完全取决于电影的票房。这部分成本不可能像机器设备、厂房一样可以折价转让。

与传统的产品生产不同，网络经济中生产的边际成本相对于其巨大的固定成本而言往往可以忽略不计。例如，在移动通信中，一旦固定成本已投入，每发送一个信号的成本与多发送几个信号的成本几乎一样，而且接近于零，除非发送的信号量已经接近信道的临界值，可能造成网络拥塞，从而要花费更多的成本建立新的服务器。再比如一种新的软件开发后，要大量生产并进行售卖，这种生产就是对该软件的大量复制，而复制所包含的成本是微乎其微的。

因此，网络经济中产品的成本特点可以归结为高固定成本、低边际成本。如网景公司生产第一套 Navigator 花了 3000 万美元，而单位产品的生产成本仅为 1 美元。因此随着产量的增加，平均成本是下降的，边际成本一直接近于零。如果厂商的定价与边际成本相同，那么厂商所得到的收益将永远无法弥补巨大的固定成本投入。在这种条件下，产品的定价显然无法按边际成本曲线向上攀升的原理加以确定，因此也将不存在短期供给曲线。

网络产品之间的竞争远比传统产品的市场竞争残酷得多，因此对于厂商来说，快速占领市场是关键的战略。因为网络产品的边际成本较低，大量生产和销售有利于占领市场，所以厂商甚至愿意采用免费的方式来开拓市场。

3.3.3　长尾理论

长尾理论(The Long Tail)是网络时代兴起的一种新理论，由美国人克里斯·安德森提出。长尾理论认为，由于成本和效率的因素，当商品储存、流通、展示的场地和渠道足够宽广时，商品生产成本将急剧下降以至于个人都可以进行生产，并且当商品的销售成本急剧降低时，几乎任何以前看似需求极低的产品，只要有卖，都会有人买。这些需求和销量不高的产品所占据的共同市场份额，可以和主流产品的市场份额相当，甚至更大。

在资源稀缺假设前提下，传统经济属于典型的供给方规模经济，体现的是帕累托分布的需求曲线头部，用户的购买行为并不完全反映需求，主流产品的销售量大不等同于对它的需求也大，只是主流产品占据了大部分市场，限制了人们的选择权。随着整个社会经济以及科技的发展，今天已步入一个"富足经济"时代，人们的生活质量在不断提高。一方面，商品在无限地细分，用户的取向除了具备一些共性之外，人们越来越追求个性化的需求，所以对各种商品都有需求的可能；而另一方面，随着技术进步和互联网的兴起，电子商务在聚集了这类产品原本分散的用户的同时，也降低了交易成本。

企业采取差异化战略，"小块需求"通过"小块渠道"对"小块供应"的小额交易，建立全新的低成本渠道的销售模式来满足人们更加个性化和具体化的需求，当无数用户的个性化需求予以满足时，必然导致长尾的产生，形成了独特的需求方规模经济，完美展示了帕累托分布的需求曲线尾部。当大规模的市场形态向着许多细小的市场聚合形态转变，两种形态趋于并存时，二八原理和长尾理论现象会同时出现在一条需求曲线的前后两个不同部分，二者相辅相成、相互补充。因此，长尾理论可以说是互联网出现后企业商业运营环境变化的直接结果，长尾理论只是在特定条件下从某一个角度来看问题，没有也不可能否定二八原理，长尾理论应当还是二八原理，是对过去强调的二八原理在一种新的环境下一个很好的补充和完善，二者殊途同归。长尾理论与二八原理比较见表 3.1。

表 3.1　长尾理论与二八原理的比较

比较项目	长尾理论	二八原理
经济假设	丰饶经济	资源稀缺
市场导向	需求方规模经济	供给方规模经济
战略手段	差异化战略（个性化服务）	低成本战略（标准化服务）
市场目标	不放弃尾部 20% 的利基市场	关注头部 80% 的热门市场
客户服务	提供个性化需求	提供大众化需求
企业愿景	小市场与大市场相匹配	成为主流市场的领航人

3.4　网络经济与管理变革

网络经济改变了传统的时空限制和经济运作模式，从而改变了全世界的经济运作基础。作为从工业社会转向信息社会的重要标志，网络经济正在成为管理变革的引领力量。

3.4.1　消费者更能自主选择

网络经济改变了消费者的购买行为与生活方式，赋予了消费者更多自主选择的权利。人们不仅摆脱了距离的羁绊，通过网络购物；而且获得了时间选择的自由，产生了真正意义上的全球 24/7/365 的商业模式。

不仅如此，随着 Web 2.0 时代的到来，消费者的自主力量更加强大，参与方式更加主动，消费者需求正在引导商务的全方位变革，由此推动需求的反向配置资源。基于需求的资源配置方式，实际上就是"按需生产"，"需求拉动"的方式替代传统的"供给推动"的生产方式。

以旅游为例，国内最先涉足旅游市场的是携程网，虽然借助互联网给消费者提供了便利，但从本质上看，这种模式只是传统旅游的一种代理，帮助别人卖产品，从中抽利，而消费者自主选择余地很小，并不具备真正的电子商务化旅游特征。淘宝旗下的综合性旅游平台"淘宝旅行"是国内旅游市场第一个 DIY(do it yourself) 网络平台，它整合了数千家机票代理商、航空公司、旅行社、旅行代理商资源，为旅游者提供国内、国际机票、酒店客栈、景点门票、签订、租车、邮轮等旅游产品的信息搜索、购买、售后服务的一站式解决方案。电商旅游进入个人化定制新时代。

2012 年 5 月 29 日，淘宝网联手丽江市推出"百万淘友团丽江"项目，试水 DIY 旅游。"团购丽江"不同于散客拼团，也不同于旅行社网络直销，其最有价值之处在于：一是线路可以定制，游客自由选择形成多元化取向；二是参团者越多价格越便宜；三是一卡在手，一年有效，可以享受丰厚的打折优惠。因此，仅半天之内，就卖出 1 万张旅行卡，为丽江带去 3000 万元的消费。

3.4.2　改变信息搜索成本

诺贝尔经济学奖得主阿罗指出：人们可以花费人力财力来改变经济和社会生活领域面临的不正确性，这种改变是通过信息的获得实现的。这一观点表明，为改变不确定性进行的信息搜索必须付出代价，即存在信息搜索成本。

网络经济学中，信息搜索成本是指网络消费者在购买决策前一切有助于信息搜索的支出，这些支出不仅包括货币支出，还包括所花费的时间、感情的投入、为提高认识能力所投入的学习费用等。互联网与电子商务的结合意味着，一方面为消费者扫除了时空障碍，减少了交易中的市场摩擦；另一方面通过降低信息搜索时间和拓宽搜索范围，提高了搜索效率，也提高了选择的满意度。

以购买家具为例，传统购物模式下，如果想要购买一套家具，可在附近数量有限的家具店进行选择，也可去邻近城市购买，但花在路上的时间和汽油的费用提高了购买成本。现在消费者可以登录家具网站去购买，提供的家具价格优惠，选择面广，而且可以根据房屋尺寸在线定制。距离的消失改变了信息搜索的成本。

对企业而言，网络经济大幅降低了获取客户信息和分析客户需求的成本。数据挖掘具有强大的记录、统计、分类和分析功能，可以帮助企业以大规模定制方式替代传统标准化生产方式。

3.4.3　变革品牌塑造机制

传统意义的品牌是工业文明的产物，在消费者与厂商直接沟通成本过高的背景下出现，本质上是在向消费者传达一个信号，比如优质、诚信、亲和力强，进而获得消费者的信任。由于是单向传播，因此品牌的形成和沉淀需要时间。

互联网改变了传统品牌的塑造机制，尤其是社交化平台的出现，全面释放了普通大众的力量，带来的是对传统品牌的依赖度大幅下降。

麦包包是比较有代表性的通过互联网成功塑造自有品牌的企业。麦包包的前身是为法国鳄鱼做贴牌生产的皮包制造商和贸易商。在 2000 年前后，其一年约有 3000 万元～5000 万元销售额，但是利润率通常只有 3%～5% 的水平。由于不满足于始终在产业链最底层苦苦挣扎，麦包包创始人叶海峰产生了创造自有品牌，进军中国市场的想法。鉴于淘宝网的迅速发展，麦包包选择了电子商务路径，其成功的秘诀在于产品创新＋供应链管理＋整合营销渠道。一年上万款新包的研发速度，使得 60% 的麦包包客户会在三个月重复购买，麦包包成了时尚箱包、流行箱包的代名词。200 多名职员几乎人手一个电子终端，每当一个新订单生成，各环节负责人就可以即时了解订单对自己部门的要求，10 分钟之内就可以处理好一个订单。麦包包的供应链管理不仅了解到消费者的个性需求，也极大降低了库存和物流成本。抽样调查显示，客户流失有 89% 来自不信任，而在支付这个环节竟高达 75%。为了解决这一难题提高品牌黏性，麦包包选择与支付宝合作，利用支付宝强大的网购群体，培养出一大批忠实客户群。

本 章 小 结

　　早在计算机网络出现之前，经济学家就注意到了经济主体之间的网络关系，而互联网经济的发展引起了人们对网络经济现象的注意，人们开始从不同角度进行研究，形成了网络产业经济学、信息基础结构经济学、Internet经济学、电子商务经济学等不同的理论，它们构成了网络经济学的重要理论渊源。

　　梅特卡夫法则、马太定律、摩尔定律、吉尔德定律、达维多定律、格罗夫定律是网络经济市场运行的基本规律。而网络外部性则是网络经济理论中最核心的概念，它的存在直接导致了网络经济理论中最核心的概念，它的存在直接导致了网络经济市场结构、市场参与者行为和市场效率的变化，它也构成了Web 1.0时代的基本定律。而Web 2.0时代的全新的商业模式主要来自于长尾理论和免费经济学。网络经济作为从工业社会转向信息社会的重要标志，正在成为经济变革的引领力量。

案 例 与 分 析

阿里巴巴联姻新浪微博，优势互补有助双赢

　　2013年4月29日，新浪集团旗下子公司微博公司（简称新浪微博）与阿里巴巴集团（简称阿里巴巴）子公司阿里巴巴（中国）签署战略合作协议。双方将依托各自领先的社交媒体和电子商务优势，在用户账户互通、数据交换、在线支付、网络营销等领域进行深入合作，打造更为活跃的微博平台。

　　此次联姻，双方将实现双赢。

　　对于新浪微博而言，近两三年吸引了数亿人使用，但是仍然面临盈利压力。据财报显示，新浪2012年第三季度净营收1.524亿美元，同比增长17%，净利润是990万美元，同比下降70%。其中，广告营收仅仅在前一季度基础上翻了一倍，这与其巨大投入相比微不足道。

　　据艾瑞咨询报告显示，新浪微博的主要营收，广告是主要来源，增值会员费只占很小一部分，这让微博变得发展很困难。新浪已在2013年第四季度上线自助式信息流广告系统，通过相关关键词进行广告推广，但在短期内很难形成规模。

　　因此，新浪微博的商业化探索仍面临很大问题。新浪微博此番获得阿里的战略投资，不仅可缓解其盈利压力，更有可能探索出一条与电商结合的商业前景。

　　对于阿里巴巴而言，新浪微博的广泛参与性有助于弥补其社交和移动互联网短板，旗下的电子商务业务也将受益。淘宝要进行社会化转型，押宝新浪微博等社交平台，将为淘宝创造和引入更多买家流量，而淘宝转型方向是"社区化商务"。

　　随着越来越多的传统商家进入淘宝，买家又被众多B2C电商分流。一旦买家增长跟不上卖家增长，商业生态系统就会失衡，使淘宝流量越来越贵。因此马云一直在做一件事，通过各种方法将线下人群拉到线上消费。从最初的线下淘宝店，到后来的推广淘代码，都是试图增加线上流量的举措。

阿里巴巴主要做的是交易平台，但从来没有放弃过媒体梦。阿里巴巴将借助新浪微博进一步巩固媒体话语权及平台社交关系。

思 考 题

1. 结合网络经济学利益双赢原理，分析可以采取哪些措施来实现阿里巴巴与新浪微博的双赢局面。

2. 阿里巴巴与新浪微博的全面合作对腾讯、百度会产生怎样的影响？

复 习 与 讨 论

1. 思考网络、网络经济与网络经济学三者之间的关系。

2. 什么是马太效应？从网民、广告主、企业角度分别说明马太效应在互联网行业的作用。

3. Web 2.0 时代的主要网络经济理论包括哪些？并举例具体阐述。

4. 举例分析网络经济的变革力量。

第4章 网络营销与管理

"海底捞"的便捷服务

海底捞以服务著称，移动时代到来后，很多年轻用户对海底捞有了更高的期望，他们希望不用再忍受现场排队的无聊，能够实现不到店就能快捷预约、点菜。基于客户的这种希望，海底捞接入了百度直达号，想吃海底捞的用户只要在手机百度输入"@海底捞"就能直达海底捞服务页面，在这个页面上除了能点菜、预订座位、点外卖外，还能查看指定店面排队及叫号情况，寻找距离自己最近的海底捞门店，甚至可以玩游戏赚优惠券等，这些服务大大提升了用户体验，增强了客户黏性，促进了海底捞订单量的增加。

4.1 网络营销理论基础

4.1.1 网络营销概念及特点

网络营销是企业整体营销战略的一个组成部分，是利用互联网技术，最大限度地满足客户需求，达到开拓市场、实现盈利目标的经营过程。网络营销的核心思想就是"营造网络经营环境"，即指企业内部和外部与开展网上经营活动相关的环境，包括网络本身、顾客、网络服务商、合作伙伴、供应商、销售商等网络环境。网络营销的开展就是与这些环境建立关系的过程，这些关系处理好了，网络营销也就卓有成效。

互联网技术发展的成熟以及互联网的方便性和成本的低廉，使得任何企业和个人都可以很容易地将自己的计算机或计算机网络连接到互联网上。遍布全球的各种企业、团体、组织以及个人通过互联网跨时空地联结在一起，使得相互之间信息的交换变得"唾手可得"。因为互联网具有营销所要求的某些特性，这使得网络营销呈现以下一些特点：

（1）跨时空。互联网具有超越时间约束和空间限制进行信息交换的优点，使企业脱离时空限制达成交易成为可能。企业可有更多的时间和更大的空间进行营销，可 7×24 小时随时随地提供全球性营销服务。

（2）多媒体。互联网被设计成可以传输多种媒体的信息，如文字、声音、图像等，使得为达成交易进行的信息交换能以多种形式存在和交换，可以充分发挥营销人员的创造性和能动性。

（3）交互式。互联网通过展示商品图像，并通过商品信息资料库提供有关的查询，来实现供需互动与双向沟通。企业通过互联网可以收集资料，可以进行产品测试与消费者满意度的调查等活动。因此，互联网可为企业进行产品联合设计、商品信息发布以及各项技术服务提供的最佳工具。

（4）人性化。互联网上的促销是一对一的、理性的、消费者主导的、非强迫性的、循序渐进式的，是一种低成本与人性化的促销，避免了传统营销中推销员强势推销的干扰，并通过信息提供与交互式沟通，与消费者建立起一种长期的、相互信任的良好合作关系。

（5）成长性。互联网使用者数量快速增长并遍及全球，使用者大部分是年轻的、有较高收入和高教育水准的群体，而这部分群体购买力强，具有很强的市场影响力，所以是一项极具开发潜力的市场渠道。

（6）整合性。在互联网上开展营销活动，可以完成从商品信息的发布到交易操作的完成和售后服务的全过程，是一种全程的营销渠道。另一方面，企业可以借助互联网将不同的传播营销活动进行统一设计规划和协调实施，通过统一的传播资讯向消费者传达信息，从而避免不同传播中因不一致性而产生的消极影响。

（7）超前性。互联网是一种功能最强大的营销工具，兼具渠道、促销、电子交易、互动顾客服务以及市场信息分析与提供等多种功能。其所具备的一对一营销能力，正是迎合了定制营销与直复营销的未来趋势。

（8）高效性。网络营销应用计算机存储大量的信息，可以帮助消费者进行查询，所传送的信息数量与精确度，远超过其他传统媒体；同时，它还能回应市场需求，及时更新产品或调整价格，因此能及时有效地了解并满足顾客的需求。

（9）经济性。网络营销使交易双方能够通过互联网进行信息交换，代替传统的面对面的交易方式，可以减少印刷与邮递成本，进行无店面销售而免租金，节约水电与人工等销售成本，同时也减少了由于交易双方之间的多次交流所带来的损耗，提高了交易效率。

（10）技术性。建立在以高技术作为支撑的互联网基础上的网络营销，使企业在实施网络营销时必须有一定的技术投入和技术支持。必须改变企业传统的组织形态，提升信息管理部门的功能，引进懂营销与计算机技术的复合型人才，才能具备和增强本企业在网络市场的竞争优势。

综上所述，网络营销依托互联网在全球的广泛使用和电子商务网络市场的飞速发展，以其源于传统营销又超脱于传统营销的特点和优势，帮助众多企业取得了极大的经济效益和社会效益，得到社会各界广泛的关注和认可，给市场营销领域带来了一场巨大的变革，前景辉煌。

4.1.2　网络营销的内容

网络营销产生于互联网迅速发展的网络时代。作为依托网络的新的营销方式和营销手段，网络营销有助于企业在网络环境下实现营销目标。网络营销涉及的范围较广，所包含的内容较丰富，主要表现在以下两个方面：

第一，网络营销主要针对新兴的网上虚拟市场，它能够及时了解和把握网上虚拟市场的消费者特征和消费者行为模式的变化，为企业在网上虚拟市场进行营销活动提供可靠的数据分析和营销依据。

第二，网络营销依托网络开展各种营销活动来实现企业目标，而网络的特点是信息交流自由、开放和平等，并且信息交流费用低廉，信息交流渠道既直接又高效，因此在网上开展营销活动，必须改变传统的营销手段和方式。

主要依托互联网进行营销活动的网络营销，虽然基本的营销目的和营销工具与传统的营销方式一致，但在实施和操作的过程中与传统营销方式有着很大区别。具体来讲，网络营销包括下列一些主要内容：

（1）网上市场调查。网上市场调查是指企业利用互联网的交互式信息沟通渠道来实施市场调查活动，所采取的方法主要是直接在网上通过发布问卷进行调查，企业也可以收集市场调查中需要的各种资料。

（2）网络消费者行为分析。网络消费者是网络社会的一个特殊群体，于传统市场上的消费群体的特性截然不同，因此要开展有效的网络营销活动必须深入地了解网上用户群体的需求特征、购买动机和购买行为模式。

（3）网络营销策略的制定。企业在采取网络营销实现企业营销目标时，必须制定与企业相适应的营销策略，因为不同的企业在市场中所处的地位是不同的。企业实施网络营销需要进行投入，并且也会有一定的风险，因此企业在制定本企业的网络营销策略时，应该考虑各种因素对网络营销策略制定的影响。

（4）网络产品和服务策略。网络作为有效的信息沟通渠道，改变了传统产品的营销策略，特别是营销渠道的选择。在网上进行产品和服务营销，必须结合网络的特点重新考虑对产品的设计、开发、包装和品牌的产品策略的研究。

（5）网络价格营销策略。作为一种新的信息交流和传播工具，互联网从诞生开始就实行自由、平等和信息基本免费的策略，因此在网络市场上推出的价格策略大多采取免费或者低价策略。制定网上价格营销策略时，必须考虑到互联网对企业的定价影响和互联网本身独特的免费特征。

（6）网络渠道选择与直销。互联网对企业营销活动影响最大的是企业的营销渠道。经历了传统市场到网络市场战略性转移的 Dell 公司，借助互联网交易双方可以直接互动的特性建立了网上直销的销售模式，改变了传统渠道中的多层次选择和管理与控制的问题，最大限度地降低了营销渠道中的营销费用，通过网络营销获得了巨大成功和巨额利润。但是企业在建设自己网上直销渠道时必须在前期进行一定的投入，同时还要结合网络直销的特点改变本企业传统的经营管理模式。

（7）网络促销与网络广告。互联网具有双向的信息沟通渠道的特点，可以使沟通的双方突破时空限制进行直接的交流，操作简单、高效，并且费用低廉。互联网这一特点使得在网上开展促销活动十分有效。网络广告是进行网络营销最重要的促销工具，它作为第四类媒体上发布的广告，其交互性和直接性的特点具有报纸、杂志、无线电广播和电视等传统媒体发布广告无法比拟的优势。

（8）网络营销管理与控制。网络营销依托互联网开展营销活动，必将面临传统营销活动无法碰到的许多新问题，例如网络产品质量的保证问题、消费者隐私保护问题以及信息的安全问题等，这些都是网络营销必须重视和进行有效控制的问题，否则企业开展网络营销的效果就会适得其反。

4.1.3 网络营销的职能

网络营销的职能不仅表明了网络营销的作用和网络营销工作的主要内容，同时也说明了网络营销所应实现的效果。对网络营销职能的认识有助于全面理解网络营销的价值和网络营销的内容体系。

1. 网络品牌

网络营销的重要任务之一就是在互联网上建立并推广企业的品牌。知名企业的网下品牌可以在网上得以延伸，一般企业则可以通过互联网快速树立品牌形象，并提升企业整体形象。网络品牌建设以企业网站建设为基础，通过一系列的推广措施，达到顾客和公众对企业的认知和认可。在一定程度上，网络品牌的价值甚至高于通过网络获得的直接收益。

2. 网站推广

网站推广是网络营销最基本的职能之一。在几年前，甚至认为网络营销就是网站推广。相对于其他功能来说，网站推广显得更为迫切和重要，网站所有功能的发挥都要以一定的访问量为基础，所以，网站推广是网络营销的核心工作。

3. 信息发布

网站是一种信息载体，通过网站发布信息是网络营销的主要方法之一，同时，信息发布也是网络营销的基本职能。所以，也可以这样理解，无论哪种网络营销方式，结果都是将一定的信息传递给目标人群，包括顾客/潜在顾客、媒体、合作伙伴、竞争者等。

4. 销售促进

营销的基本目的是为增加销售提供帮助，网络营销也不例外。大部分网络营销方法都直接或间接促进销售，但促进销售并不限于促进网上销售，事实上，网络营销在很多情况下对于促进网下销售也十分有价值。

5. 销售渠道

一个具备网上交易功能的企业网站本身就是一个网上交易场所。网上销售是企业销售渠道在网上的延伸，网上销售渠道建设也不局限于网站本身，还包括建立在综合电子商务平台上的网上商店，以及与其他电子商务网站不同形式的合作等。

6. 顾客服务

互联网提供了更加方便的在线顾客服务手段，从形式最简单的 FAQ（常见问题解答），到邮件列表，以及 BBS、聊天室等各种即时信息服务。顾客服务质量对于网络营销效果具有重要影响。

7. 顾客关系

良好的顾客关系是网络营销取得成效的必要条件。通过网站的交互性、顾客参与等方式在开展顾客服务的同时，也增进了商家与顾客的关系。

8. 网上调研

通过在线调查表或者电子邮件等方式，可以完成网上市场调研。相对传统市场调研，网上调研具有高效率、低成本的特点，因此，网上调研成为网络营销的主要职能之一。

开展网络营销的意义就在于充分发挥各种职能，让网上经营的整体效益最大化。网络营销的职能是通过各种网络营销方法来实现的，网络营销的各个职能之间并非相互独立，同一个职能可能需要多种网络营销方法的共同作用，而同一种网络营销方法也可能适用于多个网络营销职能。

4.2 网络营销工具与方法

网络营销的最终目标要通过各种网络营销方法来实现，而网络营销的方法又需要借助各种网络营销工具，因此有效利用网络营销的工具和方法也就成为实现网络营销各项职能及最终目标的基础，也是网络营销实践性的体现。

4.2.1 搜索引擎营销

1. 搜索引擎的工作原理

搜索引擎是指自动从互联网搜集信息，经过加工整理后，提供给用户进行查询的系统。搜索引擎的工作大致可以分为三个过程：一是在互联网中发现、搜集网页信息；二是对所搜集的信息进行提取和组织，并建立索引库；三是由检索程序根据用户输入的查询关键词，在索引库中快速检出相关文档，进行文档与查询内容的相关度比较，然后对检出的结果进行排序，并将查询结果返回给用户。

1）搜集网页信息

搜索引擎的网页信息搜集是自动完成的。搜索引擎利用称为搜索机器人（或称为网络蜘蛛）的程序来抓取网页，这个动作对于网站来说就像是有用户浏览网站一样。网络蜘蛛还会根据每一个网页上的超链接自动抓取其它网页。就这样，可以从网站的一个网页开始（通常是首页面），逐渐抓取到网站的全部页面。理论上，若网页上有适当的超链接，机器人便可以遍历绝大部分网页。为了体现"搜索引擎友好性"，很多网站还在根目录下放置专门供搜索引擎机器人阅读的文件（通常是 robots.txt），以告知该网站中哪些页面允许被抓取，哪些页面不允许被抓取。

2）整理网页信息

搜索引擎整理网页信息的过程实际上是建立全文索引的过程。搜索引擎不仅要保存所抓取的网页信息，还要将它们按照一定的规则进行编排，制作全文索引。

全文索引的原理是先定义一个词库（比如所有的英文单词），然后在网页中查找每个单词出现的频率和位置，把这样的频率和位置信息按照词库的顺序归纳，这样就相当于对所有网页都建立了一个以单词为目录的索引，查找某个单词的时候就能很快地定位到该单词出现在哪些网页中，以及在不同网页中该单词出现的频率。

3）查询与排序

网络用户向搜索引擎发出查询要求，搜索引擎接收查询并向用户返回相关的网页链接。通过这些链接，用户便能到达包含自己所需资料的网页。通常搜索引擎会在这些链接下提供一段摘要信息以帮助用户判断此网页是否含有自己需要的内容。

一个搜索引擎的有用性也依赖于它的搜索结果排名的相关性，因此，大部分搜索引擎会采用一些方法对检索结果进行排序，从而优先提供最好结果。除了付费排名外，网站搜索结果的排名方式取决于搜索引擎的排名算法，这种排名算法方法也会随着时间、互联网使用、新技术的应用而改变。

2. 搜索引擎营销的目标层次

搜索引擎营销（Search Engine Marketing，SEM）是基于搜索引擎平台，通过一整套的技术和策略系统，利用人们对搜索引擎的依赖和使用习惯，在人们检索信息的时候尽可能将营销信息传递给目标客户的一种营销方式。搜索引擎营销的基本思想是让用户发现信息，并通过点击浏览网站/网页进一步了解他所需要的信息。搜索引擎营销是一种典型的网络推广形式，就是利用搜索引擎来进行全面而有效的网络推广。搜索引擎营销追求最高的性价比，以最小的投入，获得最大的来自搜索引擎的访问量，并产生商业价值。

利用搜索引擎工具可以实现 4 个层次的营销目标：

（1）被搜索引擎收录；

（2）在搜索结果中排名靠前；

（3）增加用户的点击（点进）率；

（4）将浏览者转化为顾客。

在这四个层次中，前三个可以理解为搜索引擎营销的过程，而只有将浏览者转化为顾客才是最终目的。在一般的搜索引擎优化中，通过设计网页标题、META 标签中的内容等，通常可以实现前两个初级目标（如果付费登录，当然直接就可以实现这个目标了，甚至不需要考虑网站优化问题）。实现高层次的目标，还需要进一步对搜索引擎进行优化设计，或者说，设计从整体上对搜索引擎友好的网站。

有必要说明：搜索引擎不是"活雷锋"，搜索引擎本身的盈利模式决定了网站可以通过购买关键词的方式来提高排名结果，例如 Google、Yahoo、Baidu、FindWhat 和 Sprint 等搜索引擎都有类似的关键词购买方式。客观上讲，以单纯的"免费"技术方式的搜索引擎获得的营销效果是有限的。这种以付费的方式来取得较好的搜寻排名也是搜索引擎营销的一环，可用来弥补因同类网站的竞争激烈而无法在某些关键词上取得较好排名的缺憾。

目前在中国可以通过付费来进行搜索引擎营销的主要包括百度和 Google。谷歌的右侧关键字竞价排名有着较强的针对性，而且是按照点击收费的，并且这个排名不是单纯的竞价而是由质量得分和出价同时决定的。百度是最大的中文搜索引擎，用户群十分广泛，其竞价产品的广告效果较好。但是对于一些热门的关键词，价格都比较昂贵，许多小微企业较难承担。

4.2.2 社交媒体营销

如今，社交媒体已然成为企业与潜在用户连接的最佳桥梁。社交媒体即媒体的社交化，这种新媒体通过与用户更深层次地连接来获得用户的信任。社交媒体营销，也称为社会化媒体营销，就是利用社会化网络、在线社区、博客、百科或者其他互联网协作平台和媒体来传播和发布资讯，从而形成的营销、销售、公共关系处理和客户关系服务维护及开拓的一种方式。社会化媒体营销手段包括论坛、微博、微信、博客、SNS 社区等，图片和视频通过自媒体平台或者组织媒体平台进行发布和传播。

1. 博客营销

博客（Blog，也被译为网志、部落格等）是一种由个人管理，不定期张贴新的文章、图片的网页或在线日记，主要是用来记录和分享信息，也可以用来抒发情感或发布评论文章等。个人博客是个人持续性的日记或评论，也是最传统常见的博客。企业博客可以用作内部交流以增进联系的文化，或对外交流以作为营销、品牌推广或公共关系的有效工具。企业利用博客密切关注并及时回复平台上客户对于产品或服务的相关咨询和投诉，还可以利用博客平台的影响力获得搜索引擎的较前排位,以达到宣传推广目的。

企业除了可以通过自己的博客发布信息,也可以在读者量巨大的个人博客上投放广告。通过个人博客推广就是利用博主的知识、兴趣和生活体验等传播商品信息的推广活动。个人博客推广不直接推销产品,而是通过影响消费者的思想来影响其购买行为。例如相机厂商可以赞助知名摄影博客,在博文中体现相关产品的内容,这些产品由该博客为源头传播开来,将有效地影响其他摄影爱好者和相机用户。有影响力的个人博客往往是那个圈子中的意见领袖,他们的一举一动往往被其他人模仿和追逐。

2. 微博营销

与博客一样,微博也是用户发布信息和交流互动的重要社交媒体。但与博客不同,微博主要是通过手机等移动客户端来发布和阅读信息的。随着移动互联网的普及,微博将比博客更容易得到普及。在国外,Twitter(推特)是主流的微博平台;在国内,新浪、腾讯、网易和搜狐都推出了微博平台。微博营销以微博作为营销平台,每一个主动收听的粉丝都是潜在的营销对象,企业利用不断推送微博向网友传播产品和服务信息,树立良好的企业形象和产品形象。

微博营销的主要方式与博客一样,企业除了需要定期更新与产品和服务有关的内容以形成与客户的交流互动,还需要发布大量的与行业相关的大众话题来巩固已有的粉丝和吸引新的粉丝,以达到营销的目的。微博营销应当注重信息的及时性、趣味性和互动性。

衡量微博营销效果的主要指标是粉丝的数量、反馈评论的数量、被转发的数量以及被@的数量。例如通过与微博名人的合作,让微博名人转发相关的微博也是增加人气的手段。

3. 百科平台营销

维基百科(Wikipedia)于2001年1月10日由吉米·威尔士发起,是一个自由、免费、内容开放的网络百科全书,参与者来自世界各地。在这个网站中,任何人都可以编辑百科知识中的一个词条,利用大家的智慧达到协作式写作的目标。因此,维基百科也是众包模式的一个典范。国内的相关网站主要是百度百科,它在中文环境下占有主要的市场份额。

值得注意的是,维基百科和百度百科不只是静态地提供知识,而是可以由用户不断地、自由地进行修改。因此,它实际上具有很强的互动性特点。例如,在国内多个城市发生过关于PX项目的争论,居民认为PX项目会污染本地的生态环境,而地方政府认为该项目不仅不会造成环境污染,还可以有力地提升地方的经济。这场争论很快就蔓延到百度百科和维基百科上:反对PX项目的网友把该化学物质词条改为"剧毒",而高校化学专业的研究生又将其改回为"微毒"。就这样,该词条被反复修改,一时成为网上舆论的焦点。

企业可以为百科网站提供专业的知识,在此同时可以适当地加入客观的评论和与企业自身相关的信息。可以理解,百科网站平台不仅不是专门发布广告的地方,而且对广告非常反感,很容易被其他网友删除。企业在利用百科网站平台推广信息时,一定要围绕正确的、被广泛认可的知识展开。企业也可以将独有的技术或产品作为词条来提供,目的是使用户在理解技术机理的基础上认可企业的技术和产品质量。

4. 网络社区营销

网络社区是网上特有的一种虚拟社会,社区主要把具有共同兴趣的网友聚集到一个虚拟空间，达到相互沟通的目的。由于有大量的网友参与，网络社区已不仅具备交流的功能，更已成为一种网络营销场所。

一个典型的网络社区的功能包括新闻发布、电子邮件、聊天室、论坛等，而论坛功能很早就被用来进行各种各样的企业推广活动了。企业利用论坛这种网络交流的平台，通过文字、图片、视频等方式发布信息，从而让目标客户更加深刻地了解企业的产品和服务，达到宣传企业的品牌、加深市场认知度等目标。目前，网络社区的推广主要采用软文的方式，即将企业的信息植入论坛的相关文字中，让网友不知不觉地接受企业的宣传。

搜狐旗下的"焦点网"就是典型的网络社区，在那里网友可以获得大量的房屋装修信息，讨论有关的问题，并且非常认可社区其他网友的产品或服务推荐。专业的社区也吸引了大量的企业进入，它们不仅在网站上直接投放广告、上传软文，还积极组织线上与线下的活动，让社区中的网友能够以各种形式了解企业、认可企业。由于网络社区具有专业性，企业可以做到非常精准的传播，客观上降低了营销成本，提升了营销效果。

5. 即时通信营销

即时通信软件(Instant Messaging，IM)是伴随互联网发展起来的重要交流工具。最初的 IM 工具主要是以个人用户为主，方便聊天、交友、娱乐，例如 ICQ、QQ、MSN、雅虎通、网易 POPO、新浪 UC、百度 HI、移动飞信以及微信等软件。这类软件通常以网站为辅、客户端软件为主，免费使用为基础，增值使用为盈利模式。

目前，越来越多的企业将 IM 作为企业推广产品和品牌的一种手段，用以进行网络在线交流和广告发布。通常，企业建立了网店或者企业网站时都会提供即时通信在线，这样潜在的客户如果对产品或服务感兴趣自然会主动和在线的商家联系，这就实现了展示率到沟通率的成功转化。另外，企业可以通过 IM 工具发布一些产品信息、促销信息，或者可以通过图片发布一些网友喜闻乐见的表情，同时加上企业要宣传的标志。

随着电子商务的发展，专业应用于网络营销的商用 IM 工具也应运而生，例如阿里巴巴公司为 B2B 客户提供的阿里旺旺贸易通，以及为 C2C 客户提供的阿里旺旺淘宝版。商用 IM 的主要作用是寻找客户资源或便于商务联系，从而以低成本和较高的安全性实现商务交流。

IM 营销的另一个趋势是与客户关系管理(CRM)系统的整合。通过 IM 客户的唯一编号，客服人员可以准确地识别客户，并可以方便地调阅之前的沟通记录。甚至于企业可以通过 IM 机器人来提供自助服务。微信的公众号就可以方便地提供 IM 机器人的功能，企业可以利用菜单生成器设置各种客服流程，而用户则可以通过不同菜单的导航和交互进行自助式服务。利用微信提供的程序开发接口，企业可以应用数据库查询实现与各种后台数据库的交互，比如知识库、订单、产品目录等的数据查询交互，自动地解决了大多数用户的通用需求。

4.2.3　许可电子邮件营销

电子邮件营销是一个针对大量客户进行推广的好办法。这种营销方式建立在一个数据库的基础上，数据库中的每一条记录不仅包含了客户的电子邮件地址，还包含了其背后的各种客户属性，比如性别、年龄、职业、地区、收入、消费等。由于电子邮件这种应用既古老又具有稳定性，因此这种方法还有利于建立与客户的长期联系。

必须说明的是：如果不经用户允许就大量发送电子邮件，不仅会引起客户的反感，而且会被电子邮件服务器识别为垃圾邮件而不能到达用户的收件箱中。而许可电子邮件营销则是企业在做市场推广的时候，事先征得顾客的"许可"，然后才通过电子邮件的方式向顾客发送产品、服务信息。

Yahoo 的营销专家赛斯·高汀(Seth Godin)在《许可营销》(《Permission Marketing》)一书中最早对"许可营销"理论进行了系统的研究。高汀指出："许可营销通过与自愿参与者的相互交流，确保消费者对此类营销信息能够持续关注，这将有效推动客户和营销人员间的相互交流。"许可营销的概念一经提出就受到网络营销人员的普遍接受和广泛应用。

客户出于对隐私的保护和对推销的反感，不会轻易"许可"。实现许可营销有以下五个基本步骤：

(1) 培养或抓到客户的兴趣，并让客户感觉到可以获得价值，从而吸引其注意力，愿意尝试相关的服务和产品，并自愿加入到许可的行列中去。

(2) 当潜在客户投入注意力之后，应该及时为客户提供演示资料、教程或图文并茂的产品目录，让消费者充分了解公司的产品或服务。

(3) 继续提供生日礼物、会员特价等激励措施，以保证潜在顾客维持在许可名单中。

(4) 给予会员更多的优惠，针对每个客户的特点提供更加个性化的服务。

(5) 经过一段时间之后，营销人员可以利用获得的许可改变消费者的行为。获得许可并达成交易并不意味着许可营销的结束，相反，这仅仅是将潜在顾客变为真正顾客的开始。如何将顾客变成忠诚顾客甚至终生顾客，仍然是营销人员工作的重要内容。

需要注意的是，虽然获得客户的许可非常不易，但当一个客户不再需要公司提供的服务，或者对该公司不再信任时，完全有权利选择退出。否则，不仅不会为公司带来利益，而且只能增加客户的厌恶感，甚至带来客户的起诉。

4.3　网络市场调研

网络市场调研利用互联网挖掘和了解顾客需要、市场机会、竞争对手、行业潮流、分销渠道以及战略合作伙伴等方面的情况。从某种程度上来说，互联网上的海量信息，特别是与消费者有关的信息，对传统市场调研产生了巨大影响，它不仅丰富了市场调研的资料来源，还可以更加有效地使用和扩展传统市场调研方法，在定性调查和二手资料调查等方面具有无可比拟的优势。

4.3.1　网络市场调研的含义及优势

美国市场营销协会认为：市场调研是通过信息将消费者与营销者连接起来的一系列活动。这些信息用于识别和确定营销机会，提炼和评估营销活动，监督营销绩效，改进人们对营销过程的理解。简单地说，市场调研是指以科学的方法，系统地、有目的地收集、整理、分析和研究所有与市场有关的信息，特别是有关消费者的需求、购买动机和购买行为等方面的信息，从而帮助营销者把握市场现状和发展趋势，有针对性地制定营销战略，取得良好营销效益的活动。我们把通过互联网收集、整理、分析和研究关于市场信息的一系列活动称为网络市场调研。与传统市场调研方式相比，网络市场调研具有以下优势。

1. 便捷性

网络市场调研不受时间和地域的限制,这一点与传统市场调研有很大的不同。例如,调研人想要利用传统市场调研方法中问卷调查的方式量化消费者对产品的满意度。这时,调研人会较多选择在白天、周末时间进行。又如,由于受调研经费的限制,调研人一般会挑选几个有代表性的地方进行调研。这时,样本具有一定局限性,得到的结论不一定能代表全体。但是,在网络上进行市场调研,无论是调研人还是被调查者都不再受时间或地域的限制,他们只需拥有一台能上网的计算机就可以选择在自己方便的时间进行调研或接受调查。调研人可以通过电子邮件、网上调研系统等途径向被调查者发出调查问卷,还可以通过电子商务网站或社交网站收集与消费者有关的信息;被调查者也可以在任何方便的时间和地点参与调研,如填写问卷、发表产品评论等。

2. 费用低

在进行传统市场调研时,如果调研范围较小,则不足以全面掌握市场信息;如果调研范围广,投入时间周期长,调研费用大。网络市场调研则可以有效解决调研费用、调研周期、获取信息量之间的问题。此外,在进行网络市场调研时,不需要印刷调查问卷,这一点不仅顺应环境保护的趋势,而且可以降低调查结束后信息录入的繁琐工作量,节约人力资源和成本。

3. 时效性

由于受时间和地域的限制,传统市场调研周期相对较长。但是,在网络市场调研中,调研人和被调查者之间的交流不再受这些约束,调研人可以通过电子邮件、网上调研系统等途径快速与上网用户进行信息交流,或者上网收集与消费者、产品有关的信息,被调查者可以根据自己的时间回复问卷中的问题,这些都有助于调研人在短时间内收集到所需要的大量数据,从而充分发挥这些数据所产生信息的时效性。例如,2012 年美国总统竞选期间,美国有线电视新闻网(CNN)通过一份民意调查,准确估算出奥巴马的支持率要比他的主要竞争对手罗姆尼高出 9 个百分点。如果不是通过互联网进行调查,这项信息是不可能这么准确的。

4. 客观性

利用互联网收集到的二手资料较为客观,例如来自电子商务网站的交易历史数据、社交媒体上的文本数据、搜索引擎的数据等,真实反映出消费者的购买意愿和行为。在此基础上,调研人利用软件对收集来的数据进行统计分析,得到的结论具有一定的理论依据。此外,调研人通过网上问卷调查系统分发问卷,进行问卷调查时,被调查者可以在完全独立的环境中填写问卷,而不容易受到调研人或者其它外在因素的误导和干预,也能最大限度地保证数据来源的客观性。

5. 样本随机性

由于传统市场调研的过程和结果受时间、地域、费用等因素的影响较大,调研人往往只能获得小样本数据,这些数据有时无法较好地满足样本随机性。然而,在互联网时代,尤其是大数据环境下,通过电子商务网站、社交媒体网站、搜索引擎、网上数据库、网上问卷调查系统等,调研人可以快速、便捷地收集到大量和消费者有关的数据,这些数据能够更好地满足样本随机性,得到的结论更为客观。

4.3.2 网络市场调研过程

网络市场调研与传统市场调研一样，需要遵循一定的方法步骤，以保证调研过程的质量。网络市场调研一般包括以下 5 个步骤。

1. 明确调研目的

明确调研目的是要对研究对象的某一状况进行研究，还是要验证某一理论或假设。明确调研目的可以为整个调研过程提供保证和方向。例如，在市场调研中，管理者必须要有一个明确的目标，并与调研负责人就相关问题进行沟通，包括此次进行市场调研的目的、调研对象(样本)具有的特征、调研经费、调研完成时间、调研过程中可能遇到的问题等，后续的调研方案、计划和具体实施都将围绕这些问题展开。

2. 制定调研计划

在正式开展调研前，调研人需要事先制定出详细的市场调研计划，包括时间上的安排、每一个时间节点上需要完成的任务、市场调研方法的选择、市场调研员的配置及培训等。这里需要注意的一点是，调研人需要根据调研问题以及能够收集到的信息选择调研方法。常用的市场调研方法根据资料来源，可分为间接市场调研和直接市场调研；根据调研方式，可分为访谈法、观察法、实验法等。特别是随着互联网的发展以及人们消费习惯的转变，调研人可以利用数据采集器在电子商务网站、社交媒体网站等收集有关产品或消费者的数据，利用这些数据进行市场分析、产品分析、消费者行为分析，得到的结论更为客观。

3. 收集调研数据

既然是网络市场调研，顾名思义，调研过程主要通过互联网进行。如果采用在线问卷调查的方式，调研人将通过电子邮件、网上问卷调查系统等方式向被调查者分发和回收问卷。如果是采用访谈法进行调研，调研人将通过论坛、网上社区、即时通信工具等形式进行访谈，以了解消费者对某产品的态度或意愿等。在这种情况下，调研人不可能对所有消费者进行问卷调查或访谈，一般都是抽取一部分独立样本来进行。抽样的目的就是为了利用少量样本数据得到关于总体的信息。但是，样本毕竟不能代表总体。已有研究表明，样本选择的随机性比样本数量更为重要，样本分析的准确度随样本随机性的增加而提高。资料收集方式对抽样过程有着重要的影响。不同方式需要不同的成本，产生的资料质量也不同，与之相关的抽样准确性也不同。例如，电子邮件调查与在线访谈调查相比，电子邮件调查成本较低，方便快捷，根据数据库个人档案选择满足条件的被调查对象使得样本具有很强的代表性；在线访谈调查方式灵活，但运作缓慢，调研结果不易量化，容易产生误差。

4. 分析调研数据

分析数据的目的就在于利用杂乱无章的数据揭示出有关消费者态度、倾向或行为的规律性结论，并预测市场发展趋势、时机等。技术人员在进行数据挖掘时，需要借助一些工具，例如 SAS、SPSS、R 语言等，常用的统计分析方法主要有分类、聚类、回归分析、相关性分析、方差分析等。

5. 制作调研报告

数据分析完成后，调研人负责撰写调研报告，报告中包括调研问题、调研内容、调研步骤及方法、数据来源、分析方法及得到的结论，最后可以向管理者提出一些建议。这是整个过程的关键环节，因为想让整个调研发挥作用，调研人必须通过调研报告让管理者相信，他们通过数据得出的结论是可信和客观的。

4.3.3　网络市场调研方法

根据信息来源，网络市场调研可分为直接网络市场调研和间接网络市场调研两种。前者使用即时通信软件、虚拟社区、论坛、网上问卷调查系统等工具向网络用户直接了解有关消费者感知、倾向、心理、行为等；后者则主要依靠搜索引擎、专用数据库、商务网站和内容网站收集已经存在的有用信息。每种调研方法都有自己的特点和适用背景，根据不同的调研问题，可以选择合适的调研方法。

1. 直接网络市场调研

1）在线问卷法

在线问卷法是获取第一手资料最常用的调研方法，也是网上最流行、最方便的方法，可广泛应用于各种内容的调研。该方法在网上发布问卷，被调研者通过网络填写问卷，调研人通过网络回收问卷，再利用一些软件对问卷得到的数据进行统计分析，给出结论，完成调研。根据分发问卷的路径，在线问卷法可分为电子邮件问卷法和站点在线问卷法。

电子邮件问卷法，是利用已知的电子邮件地址将调查问卷直接发送给被调查者，被调查者完成问卷后再以电子邮件的形式回复。调研人可以从现有的邮件列表或已有的顾客数据库中获取被调查者的电子邮件地址，然后通过电子邮件分发调查问卷；还可以委托专门提供电子邮件问卷调查服务的调研公司负责问卷调查。使用电子邮件进行问卷调查时应遵循"许可营销"的原则，不要不经邀请或提醒就把问卷直接发给被调查者。

站点在线问卷法，是将调查表或调查问卷放在网站上，由被调查者自愿填写。调查问卷或调查表既可以投放在本企业的站点上，也可以投放在综合门户网站或相关的行业门户网站上。目前，国内外还出现了许多可供调研人选择的网上问卷调查系统，例如 wenjuan.com、surveymonkey.com 等。

虽然网上问卷调查系统具有很多优点，但在使用过程中也经常会出现一些问题。网上问卷调查最大的问题是样本随机性问题。网上问卷调查期间，为了吸引人们参与，调研人会通过新闻组、社区、论坛、网络广告等形式发送填写问卷的邀请。这样，通过不同渠道了解、参与的被调查者就会具有不同的群体特征，而要比较准确地界定被调查者的特征几乎是不可能的。针对样本随机性问题，调研人可以利用电子邮件发送邀请函的方法来选择样本，这种方法结合了电子邮件问卷法和网上问卷调查系统的特点。

最后，需要注意的是，在线问卷不能过于复杂、详细，否则会使被调查者产生厌烦情绪，影响调查问卷所收集到的数据质量。为了降低被调查者的敌意，调研人可以采取一定的激励措施，例如提供免费礼品、优惠券、抽奖送礼等。

2）专题讨论法

专题讨论法指专门邀请一些人作为调研对象，在一个有经验的主持人引导下，讨论一种产品、一项服务、一个组织或其他市场营销话题的一种调研方法。专题讨论法一般都根据事先准备好的询问项目或询问顺序进行。专题讨论法的特点是某一参与者的发言，能对其他参与者予以刺激，对讨论主题在看法、情感、态度等方面做出连锁反应，表达出自己切身的感受。

在互联网时代，专题讨论法也可以通过新闻组、电子公告牌、邮件列表讨论组、网络实时交谈、网络会议等多种途径实现。例如，在相应的讨论组中发布调研主题，邀请感兴趣的访问者参与讨论；将分散在不同地域的被调查者通过网络视频会议连接在一起，在主持人的引导下进行讨论等。

专题讨论法的具体操作是：调研人先确定被调查的目标市场；然后识别目标市场中需要进行调查的讨论组；接着确定可以准备讨论的具体话题；最后登录相应的讨论组，通过过滤系统发现有用的信息，或者创建新的话题，让大家讨论，从中获得有用的信息。例如，小米手机专门针对用户开设了小米社区，通过用户的聊天、讨论、分享，来更好地掌握小米的产品使用情况。

3）在线访谈法

访谈法指调研人依据调查提纲与被调查者通过对话、讨论等面对面形式直接进行交谈，了解被调查者的心理和行为，收集语言资料的一种方法。

本质上，传统访谈法和在线访谈法并无大异，在线访谈也可根据每次进行访谈时的参与人数分为个别访谈和小组访谈。在线个别访谈指调研人通过即时通信工具（例如 Skype、QQ）和被调查者私下进行口头或书面沟通而获取有关消费者心理和行为信息的一种方式；在线小组访谈指调研人通过网络（例如利用虚拟社区、网上论坛、博客等网络工具）发起某一话题，通过参与、观察、记录被调查者之间进行的书面交流而获取有关消费者心理和行为信息的一种方式。但是，在形式上，在线访谈利用了网络带来的诸多便利性。例如，参加在线访谈的小组成员不限，往往依话题受关注程度而定；被调研人参与受访时间不限，每周 7 天，每天 24 小时均可，访谈可以选择调研人和被调查者均能够接受的时间进行即时访谈，也可以通过留言、回复等其他方式进行；此外，因为在线小组访谈不需要面对面地进行访谈，所以其受访地点不需要具体的场所，被调查者可以分布在不同地域。

当调研问题、目标不是很明确时，访谈法是行之有效的一种方法。鉴于它的调研方式，它具有认识社会现象广泛、研究问题深入、调研方式灵活等特点。但是，它也具有一些缺点，例如调研时间长、调研结果不容易量化、不适宜大规模进行等，这就要求调研人结合不同情况灵活使用调研方法。

2. 网络间接市场调研

网络间接市场调研，指调研数据来自网上二手资料。互联网上虽有海量的二手资料，但要找到调研人员需要的信息，首先必须熟悉搜索引擎（Search Engine）与百度指数的使用，其次要掌握相关网络信息资源与工具的应用。归纳一下，网络间接市场调研主要通过三种方法实现：搜索引擎的应用、百度指数的应用以及相关网络资源与工具的应用。

1）搜索引擎在网上调研中的应用

搜索引擎提供了一种快速、准确地获取有价值信息的解决方案，成为互联网上最突出的应用。搜索引擎使用自动索引软件来发现、收集并标引网页建立数据库，以 Web 形式提供给用户一个检索界面，供用户以关键词、词组或短语等检索项查询与提问匹配的记录，搜索引擎的使用者可以获得大量的相关信息。

但是，通过搜索引擎搜集的信息相关的很多，不相关的也有很多，我们如何在获取有价值信息的基础上，确保获取信息的准确性？又如何才能做到信息的高效管理和利用？首先，要选择适当的搜索引擎，如 Google、百度、Yahoo!、搜狐、新浪、网易等就属于目前最好的搜索工具。好的搜索引擎在索引速度和内容相关性方面会有令人满意的表现。其次，要掌握基本的搜索语法和技巧。再次，要进行内容可靠性判断，对于搜索到的结果，要看内容的出处，一般权威的和某一领域的专业机构提供的信息比较可靠。最后，要对内容进行时效性判断，一般文章都会标注时间，直接选择满足时间要求的信息就可以了。对于没有明确标注时间的信息，要加以判断来利用。

通过搜索引擎，网络市场调研人员可以获得大量的市场信息，包括行业信息、竞争对手的情报、消费者评论、政府机构的法规政策等，通过对这些信息的跟踪、整理、分析，可以判断其产品和服务在行业中所处的位置，发现优势与不足，并提出改进的办法。

2）百度指数在网上调研中的应用

百度指数是以百度海量网民行为数据为基础的数据分享平台，是当前互联网乃至整个数据时代最重要的统计分析平台之一。在百度指数里，当用户输入某个关键词后，即可了解到这个关键词在百度的搜索规模有多大，一段时间内其他用户搜索这个词的频率的涨跌态势，关于这个词的新闻舆论及变化情况，关注这个词的其他用户数据有什么特征及分布情况，他们同时还会搜索哪些相关的词，并帮助用户优化数字营销活动方案。

目前，百度指数的功能模块主要包括基于单个词的趋势研究、需求图谱、舆情管家、人群画像，基于行业的整体趋势、地域分布、人群属性、搜索时间特征。通过打开"趋势研究"可以查看某个关键词最近 7 天、最近 30 天的单日指数，用户还可以自定义时间进行查询。因为每一个用户在百度的检索行为都是主动意愿的展示，所以每一次的检索行为都可能成为该消费者消费意愿的表达。百度指数的"需求图谱"基于语义挖掘技术，向用户呈现关键词隐藏的关注焦点、消费欲望。例如，搜索一个品牌名（如"京东"），打开"需求图谱"，"需求分布"立即会显示出其他用户对该网站的形象认知分布情况，了解用户经常把哪些词语与该品牌联系起来，这对于产品和营销效果分析具有较大帮助。借助"舆情管家"，百度指数可一站式呈现某一关键词最热门的相关新闻、微博、问题和帖子，营销活动的影响力不再"看不见、摸不着"。百度指数允许收藏最多 50 个关键词，市场、产品工作人员需要长期监控自己的品牌名、竞争对手舆情的，借助百度指数，不需要每次进行多次输入，通过一张列表就可以全部呈现了。通过"人群画像"，即可获得用户年龄、性别、区域、兴趣的分布特点，真实、客观，以往需要花费巨大精力开展的调研可以通过在百度指数上输入关键词来替代。

自百度指数发布之日，它便成为众多企业营销决策的重要依据。市场分析、行业分析、产品分析、消费者分析、营销效果分析等，在百度指数里均可以以科学图表的形式全景呈现，一目了然，不仅直观，而且客观。

3）相关网络资源与工具在网上调研中的应用

除搜索引擎与百度指数的应用外，调研人通常还会通过访问相关的网站来收集资料，利用相关的网上数据库查找资料。

利用相关的网站来收集资料，通常的做法是调研人进入专题的网站查找相关的内容信息，就可以直接获得所需数据较全面、实时性强的资料。

网上数据库包含了大量的信息，它是沟通企业与消费者的重要手段，也是整个信息系统的基础。一方面营销人员可以通过提供迎合大众口味的或者有关本行业的数据库来吸引顾客访问公司主页；另一方面，营销人员能够通过数据库获得有关产品、顾客支持和其他市场营销信息。在网络市场调研中，调研人员一般采用两种方式来利用数据库，即利用互联网已有的数据库和建立企业自己的数据库。

目前，许多科研院所和高校也都购买了相应的专业数据库以供二手资料的收集，例如世界贸易数据库（World Trade Database）、世界宏观经济数据库（World Macro Economy Database）、中国宏观经济数据库（China Macro Economy Database）、中国金融数据库（China Finance Database）、中国贸易指数数据库（China Trade Index Database）等。中国宏观经济数据库，数据来源于国家统计局，主要包括宏观经济年度数据、季度数据、月度数据，主要指标包含国民经济核算、人口、就业人员、职工工资、固定资产投资、能源、财政、价格指数、人民生活、城市概况、环境保护、农业、工业、建筑业、运输、邮电、国内贸易、对外经济贸易、旅游、教育、科技、文化体育和卫生等许多方面，它是用于研究和分析中国经济发展状况以及人民生活水平的基础数据库。

相比传统市场调研，调研人在进行网络市场调研时通过充分、综合使用这些丰富的网络资源和工具，既可使整个调研过程省时、便利、成本低，又可使得到的调研结论更加客观，更具说服力。

4.4　网络营销绩效评估

网络营销战略的实施经历分析、规划、实施和评估四个阶段。评估是其战略实施中的最后收尾工作。企业制定绩效考核指标能衡量其战略实施的有效性，整个企业才能知道什么样的经营结果才算是成功的经营。

4.4.1　企业制定绩效考核指标的原则

企业制定绩效考核指标的原则包括：

（1）把企业的目标、战略、电子商务模式用可以量化的指标表示出来。有些网络营销的目标是吸引访问者浏览网站以销售广告，将浏览者转变为购买商品或服务的客户，培养客户忠诚。

（2）绩效考核要清晰易懂、可操作，要方便员工了解，并依照这些指标进行决策。要在纷繁复杂的考核指标中寻找相关的信息是很困难的，因此，很多企业都列出一些重要的考核指标，以此衡量实现主要目标的工作进度。

（3）考核指标要可望又可及。企业一般会树立行业的标杆，再考虑上一年度的业绩，以此判断自己与标杆有多大距离，下一年度如何努力。例如，把网站的访问者在网站上的逗留时间从5分钟延长到10分钟。

（4）对员工的考核一旦与绩效考核指标挂钩，就能激励员工为完成企业的目标而努力。尽管指标是高层管理人员制定的，但是一些成功的企业在制定考核指标的过程中往往向员工征求意见，这样既有利于指标趋于合理，也能使员工对指标的重要性达成共识。俗话说："有什么样的考核指标，就会有什么样的绩效。"

4.4.2　网络绩效考核指标的类型

企业在网络营销中有两种重要的绩效考核指标：一种是网站用户行为分析，另一种是用户参与度指标。以下从网站解析和社会参与指标两方面来说明这两个指标的获取和分析。

1. 网站解析

网站解析是对网站用户行为的分析。网络企业一般都要搜集用户点击网页的各项数据，以此来优化对网络经营的投资。这些数据一般包括：哪些技术能提高网站的浏览量（比如点击网站广告进入）；哪些网页的浏览量最大；网站访问者通过什么途径点击进入网站；网站访问者在各种网页上逗留的时间有多长；销售转换率有多高；网站的注册人数有多少；新的措施（例如在网上开展的促销活动等）是否有效；等等。网站解析所需的数据如何获取呢？企业一般通过多种途径来获得，以下介绍几种途径。

（1）通过网站服务器日志获取。网站服务器日志记录了用户的 IP 地址，用户使用的是什么浏览器，进入网站以前他所在的位置，浏览的具体时间，以及用户的注册信息等。通过 IP 地址，企业可以了解用户所在的地区，例如 jp 表示住在日本。

（2）利用网络跟踪器文件。网络跟踪器文件是用户在访问网站时在硬盘上自动生成的文件。在对网站进行操作（例如使用购物车）时这些文件能起作用。客户再次访问网站时，这些文件中的数据可以取回，从而了解客户浏览本网站的次数等信息。亚马逊网站就是利用网络跟踪器文件在主页自动生成用户姓名的。

（3）利用页面标签。页面标签（page tags）其实是页面上的一个像元（pixel），用户是看不见的。在用户浏览一个页面时，页面标签被用来激活页面上的一个信息，例如何时将商品从购物车移出等。用户计算机硬盘上的网络跟踪器文件也可以用来激活标签，显示用户何时回访网站，在网站上做了哪些动作。

利用网站解析软件，企业可以对服务器的登录信息进行分析，进而分析用户的行为模式。

2. 社会参与指标

企业可以用如下一些社会参与指标来测量网络用户的参与行为：

（1）收看视频、收听音乐、玩网络游戏花费的时间；

（2）下载一个报告、一首歌曲、彩铃或其他的网络资料；

（3）在社会化书签站点为某一个站点添加标签；

（4）在某一个网站上传自制的视频、照片或者其他的多媒体资料；

（5）在博客网站或者其他的网站上张贴评论文章；

（6）对书籍或者网络零售商打分，或者做出其他各种评论；

（7）使用 RSS 在博客或者其他网站上注册；

……

上述这些在线活动有的很难测量，但是企业可以利用页面标签来获知网络用户是否做了一些动作。例如是否改动了网站上汽车的颜色，或者转动了网站上产品的角度，换一个视角来欣赏。要对网络用户的社会参与度进行测量是很复杂的一件事，企业希望能找到有效的方法，收集十分重要的 Web 2.0 指标。

4.4.3　平衡计分卡在网络营销中的应用

有许多绩效考核指标体系包含社会参与指标，对企业改善经营是很有意义的，这其中就有平衡计分卡，它能够帮助人们了解网络营销的绩效。现在全球有 57% 的企业在采用平衡计分卡，并且取得了很好的效果。平衡计分卡（Balanced Score Card，BSC）于 1992 年由哈佛大学名师罗伯·卡普兰及大卫·诺顿（David Norton）首度提出，其最早的用意在于解决传统的绩效评核制度过于偏重财务方面的问题，但在实际运用后又发现平衡计分卡要与企业的营运策略相互结合，才能发挥企业绩效衡量的真正效益与目的，因此平衡计分卡不仅是一个绩效衡量系统，更是一个企业营运策略的管理工具。

1. 平衡计分卡的内容

平衡记分卡的设计包括四个方面：客户视角、内部管理视角、学习和创新视角、财务视角。这几个视角分别代表企业三个主要的利益相关者：股东、顾客、员工，每个视角的重要性取决于视角的本身和指标的选择是否与公司战略相一致。下面将从这几个方面介绍企业一般的目标和电子商务考核指标。

1）客户视角

客户视角，是指以企业传递的客户价值来衡量绩效。平衡记分卡要求企业将使命和策略诠释为具体的与客户相关的目标和要点。企业应以目标顾客和目标市场为导向，应当专注于是否满足核心顾客需求，而不是企图满足所有客户的偏好。客户最关心的不外乎四个方面：时间、质量、服务和成本。因此该视角指标也分成这四类。客户层面指标通常包括客户满意度、客户保持率、客户获得率、客户盈利率，以及在目标市场中所占的份额。在电子商务中考核指标包括从订货到送货的时间、客户对产品的满意度、新产品的销售量，以及从行业的角度考核的指标，例如新设备所占的比例、接听售后服务电话的数量等。

2）内部管理视角

内部管理视角，是指评价企业如何通过内部经营管理来满足客户的期望值。内部管理绩效考核应以对客户满意度和实现财务目标影响最大的业务流程为核心。内部管理指标既包括短期的现有业务的改善，又涉及长远的产品和服务的革新。内部管理指标的影响要素包括提供产品的周期、生产质量、员工技术和生产效率。信息系统是电子商务企业内部管理的关键因素。

3）学习和创新视角

学习和创新视角（有时简称"成长视角"），是平衡计分卡独特的属性之一，是指企业不仅要关注现有产品和服务的不断优化，而且要关注产品的创新。这就要求员工不拘泥于日常的经营和销售，而要关注企业的可持续发展。对电子商务企业，这一点尤其重要。考核指标包括新产品的数量、新产品在销售中所占的比例、新市场的开拓、客户关系管理和供应链管理的改进程度等。

4）财务视角

财务性指标是一般企业常用于绩效评估的传统指标。财务业绩指标可以显示企业的战略及其实施和执行是否对改善企业盈利做出贡献。衡量财务指标的主要内容：收入的增长、收入的结构、降低成本、提高生产率、资产的利用和投资战略等。财务指标包括收入和支出，还包括投资回报率、销量、市场份额的增长等。但是，不是所有的长期策略都能很快产生短期的财务盈利。非财务性绩效指标（如质量、生产时间、生产率和新产品等）的改善和提高是实现目的的手段，而不是目的的本身。

根据经营目标、商业模式、经营战略、所在的行业等因素，企业从这四个视角来选择合适的绩效考核指标。关键在于企业要明确目标，根据目标设计考核指标，并以此来指导工作进程，确保目标的实现。

2. 平衡计分卡在电子商务中的应用

电子商务企业常常深陷于数据的海洋。数据库中有各种各样的客户信息；网络日志自动记录用户浏览的页面、用户在网站停留的时间；还有客户服务记录，以及各种渠道的销售数据等。在这样环境中，考核指标就能发挥重要作用。

1）客户视角考核指标

客户视角考核指标最重要的是衡量客户的忠诚度和终身价值，此外，企业还必须重视向合作伙伴和供应商提供价值，因为他们若不满意，就很容易投入竞争对手的怀抱。表4.1显示的是电子商务企业的客户视角考核指标。

表 4.1　电子商务企业的客户视角考核指标

目　　标	考　核　指　标
提高对新网站的知晓度	目标市场对网站服务的知晓度
	网站访问人数
让客户参与网站经营	客户在网站上张贴的评论、招聘、视频
增加网站上软件的下载量	网站登录次数
提高网站客户满意度	对网站目标客户进行调查
	网站的访问量和网站滞留时间
提高在线购买价值和客户满意度	客户通过电子邮件或电话的投诉次数
	放弃的购物车数量
	相同产品在线和离线销售量
提高客户在线购买量和购买频率	数据挖掘，了解购买频率的变化情况
建立客户关系	人均购买量（使用网络跟踪器提供的数据）
	维系客户的百分比
从目标市场获取信息	根据细分市场标准进行数据挖掘，了解客户的购买方式
缩短从接受订单到递送商品的时间，短于竞争对手	从客户下单到商品配送之间的天数
	竞争对手的配送时间
提高电子票券的使用频率	电子票券的兑换量
建立网络社区	社区注册量
	注册用户上传的信息数量
为企业业务伙伴提供价值	
增加合作伙伴	一段时间中的合作伙伴数量
与合作方网站进行交叉销售	从我方网站进入对方网站的访问人数

2）内部管理视角考核指标

这是电子商务企业制胜的关键因素。内部管理的许多目标影响着人力资源、信息技术和其他的各个领域，它们直接或间接地影响着营销战略。在这里，我们在分析中将整个供应链纳入内部管理的范畴中。表 4.2 显示的是电子商务企业的内部管理视角考核指标。

表 4.2　电子商务企业的内部管理视角考核指标

目　标	考　核　指　标
提高在线服务质量	目标市场调查
	利用在线服务的客户数量
	网站上运行服务软件的时间
提高在线技术支持的质量	回复客户电子邮件的时间
	处理一个问题的联系次数
	网站上"常见问题"栏目能够解决的问题数量
	客户跟踪调查
提高在线服务和产品的质量	某一绩效考核指标的产品测试数据
网站服务器空间充足，能够满足全年不间断运行	实际同时浏览的网页数量与最大可浏览量之比
	服务器网页刷新的比例
	备份网址的数量
提高客服代表回复在线求助的数量	客户求助数量与客服代表数量之比
改善网站内容管理	每日内容的刷新量
	统计网站点击量及点击模式
优化库存水平	仓库存货的平均数
	存货周转率
	供应商发货速度
提高企业供应链的价值	
提高供应商的满意度	供应商从本企业订单获取的利润
提高合作方的价值	从合作方网站进入我方网站的人数以及实际购买的人数
	合作方对产品涉及的作用

　3）学习和创新视角考核指标

　　这些指标大部分属于人力资源管理的范畴，仅有的两个例外是产品创新和营销流程持续优化。由于科学技术的快速发展，这两者在电子商务企业中的地位相当重要。表 4.3 列出的是电子商务企业的学习和创新视角考核指标。

表 4.3　电子商务企业的学习和创新视角考核指标

目　标	考核指标
在线服务创新	一年中新服务产品的市场投放量
	竞争对手的服务中未含有的特色服务数量
	新服务创造的销售量所占的比例
客户关系管理的持续优化	员工提出的建议数量
	一段时间中服务改进的类型和数量
提高互联网因素促进销售的转换率	每位销售人员实现的互联网因素促成的销售额
	互联网因素促成的销售次数
提高信息管理系统的价值	员工登录网站的数量
	员工发布的信息数量
提高对新市场的渗透率	新市场中企业的销售份额

4）财务视角考核指标

无论是在线还是离线，制定营销战略都是为了增加收入、创造利润。常见的考核指标有两种：利润率和投资回报率。利润率＝收入－支出。企业收入指客户向企业购买产品支付的费用，企业支出包括各种费用，例如制造产品的可变成本、销售成本，配送、客户支持及其他行政开支。投资回报率（Return On Investment，ROI）是指净利润与总资产之比。电子商务企业的投资回报率一般按照项目利润÷投资额来计算。例如，某企业投资 10 万美元开发一种软件，用以分析网站客户流量，然后根据测得的数据，优化网页的内容，使用户浏览更加便利，增加了 75000 美元的交易额，这一案例中的投资回报率为 75％。

财务视角考核指标包括销售量、销售利润和投资回报率等。表 4.4 显示的是电子商务企业的财务视角考核指标。

表 4.4　电子商务企业的财务视角考核指标

目　标	考核指标
增加在线产品的市场份额	市场份额比例（企业销售额占行业网总销售额的比例）
销售额以两位数增长	前后两个销售期的销售额
新产品一年 10％的投资回报率	投资回报率
降低在线客户获得成本	客户获得成本（按客户人均的广告成本计算）
提高网站转换率	网站访问者的人均订单数
提高个体客户利润	订单平均价值
	单位时间利润减去客户获得成本
新产品的第一年净利润至少达到 10％	净利润与销售额之比

本 章 小 结

网络营销是企业整体营销战略的一个组成部分,是利用互联网技术,最大限度地满足客户需求,达到开拓市场、实现盈利目标的经营过程。网络营销相比传统营销具有跨时空、多媒体、交互式、高效性、经济性、技术性等方面的特点。网站营销主要具有网络品牌、网站推广、信息发布、顾客服务、销售促进等八个方面的职能。

网络营销的职能需要通过一种或多种网络营销工具来实现,常用的网络营销工具包括搜索引擎营销、社交媒体营销、许可电子邮件营销等。搜索引擎营销是网络推广的基本方法。随着网络社交媒体的快速发展,社交推广也已经成为网络推广的重要方法。通过博客、微博、播客、百科平台、网络社区以及即时通信软件的传播,企业可以充分地与客户沟通,达到信息传播和分享的目标。

网络市场调研相比传统市场调研具有便捷、调研成本低、时效性、客观性、随机性强等特点。根据数据来源的差异,网络市场调研方法有网络直接市场调研法和网络间接市场调研法。在网络直接市场调研法里,介绍了在线问卷法、专题讨论法和在线访谈法;在网络间接市场调研法里,主要介绍了搜索引擎、百度指数的应用和网络资源和工具的应用。

最后,绩效考核指标是评价企业有效运营的特定指标。对网络指标的分析其实就是利用网络服务日志、网络跟踪器文件、页面标签等数据分析用户在网站上的行为。社会媒体参与指标用来测量用户在网站上参与的深度,也是非常重要的。平衡计分卡要求企业考虑长期目标、实现目标的要素,以及客户、内部管理、学习和创新、财务四个视角的绩效考核指标,将战略目标与绩效考核指标联系在一起。

案 例 与 分 析

可口可乐的新年营销

2009 年春节,可口可乐深入地了解到消费者在不平凡的 2008 年到 2009 年的情感交界点,抓准了受众微妙的心态,倡导可口可乐积极乐观的品牌理念,推出"新年第一瓶可口可乐,你想与谁分享?"这个新年期间的整合营销概念,鼓励人们跨越过去,冀望未来,以感恩与分享的情愫,营造了 2009 年新年伊始的温情。

活动充分整合了目前国内年轻人热衷的大部分网络资源:社交型网站、视频网站以及每日都不离手的手机,利用了社交型网站、视频等途径,让数以万计的消费者了解了"新年第一瓶可口可乐"的特殊含义,并积极参加了分享活动,分享了自己的故事和自己想说的话。

除了使用在年节时最广为应用的短信拜年,向 iCoke 会员发出"新年第一瓶可口可乐"新年祝福短信,可口可乐公司还在 iCoke 平台上提供基于手机增强现实技术(AR Code: Augmented Reality Code)的全新手机交互体验。拥有智能手机的使用者,在收到电子贺卡时,只要将手机的摄像头对准荧幕上的贺卡,就能看见一瓶三维立体的可口可乐与环绕的"新年第一瓶可口可乐,我想与你分享"的动态画面浮现在手机屏幕上,画面还伴随着活动主题音乐。新技术的大胆运用给年轻消费者与众不同的超前品牌体验。

自活动开始，参与人数随着时间呈几何级数增长。超过 5 百万的用户分享了自己的故事及照片，超过 3 百万的 SNS 用户安装了定制的 API 参与分享活动。近 2 百万的用户，向自己心目中想分享的朋友发送了新年分享贺卡。同时，论坛、视频网站和博客上，一时间充满"新年第一瓶可口可乐"的分享故事。除了惊人的数字外，消费者故事的感人程度、与照片视频制作的精致程度，均显示了该活动所创造的影响力及口碑，也证明了可口可乐公司在消费者情感诉求与网络趋势掌握方面的精准度。

思考题：在本案例中可口可乐公司如何通过网络与消费者互动并成功地塑造自己的品牌的？给你哪些启示？

复习与讨论

1. 网络营销的特点有哪些？
2. 网络营销有哪些职能？
3. 简述搜索引擎的工作过程。
4. 社交媒体推广的方法有哪些？
5. 与传统市场调研相比，网络市场调研的优点在哪里？
6. 讨论题：填写一份网络调查问卷，从不同角度对这份调查问卷进行点评。
7. 实践题：请登录某一个电子商务企业网站，归纳该企业开发网站的目标，然后从四个视角为该公司提出绩效考核指标。

第 5 章 B2B 电子商务与供应链管理

阿里巴巴发展之路①

　　1999 年，本为英语教师的马云与另外 17 人在杭州市创办了阿里巴巴网站。阿里巴巴得名于"阿里巴巴的故事"，网站设计者希望全球商人如同传说中的阿里巴巴以一句"芝麻开门"打开藏宝山洞一样，通过阿里巴巴的网络贸易，开启财富之门。阿里巴巴为小型制造商提供了一个销售产品的贸易平台。其后，阿里巴巴茁壮成长，成为主要的网上交易市场，让全球的小企业通过互联网寻求潜在的贸易伙伴，并且彼此沟通和达成交易。阿里巴巴于 2007 年 11 月 6 日在香港联合交易所上市，集资额达 17 亿美元。

　　阿里巴巴通过旗下三个交易市场协助世界各地数以百万计的买家和供应商从事网上生意。三个网上交易市场包括：集中服务全球进出口商的国际交易市场(www.alibaba.com)，集中国内贸易的中国交易市场(www.1688.com)，通过一家联营公司经营、促进日本外销以及内销的日本交易市场(www.alibaba.co.jp)。此外，阿里巴巴也在国际交易市场上设有一个全球批发平台(www.aliexpress.com)，服务于规模较小，需求小批量货物快速付运的买家。所有交易市场形成一个拥有 240 多个国家和地区、超过 5300 万名注册用户的网上社区。阿里巴巴亦向中国各地的企业提供商务管理软件以及互联网基础设施服务，并设有企业管理专才及电子商务专才培训服务。

　　阿里巴巴在中国、印度、日本、韩国、欧洲和美国共设有 60 多个办事处。阿里巴巴亦拥有 Vendio Services 及 Auctiva，这两家公司为领先的第三方电子商务解决方案的供应商，主要服务网上商家。

　　一、阿里巴巴的商业模式

　　1. 战略目标

　　阿里巴巴网站属于综合类 B2B 电子商务网站，定位于为世界上的商人建立一个综合信息交易服务平台，涉及 40 多个行业。阿里巴巴网站从建立伊始走的就是稳健发展的路线，其战略宗旨为"用国际资本打造国际市场，培育国内电子商务市场"。阿里巴巴的远景是成为一家可持续发展的 101 年的企业，成为全球十大网站之一，达到只要是商人就一定用阿里巴巴的境界。

　　2. 目标客户

　　阿里巴巴 B2B 电子商务的目标客户为国内近 3000 万家中小企业。

---

① 资料来源：阿里巴巴(china.alibaba.com)

3. 产品和服务

阿里巴巴中文网站主要为国内市场服务，其核心产品是"诚信通"服务，通过建立网上诚信档案，提高网上交易成功的机会。

阿里巴巴国际网站面向全球商人提供专业服务，为中国优秀的出口型企业提供全球市场的"中国供应商"专业推广服务，其核心产品"中国供应商"是一项旨在帮助国内出口企业开拓全球市场的高级网络贸易服务。

阿里巴巴网站主要提供以下服务。

(1) 网上信息社区：提供 40 个行业的资讯，50 多个内容丰富的商务论坛。

(2) 网站首页：网站的入口，发布每日最新最重要的信息。

(3) 行业首页：行业市场的总汇，提供每日最新行业信息。

(4) 商业机会：为企业提供 40 个行业的产品分类的商业机会查阅。

(5) 产品展示：按分类展示阿里巴巴会员的各类图文并茂的产品信息。

(6) 公司库：公司网站大全，可以在此按行业类别查询各类公司资讯。

(7) 行业资讯：行业新闻报道及时更新，掌握变化莫测的行业动态。

(8) 以商会友：商人俱乐部，与其他会员交流行业见解，交业界朋友。

(9) 商务服务：提供与贸易、商务相关的各种配套服务。

(10) 发布信息：选择恰当的类别发布买卖以及合作等商业信息。

(11) 商情特快：会员直接通过电子邮件接收，分类订阅每天新增的供求信息，高效省时。

(12) 商人社区：注重网站的交流功能，会员在此可以畅所欲言、广交朋友、答疑解惑、分享商业经验教训，使商业个体在获得商业交易的同时得到心理归属的满足感，从而不断为网站聚集人气、扩大业务量。

4. 收入来源与盈利状况

阿里巴巴的营业收入主要来自向国际以及中国交易市场的供应商销售会籍及增值服务。同时在不同的交易市场及平台提供其他全面网上服务，如软件应用、域名注册、网站托管及解决方案、邮箱托管及技术相关咨询服务。2010 年全年收入 55.576 亿元，净利润 14.695 亿元。2010 年"中国供应商"付费用户数量超过 12 万家。"诚信通"的付费用户数量超过 67 万。来自于"诚信通"和"中国供应商"两类注册用户的年费合计贡献了大约 70% 的收入。

5. 核心竞争优势

阿里巴巴的核心能力主要体现在：极具凝聚力的企业文化，坚固的管理团队，优质的信息服务。阿里巴巴的特色优势在于信息。

二、阿里巴巴的经营模式——诚信通和贸易通

阿里巴巴网站从 1999 年 3 月建立以来，一直以大胆、敢于创新的经营模式不断发展变化着：不断顺应需求，改善网站的服务，不断引入新的发展竞争策略，加强区域联合和企业合作……阿里巴巴采取了曲线发展的经营策略：首先是免费使用，给商家免费的产品展示空间、免费电子邮件，并提供大量及时的免费供求信息：其次是通过论坛"以商会友"制造人气和人脉。在人气和人脉上升后推出诚信通与贸易通服务。

2010 年 8 月，阿里巴巴国际交易市场推出"国际诚信通"会员服务，服务于出口商；2002 年 3 月，阿里巴巴中国交易市场推出"中国诚信通"会员服务，主要用以解决网络贸易

信用问题，专为发展中企业量身定制，提供强大的服务。以上两个合称为阿里巴巴诚信通。

阿里巴巴诚信通是开展网络营销的网上商铺，形象地说是建立在阿里巴巴上的摊位。通过这个摊位诚信通帮卖家开展网络营销，可以发布产品图片和买卖信息，充分利用网络来营销产品，并在阿里巴巴大市场享有各项优先权：信息排名靠前，独享买家信息，免费试用在线联系和客户管理工具等，可以在阿里巴巴这个全球最大的贸易市场直接销售产品，并宣传企业和产品。

为进一步完善诚信通服务，阿里巴巴于2002年7月推出"关键词竞价排名"服务；2003年11月推出即时通信软件"贸易通"，可让用户在网上交易市场上进行实时沟通交流。

贸易通是阿里巴巴网站新推出的一项服务，它的功能主要有以下几项：和百万商人完全、可靠地进行即时在线沟通、互动；结识、管理自己的商业伙伴，开展一对一在线营销；强大的商务搜索引擎，搜尽天下商机；"服务热线"为诚信通会员及时解答网络贸易问题，方便享受高质量的在线客户服务。其界面有点类似于常用的聊天工具QQ，非常友好并且使用简单。

三、阿里巴巴的管理模式

1. 组织结构

阿里巴巴首先在组织结构上实现扁平化，减少信息流通环节，达到快速、高效的决策目标。阿里巴巴中各机构权责清晰、职能明确，阿里巴巴设立首席执行官、首席运营官、首席财务官和首席技术官，他们的职权和责任是明确的。

2. 人力资源管理

阿里巴巴在人力资源管理上也有自己鲜明的特点，阿里巴巴总结为：一是不从竞争对手中挖人，一个企业的价值观体现在点点滴滴上；二是员工随时可以离开公司，公司永不留人；三是请进来的人要对他负责，来之前对他狠一点，来之后对他好一点。

阿里巴巴建立了科学激励机制，实行内部271战略——20%是优秀员工，70%是不错的员工，10%的员工是必须淘汰掉的。同时，还加强了团队建设，阿里巴巴人认为唐僧的团队是最好的团队。阿里巴巴不希望用精英团队，若只是精英们在一起肯定做不好事情，平凡的人在一起做一些不平凡的事，这就是团队精神，让每个人都欣赏团队，这样才行。

阿里巴巴进行了统一思想的教育，使员工树立牢固的企业价值。阿里巴巴也注重对员工的培训和提拔，鼓励员工进行尝试和创新，建立人才成长的良好环境。

3. 经验管理

阿里巴巴在经营管理上，注重与优势企业的联合，在区域市场寻找合适的合作人，建立网络交易的地区板块，方便同地区的业务交易。比如与土耳其知名网络交易平台企业合作，使得两者能够进行业务上的交叉互补，沟通了中外商人的联系，创造了更多的企业价值。

4. 企业文化

阿里巴巴的文化可归结为三点。

第一，企业远景目标是成为一家可持续发展101年的企业，成为全球十大网站之一，做到"只要是商人一定要用阿里巴巴"。

第二，企业使用是"让天下没有难做的生意"。

第三，企业的价值观。客户第一：关注客户的关注点，为客户提供建议和资讯，帮助客户成长；团队合作：共享共担，以小我完成大我；拥抱变化：突破自我，迎接变化；诚信：诚实正直，信守承诺；激情：永不言弃，乐观向上；敬业：以专业的态度和平常的心态做非凡的事情。

5.1　B2B 电子商务及其价值

5.1.1　B2B 电子商务及其发展阶段

我们把企业与企业间的商务活动通称为 B2B 商务活动。B2B 电子商务是电子商务的一种模式，即企业与企业之间通过互联网进行产品、服务以及信息的交换。通俗的说法是指进行电子商务交易的供需双方都是商家(或企业、公司)，它们使用了 Internet 技术或各种商务网站平台，完成商务交易的过程。这些过程包括：发布供求信息，订货及确认订货，支付过程及票据的签发、传送和接收，确定配送方案并监控配送过程等。

从技术发展角度来看，企业间电子商务的发展经历了三个阶段。第一阶段，企业内部的互联(Intranet)。在此阶段，企业首先要建立内部的局域网，实现企业内部的信息、设备等资源共享，并利用局域网实现企业员工之间及职能部门之间真正的协同工作。此阶段主要是控制企业内部成本。提高管理生产效率。第二阶段，企业与企业的互联(Extranet)。随着企业内部网络不断向外延伸，企业将自己的局域网与那些与自己有密切业务关系的企业的网络进行相互连接，企业可以与自己的业务伙伴(包括供货商、经销商、服务商等)随时保持联系与沟通，不断拓展自己的业务。此阶段的目标主要是降低销售成本，提供交易效率。企业常常通过防火墙(Firewall)隔离与企业无关的网络用户，这一阶段的商务软件主要是基于 EDI 的解决方案。第三阶段，电子商务(E-Commerce)。这是一个战略性的转变，企业开始在网上进行电子交易，并通过整合企业内部业务来推动企业实现网上交易方式的转变。这一阶段的商务软件主要是基于 Web 的解决方案，如 IBM 的 E-Business，它涉及相关行业和关联业务的电子商务处理。此阶段的目标主要是拓展市场范围和寻求更多商机，从而增加销售收入。

5.1.2　B2B 电子商务平台分类

B2B 电子商务从大的类别来说可以分为两大类，一类是第三方 B2B 电子商务平台，另一类是企业 B2B 电子商务平台。

1. 第三方 B2B 电子商务平台

第三方 B2B 电子商务平台是面向中间交易市场的电子市场。它是将各个行业中相近的交易过程集中到一个场所中，为交易活动中买卖双方提供信息发布、贸易磋商服务，帮助双方顺利达成交易的网络服务平台。第三方 B2B 电子商务平台相当于传统贸易中的交易市场，如广交会、中博会。

目前利用第三方平台开展营销活动已经成为当下中小企业网络营销的主要形式，在国际上比较知名的第三方 B2B 电子商务平台有阿里巴巴、环球资源网、万国商务网。在国内比较知名的第三方 B2B 电子商务平台有中国制造网、慧聪网、沱沱网等。

2. 企业 B2B 电子商务平台

企业 B2B 电子商务平台是指大型企业自建的 B2B 电子商务网站来开展商务活动。企业通过电子商务来降低成本、提高销售量，如海尔、联想等推出的网上采购和网上分销。

企业 B2B 电子商务平台多是面向制造业或面向商业的垂直电子市场。垂直 B2B 电子市场可以分为两个方向，即上游和下游。生产商和零售商可以与上游的供应商之间形成供货关系，比如戴尔计算机公司与上游的芯片和主板制造商就是通过这种方式进行合作的。生产商与下游的经销商可以形成销货关系，比如 Cisco 与其分销商之间进行的交易。简单来说，这种模式下的 B2B 网站类似于在线商店，这一类网站其实就是企业网站，就是企业直接在网上开设的虚拟商店，通过这样的网站可以大力宣传自己的产品，用更快捷、更全面的手段让更多的客户了解自己的产品，促进交易。或者也可以是商家开设的网站，这些商家在自己的网站上宣传自己经营的商品，目的也是用更加直观、便利的方法促进、扩大交易。

5.1.3 B2B 电子商务的价值

企业要在竞争环境中取得竞争优势，不仅要协调企业计划、采购、制造、销售的各个环节，还要与包括供应商、承销商等在内的上下流企业紧密配合。在这种情况下，供应链管理备受推崇，只有 B2B 电子商务才真正面向整个供应链管理，并带来了供应链的变革，能够增加商业机会和开拓新的市场，改善过程质量，缩短订货周期，降低交易成本，改善信息管理和决策水平，改善工作方式，使企业从质量、成本和响应速度三个方面得到改进，最终提高企业的竞争力。

1. 带来了企业价值链的变革

波特的价值链理论(Value Chain)指出，任何一个组织均可看做是由一系列相关的基本行为组成，这些行为对应于从供应商到消费者的物流、信息流和资金流的流动。

波特的企业价值链是面向职能部门的，资源在企业流动的过程就是企业的各个部门不断对其增加价值的过程。但随着全球性竞争的日益激烈、顾客需求的快速变化，采用劳动分工、专业化协作作为基础的面向职能的管理模式面临着严峻的挑战，它将企业业务流程割裂成相互独立的环节，关注的焦点是单个任务或工作，但单个任务并没有给顾客创造价值，只有整个过程，即当所有活动有序集合在一起时，才能给顾客创造价值。哈佛大学的哈默博士 1990 年初提出的企业过程再造(Business Process Reengineering，BRP)指出：企业的使命是为顾客创造价值；能够为顾客带来价值的是企业流程；企业的成功来自于优异的过程业绩；优异的过程业绩需要有优异的过程管理。B2B 的电子商务采用了以顾客为中心、面向过程的管理方法，提高了对顾客、市场的响应速度，注重整个流程最优的系统思想。消除了企业内部环节的重复、无效的劳动，让资源在每一个过程中流动时都实现增值，以达到成本最低、效率最高。

2. 带来了企业供应链价值的变革

企业内部存在着物流、信息流、资金流的流动，企业与企业之间也存在着这样的流动关系。在日趋分工细化、开放合作的时代，企业仅仅依靠自己的资源参与市场竞争往往处于被动。必须把同经营过程有关的多方面纳入一个整体的供应链中，这样每个企业内部的价值链就通过供应关系联系起来，成为更高层次、更大范围的供应链。供应链管理就是把这个供需的网络组织好。但传统的供应链管理仅仅是一个横向的集成，通过通信介质将预先指定的供应商、制造商、分销商、零售商和客户依次联系起来，这种供应链注重于内部联系，灵活性差，仅限于点到点的集成，即使是 B2C 的电子商务也只是水平式的整合。

传统供应链成本高、效率低，而且如果供应链的一个环节断了，那么整个供应链都不能够运行了。B2B 电子商务弥补了传统供应链的不足，它不仅局限于企业内部，而是延伸到供应商和客户，甚至供应商的供应商和客户的客户，建立的是一种跨企业的协作，覆盖了从产品设计、需求预测、外协和外购、制造、分销、储运和客户服务等全过程。居于同一供应链的厂商之间不再是零和，而是双赢。B2B 电子商务整合企业的上下游产业，以中心制造商为核心，将产业上游供应商、产业下游经销商（客户）、物流运输商以及往来银行进行垂直一体化的整合，构成一个电子商务供应链网络，消除了整个供应链网络上不必要的动作和消耗，促进了供应链向动态的、虚拟的、全球网络化的发展方向。它运用供应链管理的核心技术——客户关系管理（CRM），使需求方自动作业来预计需求，以便更好地了解客户，给他们提供个性化的产品和服务，使资源在供应链网络上合理流动来缩短交互周期、降低库存，并且通过提供自助交易等自助式服务来降低成本、提供速度和精准性、提供企业竞争力

3. 促进企业三个层次的流程与价值的再造

在企业供应链上，信息、物流、资金等要通过过程才能流动，过程决定了各种流的流速和流量。为了使企业的过程能够预见并响应内外环境的变化，企业的过程必须保证资源的敏捷、通畅。因此，要提高企业供应链管理的竞争力，必然要求企业过程的再造。对于B2B 电子商务，这个变革已不仅限于企业内部，而是要把供应链上的所有关系企业与部门都包括进来，是对整个供应链网络上的企业的过程再造。

B2B 电子商务有效实施的关键是供应链在企业内外是否有效衔接、企业内部供应链的信息系统是否与企业内部的业务系统如 ERP、CRM 等有机结合在一起。如果没有好的ERP，企业就无法及时掌握自己各类原材料和成品的库存情况以及采购到货的情况，网上订单得不到自动确认，必然会影响企业对市场的响应速度；如果没有好的 CRM，客户要求、个性化服务无法得到有效、及时的处理，必然会影响企业对最终用户的响应速度，这样供应链在企业内外不能有效衔接。要解决这个问题就必须对企业进行三个层次的企业过程再造：职能机构内部的企业过程再造，职能机构部门之间的企业过程再造，企业与企业之间的企业过程再造。

1）职能机构内部的企业过程再造

企业手工业务处理流程必然存在很多重复或无效的业务处理环节，各职能管理机构重叠、中间层次多，而这些中间管理层一般只执行一些非创造性的统计、汇总、填表等工作，很多业务处理方式已不能适应计算机信息处理的要求。

B2B 的电子商务将企业整个经营各环节都放在网络上进行，进行信息化管理，取消了许多中间层，必然带来职能部门内部的企业过程再造。

2）职能机构部门之间的企业过程再造

企业要实现真正的电子商务，并不是只要实现了网上订单、网上支付就可以了。如果只是这一段电子化了，而后续的采购、生产、库存、订单确认等供应链环节无法电子化，企

业经营整体上是体现不出效率提高、成本效率降低的，这就要求企业内部各部门之间进行企业过程再造，以实现全过程的信息化管理。

3）企业与企业之间的企业过程再造

这个层次的企业过程再造是目前企业流程重组的最高层次，也是 B2B 电子商务有效实施的必要条件。由于供应链已经不再局限于企业内部，而是延伸到供应商和客户，甚至供应商的供应商和客户的客户，使得管理人员控制企业的广度和深度都在增加。供应链上各企业之间的信息交流的现代化大大增加，就要求企业之间必须保持业务过程的一致性，这就要求企业与企业之间必须进行企业过程再造，以实现对整个供应链的有效管理。

4. 实现了产业与全球供应链网络价值变革

在供应链上除资金流、物流、信息流外，根本的是要有增值流。各种资源在供应链上流动，应是一个不断增值的过程。因此供应链的本质是增值链。从形式上来看，客户在购买企业提供的商品或服务，但实质上是在购买商品或服务所带来的价值。供应链上每一环节增值与否、增值的大小都会成为影响企业竞争力的关键。所以要增加企业竞争力，就要消除一切无效劳动，在供应链上每一环节做到价值在增值，只有 B2B 电子商务利用 ERP、电子商务套件和 CRM 等 Web 技术，将上下游企业组成整个产业系统的供应链，并且与其他企业、产业的供应链相连接，组成一个动态的、虚拟的、全球网络化的供应链网络，真正做到了降低企业的采购成本和物流成本，在整个供应链的每一个过程实现最合理的增值，并且最重要的是提高企业对市场和最终顾客需求的响应速度，从而提高企业的市场竞争力。

5.2 第三方 B2B 电子商务平台

5.2.1 第三方 B2B 电子商务平台的特点

通过建立一个电子市场获得某种市场机会或整合某类资源，是所有第三方 B2B 电子商务平台共同的目标。在此目标下每一个构成电子市场的电子商务平台在目标用户、价值创造方式、服务取向以及功能设计上各不相同，就构成了分门别类的第三方 B2B 电子商务平台。

第三方 B2B 电子商务平台具有以下相同的功能：

（1）聚集功能（Aggregation）；

（2）撮合交易功能（Matching）；

（3）提供交易支持（Facilitating）的功能。

与传统市场形态相比，第三方 B2B 电子商务平台具有如下五个特点。

1. 交易模式多样化，交易撮合自动化

传统市场交易中，市场交易模式要受到很多因素的约束，比如与交易对象的距离、时间、购买的批量等，但电子市场的载体是互联网，它具有实时性、动态性和开放性，这使得一些在传统市场中根本不会被交易者采用的方式可以在电子市场中灵活运用。例如，在传统市场中，只有一些特殊的市场，如证券市场才采用自动撮合交易系统，而在电子市场使电子化的自动撮合交易方式广泛应用于其他产品交易中，如农产品交易、贵重金属交易。而在传统市场中，这些交易大都通过各种规模的批发市场，在一个特定的交易场所进行的。例如，全国棉花交易市场（www.cottonchina.org）为棉花交易者提供自动化的交易撮合服务，卖方在交易市场发布售棉要约，买方发布购买要约，电子市场则按价格优先、时间优先原则确定双方成交价格和自动生成电子交易合同，并在电子市场指定的交割仓库完成实物交割，免除了双方寻找交易对手、谈判的过程，大大提高了交易的效率。

2. 产品提供个性化、组合化

在传统市场中，产品的提供者首先需要一个特定的、物理的场所，受成本所限，传统市场一般不愿或不能提供满足消费者个性化需求的产品。个性化主要表现在电子市场可以按消费者的要求，定制满足其特定需求的产品或服务。电子市场不仅为卖方提供了一个展示和提供产品的新渠道，同时借助于互联网其特定的需求，从而为个性化服务提供了实现的可能。在传统市场中，卖方一般不会为消费者提供系列化的产品或组合产品，因为这些产品大多是由不同的行业、不同的市场、不同的交易场所提供的，但在电子市场可以将这些由不同市场销售但对消费者来说是互补的产品都集中在同一个市场平台上，为其提供"一站式服务"。

3. 发现买方与卖方的过程高效化

在传统市场交易中，发现交易对手的过程是一个很"昂贵"的过程，表现为成本高、效率低下。借助于电子市场，卖方可以更为有效地扩散产品和服务的信息，而买方借助于电子市场的检索工具能够迅速地找到所需要的商品信息。与传统市场的信息扩散方式相比，电子市场上的信息扩散定向性更强，信息量更丰富。"聚集"使高价值的潜在客户集中在同一个电子市场中，从而扩大了市场广度，增加了市场的深度。随着互联网技术的发展，一些更加智能化的搜索工具在电子市场上大显身手，使得交易者能在更大的范围，甚至是在全球范围中，以极低的成本搜索适合的交易对手。电子市场发现买方和发现卖方的效率比传统市场提高了数倍，甚至更多。

4. 价格发现动态化、多样化

所谓价格发现就是产品价格在市场中形成的过程。传统的产品市场中，价格常常是由卖方根据市场需求、市场中同类产品的定价以及自己的情况来决定的，产品的价格在一定时期内相对稳定。电子市场产品价格一般通过两种方式表现，即固定价格和动态价格。对于供求市场都很分散的产品，在电子市场中的定价方式与传统定价方式没有什么区别，常采用固定价格以在线目录的方式在电子市场上销售。但对于多数产品，在电子市场中可以通过拍卖方式交易，其价格是动态的。多数电子市场采用一种全新的价格形成机制——反向拍卖，这是卖方对买方提出的要约进行竞争，这一过程导致产品的价格向低的方向移动。价格的多样化还表现在电子市场更利于卖方对不同的买方实行歧视性价格，其原因有二，一是电子市场可以实现一对一、一对多、多对多的在线谈判，谈判导致不同的价格出现；二是电子市场更有利于卖方收集客户的特定偏好、以前购买的经历、过去的购买行为等信息，提高了对买方实行不同的、歧视性价格的能力。

5. 交易支持复杂化

交易支持主要包括物流、支付与信用，无论是传统市场还是电子市场，双方达成交易之后，都要通过物流来实现商品使用价值实体从卖方向买方移动，而买方则通过金融体系将货币支付给卖方。电子市场一般不提供直接的物流支持和金融服务，但大都以联盟的形式将优秀的物流提供商与合作银行整合到市场平台上，通过增值服务支持交易的完成。无论是传统市场还是电子市场，交易都需要信用的支持，以保证买卖双方在交易中不受其他的市场参与者机会主义行为的损害。电子市场交易对于信任的依赖程度更高，这是因为交易者在网络中都具有一定的隐匿性，难以建立人际间的信任。从实践上看，我国电子市场上交易者之间的信任建立主要采用以下两种方式上：

一是建立市场准入制度，即交易者必须经过电子市场的资格认定，以取得交易资格；

二是将交易之间的商业信用转化为银行信用或第三方信用，比如货款收付由银行或第三方来处理，货物的质量由第三方来保障，第三方可以是电子市场发起者本身。

5.2.2 第三方 B2B 电子商务平台组织

第三方 B2B 电子商务平台组织主要有会员制和第三方信用机制。

1. 会员制

第三方 B2B 电子商务平台的会员制就是企业通过第三方电子商务平台参与电子商务交易，必须注册为 B2B 网站的会员，目标客户付费成为固定会员后，每年交纳一定的会员费，才能享受网站提供的各种服务，可以在第三方 B2B 电子商务平台上获得用户名和密码，自行浏览各类信息，并选取自己需要的产品信息。第三方 B2B 电子商务平台收取年度信息服务费，负责实时更新产品信息。目前会员费已成为我国 B2B 网站最主要的收入来源。比如阿里巴巴网站收取中国供应商、诚信通两种会员费。

2. 第三方信用机制

第三方 B2B 电子商务平台的信用机制方法主要采用信用评级（Credit Rating），也称信用评价、信用评估、资信评级、资信评估等，是信用评级机构以独立的第三方立场，根据规范的评级指标体系和标准，运用科学的评级方法，履行严格的评级程序，对市场参与者的信用记录、内在素质、管理能力、经营水平、外部环境、财务状况、发展前景等进行全面了解、考察调研、研究分析后，就其在未来一段时间履行承诺的能力及可能出现的各种风险给予综合判断，并以一定的符号表示其优劣的一种经济活动。

第三方 B2B 电子商务平台的信用评级是建立 B2B 企业信用管理机制的基础。在企业信用管理机制的层次构成中，信用评级处于基石地位。作为解决市场信息不对称的重要工具，信用评级是其他方法和手段所替代不了的。离开信用评级的企业信用管理机制是空洞的、不完善的。

首先，第三方信用认证是 B2B 交易的前提。实体企业在商务活动中通常采用面对面洽谈、交易的方式，双方是在深入了解的基础上建立合作关系的。而 B2B 电子商务是通过互联网促进企业间交易，企业进入虚拟的网络平台，其资质状况、信用级别等信息需要通过第三方信用认证的方式解决。

信用认证主要从信息核实与信用级别评定两个方面对企业的商务信用状况进行核实公示，其中，信息核实是对照工商、税务、质检等机构的信息进行审核确认，信用级别评定则实行星级管理，认证机构根据企业资质、产品质量、贸易量、投诉率等对其进行评价，按诚信度划分星级，星级越高，诚信度越高，进行 B2B 交易的成功率就越有保障。

其次，第三方权威机构是 B2B 发展的战略合作伙伴。电子商务信用服务要具备中立性与公正性，应在政府的主导下由第三方权威机构组织实施。当前，B2B 网站对会员企业进行信用认证，会严重削弱其权威性和影响力。B2B 网站引入国家级、第三方信用机构，不仅能提高认证结果的权威性和影响力，而且可以把信用服务作为增值服务提供给会员，提高会员满意度及忠诚度。

最后，第三方信用平台是 B2B 健康发展的产业基础。B2B 电子商务企业进行信用认证，目的是核实交易身份，保证交易安全。目前，各大 B2B 网站的认证结果不通用，增加了企业的工作量，提高了认证成本。第三方信用公共平台的建设，能够达到"一次认证，多次应用"的效果，企业一旦通过认证，其认证结果便可在多个 B2B 网站使用。

此外，企业通过认证后，其信息进入平台数据库，可为各大 B2B 网站发展会员提供支持与查询服务，实现信用信息的共享。同时，依托信用档案数据库，第三方信用公共平台还可为会员企业提供风险提示，实现交易风险预警。

5.3　企业 B2B 电子商务平台

5.3.1　企业 B2B 电子商务平台的意义

企业 B2B 电子商务平台这种模式由大企业主导，采用一对多或多对一的交易模式，其中由单个大企业面向许多上游供应商建立的采购型 B2B 电子商务为大企业买方电子商务，由单个大企业面向许多下游经销商建立的销售型 B2B 电子商务为大企业卖方电子商务。

企业 B2B 电子商务平台具有重要的作用和意义，主要表现在以下三个方面。

1. 加强主导控制力

大企业掌握着企业内外大量的资源，B2B 电子商务加强了大企业控制这些资源的能力：一是对企业内部的控制更加容易和精准，可以随时掌握各子公司的销售进度、资金、费用、库存等情况，随时进行资源分配和价格调整；二是加强了对企业外部产业链的控制，使大企业的控制能力进一步向上、下游拓展和延伸，实现资本手段以外的控制力扩张。

2. 产生群体带动力

大企业主导的 B2B 电子商务应用对上下游电子商务的发展能起到重要的辐射和带动作用。比如在宝钢全程物流跟踪服务的带动下，很多小型企业也主动在车、船上安装了 GPS 系统，实现与宝钢系统的对接。

3. 提高综合竞争力

未来企业间的竞争将不再是单个企业、单个产品间的竞争，而是整个产业链、价值链的竞争，B2B 电子商务能有效整合价值链资源，对提高大型企业集团的国际竞争力、提高以大型制造型企业为核心的产业链的综合竞争力有着不可替代的作用。

5.3.2 企业 B2B 电子商务平台分类

企业 B2B 电子商务平台按照构建平台的企业特征主要分为买方 B2B 电子商务平台和卖方 B2B 电子商务平台，如表 5.1 所示。

表 5.1 企业 B2B 电子商务平台分类

类 型	定 义	交易模型	案 例
买方 B2B 电子商务	单个买方面向多个上游供应商建立的采购型 B2B 电子商务模式		中石化物资供应管理综合信息平台（zgsh.sinopec.com）
卖方 B2B 电子商务	单个卖方面向多个下游经销商建立的销售型 B2B 电子商务模式		宝钢国际电子商务（www.baointl.net）

买方 B2B 电子商务是单个买方面向多个上游供应商建立的采购型 B2B 电子商务模式，又称为采购类 B2B 网站。这类行业的供应链较长而且比较复杂，因此采购类 B2B 网站的主要目的是为了节约采购成本。从行业形态来讲，这类行业卖方众多而买方较少，该类网站主要为一个或几个产品制造商服务，这种行业形态为采购和分销网站提供了生存环境。如美国的通用、福特等汽车公司就联合成立了面向供应商的采购网站。

中石化物资供应管理综合信息平台（zgsh.sinopec.com）就是一个典型的买方 B2B 电子商务平台。供应商按照平台要求分专业、分目录，根据自己提供产品的类别，确定目录分类，选择申请入网的产品。根据入网产品的不同属性，系统将自动赋予供应商属性为"集中采购供应商"或"自采供应商"。供应商入网、网上报价、申请增加物资品种、申请变更信息等操作均在平台上进行。中石化物资供应管理综合信息平台 2010 年累计成交金额为998.04亿元。

卖方 B2B 电子商务平台是单个卖方面向多个下游经销商建立的销售型 B2B 电子商务模式，又称为分销类 B2B 网站。这类行业的供应链的制造商具有很强的供应链控制能力，从而面向众多的分销商，因此分销类 B2B 网站的主要目的是为了节约渠道的流通成本，从行业形态来讲，这类行业买方众多而卖方较少，该类网站主要为一些能源自然垄断行业，如铜、铁、铝的生产制造商，数量少，但需要这些资源的下游厂商较多。这类行业的分销成本比较高。因此供应商成立专门的分销网站就显得十分必要。

宝钢国际电子商务平台（www.baointl.net/bgxh/ETS/BP/index_login.jsp）就是一个典型的卖方 B2B 电子商务平台。宝钢国际电子商务客户自助服务目前已形成覆盖宝钢股份主体销售及用户服务的业务协同平台，支撑从需求计划、销售订货、生产过程，到加工配送、仓储物流、财务结算、异议处理等业务全程协调，在关键业务环节的实现上提供了电子化的手段，成为宝钢服务客户独有的软实力。2009 年宝钢的采购电子商务平台交易额突破 80 亿元，其中，网上竞价金额 70 亿元，电子招标金额逾 13 亿元。

从功能上来讲，宝钢国际电子商务平台为分销商提供了需求管理、订货卡管理和合同跟踪等在线服务。用户自主地上报自己的订货需求，并在线查询宝钢分配的定额情况。需求管理可对订货进行指导，对比用户的定额与提交的订货卡量及签订的合同量之间的缺口，管理订货。自助提交订货卡，对宝钢及社会钢厂进行订货。通过跟踪用户的订货卡状态，了解订货卡在宝钢的处理进度。在自助管理中跟踪合同在整个供货过程中在生产、出场、控货、库存等若干阶段的业务执行情况，通过对订货数量的树形分解，用户对自己的合同执行过程中的供应链分布有了直观的了解。

另外，针对具体交易流程，宝钢国际电子商务平台还有相应的自助配款、自助提单和财务跟踪流程，实现了资金流在平台的运行。

5.3.3　企业 B2B 电子商务平台组织

1. 一对多和多对一：直销模式

按世界直销联盟的定义，直销指以面对面且非定点之方式销售商品和服务，直销者绕过传统批发商或零售通路，直接从顾客接收订单。这种模式又可细分为以下两大类：

第一类，狭义直销(Direct Selling)。所谓狭义直销，就是产品生产商、制造商、进口商通过直销商(兼消费者)以面对面的方式将产品销售给消费者，包括单层直销和多层直销。单层直销(Uni-Level Marketing)是直销商(兼消费者)将公司产品或服务销售给消费者，根据其销售业绩向公司领取奖金的销售模式，约 20% 直销公司使用这种模式；多层直销(Muti-Level Marketing)是根据公司的奖励制度，直销商(兼消费者)除了将公司的产品或服务销售给消费者之外，还可以吸收、辅导、培训消费者成为他的下线直销商，他则称为上线直销商，上线直销商可以根据下线直销商的人数、代数、业绩晋升阶级，并获得不同比例的奖励。约有 80% 的直销公司采用这种模式。

第二类，直复营销(Direct Marketing)，也称直效营销。这类营销是指产品生产商、制造商、进口商通过媒体(邮寄 DM、电视购物频道、网络)将产品或者资讯传递给消费者。直复营销中的"直"，是指不通过分销商直接销售给消费者，"复"是指企业与顾客之间的交互，顾客对企业营销努力有一个明确的回复(买与不买)，企业根据可统计的、明确的回复数据对以往的营销效果做出评价。

2. 中间商：分销模式

因为 B2B 交易商品是大量的，而且往往交易数量不同，则其批发价格不同，批发量越大往往也会越便宜，因此新商品上架后，要及时将商品的描述、属性和价格(甚至是最新变动的价格)及时、准确地传达给分销商。而由于分销商相对较多，而且价格也不尽相同，往往因为时间延迟而影响了生意，丢失了客户。也就是说，商品的数量过多和价格的相对复杂性严重地影响了 B2B 的交易数量和交易份额，采取分销模式可以较好地解决这个问题。

分销模式是流通模式的一种，即制造商通过分销商(代理/经销商)将产品辐射至各零售网店。它体现了厂商专业化分工的特征。

与直营相比，分销模式投入较少、效率较高，对制造商自身人力资源及管理能力的要求较低，因此更具有适用性和普遍性。国内家电、手机、快速消费品等产业领域的厂家，真正做直营的并不多，大部分采取了"直营＋分销"的模式，而且其中分销所占的比例较大。

3. 多对多：拍卖模式

正向模式拍卖是传统的英国模式拍卖。正向模式拍卖是由卖方提供一件物品，买方通过竞拍赢得拍卖，出价高者赢得拍卖。B2B 市场上更多的是利用拍卖来处理存货和过剩的商品，它利用动态定价机制，能迅速实现"流动性"，便于更好地发现价格和市场信息的优势以吸引企业加快对这一业务的扩展。

正向拍卖可以为卖家带来收入，增加网站浏览量。我们常见的拍卖大多是正向拍卖。

反向模式拍卖是出价低者赢得拍卖。当某位潜在的买方想买某件特定的物品时，通常采用反向模式拍卖。买方会把他想买的特定物品放到网站上，潜在的卖方通过竞拍一较低的价格把物品卖给买方。在反向模式拍卖中，每次新的竞价必须比上一次的低。

"电子反向拍卖"，通俗地讲即"拍买"，既由供应商（卖方）通过互联网在规定的时间内不断提交价格更低的投标而相互开展竞争以赢得合同，采购实体（买方）按照其报价及其他事先确定的标准来决定最终排名，并进而依据该拍卖结果授予合同的一种采购程序。

5.4　电子供应链与协同商务

5.4.1　供应链与供应链管理

1. 基于物质产品的供应链管理

供应链管理是在制造企业中提出并发展起来的，所以本节的标题中包含了"基于物质产品"的说明。实际上，无论在理论研究中，还是在企业实践中，供应链管理最早都是从库存管理的基础上提出的。要更好地进行库存管理，必须在供应链的框架下来进行。

何为库存？为了满足某种物品的需求，组织、个人或家庭通常需要自己生产、或从外部订购（即采购）物品，这些物品并非立即满足需求从而需要存放，或者满足即时需求之外有多余的物品需要存放，这种存放就是库存。

产生库存的原因有很多。例如，因为物品不能立即得到，为了更好地满足顾客的需求，就要事先生产或订购而存放；也可能是因为一次生产量或订购量大，成本低廉，但这个量超过了一定时段的需求量，故而形成了库存。很多时候，生产与订购的问题相同，故以下就用"订购"一词。

库存管理就是如何管理库存，其目标主要是在满足需求的前提下使成本达到最低、或者使利润达到最大。库存管理问题涉及的成本，一般包括如下四类：

（1）固定订购费（set up cost），即补充一次物品所需要的固定花费（如手续费、采购人员的差旅费、机器开工时的启动费等），它与补充的数量无关。

（2）变动订购费（unit cost），如订购时物品的单价，生产物品时的单位生产费用，它是物品本身的费用，是补充数量的函数。

（3）存储费（holding cost）。它包括存储货物的库存费用、资金占用所产生的费用（如利息）、货物保险的费用以及货币贬值、货物的损坏变质等方面的费用。

（4）缺货费（penalty cost）。由于供不应求造成缺货所带来的损失费用（如惩罚费），它也可能是为了让缺货的顾客等待而提供给顾客的折扣费用，或者是缺货时的机会成本、损失顾客所带来的成本，这时其计算可能较为困难。

如果每次订购时的订购量大，那么存贮费就会大，但缺货的可能性变小，从而缺货费用小；反过来，如果每次订购时的订购量小，那么存贮费就会小，但缺货的可能性变大，从而缺货费用大。因此，库存管理的本质是在各种成本之间如何取得平衡，特别是在库存成本与缺货成本之间的平衡。

当有需求到达时，现有库存若能满足需求，即库存量不小于需求量时，则需求能够得到即时满足。否则，就满足不了需求。此时，常有两种方式来描述满足不了的需求：

• 缺货等待（back order）：缺货时顾客等待，直到补充的货物到达时，他的需求才得到满足。

• 销售损失（lost sale）：满足不了需求的顾客会离开，或者去寻找其他的需求，或者取消需求。

当然，实际中可能是二者的综合，就是一部分等待，另外一部分则选择离开。

库存管理需要回答三个问题：向谁订购或采购、何时订购、订购多少。前者属于供应量管理，后两者则通常属于库存管理的内容，也是通常所谓的库存策略。库存管理研究的主要内容就是给出最优的库存策略。

库存理论中最简单，也是最基础的模型有两个，一是确定性时齐库存模型（也叫经济订购量公式，economic order quantity，简记为 EOQ），它自 1913 年提出，至今仍然是学术研究中常见的，也是一种可在实践中运用的优秀方法。二是报童模型。二者的主要区别是 EOQ 是确定性的模型，而报童模型中需要处理需求的随机性。想要进一步了解相关模型及更多内容，请参阅相关书籍。

2. 供应链管理的定义与框架

企业之间是否形成供应链，其基本出发点是它们之间是否有供需关系。所以，我们先引入这一关系。称两家企业之间有供需关系，如果其中一家企业的产品供应给另一家企业使用。这里的"产品"，可以是实物的，也可以是虚拟的信息、资金、技术、服务等。

我们先给出供应链的一个非常一般的定义。供应链是一个连通的有向网络，网络中的节点表示企业，节点之间的有向弧表示这两家企业的产品之间有供需关系；进而，这个网络还满足如下两个条件：

（1）对任何节点，都不存在它到其自身的弧。

（2）网络中的任何两节点，或者有一条有向路连接它们，此时，称此路中前面的节点为其后续节点的上游，后续节点为其之前节点的下游；或者二者有一共同的下游节点；或者二者有一共同的上游节点。

条件（1）表示一家企业给它自身提供产品，不在供应链的考虑范围之内。至于条件（2），如果有两家企业不满足这一条件，那么它们之间就不会有什么合作的关系，从而就不必在一个供应链的框架下来考虑它们。如果一个供应链有向网络不是连通的，那么由图论的知识可知，它可分解为若干个连通的有向子网络，各子网络之间没有关系。于是，我们只需考虑各个子图所表示的供应链即可。由此我们推知，网络中的任何一个节点都不是孤立的，即存在另一个节点与之相连，也即它是某一条弧的顶点。

现在,我们定义供应链管理为对供应链进行的管理活动,包括对供应链中企业间的竞争与合作的管理,以使供应链如同一家企业。说得简单点,供应链管理是指对供需企业间竞争与合作的管理。尽管这样说不是很严格,但从简洁性考虑亦不失为一个可行的说法。这里的"管理活动",主要是指设立企业间的合约(contract,也叫契约、合同等),以约定各相关企业分别承担的活动与职责。

著名学者 Michael Porter 在其所提出的五力模型中,将企业与其上下游企业看作竞争对手,所以供应链中各成员间的竞争是企业的本性。但供应链管理这一概念的引入,主要是考虑供应链中各企业间的合作,"以使得供应链中的多家企业如一家企业",这是供应链管理的目标。

供应链管理的目的,是将供应链中的全体成员作为一个系统,使得整个系统像一家企业那样的运作,也即将企业的管理活动(计划、控制、协调等)从一家企业扩展到整个供应链。为此,要使原本分散的决策(即各企业做各自的决策),变成为如同一家企业做出决策(即集中决策),或者在某种制度的安排下达到集中决策的程度。这可能需要信息的共享,也即决策所需的信息需要供应链内企业之间实现共享,或者某种程度的共享。

因此,供应链管理应该从企业管理的角度、从企业与企业间关系的角度,来进行全方位的看待。从企业管理的功能来看,供应链管理应该包括企业的所有管理活动(功能):生产管理、信息管理、营销管理、财务与金融管理、会计与税收管理、研发管理、人力资源管理与组织行为、项目管理、流程管理、战略管理,等等。这部分内容被称为供应链管理的功能,是供应链管理的第一个维度。

供应链管理的第二个维度是,与任何人造系统一样,供应链作为一个系统,其内容也包括供应链的性能分析、设计、运行控制三个部分。

(1)供应链性能分析。供应链性能分析就是分析一个给定供应链的性能,看看其性能是好还是不够好,甚至基此来重新设计供应链、或者改进供应链。所以性能分析是下面的"供应链设计"的前提与基础。

(2)供应链设计。由上面给出的供应链的定义,供应链设计就是给出供应链中的节点企业、它们之间的关系(弧),由此就规定了企业有多少供应商、有多少下游客户。供应链设计的第二方面的内容则是设计供应链中企业之间的合约。我们称前者为供应链硬结构的设计;后者为供应链软结构的设计。

(3)供应链运行控制。供应链运行控制也包括两部分内容,一是供应链的日常运行管理。二是随着环境的变化对供应链的调整,让供应链适应环境。例如,调整供应商目录,或者调整与供应商之间的合约类型,甚至彻底调整供应链的结构,这部分内容相当于供应链的设计。

供应链管理的第三个维度是供应链管理中所要研究的问题,其核心是供应链中企业之间的"合作",包括如何度量供应链中"合作"的程度,运用何种方式、方法来提高合作程度等问题。

5.4.2 电子供应链管理

1. 电子供应链的含义

电子供应链是供应链发展的必然趋势,是电子商务和供应链自然结合的结晶。综合供应链和电子商务以及 Internet 网络技术的相关知识，可将电子供应链定义为：围绕核心企业，以 Internet 为平台，以电子商务为手段，通过对物流、资金流与信息流的整合和控制，从采购原材料开始，制成中间产品以及最终产品，最后由销售网络把产品送到消费者手中，将供应商、生产商、分销商、零售商、直到最终客户连成以个整体的网链结构和模式。

这个定义包含了以下几个方面的内容：

（1）以核心企业为中心，通过核心企业来构建整个供应链网络。

（2）通过 Internet 和电子商务来整合供应链中的物流、资金流、信息流，从而能够及时、快速地响应客户服务。

（3）电子供应链与传统供应链一样，是一个网络结构和模式，构建电子供应链的目的在于提高整个供应链的效率和竞争力，从而使供应链中各成员的经营成本最小化、利润最大化。

（4）电子供应链上各节点企业都是产权相互独立的主体。

从电子商务和供应链管理各自的特征来看，二者是具有很强的黏合性：电子商务利用 Internet 技术将企业、客户、供应商以及其他商业和贸易所需环节连接到现有的信息技术系统上，将商务活动纳入网络中，彻底改变了现有的业务作业方式和手段，从而实现充分利用有限资源、缩短商务环节和周期、提高效率、降低成本、提高服务质量的目标。而供应链管理正是建立在供应链各成员具有一个共同的战略目标、满足顾客需求基础之上的；电子商务强调综合效益的提高，而供应链管理的实践证明了这种预期的存在性；电子商务强调人、技术、管理三者在商务活动中的有效集成，以及包括工作流程、商务活动组织等方面在内的创新，而供应链管理强调供应链各成员的集成，实现成员之间的信息共享，同时供应链成员之间的战略伙伴关系也为创新提供了新的要求：要求供应链各成员采取积极主动的态度，依靠自觉行动，遵循"与网络相容"的原则，形成与电子商务相融合的自我约束机制，在整个供应链中系统和综合地考虑电子商务的特性，使供应链的所有业务更加有效、更加灵活、取得更大效益。而实现这一目标的前提是有效地开展基于电子商务的供应链管理。

2. 电子共盈利管理的优势

基于电子商务的供应链管理是电子商务与供应链管理的有机结合，它以客户为中心，集成整个供应链过程，充分利用外部资源，实现快速敏捷反应，极大地降低库存水平。具体来说，它具有以下一些优势。

（1）有利于保持现有的客户关系。

电子商务使竞争从企业间的竞争逐渐演化为供应链之间的竞争。为吸引、保留现有客户，需要为其提供更快捷、成本更低的商务运作模式。而基于电子商务的供应链管理直接沟通了供应链中企业与客户间的联系，并且在开放的公共网络上可以与最终消费者进行直接对话，从而有利于满足客户各种需求，保留现有客户。

（2）有利于开拓新的客户和新的业务。

实施基于电子商务的供应链管理，不仅可以实现企业的业务重组，提高整个供应链效率，保留现有客户，而且由于能够提供更多的功能、业务，必然会吸引新的客户加入供应链，同时也带来新的业务。

（3）有利于提供营运绩效。

实施基于电子商务的供应链管理，不仅能使供应链各个企业降低成本，缩短需求响应时间和市场变化时间，还能为客户提供全面服务，使客户能够获得最好品质的产品和服务，同时实现最大增值；而且能为供应链中各个企业提供完整的电子商务交易服务，实现全球市场和企业资源共享，及时供应和递送订货给顾客，不断降低运营和采购成本，提高运营绩效。

（4）有利于分享需要的信息。

基于电子商务的供应链交易涉及信息流、产品流和资金流。供应链中的企业借助电子商务手段可以在互联网上实现部分或全部的供应链交易，从而有利于各企业掌握跨越整个供应链的各种有用信息，及时了解顾客的需求以及供应商的供货情况，同时也便于客户实现网上订货并跟踪订货情况。

3. 电子共盈利管理的主要内容

根据电子商务与供应链管理的结合应用，可以构建基于电子商务的供应链管理的系统模型，如图 5.1 所示。

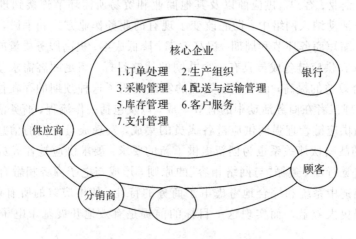

图 5.1　基于电子商务的供应链管理系统模型

从图 5.1 可以看出基于电子商务的供应链管理的主要内容涉及以下几个方面：

1）订单处理

通过电子商务系统进行订单设定和订单状况管理。当收到客户订单时，核心企业要及时分析所需产品的性能要求，判断是否能达到订单中的技术指标，在能够达到要求的条件下进一步分析订单中产品的成本、数量和利润。如果能够从订单中获利，便可与客户签订订货合同。之后查询现有库存，若库存中有客户需要的产品，便立即发货；否则及时组织生产。借助电子商务进行订单处理，供应链可以急剧地减少订单成本的出错率，缩短订单的循环周期，大大提高营运效率。

2）生产组织

核心企业使用电子商务系统协调与供应商的准时供应程序，与多个供应商之间协调制定生产计划。此外，由于在订单处理中可以提供核心企业有关产品销售和服务的实时信息，这样在一定程度上会使销售预测变得精确，反过来又大大改善了生产组织的管理。

3）采购管理

通过电子商务系统，有效地实现与供应商的信息共享和信息的快速传递。一方面，通过互联网提供给供应商有关需求信息和商品退回情况，同时获得供应商的报价、商品目录、查询回执，从而形成稳定、高效的采购、供应体系；另一方面，通过网上采购招标等手段，集成采购招标和互联网优势，扩大采购资源选择范围，使采购工作合理化，大大减少采购人员，有效降低采购成本。此外，也使核心企业与供应商之间的协商变得合理化。

4）配送与运输管理

通过电子商务系统，对配送中心的发货进行监视，对货物运至仓库进行跟踪，同时实现对配货、补货、拣货和流通加工等作业管理，使配送的整个作业过程实现一体化的物流管理。此外，通过对运输资源、运输方式、运输路线的管理和优化，对运输任务进行有效的组织调度，降低运输成本，并实现对运输事项和货物的有效跟踪管理，确保指定的货物能够在指定的时间运送到指定的地点。

5）库存管理

通过电子商务系统，核心企业通知供应商有关订单的交送延迟或库存告急，使库存管理者和供应商追踪现场库存的存量情况，获得及时的信息以便更有准备；实现对存储物资有效管理，及时反映进销存动态，并且跨区域、多库区的管理，提高仓储资源的利用，进而促使库存水平降低，减少总的库存维持成本。

6）客户服务

应用电子商务系统，核心企业的客户通过互联网可以非常方便地联络有关服务问题，通知并要求解决所发生的任何服务问题，而核心企业则通过互联网接受客户投诉，向客户提供技术服务，互发紧急通知等。这样一来，可以大大缩短对客户服务的响应时间，改善与客户间的双向通信流，在保留已有客户的同时，吸引更多的新客户加入到供应链中来。

7）支付管理

通过电子商务系统，与网上银行紧密相连，并且电子支付方式替代原来支票支付方式，用信用卡方式替代原来的现金支付方式，这样既可以大大降低结算费用，又可以加速货款回笼，提高资金使用率。同时，利用安全电子交易协议，保证交易过程的安全，消除对网上交易的顾虑。

5.4.3　协同商务

1. 协同商务的含义

协同商务理论的原型主要来源于 20 世纪末的"虚拟企业"。虚拟企业理论主要是指，将企业的各个商务处理过程进行电子化，用信息技术来搭建一个全新的企业组织，这个组织不但将企业内部的资源进行有效的整合，而且实现一个跨企业的合作，实现一个动态的企业运行模式。而跨企业的运营模式也迅速地在全球蔓延，随着这个观点不断推进，协同商务概念也出现了。

协同商务的思想最早由 Gartner Group 在 1999 年提出。他们对协同商务的定义是："协同商务是指将具有共同商业利益的合作伙伴整合起来，主要是通过对于整个商业周期中的信息进行共享，实现和满足不断增长的客户需求，同时也满足企业本身的能力。通过对各个合作伙伴的竞争优势的整合，共同创造和获取最大的商业价值以及提高获利能力。"

协同商务是一种供应链管理思想，协同商务意味着不仅要将企业内部部门之间，而且要将企业的合作伙伴、供应商、分销商和零售商甚至终端客户联系起来，统一计划和数据模式，形成动态联盟和协同。所有供应链成员在统一计划的运作下，进行产品的协同开发，物料的协同采购、生产、分销和交付。供应链上各成员尤其是企业和供应商之间要形成以订单为中心的战略合作伙伴关系，实现供应链中所有企业的信息共享及业务协作，达成互动、公平、双赢的局面。

协同商务对 B2B 电子商务的集成作用具体体现在以下五个方面：

（1）信息协同。采购方与供应方共享信息，采购方将其库存情况和所需产品的要求等信息传递给供应方，使供应方对其上游企业有很好的可视性，提高交货的准确度和速度；供应方也将有关自己产品的信息与采购方分享，加强双方的信赖。

（2）产品生产协调。在整个动态联盟进行统一计划时，需要供应商的协同。同时，通过信息反馈和教育培训支持，在供应商之间促进质量改善和质量保证。

（3）产品设计协调。客户或内部企业科研部门设计个性化产品的同时，将设计信息及时与供应商共享，令供应商可以在第一时间进行产品开发和生产，更好地满足自身需要

（4）采购协同。企业将近期的采购计划定期下达给供应链的上游供应商，同时将采购订单下达给供应商。供应商可根据企业的采购计划和订单进行生产安排，并将执行情况及时上传。若确认不能完成采购订单，应迅速告诉企业，使企业对之有明确的了解，及时调整生产计划或寻找其他方案。

（5）预测协同。通过 ERP（企业资源计划）系统，可以从市场的变化推算出企业对原材料需求的变化，并将变化通过采购平台传递给供应商。后者调整自己的备货计划，提高抵抗风险的能力。

2. 协同商务的主要内容

协同商务的主要内容主要分为四个方面：

1）信息与知识的共享

一是将员工或用户的信息与自身的职责、工作联系起来，与用户有关的所有信息都建立关联，例如，员工在公司创建的文档，而这些文档也是与这个员工的客户有关的，与这个员工所参与的项目有关的。因此，信息都是与员工的工作联系在一起的。企业内部的信息是个性化的，员工所需要的信息、员工可以得到的信息都是与他工作相关的。

二是信息不但包括协同商务本身的信息，还包括 ERP 以及其他系统的信息，这些信息都是集成在协同商务中的。

三是内容管理也必须纳入到整个系统当中，作为一个协同商务系统，很重要的一点是对自身产品的外部传播，例如在互联网上发布最新的企业的产品的信息，建立与客户的沟通渠道，动态地维护外部网站的信息。

2）业务整合

当企业内部或是跨企业的员工需要为了一个共同目标进行工作时，都是需要借助业务的整体资源，例如员工在完成一个产品市场设计时，需要借助市场部门、客户部门甚至外部广告公司的协助，在这样的情况下，就是需要对企业整个资源的整合。协同商务的整个处理过程也是企业内部业务的一个整合过程，客户根据网上信息订单，通过商务处理过程实现客户的需求，客户也可以通过自主门户随时了解整体业务过程的处理情况，强化了客户联系的能力。

3）建立合作空间

在企业运作过程中企业的员工需要其他部门的协助，例如，需要一些知识专家对他的一些问题进行解答或咨询时，就需要借助一个空间或社区来进行，如在线的会议、在线培训课程等。另外一方面，企业的工作不仅需要内部员工协助完成，更需要外部用户的参与，员工在完成客户需求的同时需要不断地与外部客户进行有效的沟通，协作社区的出现是电子商务发展的一个部分，也是协同商务作用的体现。

4）商务的交易

协同商务必须提供安全、可靠的商务交易流程，包括客户的订单管理以及合同管理、财务交易的管理等。这些交易结果可以与内部其他系统进行互动以及数据的更新。

完整的一套协同商务系统包括多个模块，每个模块有多个部件，通过整合，它们形成一个完全集成的基于 Web 的方案，包括企业信息门户、知识文档管理、客户关系管理、人力资源管理、资产管理、项目管理、财务管理、工作流程管理、供应链管理。

本 章 小 结

（1）B2B 电子商务是电子商务的一种模式，即企业与企业之间通过互联网进行产品、服务及信息的交换。通俗的说法是指进行电子商务交易的供需双方都是商家（或企业、公司），他们使用了 Internet 的技术或各种商务网络平台，完成商务交易的过程。这些过程包括：发布供求信息，订货及确认订货，支付过程及票据的签发、传送和接收，确定配送方案并监控配送过程等。

（2）第三方 B2B 电子商务平台是面向中间交易市场的 B2B。它是将各个行业中相近的交易过程集中到一个场所，为交易活动中买卖双方企业提供信息发布、贸易磋商服务，帮助双方顺利达成交易的网络服务平台。企业 B2B 电子商务平台是大型企业自建 B2B 电子商务网站来开展电子商务，企业通过电子商务来降低成本、提高销售量。

（3）B2B 电子商务真正面向整个供应链管理，并带来了供应链的变革，能够增加商业机会和开拓新的市场，改善过程质量，缩短订货周期，降低交易成本，改善信息管理和决策水平，改善工作方式，使企业从质量、成本、和响应速度三个方面得到改进，最终提高企业的竞争力。

（4）第三方 B2B 电子商务平台组织主要有会员制和第三方信用机制。第三方 B2B 电子商务平台管理主要有合作伙伴管理和供应商管理两大内容。

（5）企业 B2B 电子商务平台组织主要有直销模式、分销模式、拍卖模式。

（6）供应链是一个连通的有向网络，网络中的节点表示企业，节点之间的有向弧表示这两家企业的产品之间有供需关系；进而，这个网络还满足如下两个条件：① 对任何节点，都不存在它到其自身的弧。② 网络中的任何两节点，或者有一条有向路连接它们，此时，称此路中前面的节点为其后续节点的上游，后续节点为其之前节点的下游；或者二者有一共同的下游节点；或者二者有一共同的上游节点。

（7）供应链管理的目的，是将供应链中的全体成员作为一个系统，使得整个系统像一家企业那样的运作，也即将企业的管理活动（计划、控制、协调等）从一家企业扩展到整个供应链。

（8）电子供应链是指围绕核心企业，以 Internet 为平台，以电子商务为手段，通过对物流、资金流与信息流的整合和控制，从采购原料开始，制成中间产品以及最终产品，最后由销售网络把产品送到消费者手中的，将供应商、生产商、分销商、零售商直到最终客户连成一个整体的网链结构模式。

（9）协同商务是指将具有共同商业利益的合作伙伴整合起来，主要是通过对整个商业周期中的信息进行共享，实现和满足不断增长的客户的需求，同时也满足企业本身的能力。通过对各个合作伙伴的竞争优势的整合，共同创造和获取最大的商业价值以及提高获利能力。

案 例 与 分 析

邓红兵详解李宁供应链：移植 IT 供应链管理经验

供应链管理的核心是数据分析。2012 年 8 月，邓红兵受邀加入李宁公司，担任副总裁兼首席供应链官，负责管理和优化供应链管理系统，与此同时，李宁公司也开始了为期三个阶段的"变革"计划。此前，邓红兵在戴尔任职 14 年，担任过包括戴尔全球采购执行总监等在内的多个管理职务，戴尔的供应链管理在行业内堪称翘楚。

供应链管理在李宁公司占据举足轻重的地位，从某种程度而言，李宁公司变革的成败在于供应链管理的变革。

1. 大数据中心 & 数据采集

李宁公司的大数据中心位于李宁（荆门）物流园的一幢办公楼内，目前有近百个工位，数量还在增加。2012 年 10 月，邓红兵开始尝试建设大数据中心，最开始是通过外部的数据分析公司来做，然后再找劳务派遣公司，等到一整套的流程、程序都建好之后，才把大数据中心放在了荆门。

基础数据的采集并不是一件特别难的事情，李宁公司的做法是在终端门店里安装上一台 POS 机，数据和总部相连，消费者刷卡时，所购物品的数据同步传送到总部的 IT 系统。不过，当门店深入到三四线乃至乡镇时，问题随之而来，一些分销商没有这个意识，让他们花费数千元安装 POS 机并非易事，李宁公司花了不少口舌来说服这些经销商，"你把数据给我，通过数据分析，我会知道你们店什么货最好卖，这样你可以进那些卖得最快的货，降低库存、减少资金占用、提高售罄率"。

邓红兵还邀请经销商到李宁的自有门店去参观，证明给他们看。

目前，李宁公司 85% 左右的门店都安装了 POS 机，邓红兵对这一覆盖率是满意的。"一些偏远地区的门店（比如新疆），竞争不像沿海、东部地区这么激烈，原始的批发模式还比较成功。这些地方的数据给了我也没有太大用处，没必要一定安装 POS 机。"

大数据为李宁公司的变革提供了有力支撑。

2. 模式装换

运动服装品牌传统的模式是提前一年半规划新产品，开订货会，拿到订单后，向代工厂下达生产指令，再将产品交给经销商，生意至此就算做完了。至于这些产品是卖给消费者还是滞留在销售环节，公司很少给予关注，这是一种粗放的增长方式。这几年，包括李宁公司在内的诸多运动品牌纷纷遭遇困境，一个重要的原因就是库存问题，而库存的产生又是传统的批发模式所造成的，无法解决。

新的模式，是倒过来看，用销售指导生产，使解决问题的思路豁然开朗了。先少量铺货，测试市场反应，随时随地监控市场销售，寻找那些卖得好的或卖得差的。简要地说，这种模式就是从推式供应链，转换为拉式供应链，将若干业务并行起来，上游帮助下游进行销售。

2012 年，李宁公司只做了一单"快速订单"，2013 年上半年做了十几批的货，三四季度开始发力，预计全年"快速订单"的销售额占到 10％，毛利率也高于其他产品。

"快速订单"是很赚钱的生意，但并不意味着越多越好，这里面有一个度的把握问题，这种生产模式给代工厂的生产压力很大，比如生产排序、物料管理等。邓红兵也承认这一点，称"快速订单"做到 20％应该没问题。

3. 实施新模式

传统观点认为，供应链管理的目标是降低成本，提高效率，可这远远不够。什么样的供应链才是有效的供应链？邓红兵认为，必须做到"五个正确"，即正确的产品，在正确的时间，以正确的数量，送到正确的地点，以正确的价格销售。为此，有以下几个步骤：

第一步，当然是了解市场需求。

第二步，是如何让供应链变得更加灵活、快速。现在市场需求呈现多元化和个性化特点，所以要采取"小批量，多频次，短周期"的生产模式，这要求生产线的设计、生产计划具有及时性，可相应作出调整。

第三步，涉及物流的问题。李宁公司在湖北荆门建产业园，既是制造业向中西部转移之需，又是希望在中部建立一个能辐射全国、反应高效快速的物流中心。为此，需和供应商建立战略伙伴联盟。没有产业集群，就无法形成规模优势。目前，陆续入驻产业园的还有全球最大的 OEM 鞋厂宝成集团，以及湖北动能等。

有了这三步，李宁公司的供应链就非常清晰，这为公司从批发模式向零售转型奠定了基础。

4. 向 IT 业供应链学习

为什么李宁公司要聘请对鞋服行业并不熟悉的邓红兵来管理它的供应链？这主要得益于邓红兵在戴尔公司有过 14 年供应链管理的工作背景。

不同于鞋服行业，IT 行业竞争激烈，产品的成本占比大、原材料价格高，更新换代的速度很快，技术一过时，产品就会滞销，工厂甚至还得拆解、处理这些产品。郭台铭曾经说过，"科技产品需要新鲜，就跟生鱼片一样。"讲的就是这个道理。

IT 行业对供应链管理的精细化程度非常高，通过需求拉动供应链的模式（即"拉式供应链"），在 IT 行业已经实施十多年了，但在鞋服行业却还是个新鲜事。

"戴尔公司靠直销起家，拼的是效率，靠供应链打败所有竞争对手。直到今天，戴尔的现金流、库存，在行业里仍是领先地位。我把 IT 行业的供应链模式放在鞋服行业里，相信过了一段时间，李宁公司的供应链管理会领先全行业。"邓红兵称。

邓红兵现在做的事情是上一整套的零售 IT 信息平台，包括四大模块：需求预测、产品组合、供应商协同、门店运营。

以产品组合系统为例，假设在北方的一线城市开一家门店，150 平方米，南方的二线城市也开一家门店，90平方米，这两家门店的货是不可能一样的，如何决定哪家门店卖什么货，产品怎么组合，就靠这个系统。

思 考 题

1. 李宁公司与其经销商所面临的问题是什么？
2. 通过借鉴和学习 IT 供应链管理相关经验，李宁公司是如何应对和解决这个问题的？

复 习 与 讨 论

1. 电子市场相对于传统的市场有哪些特点？
2. B2B 电子商务的价值体现在哪些方面？
3. 怎样理解供应链的含义及供应链管理的三个维度？
4. 针对协同商务的发展趋势，对电子商务与协同商务的理论研究前沿文献进行检索，总结有关协同商务的前沿问题。

电子商务

实施篇

第6章 电子商务系统建设

开篇案例 **Dell 的电子商务**

Dell 公司是最早开始进行信息化建设的 IT 行业之一。在与老牌硬件生产商之间的竞争中，Dell 公司通过财务系统、进销存管理系统、客户关系管理系统的建设与整合，尤其是对供应链管理系统的建设使得其将效益最大化转化了一种成本最小化的"直接经营"模式。这种先销售后制造的经营方式打破了孤立信息系统的信息孤岛，实现了跨部门的信息的共享，针对不同业务需求对部门参与进行了授权与限制，同时开放的电子商务门户网站在实现与企业内部数据信息的交互保证内部数据的安全性。Dell 整个电子商务系统的建设最大程度上充分发挥电子商务系统的优势，规避了电子商务系统建设过程中可能出现的问题，开创了基于电子商务系统的成功经营模式。

6.1 电子商务与互联网技术

普适计算之父马克·韦泽说最高深的技术是那些令人无法察觉的技术。这些技术不停地把它们自己编织进日常生活，直到你无从发现为止。而互联网正是这样的技术，它潜移默化地渗透到我们的生活中来，像水电煤一样成为我们生活中不可或缺的部分。互联网作为一种通用的技术和曾经的电力技术、蒸汽机技术一样将对人类经济社会产生巨大、深远而广泛的影响。而以互联网为基础的电子商务的出现及其快速的发展，同样也对人们的生活、企业或组织的商业活动、国际贸易等诸多领域带来了深刻的改变。

电子商务由万维网技术组成，即协议、标准、浏览器和服务器。底层的因特网基础设施(服务器、软件和存储器)实现了负载均衡、防火墙安全、备份以及内容配送和管理等基础功能，使得移动、无线等各类网络应用的建设成为可能。客户在线订购产品、查询股票代码、转移资金，都是依靠完备的互联网技术体系实现的。因此技术是电子商务的基础和支持。另外电子商务系统是一个复杂的、综合的大系统，其技术解决方案涉及多个学科、多种技术，往往需要大量专业人员的协同工作才能完成。

在电子商务应用中，网上门店提供多级产品展示、购买、推荐和促销广告；客户关系管理系统(Customer Relationship Management, CRM)提供客户信息、订单、自动短信和邮件营销平台管理；进销存系统提供供应商管理、采购管理、库存管理、出货管理。电子商务系统跨越了以往的时间和空间局限，让客户可以随时、随地订购企业的产品，集中化管理企业的销售渠道，让以前多门店管理难的局面彻底消失，同时大幅度降低成本，让企业的交易成本和产品库存成本降到最低，企业不需要为每个门店准备库存，完全可以按照需求拉动的生产管理方法,让物流中心直接配送到全世界的每一个角落。互联网也是一个聚集顾客的途径,通过系统记录的一系列数据分析顾客的行为,有效地把握客户,制定有效的营销和自动销售策略,让企业的回头客大大增加。

6.1.1　相关的互联网关键技术

电子商务系统涉及三个基本的技术概念:TCP/IP、URL 和 HTTP、客户机/服务器架构。虽然电子商务系统的模式以及技术不停地在发生变化,但这三个基本原理仍是当前电子商务系统的运作核心。此外,电子商务系统还涉及安全协议。

1. TCP/IP

在网络通信原理中,包交换是一种传送数据的方法,它把许多彼此无关的操作包在一起,同时在通信信道上选择路由发送。虽然包交换技术可以使网络的通信能力显著提升,但人们对于将数字信号拆分成包,将数据包发送到正确地址以及在目的地将分散的包重新合并成连贯的数字信息等细节处理方法却始终没有达成共识。解决的方案是建立一项协议(数据传输的一系列规则标准)来控制信息的设计、排序、压缩和错误检查,同时详细说明传输的速度、网络设备运行的途径,提示是停止发送信息还是接收信息。

互联网协议族(Internet Protocol Suite,IPS),是一个网络通信模型,包含了一整个网络传输协议家族,为互联网的基础通信架构提供支持。它常被通称为 TCP/IP 协议族(TCP/IP Protocols),简称 TCP/IP。因为这个协议家族的两个核心协议,包括 TCP(传输控制协议)和 IP(网际协议),是这个家族中最早通过的标准。由于在网络通信协议普遍采用分层的结构,当多个层次的协议共同工作时,类似计算机科学中的堆栈,因此又被称为 TCP/IP 协议栈(TCP/IP Protocol Stack),这个协议栈由互联网工程任务组负责维护。

TCP/IP 协议可以分解为四个独立的逻辑层次,各个逻辑层在通信中扮演不同的功能角色。网络接口层负责通过局域网、令牌环网或其他架构的任何网络收发数据包。因此,TCP/IP 协议完全独立于用户所使用的具体网络细节,并且允许本地网络进行任何形式的改变。网络层负责数据的寻址、打包和网间路由等工作。传输层负责同具体的网络应用进行双向沟通,完成数据的确认和排序工作。应用层则负责实现不同的网络应用与低层服务之间的相互衔接,提供比较丰富的应用。例如,超文本传输协议(HTTP)、文件传输协议(FTP)和简单邮件传输协议(SMTP)等都是我们比较熟悉的网络应用。

2. URL 和 HTTP

统一资源定位符(Uniform Resource Locator,URL)是对可以从互联网上得到的资源的位置和访问方法的一种简洁表示,是互联网上标准资源的地址。互联网上的每个文件都有一个唯一的 URL,它包含的信息指出文件的位置以及浏览器应该怎么处理它。URL 是电子商务网站的中心。一个 URL(如 https://www.jd.com/)由两个关键字组成。

(1) https://(安全套接层上的超文本传输协议)是协议指令符。它告诉浏览器连接网络服务器的是什么协议(这里是 https),浏览器根据这个协议决定如何处理将要打开的文件。Web 浏览器也使用其他协议,比如 FTP(文件传输协议)用于文件的传输,SMTP(简单邮件传输协议)用于电子邮件,WebSocket 用于浏览器与服务器间的全双工通信。

(2) www.jd.com 是服务器名。双斜线后的字符 www 告知网络请求的内容位于某个专用网络服务器的某个地方。jd 是请求的网站名，而 com 是一个编码，表示这个网站商业机构。其他的编码还有 org(表示组织)、gov(表示政府)。

3. 客户机/服务器架构

客户机/服务器架构就是一种计算机间的协同工作模式。在这一模式下，多个功能完备的个人计算机与网络中的一台或多台服务器进行连接。这些个人计算机主要包括桌面电脑和手持移动设备，完全能够胜任复杂图形输出、大型文件存储及音视频文件处理等复杂计算任务。而网络中的服务器则专注于满足客户机在网络环境下产生的各种公共需求，如存放文件、应用程序或联网必需的各种工具软件。互联网就是一个客户机/服务器计算最好的例子，数百万台位于世界各地的客户机可以很容易地连接位于世界各地的网络服务器。

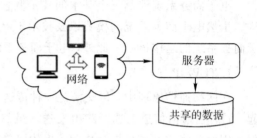

图 6.1　客户机/服务器架构

图 6.1 是通用的客户机服务器的计算架构，桌面电脑、移动设备等客户机负责处理商品浏览、购物车等交互行为。商品信息、电子交易、物流跟踪等公共需求则由后台服务器进行处理。

4. 安全协议

基于 Internet 发展起来的电子商务慢慢成为人们进行商务活动的新模式。但是，电子商务的安全问题也是制约其发展的重要因素之一，我们需要建立一个安全、便捷的电子商务应用环境，保证整个电子商务活动中信息的安全性，使基于 Internet 的电子交易方式与传统交易方式一样安全可靠。目前有两种主要的安全协议。第一个是安全套接字层协议(Secure Sockets Layer，SSL)。SSL 是目前因特网上使用最广泛的安全协议，能够在通信双方之间建立一个电子商务的安全性秘密信道，确保信息或数据流的安全传输。第二个安全协议是安全超文本传输协议(S-HTTP)，它可以实现浏览器和服务器之间的安全通信。

6.1.2　万维网

万维网(World Wide Web,WWW)是一个全球性的网络，由上百万的网络服务器和由超文本传输协议(HTTP)及其派生协议连接的浏览器组成。万维网就像一个客户机/服务器系统，即客户或浏览器发出请求，网络服务器存储内容，接收客户机的请求并进行处理。客户在显示器上浏览由服务器发送来的信息，网络服务器在数秒内提供多媒体信息的网页。在网站内和网站之间最重要的元素是链接，通过点击链接，用户就能够浏览一页页的网页，而不必操心信息的位置和它是怎么穿越网络的。

6.1.3　互联网与万维网的服务

互联网与万维网孕育了大量功能强大的网络应用。而这些应用也为电子商务的蓬勃发展奠定了坚实的基础。下面是几类在电子商务中经常出现的应用。

1. 电子邮件

电子邮件(electronic mail，e-mail)从问世至今始终是互联网中最受欢迎的网络应用。

通过网络的电子邮件系统，用户可以以非常低廉的价格（不管发送到哪里，都只需负担网费）、非常快速的方式（几秒钟之内可以发送到世界上任何指定的目的地），与世界上任何一个角落的网络用户联系。

电子邮件可以是文字、图像、声音等多种形式。同时，用户可以得到大量免费的新闻、专题邮件，并实现轻松的信息搜索。电子邮件的存在极大地方便了人与人之间的沟通与交流，促进了社会的发展。在电子商务应用中，电子邮件可以作为用户账号体系中的重要组成部分，实现安全认证、密码找回等功能。在营销和业务方面，电子邮件可以给顾客推送收藏产品的价格变动或优惠信息，发送订单处理进度以及售后服务沟通等等。

2. 信 息

人们在线交流最快的途径之一就是即时信息（Instant Messaging，IM）。IM 是基于即时信息服务器的客户软件。IM 即时发送文本信息，与电子邮件不同，它一次只发一行。在发送与接收之间，电子邮件存在几秒到几分钟不等的延时。IM 几乎即时地显示输入计算机的文本，接受者可以同时以相同的方式回复发送者。相比电子邮件来说，更像一个面对面的对话。使用 IM 之前，用户需建立通讯录，只要好友在线，输入短消息后，好友就可以即时地收到消息。尽管文本交流是 IM 最基本的交流机制，但是用户可以在短信中插入语音文件或者照片，甚至参与视频会议。越来越多的企业将即时通信软件挂上了网站。商务即时通讯软件解决了电子商务的交易效率问题，它取消了不必要的环节，将买家与卖家联系在一起。例如著名的商务聊天软件阿里旺旺，是一款非常优秀的营销工具和客户服务工具。

3. 搜索引擎

搜索引擎是互联网发展的最直接产物，它可以帮助我们从海量的互联网资料中找到我们查询的内容，也是我们日常学习、工作和娱乐不可或缺的查询工具。

搜索引擎工作原理：

（1）抓取网页：每个独立的搜索引擎都有自己的网页抓取程序（Spider）。Spider 顺着网页中的超链接，连续地抓取网页。被抓取的网页被称为网页快照。由于互联网中超链接的应用很普遍，理论上，从一定范围的网页出发，就能搜集到绝大多数的网页。

（2）处理网页：搜索引擎抓到网页后，还要做大量的预处理工作才能提供检索服务。最重要的就是提取关键词、建立索引文件，还包括去除重复网页、分析超链接、计算网页的重要度等。

（3）提供检索服务：用户输入关键词进行检索，搜索引擎从索引数据库中找到匹配该关键词的网页，为了用户便于判断，除了网页标题和 URL 外，还会提供一段来自网页的摘要以及其他信息。

搜索引擎作为互联网的重要入口，可以搜集用户的搜索需求，然后进行智能判断，提供最符合需要的搜索结果，把这些高关注度的信息推送到搜索首页，让更多的人分享群体的取向，大大减少了用户的时间成本。同时能使用户随机的产生交易行为，也就是用户本来未打算进行网上交易，只是在浏览信息时临时产生的购买行为。搜索引擎将搜索与电子商务融合，为用户进入网上交易提供了便捷的通道，促进了电子商务领域的发展。

4. Cookies

Cookie 可以用来存放网站用户的相关信息，已经得到广泛应用。当访问者浏览网站内容时，网站会发送一个文本文件(Cookie)到访问者的计算机中。这样 Cookie 中存储的内容就可在用户下次访问网站时快速加载。Cookie 可以存放网站设计人员所需的任何信息，如用户编码、浏览过的页面、经过客户确认的采购商品以及其他各种细节内容。此外，Cookie 也能为网站的用户带来很多方便。如果 Cookie 中已经存放有用户的相关信息，下次浏览时网站就能自动识别用户的身份，免去用户重新注册或登录的麻烦。Cookie 这种识别回头客的功能非常有助于网站的个性化设计，使得网站可以根据用户过去的行为表现，向他们提供各种特殊服务。Cookie 也有助于定制化和市场细分，网站可以根据用户的历史信息设定商品价格。当然，Cookie 也会对用户的隐私造成威胁，有时甚至令人厌恶。

5. 社交媒体

社交媒体(Social Media)指互联网上基于用户关系的内容生产与交换平台，是人们彼此之间用来分享意见、见解、经验和观点的工具和平台，现阶段主要包括社交网站、微博、微信、博客、论坛、播客等等。社交媒体在互联网的沃土上蓬勃发展，爆发出令人炫目的能量，其传播的信息已成为人们浏览互联网的重要内容，不仅制造了人们社交生活中争相讨论的一个又一个热门话题，更进而吸引传统媒体争相跟进。

基于社交网络平台的电子商务已成为新的商业机会。在这个平台上，你不仅可以与认识或者不认识的好友和粉丝交流分享各种信息，更有意思的是，越来越多的企业看到了这种人际关系网络在商业上的无限可能，不仅可以开展各种各样的营销活动，还可以直接促成购买。例如微博的粉丝营销以及微信的朋友圈营销。

6.2　电子商务系统组成

电子商务的系统结构如图 6.2 所示。其中商品需求方和商品供给方之间的交易通过前端的电子商务站点和后端的企业内部信息系统协作完成，另外还涉及负责交易安全的 CA 认证系统、物流和支付系统。

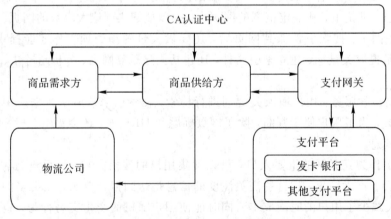

图 6.2　电子商务系统结构图

6.2.1　电子商务站点

电子商务站点是指在企业 Intranet 上建设的具有销售功能的，能连接到 Internet 上的万维网站点。电子商务站点起着承上启下的作用，一方面它可以直接连接到 Internet，企业的顾客或者供应商可以直接通过网站了解企业信息，并直接通过网站与企业进行交易。另一方面，它将市场信息同企业内部管理信息系统连接在一起，将市场需求信息传送到企业管理信息系统，然后，企业根据市场的变化组织经营管理活动；它还可以将企业有关经营管理信息在网站上进行公布，使企业业务相关者和消费者可以通过网上直接了解企业经营管理情况。

6.2.2　企业内部信息系统

企业在构建电子商务系统时，需要将 Internet 的联网技术应用到局域网中组建企业内部网(Intranet)，它的组网方式与 Internet 一样，但使用范围局限在企业内部。为方便企业同业务紧密的合作伙伴进行信息资源共享，同时为保证交易安全在 Internet 上通过防火墙(Fire Wall)来控制不相关的人员和非法人员进入企业网络系统，只有那些经过授权的成员才可以进入网络，一般将这种网络称为企业外部网(Extranet)。如果企业的信息可以对外界进行公开，那么企业可以直接连接到 Internet 上，实现信息资源最大限度的开放和共享。

企业在组建电子商务系统时，应该考虑企业服务的客户群体，如何采用不同的策略通过网络与这些客户进行联系。一般说来，将客户可以分为三个层次并采取相应的对策，对于特别重要的战略合作伙伴关系，企业允许他们进入企业的 Intranet 系统直接访问有关信息；对于与企业业务相关的合作企业，企业同他们共同建设 Extranet 实现企业之间的信息共享；对普通的大众市场客户，则可以直接连接到 Internet。由于 Internet 技术的开放、自由特性，在 Internet 上进行交易很容易受到外来的攻击，因此企业在建设电子商务时必须考虑到经营目标的需要，以及保障企业电子商务安全。否则，可能由于遭受非法入侵而妨碍企业电子商务系统正常运转，甚至会出现致命的危险后果。

6.2.3　CA 认证系统

互联网是虚拟的，并不像真实社会中一样，那么该如何识别互联网用户的身份呢？类比于现实社会，假如有一个我们都不了解的人想得到我们的信任，他可以去找一个权威人士担保让我们可以信任他，而互联网中就有这一类角色称为电子商务授权机构(Certificate Authority，CA)，它是负责发放和管理数字证书的权威机构，并作为电子商务交易中受信任的第三方，承担公钥体系中公钥的合法性检验的责任。CA 中心为每个使用公开密钥的用户发放一个数字证书，数字证书的作用是证明证书中列出的用户合法拥有证书中列出的公开密钥。CA 机构的数字签名使得攻击者不能伪造和篡改证书。另外 CA 也拥有一个证书(内含公钥)和私钥。网上的公众用户通过验证 CA 的签字从而信任 CA，任何人都可以得到 CA 的证书(含公钥)，用以验证它所签发的证书。CA 安全认证系统主要提供身份识别与鉴别(认证)、数据保密性、数据完整性、不可否认性及时间戳等服务。用户利用系统所提供的这些安全服务进行安全通信、数据加密，以及不可否认的安全交互活动。作为一个电子商务系统的经营者，我们需要从 CA 机构获得其签名的证书和私钥，系统的访问者就可以识别出我们的系统是可信任的，同时可以使用该证书的公钥进行信息的加密。

6.2.4　物流系统

对于电子商务企业来说，呈献给用户的是前台绚丽多姿的网页，用户在上面完成商品的筛选和订单的提交，而真正决定其竞争力的则是后端的物流系统。物流系统的强弱决定了订单的执行效率，从而最大程度的影响用户的消费体验。对于大型电子商务企业来说，倾向于自己建立物流系统，比如亚马逊、天猫和京东都有自己的物流仓储系统。而对于规模较小的企业，可以与第三方物流公司合作打通物流信息的数据交换，对自己的产品进行物流跟踪。

6.2.5 支付系统

支付结算是网上交易完整实现的很重要一环，关系到购买者是否讲信用，能否按时支付，卖者能否按时回收资金，促进企业经营的良性循环。电子商务支付系统，由客户、商家、客户的开户行（又称为发卡行）、商家开户行（又称为收单行）、支付网关、金融专用网、认证机构等七部分组成。除此之外，还包括支付中使用的支付工具以及遵循的支付协议，是参与各方与支付工具、支付协议的结合。在实际应用中所采用的电子支付方式主要有以下几种：银行卡直接转账模式、第三方平台结算支付模式、电子现金支付模式、信用卡SSL支付模式、信用卡SET支付模式。以上的电子支付模式有它们各自的特点及其适用范围。其中第三方平台结算支付模式以其安全、快捷等优势正逐渐发展成为目前电子商务中广为采用的一种支付模式。

6.3 电子商务系统开发

6.3.1 网站内容规划

在建设电子商务网站之前需要有一个明确的目的，根据这个目的，要对市场的需求进行分析，接着根据需求对网站建设中涉及的技术、功能、结构、内容、安全等多个方面进行规划设计。网站的规划设计贯穿于整个网站的建设过程中，起着重要的指导和定位作用，是网站建设中的重要环节。

1. 建设网站的目标和需求分析

1) 确定目标

建立网站的第一步是确定目标。不同的网站会有不同的追求和目标。企业是以盈利为目的的经济组织。企业网站首先要考虑的是企业长期的生存、发展和盈利问题。因此电子商务网站建设要从企业的利益出发，仔细考虑网站应当实现的系统功能，根据企业的情况准确定位网站。我们需要将网站的商业目标、系统功能告知系统开发人员，使他们明确自己的职责。以下是企业网站建设方案中的通用目标。

（1）提供产品销售的在线渠道。通过在线产品销售减轻品牌的库存压力。

（2）通过网上品牌形象宣传提升企业形象。在体现公司品牌效应的基础上，对公司内部业务进行有效宣传。

（3）通过电子商务网站提供方便的消费者交互平台。企业可以快速了解客户对产品和服务的意见、建议，从而更好地满足客户需要。

2) 需求分析

需求分析的任务是详细地调查现实中企业的业务所要面对的对象（如机构、部门、企业等)，充分了解企业现行系统(人工系统或计算机信息系统)的工作概况，明确用户的各种需求，之后在此之上确立新系统的功能。电子商务网站的可扩展性还要求新的系统必须充分考虑到今后系统的扩展和升级。

(1)市场需求。企业推出的任何产品或服务都不能一厢情愿，必须在开发或生产该项产品或服务之前，了解客户的需求。这样才能做到本企业的产品和服务真正迎合客户的需求，并且可以很容易地推向市场，赢得客户的认可。企业在电子商务网站上增加的每一项功能、每一种服务都是建立在全面的市场需求分析的基础之上的。市场需求分析就是要挖掘客户的真实需求，包括需求的内容、需求的表达形式、客户浏览或检索的习惯、客户喜好等等。

(2)系统需求。我们需要确定网站采用什么样的硬件、软件和通信设置，需要根据企业的需求决定采用什么样的技术，企业总是希望你所采用的技术能够帮助方便地检索产品、浏览产品介绍、订购产品并迅速地收到所购买的产品。不仅如此，我们还需要仔细斟酌网站的设计风格。

2. 域名注册

1) 域名的概念

IP 地址是 Internet 主机的作为路由寻址用的数字型标识，人不容易记忆。因而产生了域名这一种字符型标识。域名由两个或两个以上的词构成，中间由点号分隔开，层次由右向左逐次降低，最右边的那个词称为顶级域名。例如 jd.com，com 是顶级域名，jd 是 com 下的二级域名。

2) 域名的作用

一个域名就像一个商品的商标，名牌企业的商标就代表着自己的品牌和声誉，知名网站的域名也是一样。企业要想在网上建立服务器发布信息，就需要注册自己的域名，不但可以方便访问者的访问，而且可以避免当改变主页存放的服务器时，访问者找不到主页的错误。另外，企业应尽快注册自己的域名，避免自己的品牌名称被别人抢注。如果具有一定内涵、便于人们记忆、具有唯一性、符合网站特点的好域名，将会是网站今后发展的一个很好的开端，有利于节省推广费用，增加网站的访问量。相反如果没有起好域名，可能会使网站成本增加，甚至影响网站的声誉。所以在选择域名时要考虑周全，尽量选择与企业相关、便于用户记忆的域名，注册时不仅要购买一个域名，而且要购买许多与之相关的域名，比如顾客可能出现拼写错误的域名、与产品品牌相关的域名、与产品相关的域名等。有些网站因为在建站之初没有考虑全面，致使在网站逐步做大后，又花费大量的资金去购买域名。例如国内的 xiaomi.com 在发展壮大后花费 3800 万美元购买了域名 mi.com。

3) 域名的选择

注册域名时选择一个好的域名很重要，域名有可能给客户带来深刻的感受和印象，选择域名时需要考虑以下几点：

(1)选择企业名称的英文缩写、与企业广告语一致的英文内容、企业的产品注册商标、与企业网上定位相符合的名称等，如 lenovo.com、zhaopin.com、taobao.com 等。

(2)可以选择简单易记、响亮上口、诙谐有趣的名称，如 jd.com、58.com、baidu.com 等。

(3)显示个性、创意组合，如 vip.com、netbig.com 等。

（4）企业也可以为自己的电子商务网站申请多个域名，例如 Amazon 的 z.cn，Google 的 g.cn。可以让用户通过不同域名访问你的网站。

3. 网站备案

网站备案的目的是为了防止在网上从事非法的网站经营活动，打击不良互联网信息的传播，如果网站不备案的话，很有可能被查处而关停。网站备案的时候需要根据互联网信息服务类型进行备案。互联网信息服务可分为经营性信息服务和非经营性信息服务两类。

经营性信息服务，是指通过互联网向上网用户有偿提供信息或者网页制作等服务活动。凡从事经营性信息服务业务的企事业单位应当向省、自治区、直辖市电信管理机构或者国务院信息产业主管部门申请办理互联网信息服务增值电信业务经营许可证。申请人取得经营许可证后，应当持经营许可证向企业登记机关办理登记手续。

非经营性互联网信息服务，是指通过互联网向上网用户无偿提供具有公开性、共享性信息的服务活动。凡从事非经营性互联网信息服务的企事业单位，应当向省、自治区、直辖市电信管理机构或者国务院信息产业主管部门申请办理备案手续。非经营性互联网信息服务提供者不得从事有偿服务。在跨省份备案的时候，资料的快递费是由备案人负责。

6.3.2 网站功能设计

1. 网站栏目风格及交互设计

1）一致的风格

网站的主题风格就像房屋的装潢，要求设计人员有一种全局的思想，统一的设计主题和风格应该贯穿于整个网站。各个网页使用相同的字体及配色方案，让浏览者在访问这个网站时，始终都可以感受到是在同一个网站上，感受到一种整体的美感。最后，一个好的设计风格的网站比起普通的网站，让浏览者看到信息的同时拥有更好的视觉体验，更深层次的感性认识。同时一个好的设计风格，还能给你的网站增加更多的用户点击率，提高你的网站知名度。

2）鲜明的主题

Web 站点应针对不同的服务对象而具有不同的形式。有些站点只提供简洁的文本信息，有些则采用多媒体表现手法，提供华丽的图像、复杂的页面设置。好的 Web 站点把图形表现手法和有效的组织方式结合起来。为了做到主题鲜明突出，重点明确，需要按照客户的要求，以简单明确的语言和画面体现站点的主题，调动一切手段充分表现网站的个性和趣味，凸显站点特点。

3）合理的结构

对于整个网站而言，合理的结构至关重要，功能不同的网页会用不同的结构，不同的服务对象也会采用不同的表现形式，将丰富的内容和多样的形式组织在一个统一的结构中，才能实现形式和内容的统一。合理的结构会使网站中不同部分的内容有着合理的分布，这既方便了网站开发人员有条不紊的进行网站建设，又能让后面的网站维护人员很快地了解网站的结构，从而更好地实现网站的日常维护。另外合理的结构能够增加网站对用户的黏度，而且还非常有利于关键词排名，好的网站结构，标志着这个网站是否能够很好的发展，是否具备同行业网站的竞争力。

不同的网站，也有不同的版式结构，例如网站的上下布局，或者左右布局，每一种布局，都可以创造出上万种风格。如果你需要设计一个科技性的网站，那么你整体的网站版式可以选择严谨的风格，如果是一个宠物、婴儿类网站，版式就可以偏可爱，轻松的风格。风格确定后，你还需要考虑网站上需要放的内容，每个版块与版块之间的联系，尽量让整个网站内容处于一种和谐的状态。

4）交互性原则

互联网的一大特性是增强了处在不同地域的人们之间的沟通，它可以实现跨越时间和空间的交互。所以网页设计人员在网站的设计时，也要注意网站的交互性。最好可以提供即时聊天、反馈信箱等沟通方式，根据客户的反馈提升自己的产品和服务水平。以下是几点具体的交互原则：

（1）在任务执行过程的各个阶段设计对话告诉用户目前的执行状态。要在用户完成某项任务或操作后进行提示。如果他们在做了很多操作后却得不到反馈，他们就无法知道自己是否达成目标。

（2）提供明确的反馈。出现错误时要明确说出错误的含义，而且需要考虑用户能否理解，比如我们基本上都遇到过的 HTTP 404 错误，它表示客户端请求的路径在服务端不存在，但绝大多数人能看懂么？

（3）提供错误预防和纠错功能。例如在用户需要输入日期的地方检查用户输入的日期格式是否正确，把某些当前不能点击的按钮设置为灰色，在系统执行时让用户再确认一下。

（4）用户应掌握控制权。一般而言用户希望自己去控制系统交互，在执行任务中，用户应该可以随时中止或退出，而不是无奈地等待着系统漫长的执行结果。

（5）减轻用户记忆负担。我们应该尽可能帮助用户避免要求他们记住各种信息，例如各个菜单项之间的逻辑关联，更好的分类就会帮助用户找出哪个功能按钮在什么地方。

2. 主要功能模块的设计

1）购物车设计

在现实生活中，购物车是在超市、商店购物时存放商品的工具。而在网络购物中，买家可以像在超市里购物一样，随意向虚拟的购物车中添加、删除商品，选购完毕后，统一下单。任何一个电商平台都算得上是一家"超市"了，所以用户很可能在同一个电商平台购买多个商品，如果用户每购买一个商品就支付一次，不符合用户购物习惯，对用户体验来说是一个巨大的灾难。因此从购物的流程来说，加入购物车可以方便地实现多个商品的合并支付。另外，我们也需要"立即购买"功能来实现快速购买的目的，减少流程。

购物车的功能如下：

（1）浏览商品信息。即大概地看一下我的购物车里有哪些商品，同时这也是通往商品详情的一个入口，用户点击购物车里的商品后能够重新回到商品详情，再次决策是否结算该商品，商品信息可以比较简略，只包含关键的品名、价格和数量，当然配图的话比较直观，因为有些品名实在太长，只看品名用户还真不知道到底是什么。

（2）对商品的操作。对商品的操作包含多选、变更数量、删除和结算，多选是为后面几个功能服务。

（3）包括优惠在内的订单金额信息的显示。这主要是配合商品的操作，因为数量上的变更可能会引起优惠、价格上的变动。所以购物车需要显示包括单价、总价、优惠、运费，跨境电商的税费等在内的金额信息，方便用户进行购物决策。

上述的三个功能基本也是一个用户使用购物车的流程，如图6.3，用户可以查看购物车中的商品，同时可以完成商品的数量修改和删除等操作，网购者挑选好商品并确定商品数量后进行结算支付。

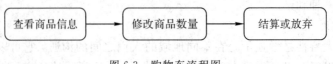

查看商品信息 → 修改商品数量 → 结算或放弃

图6.3　购物车流程图

2）收银台设计

客户进入收银台后，网站会根据折扣、税率、运费等必要的计算给出客户要支付的总价款。之后客户需要选择支付的方式，网站上要尽可能地提供多种付款方式来满足不同客户的需求，并且根据不同的商品也会有不同的支付方式。针对一些小物品或数字产品，可能提供手机支付、虚拟货币支付、预付账户支付等支付方式。对于大额商品，一般会提供银行转账，邮政汇款等方式。并且现在很多在线购物都会使用第三方支付平台提供的支付服务，从而提高支付的安全性，使交易双方更容易相互信任。如图6.4所示是当当网结算页面的一部分，它的页面还包括运输方式、支付方式的选择和相应的运费，基本上同收银台的设计要求相吻合。

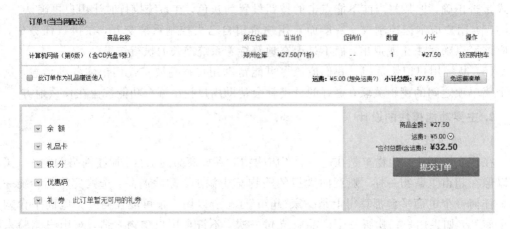

图6.4　当当网结算页面

3）网站导航设计

伴随着互联网的成长，通过电子商务网站实现商品交易越来越频繁，而访客在面对越来越庞大的信息量时会感到迷茫，因此，优秀的导航设计能够提高网站的易用性，对实现电子商务网站的高效运作具有实际意义。

另外电子商务网站的首页导航设计必须本着用户体验为佳的原则，既要将网站中的所有信息都在有限的导航栏中体现，又要为用户反馈出重要的帮助信息。网站导航因其独特的重要性和不可替代性，在电子商务网站设计中日渐凸显出其重要地位。

（1）符合网站内容结构。在设计电商网站的导航之前，事先应该对网站整体的内容有一个全面的了解，并且将网站内容进行归类。我们不需要把所有的板块都在导航上一个不漏的展现出来。电商网站普遍有两个导航，分别是网站头部的总导航和侧边的分类导航。一般来说，总导航会比较笼统的展示网站商品，而分类导航则会比较详细。总导航的内容过多的话无论在体验还是视觉上，都会有拖泥带水的感觉。

（2）清新的视觉体验。从视觉角度上来说，用户只用几秒钟的时间扫视网站，所以导航的视觉设计必须符合逻辑，用色彩给用户提供一种指引，成为用户点击的向导。可点击的部分尽可能的明显一些，减少用户的试探。在色彩的使用上应避免大片亮色，这会间接地降低导航文字的可识别度，与此同时，电商网站面向的是所有的消费者，因此，在导航与导航文字内容的色彩搭配上也要考虑到一些色彩障碍者。

京东的网站在这一点上做的还是比较好的，如图 6.5 所示，每一个层级的导航颜色由深及浅，让用户有一种循序渐进的感觉。整个导航区域的色彩搭配也很恰当，无论鼠标悬停在任何地方，所在的位置都能响应出一个比较舒适的页面。

图 6.5 京东导航栏

（3）避免重复分类。在导航的设计过程中首先要对网站的整体运营内容有一个全面的了解，了解之后才能拟定出具体的板块，而首页导航的作用就是将这些板块做出详细的分类，在清楚导航的目的和重要性之后，把类似的板块拼凑在一起，形成一个整体，这也就是主导航了。

在主导航的左下或右下方会有一个比较全面完整的分类导航，也被称之为局部导航。在一些较为知名的电商网站中，局部导航的使用率可能更高于主导航，这两者之间其实有一种微妙的递进关系，要尽量避免内容重复。

4）后台管理设计

在网站的基本功能和数据流确定后，为了保证网站信息的准确性和有效性。应该有完善的后台管理和维护系统进行相关数据的审核、数据库的维护和备份、缴费会员资格的管理，以及有效地保证网站的商务运作。后台管理功能需要对平台各业务部门的需求进行整合和归纳，抽象出各部门的实际需求，做好后台产品整理的模块规划，切莫一次性求全求多，但要保证框架清晰明了，如此才可以在后续的优化迭代过程中有据可依。就大多数的电子商务网站后台而言，整体框架大概如图 6.6 所示，供应商管理系统和会员系统分别维护着上游的供应商关系和下游的顾客信息。商品及交易管理系统、结算和物流系统支撑着商品交易的整个流程。同时，过去发生的交易产生的事实数据隐藏着巨大的商业价值，统计系统和营销系统则可以利用这些数据挖掘出更加完善的运营和营销策略。

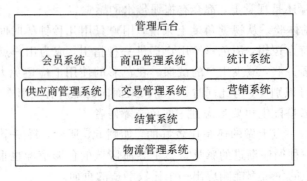

图 6.6　电子商务网站功能结构图

由于不同的平台对管理者的分级不同，可能还会涉及权限系统，所谓权限管理系统，即是对后台管理者的权限进行分级，部门经理和专员的权限自然不能等同。

（1）商品信息管理。商品管理当属重中之重，没有商品一切无从谈起。商品管理则涉及商品的库存管理、上架管理、类目管理、品牌管理等。

① 库存管理：重点是库存的预警，可以在产品后台的设计当库存值小于等于预警值时，进行库存的预警。

② 上架管理：在于商品详情的审核，管理平台要对商家入驻的商品进行审核，如图 6.7 所示，如果是自营商品则由相关运营人员进行审核和编辑，对不合规商品要有违规下架的操作。

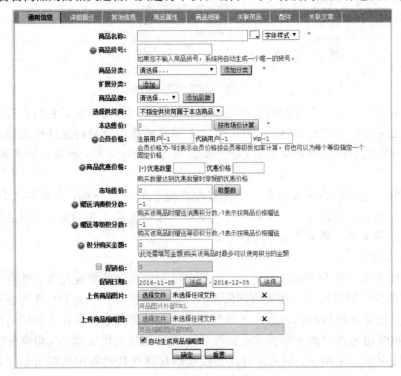

图 6.7　商品上新表单

③ 类目管理：为商品管理系统中的重点。一般前台类目和后台类目是一致的，这样页面上看起来就会显得整洁有序一些，逻辑清晰，缺点是商品数量增多以后，管理起来工作量巨大。还有一种前台类目和后台类目不一致的，需要建立前台类目和后台类目的映射关系，虽然提升了系统复杂度，但是能够更好地进行分类管理，方便运营。如图 6.8 所示的商品类目管理页面，可以完成设置类目是否显示在导航栏上，维护显示顺序等操作。

分类名称	商品数量	数量单位	导航栏	是否显示	价格分级	排序	操作
□ 手机类型	0		✗	✓	5	50	转移商品 | 编辑 | 移除
□ 3G手机	2		✓	✓	0	50	转移商品 | 编辑 | 移除
□ 双模手机	2		✗	✓	5	50	转移商品 | 编辑 | 移除
□ CDMA手机	0		✗	✓	0	50	转移商品 | 编辑 | 移除
□ GSM手机	12	台	✓	✓	4	50	转移商品 | 编辑 | 移除
□ 充值卡	0		✗	✓	0	50	转移商品 | 编辑 | 移除
□ 联通手机充值卡	2		✗	✓	0	50	转移商品 | 编辑 | 移除
□ 小灵通固话充值卡	2		✗	✓	0	50	转移商品 | 编辑 | 移除
□ 移动手机充值卡	2		✗	✓	0	50	转移商品 | 编辑 | 移除
□ 手机配件	0		✓	✓	0	50	转移商品 | 编辑 | 移除
□ 耳机	3		✗	✓	0	50	转移商品 | 编辑 | 移除
□ 电池	0		✗	✓	0	50	转移商品 | 编辑 | 移除
□ 读卡器和内存卡	2		✗	✓	0	50	转移商品 | 编辑 | 移除
□ 充电器	0		✗	✓	0	50	转移商品 | 编辑 | 移除

图 6.8　商品类目管理

（2）会员信息管理。平台的会员管理涉及供应商管理、买家管理、客服管理等。在会员管理中则需要对会员的成长体系进行规划和设计，包括会员积分、会员账户余额、会员通知、会员资料修改编辑等。图 6.9 的会员管理列表展示了最基本的会员信息管理功能。

编号 ▼	会员名称	邮件地址	是否已验证	可用资金	冻结资金	等级积分	消费积分	注册日期	操作
☐ 5	zuanshi	zuanshi@ecshop.com	✗	0.00	10000.00	0	0		
☐ 3	text	text@ecshop.com	✗	0.00	0.00	0	0		
☐ 2	vip	vip@ecshop.com	✗	0.00	0.00	0	0		
☐ 1	ecshop	ecshop@ecshop.com	✗	0.00	0.00	15390	98388		

删除会员　　　　　　总计 4 个记录分为 1 页当前第 1 页，每页 15 　｜ 第一页 上一页 下一页 最末页 1 ▼

图 6.9　会员管理

（3）订单信息管理。由客户向商家发出订单，商家结合其自身的库存情况，根据客户的订单，再向车间及仓库部门发出提货的要求。所以订单信息的合理性直接影响到交易是否能够顺利进行，它需要同商家的库存信息进行连接，还需要提供订单的查询功能了解订单的执行情况。对于执行过的订单数据的各项信息进行统计，根据最终的统计结果，得出相应的结论，发现客户订单的规律，为今后库存储备和生产预期的制定提供依据。图 6.10 是一个常用的订单管理列表页，运营人员可以在该页面查看到每笔交易的详情。

□ 订单号	下单时间▼	收货人	总金额	应付金额	订单状态	操作
□ 2009061909851	ecshop 06-19 20:00	刘先生 [TEL: 010-25851234] 海兴大厦	¥5577.70元	¥0.00元	已确认,已付款,已发货	查看
□ 2009061510313 （团购）	ecshop 06-15 22:49	刘先生 [TEL: 010-25851234] 海兴大厦	¥510.00元	¥0.00元	已确认,已付款,未发货	查看
□ 2009061503335	ecshop 06-15 22:39	刘先生 [TEL: 010-25851234] 海兴大厦	¥1910.00元	¥0.00元	退货,未付款,未发货	查看
□ 2009061525429	ecshop 06-15 22:01	刘先生 [TEL: 010-25851234] 海兴大厦	¥3196.30元	¥0.00元	已确认,已付款,已发货(部分商品)	查看
□ 2009061585887	ecshop 06-15 21:42	刘先生 [TEL: 010-25851234] 海兴大厦	¥17054.00元	¥17054.00元	退货,未付款,未发货	查看

图 6.10　订单管理

6.3.3　服务器设计

1. 应用服务器设计

在企业中，用于处理和完成人员管理、库存管理、财务管理等与企业经营管理相关的各种特定任务的程序称为应用程序，而使用相关的应用程序进行处理的计算机就是应用服务器。应用服务器完成这些处理要根据企业的业务规则进行，这些业务规则就称为业务逻辑。

在电子商务网站的设计中，应用服务器分为基于 Web 的应用系统和基于组件的应用系统。

1）基于 Web 的应用服务器

基于 Web 的应用服务器一般提供基于 Web 的互联网应用开发环境，Web 应用服务器通常运行在 Web Server 上，负责处理客户请求，与后台数据库进行数据交互，与数据库的连接一般采用 ODBC、ADO 和 JDBC 技术。常用的基于 Web 服务器的系统软件有 JSP、ASP、和 PHP 等，这种基于 Web 的应用系统比较适合中小规模的电子商务网站。Web 应用服务器一般具有以下功能和特点：

(1) 通过不同的硬件和操作系统连接多个系统；

(2) 使用 HTML 和动态 HTML 以及可扩展标记语言 XML 等标准进行信息发布；

(3) 通过 JDBC、ODBC、ADO 进行对数据库的访问；

(4) 通过负载均衡技术、集群技术和容错技术等特性提供系统性能；

(5) 支持安全要求，它包括安全套阶层(SSL)、授权和数字认证。

2）基于组件的应用系统

对于大型应用系统，更适合使用基于组件的应用系统，它将显示逻辑和业务逻辑分开，每种逻辑是在各自的模块里生成的，这样就方便了组件的更新和修改。基于中间件的应用服务器、Web 服务器和数据库服务器构建的三层或多层体系结构解决了传统结构所带来的弊端，实现了整个系统性能的提升。

基于中间件的应用服务器实际是一个基于标准体系的中间件容器，例如 Java 体系中的 EJB(Enterprise JavaBeans)服务器端组件，微软的 COM(component)组件。应用逻辑的各种中间件置于容器中，自动完成对象组建的访问管理、连接管理、事务管理、集群管理、错误与日志管理等功能。这种基于中间件的应用系统比较适合大型电子商务网站。

2. Web 服务器设计

应用服务器可以根据业务逻辑，对来自各方的数据进行处理。如果它想通过互联网进行通信让用户可以访问获得数据，那它就必须通过 Web 服务器。Web 服务器负责接收客户请求，将客户业务需求分发给具体的应用程序处理，然后将应用程序的处理结果返回给客户端。

Web 服务器可以解析 HTTP 协议。当 Web 服务器接收到一个 HTTP 请求，会返回一个 HTTP 响应，比如送回一个 HTML 页面。为了处理一个请求，Web 服务器可以响应一个静态页面或图片，进行页面跳转，或者把动态响应的内容委托给一个其他的程序，或者通过一些服务端技术来实现。当一个请求被送到 Web 服务器里时，它只单纯地把请求传递给可以处理请求的程序。Web 服务器仅仅提供一个可以执行服务端程序和返回响应的环境。服务端程序通常具有事务处理、数据库连接和消息传递等功能。

目前互联网的 Web 平台种类繁多，各种软硬件组合的 Web 系统更是数不胜数，Web 服务器软件作为运行于服务器计算机上的一个程序，通过 Web 浏览器与用户进行交互。下面介绍两种常用的 Web 服务器软件及对应的实现方案。

1）Apache HTTP Server

UNIX/Linux 环境下的 Apache 服务器软件是自由软件，所以不断有人来为它开发新的功能、新的特性，修改原来的缺陷。Apache 的特点是简单易用、速度快、性能稳定。Apache 是持续开发的结果，Apache HTTP Server 是开放源代码的软件，支持 CGI、Servlet、Java 服务器页面（Java Server Pages，JSP）、PHP，适用于 UNIX、Linux、Mac OS 和 Windows Server 等系统平台。

2）Microsoft IIS

Windows 环境下的互联网信息服务器软件（Internet Information Server，IIS），是目前最流行的 Web 服务器软件之一。IIS 提供了一个具有图形界面的管理工具，称为互联网服务管理器，可用于监视配置和控制互联网服务。它提供一个互联网服务器应用程序接口，可以整合 HTML 页面和脚本动态生成页面，支持公共网关接口（Common Gateway Interface，CGI）、PHP 超文本预处理器（PHP Hypertext Preprocessor，PHP）和动态服务器页面（Active Server Pages，ASP）编程。与 Windows Server 系列紧密集成。

3. 数据库服务器设计

各种应用程序处理的原始数据大部分都来自数据库中，并且应用程序处理完的数据也被存储在数据库中。数据库管理系统是指以结构化方式存储信息的软件。数据库的结构使数据库管理系统可以很容易地检索数据库中所存储的信息。

1）数据库的选择

数据库管理系统（DBMS）更是一个复杂的软件系统，种类繁多，小型的电子商务系统通常使用 MySQL、PostgreSQL 这类开源或者廉价的数据库，而大型的网站选择 IBM DB2、Oracle、SQL Server 这类昂贵的数据库管理系统。企业需要根据自身电子商务网站的特点来选择适合企业的数据库系统。

2）分布式数据库系统

在各地都有经营活动的大型企业需要为各地的员工提供数据，在各地储存相同信息的大型信息系统所使用的数据库称为分布式数据库系统。分布式数据库系统可以看作是一系列集中式数据库系统的联合。它们逻辑上属于同一系统，但在物理结构上是分布式的。这些系统的复杂性会导致系统的费用开销增加。

4. 服务器架构设计

前面介绍了电商系统最基本的应用服务器、Web 服务器和数据库服务器，这些服务器都在自己的应用范围内发挥着重要作用。一个完整的电子商务系统由这些最基本的服务器相互组织协调共同完成企业的业务目标，是一个有机的整体。同时这些服务器之间因为作用边界、信息安全等的不同而处在不同的位置上。比如 Web 服务器向用户提供访问服务，需要连接到 Internet，而数据库服务器涉及企业重要业务数据，处在由层层防火墙隔离的企业内部网络中。具体的架构因为应用规模的不同和业务发展阶段的不同而有很多差异。

在单层的系统架构中，网站的功能非常简单，只响应用户通过浏览器发出的 HTML 页面请求，再把网页传回至客户端。整个网站就是一台运行最基本的网络服务器软件的计算机。但是随着电子商务的不断发展，传统的单层架构已经不能满足各种新的商业模式以及人们的使用要求，如响应用户输入、处理客户订单、及时完成支付与结算、检索商品信息数据库、实时竞价等。这种在功能上有了极大扩展的网站需要网络应用服务器和多层式系统架构的有利支撑。图 6.11 是一个电子商务系统中最基础通用的分层架构。各种前端交互平台是购买者进行商品交易的入口，Web 服务器对于不同的前端提供针对性的页面信息并与用户进行交互。应用服务器提供业务支撑，负责处理由 Web 服务器发来的业务请求，应用服务器产生的业务数据需要通过数据库服务器进行存储。整个系统依托于网络基础设施进行通信，不同层之间由防火墙进行隔离保证数据安全。

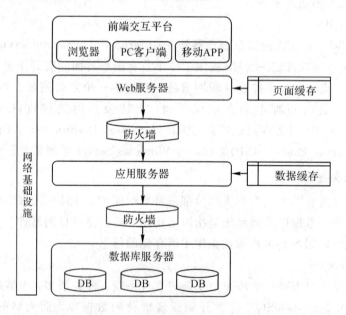

图 6.11 电子商务系统分层架构

确定系统架构后，你可以选择开源商用服务器软件以及开源的 Web 应用编程框架。开源软件是社会上的软件工程师与设计者共同开发并且免费使用的软件。这对于刚起步的小公司来说可以节省很大一笔资金。表 6.1 是常用的开源服务器软件和开源框架的组合。

表 6.1　电子商务系统软件组合

服务器功能	开源软件或框架
网络服务器	Apache(专为中小型企业打造的 Web 服务器)
应用服务器	Tomcat(开源的高可用应用服务器)
数据库	MySQL(业界最流行的开源数据库)
支付功能	有许多供应商:集成各类银联卡的中国银联;PayPal;支付宝;微信支付等
编程语言/框架	JSP(一种可以嵌入 HTML 的脚本语言);Spring MVC Web 编程框架(可以与轻量级的 Java 开发框架 Spring 完美融合);MyBatis(开源灵活的 Java 持久层框架)
商业推广工具	你可以在百度推广或者 Google AdWords 投放互联网广告进行网站推广,并且可以利用它们提供的分析工具追踪客户的行为和成功的广告。

6.3.4　前端交互平台设计

1. Web 前端设计

Web 浏览器是目前电子商务网站的主要交互平台,在任何操作系统下,遵循 W3C 标准开发的网站都能拥有一致的效果。

1) Web 页面设计

UI(User Interface)设计人员根据网站规划阶段确定的网站架构清单了解有多少网页类型产生。在网站的整套页面中,网页的风格和形式应该协调。内容是网页的关键,也是设计的开始。然后增加其他各种因素,例如商标、广告、导航按钮、网页标题、页眉和页脚等。

网站页面设计把吸引和留住访客作为主要目标。个性化是至关重要的,设计者应该使网站内容直接指向特定用户。跟踪用户在网站上的行为将有助于设计者完成这个任务。网站内的软件能修改内容以满足特定用户的需求。由于个性化存在,用户可以比传统网站更快、更准确地得到信息。

网站设计人员可以借助各种 UI 设计工具,比如 Adobe 的 Photoshop,将最终确定的网页草图设计成精美的静态效果图,也可以使用 Macromedia Fireworks 或者 Macromedia Flash 设计一些需要的动态效果图。UI 设计师最终将设计完成的效果图交给 Web 前端开发人员,如图 6.12 所示。

2) HTML 编码

Web 前端开发人员在拿到效果图以后需要将其实现为网页浏览器可以解析的 HTML 代码,使用 CSS 样式表控制网页的样式使浏览器中呈现的效果和效果图的一致,对于 Web 前端的一些交互和数据操作,可以使用 JavaScript 编程语言来实现,JavaScript 是一种可以在客户端浏览器执行的脚本语言,用来给 HTML 网页增加动态功能。在 Web 前端开发中常用的工具有 Adobe Dreamweaver、Microsoft Frontpage 等。

3) 兼容性和自适应

目前主流的网页浏览器有 IE、Firefox、Google Chrome 以及 Safari。由于这些浏览器

图 6.12　网页渲染图样例

由不同厂商开发，尽管都遵循 W3C 规范，但是在一些细节上还有差异，这就导致同样的网页代码在不同的浏览器上的显示效果不一样，这种问题甚至会出在同一种浏览器的不同版本上。所以在网页开发中会出现一个名词叫做 hack，它是针对不同的浏览器去写不同的 CSS 样式，从而让各浏览器能达到一致的渲染效果。

除了浏览器兼容性的问题，还有一个跨平台显示的问题。目前人们接触互联网的终端数不胜数，PC 一直以来是其中最常见的，曾经的网页设计只需要针对 PC 显示器做调整即可。而随着移动互联网终端的发展，各种智能显示设备的出现，比如智能手机、平板电脑、智能手表等。它们与 PC 在显示效果上的区别就是屏幕，移动设备的显示屏幕小，如果遵循 PC 上的显示规则，那么显示的内容将会非常的小，造成交互困难。另外移动设备的屏幕尺寸从手机到平板，屏幕尺寸非常的多。所以电子商务网站在开发过程中还要考虑如何在各种显示平台上都能获得最佳的使用体验。一个比较常用的做法是专门为移动设备重新设计一套界面，网站后台服务器通过判断访客设备的类型将请求的页面定位到适合的效果页面上。这种做法可以针对设备的特点进行针对性的效果优化，但是这却增加了开发以及后期维护升级的成本。而 html5 和 css3 的出现解决了同一套前端代码在不同平台上的使用效果不好的问题。所有支持 html5 和 css3 标准的浏览器都能够识别自适应的代码从而呈现合适的效果。

2. 移动平台应用设计

根据统计，如今移动交互设备的销量已经远远超越了 PC，智能手机和平板这类移动设备的普及将 PC 端的电子商务业务拓展到了移动端。同时移动端的一些特性比如定位服务、移动支付和各种传感器等也催生出了很多新的电商业务模式，比如网约车、运动监测。如果电子商务网站设计的好，可以很好的适配移动平台的浏览器，但是如果想让用户获得最佳的使用体验或者使用设备自带的丰富的传感器获取更多的用户信息以更好地为用户提供服务，还是要基于移动设备的操作系统进行针对性的开发。

目前主流的移动操作系统有谷歌的 Android、苹果公司的 IOS 以及微软的 Windows Phone，这些操作系统都为开发者提供了丰富的开发工具和组件。同时近年来发展起来的移动支付技术以及第三方支付平台提供的软件开发工具包(SDK)都可以非常方便的用于电子商务应用的安全支付。

6.3.5　硬件选购与维护

1. 硬件选购

当完成电子商务系统所有模块的代码编写并测试通过后，我们需要将代码编译打包后的程序发布在已经架设好的服务器上为互联网用户提供服务。一般我们可以选择自己购买的物理机器来组建数据中心和服务器，也可以选择由互联网服务提供商(Internet Service Provider，ISP)负责运维的虚拟主机。

1) 购买物理服务器

自主运行和维护的成本比较高，因为需要购买昂贵的物理服务器并完成网络接入，这些费用是高昂的，同时又需要付出更多的人力去维护这套设备。对于依靠自主开发的大型企业来说可以选择此方式，因为可以掌握绝对的控制权，有利于更深入的优化系统的整体性能，更重要的是数据安全会更有保障。

2) 使用云主机

计算机的计算能力在不断提高，但是计算能力的提升速度跟不上数据规模的增长。而且高性能的单台服务器的价格高昂，初创企业根本负担不起，而且自己运维成本随着使用年限的增加而增加。近年来随着云计算技术的发展诞生了云主机。它是云计算在基础设施应用上的重要组成部分，位于云计算产业链底层，产品源自云计算平台。该平台整合了互联网应用三大核心要素：计算、存储、网络，面向用户提供公用化的互联网基础设施服务。有了云主机，我们可以方便地从云主机提供商那里租用适合的计算平台，同时云主机提供商提供了全套的技术保障，对于用户运行的系统进行监控、攻击防御。最重要的，使用者的运维成本大大降低了。

2. 系统维护

电子商务系统在完成系统实施、投入正常运行之后，就进入了系统维护与运营阶段。在系统的整个使用过程中，都将伴随着系统维护工作。系统维护的目的是保证电子商务系统正常而可靠地运行，并能使系统不断得到改善和提高，以充分发挥作用。

与其他系统不同的是电子商务系统的运维成本非常高，为什么会这样呢？比如与财务管理系统相比，电子商务系统总是处于变化、改进和修正之中。比如电子商务网站经常需要针对营销热点进行页面与后台逻辑的调整。又比如作为内部员工，财务管理系统出问题可以适当忍受，而面向广大消费者的电子商务系统如果出了问题，那可能就不只是财务上的损失了，所以电子商务系统的维护需要投入大量的人力和财力。一项针对日常系统维护工作的研究发现，20%的维护工作时间用来调试代码和处理紧急情况。另外 20%的维护工作时间用来汇报网站变更、整理数据资料以及后台数据库交换数据。其余 60%的时间则花在了日常管理(如产品上新，更新活动文案)以及改善与增强系统功能的工作上。电子商务系统的维护工作永无尽头，因为系统总是在不停地进行建设和重建。

6.3.6 其他电子商务系统工具

1. 性能优化

电子商务系统的性能非常重要，对于访问量较小的系统来说可能不是什么问题，但任何一种计算资源都会有瓶颈，一旦系统的使用者暴增，系统达到负载极限，就会出现很严重的问题。尤其对于交易额非常大的企业来说那可是一笔很大的损失。

常用的性能优化方式：

（1）CDN 加速。CDN 的全称是 Content Delivery Network，即内容分发网络。其基本思路是尽可能避开互联网上有可能影响数据传输速度和稳定性的瓶颈和环节，使内容传输的更快、更稳。CDN 是在现有互联网基础之上通过在网络各处放置节点服务器构成的一层智能虚拟网络，CDN 系统能够实时地根据网络流量和各节点的连接、负载状况以及到用户的距离和响应时间等综合信息将用户的请求重新导向离用户最近的服务节点上。其目的是使用户可就近取得所需内容，解决 Internet 网络拥挤的状况，提高用户访问网站的响应速度。

（2）数据库优化。首先数据库表的设计要规范，即要符合数据库设计的标准范式，可以避免数据冗余、数据操作异常等因为表的设计不合规范而带来的问题。在实际的电商系统中，信息的查看往往多于写入，适当建立索引，在频繁作为检索条件，更新较少的字段上建立索引，可以提高查询速度。在数据库的业务开发过程中一定要注意 SQL 的优化，结合数据库的实现原理编写高效的 SQL。另外还可以通过设计读库和写库实现读写分离来提升数据库的并发能力。

（3）缓存。前面说过，电商系统的数据记录在数据库中，这些数据最终是以文件的形式保存在磁盘中，而磁盘的访问速度要远远落后于内存，所以基于磁盘的存储系统严重限制了整个系统的吞吐能力。假如我们把常用的数据放在访问速度非常快的内存中，那这种情况将大为改善。所以缓存技术在提高系统吞吐能力上非常有效。例如电商系统中常见的抢购秒杀业务，数据库往往承受不了瞬时暴增的写入操作，这时可以将待写入的数据存储在内存级的缓存中，再异步写入到数据库中。常用的缓存服务器软件有 redis 和 memcached，它们都是高性能的分布式缓存系统，可以动态扩展。

2. 搜索引擎优化

搜索引擎是我们检索互联网信息的重要工具，而搜索引擎背后有一个称为网络爬虫的程序不停地遍历万维网中的网页，对于遍历过的网页会生成索引存储在搜索引擎提供商的服务器上，我们才能快速的检索到万维网上的信息。电子商务网站构建过程中，如果没有进行有针对性的搜索引擎优化(Search Engine Optimization，SEO)，就会导致网站搜索的排名靠后，不能最大限度的发挥网站的功能。

3. 推荐系统

随着信息技术和互联网的发展，人们逐渐从信息匮乏的时代走入了信息过载的时代。在这个时代，无论是顾客还是商家都遇到了很大的挑战：作为购买商品的顾客，在线商品搜索也是有成本的，主要指搜索过程中耗费的时间成本。搜索成本作为一种机会成本，当其大于搜索带来的商品价格收益时，搜索可能会失败或者被终止。作为商品或服务的提供商，如何让自己商品或服务脱颖而出，受到广大顾客的关注，也是一件非常困难的事情。

推荐系统就是解决这一矛盾的重要工具。推荐系统的任务就是联系顾客和商家，一方面帮助顾客发现对自己有价值的商品或服务，另一方面让商品信息能够展现在对它感兴趣的顾客面前，从而实现消费者和生产者的双赢。推荐系统一般在庞大的用户行为数据的基础上，依靠大数据处理工具分析挖掘用户潜在的消费意向，进行精准的产品推荐。

4. 在线评论系统

在电子商务领域，产品的评分和评价体系是必不可少的，这甚至是高过传统商务模式的优点，逛街购物永远无法知道某一个实体商店的评分和评价。评分和评价体系的目的是对商品的附加服务进行量化考核。如售后，送货速度，商家态度，产品实际使用体验等。这些都是附加于商品本身的主观性消费感受。商品的特性是有形、标准、生产与消费分离、可存储的。而服务是无形的、异质的、生产与消费同步、具有易逝性。系统需要有海量的用户点评来描述商品或服务。对于可量化的数据部分可以给出评分标准，如好评、中评、差评或 1～5 分。不可量化的部分放在主观文本评论中。

主流网站的评分和评价体系如图 6.13 和图 6.14 所示，它包含了前文所述的评价内容的各个方面。

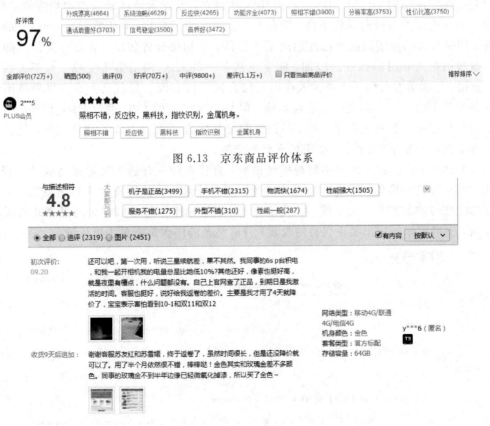

图 6.13　京东商品评价体系

图 6.14　淘宝商品评价体系

6.4 外 包 开 发

如果你对网站的逻辑设计和物理设计有了清晰的思路,而自己又没有系统开发的经验或者资源,那么你可以将全部工程打包(包括实际的系统分析与设计)交由专业的开发团队进行系统开发。外包意味着你需要雇佣企业外部的厂商,帮你完成自身无法实现的与建立网站相关的工作。目前市场上有很多专门从事网站设计、网站建立的公司。

6.5 使用现有电子商务平台

狭义上的电子商务平台主要指的是交易型的电子商务,电子商务平台经历了从 B2B,B2C 为主要形式再到 C2C 爆发的过程,到如今形成了三者与新兴的 O2O 经营模式共存的局面。以下将对当下国内使用比较广泛的几个电子商务平台进行介绍,了解通过使用现有平台来实现电子商务营销运营。

6.5.1 淘宝:个人卖家的 C2C 天堂

(1)如果说中国的电子商务输在了起跑线,那么淘宝作为异军突起的黑马,在中途实现反超。淘宝网由阿里巴巴集团在 2003 年 5 月创立,是亚太地区较大的网络零售、商圈,在中国是深受欢迎的网购零售平台,拥有近 5 亿的注册用户数,每天有超过 6000 万的固定访客,同时每天的在线商品数已经超过了 8 亿件,平均每分钟售出 4.8 万件商品。随着淘宝网规模的扩大和用户数量的增加,淘宝也从单一的 C2C 网络集市变成了包括 C2C、团购、分销、拍卖等多种电子商务模式在内的综合性零售商圈。目前已经成为世界范围的电子商务交易平台之一。淘宝网虽然起步晚,但与全球最大的 C2C 平台 eBay 相比,已经实现了总量的超越。虽然近两年,淘宝的销售和交易出现了来自内外的一些问题,但其仍然通过大量的用户稳坐中国第一大 C2C 平台的交椅。

(2)对于个体经营者或者小型规模经销商,直接在淘宝开店无疑是最高效的途径,而且淘宝开店非常的简单,如图 6.15 基本分为以下几个步骤:注册支付宝和淘宝账号,在注册支付宝账号的时候默认会生成一个淘宝账号,通过这个账号可以登录阿里旺旺与买家进行交流,支付宝账号用来实现交易的收款,目前两者的注册都需要手机认证。

图 6.15 淘宝卖家注册

（3）淘宝为了保障消费者的权益并遵照相关法规，要求卖家进行实名认证，这一认证只要通过互联网就可以实现，通过手持有效证件，基本在 24 小时内就可以完成认证过程，对于支付宝认证过程，一般需要提供一张本人名下的银行卡进行绑定，这样既方便了卖家进行资金流动又能够进一步利用银行卡信息对用户身份进行确认。接下来就可以开店了，在卖家中心选择开店类型就可以开店，如图 6.16 所示，淘宝店铺类型分为个人店铺和企业店铺，选择好类型后还需要根据类型需要再次进行认证。

图 6.16　淘宝卖家店铺类型

（4）对于淘宝来说，店铺装修是非常重要的环节，起着吸引买家的作用。这个环节也是淘宝主要进行营利的地方，普通装修免费，而高级的装修是需要购买的。

（5）巧妇难为无米之炊，你现在需要做的就是上传自己商品的图片，往往这张图片直接决定了顾客是否购买的意愿，因此在图片上要多花心思。

（6）万事俱备，你最后需要在淘宝或者其他地方进行广告投放，毕竟仅仅依靠检索是很难将店铺做大的。

6.5.2　天猫、京东：中国电子商务平台的巨人

"天猫"原名淘宝商城，是一个综合性购物网站。2012 年 1 月 11 日上午，淘宝商城正式宣布更名为"天猫"。2012 年 3 月 29 日天猫发布全新 Logo 形象。2012 年 11 月 11 日，天猫借光棍节大赚一笔，宣称 13 小时卖 100 亿，创世界纪录。天猫是马云淘宝网全新打造的 B2C 平台。其整合数千家品牌商、生产商，为商家和消费者之间提供一站式解决方案。提供 100％品质保证的商品，7 天无理由退货的售后服务，以及购物积分返现等优质服务。2014 年 2 月 19 日，阿里集团宣布天猫国际正式上线，为国内消费者直供海外原装进口商品。

京东（JD）是中国最大的自营式电商企业，2015 年第一季度在中国自营式 B2C 电商市场的占有率为 56.3％。目前，京东集团旗下设有京东商城、京东金融、拍拍网、京东智能、O2O 及海外事业部。2014 年 5 月，京东在美国纳斯达克证券交易所正式挂牌上市，是中国第一个成功赴美上市的大型综合型电商平台，与腾讯、百度等中国互联网巨头共同跻身全球前十大互联网公司排行榜。2014 年，京东市场交易额达到 2602 亿元，净收入达到 1150

亿元，仅次于天猫。

虽然说京东是从自营开始做起，但是现在也开始接受越来越多的商家入驻，而选择在京东和天猫开店的流程基本是相似的，在这里我们只选择天猫进行介绍。因为天猫和淘宝均为阿里巴巴旗下，两者有很大的共性。图 6.17 是天猫提供的招商的入驻流程图，具体过程如下：

(1) 注册企业级支付宝账号。

(2) 这里的实名认证，并不是认证个人，更像是企业法人的认证，你需要准备营业执照影印件、对公银行账户(可以是基本户或一般户)、法定代表人的身份证影印件(正反面扫描件)。

(3) 开始申请入驻天猫，填写申请信息，提交资质，选择店铺名和域名，在线签署服务协议。

(4) 等待审核：天猫 7 个工作日内给到审核结果。审核通过后还需要签署支付宝代扣协议、考试、补全商家档案、冻结保证金、缴纳技术服务年费、发布商品、店铺上线。

(5) 店铺装修商品上线是和淘宝相似的。在这里我们可以明显看到与淘宝的区别就是进行收费，根据店铺资质的不同，一般收取 1～30 万元不等的保证金和 3～6 万元的技术年费。

图 6.17　卖家店铺开设流程

6.5.3　微商：移动社交营销老板的孵化器

微商，其作用是基于微信生态的社会化分销模式。它是企业或者个人基于社会化媒体开店的新型电商，从模式上来说主要分为两种：基于微信公众号的微商称为 B2C 微商，基于朋友圈开店的称为 C2C 微商。微商和淘宝一样，有天猫平台(B2C 微商)也有淘宝集市(C2C 微商)。所不同的是微商基于微信"连接一切"的能力，实现商品的社交分享、熟人推荐与朋友圈展示。从微商的流程来说，微商主要由基础完善的交易平台、营销插件、分销体系以及个人端分享推广微客四个流程部分组成。现在已从一件代发逐渐发展成服务行业自己存货自己发，有等级的区分，等级越高利润越大。微商是基于微信生态集移动与社交为一体的新型电商模式，主要分为两个环节：B2C 环节、C2C 环节。

根据卖方类型的不同，所以微商有两条不同的经营建设路线：第一种是针对公众号，这里涉及公众号的注册，公众号注册有别于普通用户账号，需要在网页端进行注册和激活，公众号要求注册的信息都为真实的信息，而普通账号存在未绑定手机号的非实名群体，这里需要注意。公众号的名字一旦提交不能更改，所以名字起得好也很重要。接下来就是写产品的软文和图片了，这里其实就是打广告，做宣传，因产品而异。最重要的是需要大量的用户群关注，这往往是微商最关键的一步，在个人用户的方面也同样非常重要，往往可以通过其他公众号推荐或者优惠关注的方法去实现。另一种针对个人账号，可以选择将朋友圈作为广告投放的平台，不过合理地把握投放的频率和时间段更能够提升买家的购买意愿。

以上就是三种最常见也是最容易实现的依托现有互联网商务平台实现网络营销的电子商务方法，而且很多之前自己独立建立电子商务平台的公司，像苏宁，像亚马逊也开始选择这种方式进行操作，所以可以预计这种方式的电子商务建立在未来所占的比重也会更加大。

本 章 小 结

电子商务系统是企业开展电子商务活动的基础平台，电子商务站点作为买卖双方实现网上交易的主要平台，因此本章中重点介绍了电子商务网站的特点、组成部分和电子商务网站的建设流程。同时阐述了自主开发电子商务站点所涉及的主要技术和设计原则，以及通过技术外包和利用现有电子商务平台的途径进行电子商务网站的建设。

案 例 与 分 析

淘宝网购系统的演变

淘宝网作为亚洲最大的网络零售系统，每天承载着超大规模的访问请求，尤其在一年一度的双十一促销活动上，一下子几千万人涌进来买买买，这一真实的商业场景对于网购系统来说是巨大的灾难，然而淘宝每次都能扛得住这灾难级的网络流量，让购买者在"购物狂欢节"享受到畅快的购物体验。这背后得益于强大的电子商务系统设计能力，然而冰冻三尺非一日之寒，淘宝网也是从现在来看毫无技术含量的小站发展到如今世界级的庞大系统。

淘宝网自 2003 年创立以来，业务发展非常迅速，几乎是每年以 100％ 的速度在增长。创立之初，为了快速上线，抢占市场，选择了当时流行的 LAMP 架构：Linux 作为操作系统，Apache 作为 Web 服务器，MySQL 为数据库，PHP 作为网站开发语言。通过对购买授权的网站系统进行二次开发，用了三个月不到的时间淘宝就上线了，当时整个网站应用服务器大概 10 台左右，每天承载着 31 万的访问量。

2004 年在淘宝业务发展的推动下，使得网站流量急剧增加，系统显得有些不堪重负，现有架构下进行技术升级的难度非常大，淘宝网不得不进行脱胎换骨的改造，于是使用 Java 语言对整个网站系统分模块进行了重构。数据库替换为更高性能的 Oracle，并且采用自己开发的搜索引擎 ISearch 取代依赖数据库实现的低效的商品搜索功能。硬件方面选购了更高性能也更昂贵的小型机。

2006 年开始，淘宝为了改善用户体验，开始建立自己的 CDN 站点，由于淘宝的主要流量来源于各种商品图片、商品描述等静态数据，自建 CDN 可以使这些资源离用户更近，提升用户访问速度，改善用户浏览网站的体验。

2008 年初，为了解决 Oracle 数据库集中式架构的瓶颈问题，将系统进行了拆分，按照用户域、商品域、交易域、店铺域等业务领域进行拆分，建立了 20 多个业务中心，如商品中心、用户中心、交易中心等。所有用户访问需求的系统，必须使用业务中心提供的远程接口来访问，业务系统之间则通过消息中间件异步方式进行通信。

如今淘宝网着眼于统一架构体系，从整体系统层面考虑开发效率、运维标准化、高性能、高可扩展性、高可用、低成本方面的要求，底层的基础架构统一采用了阿里巴巴的云计算平台，为淘宝业务提供稳定、高效和易于维护的基础架构支撑。

前面所说的几个技术改造也仅仅是淘宝电商系统迭代升级进程中的冰山一角，通过了解淘宝的架构发展过程我们会发现：在什么样的阶段采用什么样的技术。在发展的过程中网站会遇到各种各样的问题和业务带来的压力，正是这些原因才推动着技术的进步和发展，而技术的发展又会反过来促进业务的更大提升。二者互为因果，相互促进。

思 考 题

淘宝电商系统演变的驱动力是什么？演变路径是什么？

复 习 与 讨 论

1. 如何注册企业域名？
2. 网站和电子商务系统之间存在什么样的关系？
3. 自主开发电子商务网站的简要流程是什么？
4. 如何在现有电子商务平台上建设电子商务站点？

第 7 章　电子商务安全技术

CNCERT 发现我国互联网网络安全面临巨大威胁与挑战

国家互联网应急中心(CNCERT)在《2016 年我国互联网网络安全态综述》中指出,仅 2016 年一年,CNCERT 监测发现约 17.8 万个针对我国境内网站的仿冒页面,约 4 万个 IP 地址对我国境内 8.2 万余个网站植入后门,约 1.7 万个网站被篡改。2016 年,国家信息安全漏洞共享平台共收录通用软硬件漏洞 10822 个,较 2015 年增长 33.9%。来自境外的针对我国境内的网站攻击事件频繁发生;联网智能设备被恶意控制,并用于发起大流量分布式拒绝服务攻击的现象更加严重;网站数据和个人信息泄露带来的危害不断扩大;欺诈勒索软件在互联网上肆虐;具有国家背景黑客组织发动的高级持续性威胁攻击事件直接威胁了国家安全和稳定。在这样严峻的网络环境下,如何保护电子商务安全称为一个巨大的挑战。

7.1　电子商务的安全问题

7.1.1　电子商务面临的安全威胁

电子商务在网络环境下进行商务活动,因此电子商务面临的安全威胁既有一般计算机网络平台会面临的安全威胁,也有商务活动面临的安全威胁。

1. 计算机网络面临的安全威胁

常见的针对计算机网络平台的安全威胁有以下几类:

(1) 信息泄露:指信息被泄露给未授权的实体(如人、进程或者系统),泄露的形式主要包括窃听、截收、侧信道攻击和人员疏忽等。如窃听用户的订单信息和支付信息。

(2) 篡改:指攻击者可能改动原有的信息内容,但信息的使用者并不能识别出被篡改的事实。如篡改本地存储的合同、篡改正在传输的用户订单。

(3) 重放:指攻击者可能截获并存储合法的通信数据,以后出于非法的目的重新发送它们,而接收者可能仍然进行正常的受理,从而被攻击者所利用。如重放用户登录服务器时的认证信息、重放支付报文。

(4) 假冒:指一个人或系统谎称是另一个人或系统,但信息系统或其管理者可能并不能识别,这可能使得谎称者获得了不该获得的权限。如攻击者假冒合法用户或发送假冒信息欺骗其他用户。

（5）否认：指参与某次通信或信息处理的一方事后可能否认这次通信或相关的信息处理曾经发生过，这可能使得这类通信或信息处理的参与者不用承担应有的责任。如用户发了某个订货请求后声称自己没有发过、商家收到某个订货请求后声称自己没有收到。

（6）网络与系统攻击：由于网络与主机系统不免存在设计或实现上的漏洞，攻击者可能利用它们进行恶意的侵入和破坏，或者攻击者仅通过对某一信息服务资源进行超负荷的使用或干扰，使系统不能正常工作，后面一类攻击一般被称为拒绝服务攻击。如攻击者入侵电子商务网站服务器，获得管理员权限，即可对网站数据做任意操作。如果入侵不成功，也可以对服务器发起拒绝服务攻击，使其无法为合法用户提供服务。

（7）恶意代码：指有意破坏计算机系统，窃取机密或隐蔽的接受远程控制的程序，它们由怀有恶意的人开发和传播，隐蔽在受害方的计算机系统中，自身也可能进行复制和传播，主要包括木马、病毒、后门、蠕虫、僵尸网络等。如安装在用户端的木马程序可以记录用户的支付信息，或利用用户的计算机对服务器发起拒绝服务攻击。

2. 商务活动面临的安全威胁

在传统商务活动中，交易双方通常是面对面的，较容易建立起信任关系、保证交易过程的安全性，但在电子商务环境中，交易双方通过网络联系，彼此建立安全和信任关系非常困难。商家和客户除了以上针对计算机网络平台的威胁外，还面临着不同的安全威胁。

1）商家面临的安全威胁

（1）竞争者的威胁。恶意竞争者以他人的名义来订购商品，从而了解有关商品的递送情况和货物的库存情况。

（2）假冒的威胁。假冒者建立与商家相似的网站和域名来假冒商家，损害公司的信誉。

（3）信用的威胁。买方在收到货物后拒绝付款。

2）客户面临的安全威胁

（1）虚假订单。一个假冒者可能会以客户的名字来订购商品，而且有可能收到商品，而此时客户却被要求付款或返还商品。

（2）付款后不能得到商品。客户付款后，商家的内部工作人员不将订单或钱转发给执行部门，因而客户不能收到商品。

（3）个人隐私丧失。客户在购物的过程中，订单信息和身份、地址、通信方式等个人信息被泄露给未授权者。

（4）个人机密信息被骗取。客户在黑客仿冒的网站上购物，被窃取银行卡号密码等机密信息。或是骗子通过电话等方式与客户取得联系，谎称网络现在有故障，要求客户提供密码。

7.1.2 电子商务的安全要素

为了防御电子商务面临的各种安全威胁，一个安全的电子商务系统，应该实现的安全要素有以下几点：

1. 机密性

机密性是指保证信息不能被非授权访问，非授权用户即使得到信息也无法知晓信息内容，因而不能使用。在电子商务系统中，交易中产生、传递的信息可能涉及商业机密或个人隐私，因此这些信息均有保密的要求。通常通过访问控制阻止非授权用户获得机密信息，通过加密变换阻止非授权用户获知信息内容。

2. 完整性

完整性是指维护信息的一致性，即信息在生成、传输、存储和使用过程中不应发生人为或非人为的非授权篡改。电子商务系统应防止对交易信息未授权的生成、修改和删除，同时防止交易信息在传输过程中的丢失或重复，保证信息传递次序统一。一般通过访问控制阻止篡改行为，同时通过消息摘要算法来检验信息是否被篡改。

3. 真实性

真实性是指确保对方的身份是真实的或信息的来源是真实的。在电子商务中，交易在虚拟的网络环境中进行，因此鉴别交易双方的真实身份是电子商务中的重要环节。真实性需要可靠的认证机制来保证。认证包括两个方面：对消息本身的认证和对实体的认证。对消息本身的认证用于确认消息是否来自他所声称的某个实体，而不是由其他实体伪造的。对实体的认证可以确定通信双方的真实身份。

4. 可用性

可用性是指保障信息资源随时可提供服务的能力特性，即授权用户根据需要可以随时访问所需信息。可用性是电子商务服务功能和性能可靠性的度量，涉及物理、网络、系统、数据、应用和用户等多方面的因素，是对电子商务系统总体可靠性的要求。

5. 抗否认性

抗否认性是指能保障用户无法在事后否认曾经对信息进行的生成、签发、接收等行为，是针对通信各方信息真实同一性的安全要求。在传统商务中，交易双方在书面文件上手写签名或加盖印章来保证商务文件的可靠性、预防抵赖行为。在电子商务环境下，可以利用数字签名和时间戳实现抗否认性。

6. 可控性

可控性是指能够保证掌握和控制信息与信息系统的基本情况，可对信息和信息系统的使用实施可靠的授权、审计、责任认定、传播源追踪和监管等控制。访问控制就是实现可控性的一种主要安全机制，即主体依据某种控制策略或权限对客体进行的不同授权的访问。

7. 匿名性

电子商务系统应确保交易的匿名性，防止交易过程被跟踪，保证交易过程中不把用户的个人信息泄露给未知的或不可信的个体，确保合法用户的隐私不被侵犯。

7.1.3　电子商务安全体系结构

为了实现电子商务安全，需要各种信息安全的理论与技术支撑。但电子商务安全不仅仅依赖网络技术，在电子商务交易过程中，还需要社会环境、管理环境和法律环境提供相应的保障。电子商务的安全体系结构如图 7.1 所示。

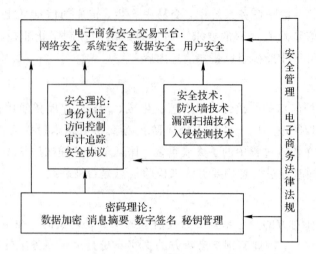

图 7.1 电子商务安全体系结构

密码理论是电子商务安全的基础，电子商务安全的机密性、完整性和抗否认性都依赖于密码算法。加密可以保护信息的机密性；消息摘要可以检测信息的完整性；数字签名可以保护信息的抗否认性。加密变换需要密钥参与，因而对密钥的管理也十分重要。

安全理论保护整个电子商务的交易过程。身份认证验证主体的真实身份与其所声称的身份是否相符。在电子商务活动中，交易双方确认彼此的身份信息，是安全交易的第一步。身份认证保证了电子商务的真实性。当主体的身份通过鉴别后，并不能任意使用系统内的资源，系统会依据某种控制策略，授予主体一定的访问权限，这就是访问控制，即在保障授权用户能获取所需资源的同时拒绝非授权用户的安全机制。用户、商家、管理员等登录网站或系统时，访问控制机制决定他们对系统资源的使用范围。在电子商务活动中，用户行为与系统行为都会被记录与分析。审计记录能够帮助系统管理员及时发现系统入侵行为或潜在的系统漏洞，并对已经发生的系统破坏行为提供有效的追究责任的依据。电子商务的可控性离不开访问控制与审计追踪。安全协议是指构建安全平台时所使用的与安全防护有关的协议，是各种安全技术和策略具体实现时共同遵守的约定。如为了保护数据的安全传输，有网络层的安全协议 IPSec、传输层的协议 SSL，为了实现安全的电子支付，有应用层的安全电子交易协议 SET 等。

安全技术保护电子商务服务的运行平台。防火墙位于受保护网络或系统的入口处，起到预防攻击的作用，入侵检测系统部署于系统内部，时刻检测系统的运行状态、发现入侵行为。漏洞扫描和分析是针对电子商务服务平台中存在的漏洞而进行的。电子商务系统平台中，无论是主机还是网络设备都存在安全隐患和漏洞，这些漏洞很容易被攻击，从而危害网络安全。需要漏洞扫描技术定期扫描检查、修复加固。

利用密码理论、安全理论和安全技术，可以搭建电子商务安全交易平台。一个安全的电子商务安全平台需要满足网络安全、系统安全、数据安全和用户安全。在这个安全的平台上，进行安全的电子商务活动。

部署安全的电子商务交易平台并不是一个一劳永逸的工作，而是一个动态的，不断完善的过程，是预警、保护、检测、响应、恢复和反击的有机结合，电子商务安全模型如图 7.2 所示。

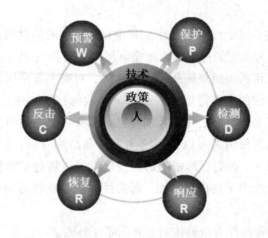

图 7.2　电子商务安全模型

预警：根据以前掌握的系统的脆弱性和当前的犯罪趋势，预测未来可能受到的攻击和危害。攻击过程具有时间差和空间差，如果只以个人的能力实施保护，结果永远是保障能力小于或等于攻击能力，只有变成举国体制、协作机制，才可能做到保障能力大于等于攻击能力。

保护：采用一切手段保护信息系统的机密性、完整性、真实性、可用性、可控性不可否认性和匿名性。

检测：实时监控系统的安全状态，如检测本地网络的安全漏洞和存在的非法信息流，发现新的攻击，制定新的安全策略与保护手段。

响应：对于危及安全的事件、行为、过程，及时做出响应的处理，如发出警报或者自动阻断连接等，杜绝危害进一步扩大，将安全事件的影响降到最低。

恢复：当入侵发生后，对系统造成了一定的损害，为了使系统尽快提供服务，需要对所有数据进行备份，并采用容错、冗余、替换、修复和一致性保证等相应技术迅速恢复系统运转。

反击：利用高技术工具，提供犯罪分子犯罪的线索、犯罪依据，依法侦查犯罪分子处理犯罪案件，要求形成取证能力和打击手段，依法打击网络犯罪。

在整个循环过程中，人是核心，政策是桥梁，技术落实在六个环节的各个方面，在各个环节中起作用。

7.2　数据加密技术

7.2.1　密码学基础

1. 基本概念

密码学是研究信息系统安全保密的科学，分为密码编码学和密码分析学。密码编码学主要研究对信息进行编码，实现对信息的隐蔽。密码分析学主要研究加密消息的破译或消息的伪造。

早期的密码技术主要用于提供机密性。其中，被隐蔽的消息数据是明文，隐蔽后的数据是密文，将明文转换为密文的过程称为加密，将密文转换为明文的过程称为解密。对明文进行加密操作时所采用的一组规则称作加密算法。对密文解密所采用的一组规则称为解密算法。加密和解密算法的操作需要在一组安全参数的控制下进行，分别称为加密密钥和解密密钥。密钥是进行加解密时的一组控制信息，是唯一能控制明文与密文之间变换的关键。密码技术使得信息的使用者可以仅用密文进行通信和存储，非授权者可能获得密文，但难以通过密文获得明文，而拥有解密密钥的授权者可以通过解密恢复出明文。当前密码技术的发展使得它已经能用于提供完整性、真实性和抗否认性等属性，成为保障信息安全的核心基础技术。

一个密码系统，通常简称为密码体制，由 5 部分组成。

（1）明文空间（M）：全体明文的集合。

（2）密文空间（C）：全体密文的集合。

（3）加密算法（E）：一组由 M 到 C 的加密变换。

（4）解密算法（D）：一组由 C 到 M 的解密变换。

（5）密钥空间（K）：全体密钥的集合。

加密信息传输的过程如图 7.3 所示。

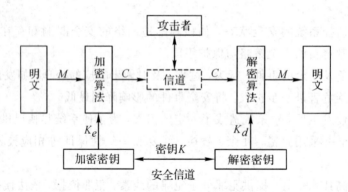

图 7.3　信息加密传输

信息安全基于密钥而不是算法的保密，对于一个密码体制，其算法是可以公开的，让所有人研究和使用，但加密过程中所使用的密钥是保密的。

2. 密码体制的分类

密码体制的分类方法有很多，最常见的分类是以下两种。

1）按照密钥的特点分类

按照密钥的特点，密码体制分为对称密码体制和非对称密码体制。

（1）对称密码体制：又称单钥密码体制，加密密钥和解密密钥相同，或实质上等同，即从一个易于推出另一个。对称密码体制加解密速度快，但难以找到一条安全信道传输对称密钥，也难以实现数字签名的功能。

（2）非对称密码体制：又称公钥密码体制，加密密钥和解密密钥不相同，从一个很难推出另一个。公钥密码体制的一对密钥互为加密密钥和解密密钥,将其中的一个密钥公开,称为公钥,另一个密钥必须保密,称为私钥。公钥密码体制的密钥分配与管理相对简单,并且可以实现数字签名,但加解密速度慢。

2)按照明文的处理方法分类

按照明文的处理方法,密码体制分为分组密码和流密码。

(1)分组密码:将明文分成固定长度的组,用同一密钥和算法对每一块加密,输出也是固定长度的密文。

(2)流密码:每次加密一位或一字节的明文。

3. 密码分析

密码分析学是在不知道密钥的情况下,恢复出明文的一门科学。对密码进行分析的尝试称为攻击。假设攻击者是在已知加密算法的前提下来破译使用的密钥,根据攻击者掌握的资源不同,最常见的攻击形式如下:

(1)唯密文攻击。密码破译者除了拥有截获的密文,以及对密码体制和密文信息的一般了解外,没有什么其它可以利用的信息用于破译密码。在这种情况下进行密码破译是最困难的,经不起这种攻击的密码体制被认为是完全不保密的。

(2)已知明文攻击。密码破译者不仅掌握了相当数量的密文,还有一些已知的明-密文对可供利用。现代的密码体制的基本要求是要经受得住已知明文攻击。

(3)选择明文攻击。密码破译者不仅能够获得一定数量的明-密文对,还可以用它选择的任何明文,在同一未知密钥的情况下能加密相应的密文。其效果相当于密码破译者暂时控制了加密机。

(4)选择密文攻击。密码破译者能选择不同的被加密的密文,并还可得到对应的解密的明文,据此破译密钥及其它密文。其效果相当于密码破译者暂时控制解密机。

这 4 种攻击的强度按序递增,唯密文攻击是最弱的一种攻击,选择密文攻击则是最强的一种攻击。

除了一次一密之外,所有的算法都不是无条件安全的。一般认为,密码系统只要达到计算上安全就是安全的,即破译该密码的成本超过被加密信息的价值或破译该密码的时间超过被加密信息的生命周期。

7.2.2　对称密码体制

对称密码体制的加密密钥与解密密钥本质上相同,在 1976 年公钥密码算法提出以前,所有的加密算法都是对称密码体制。

1. 古典密码

古典密码是现代密码的基础,包含密码处理的基本功能单元,分析古典密码有助于更好的理解、分析和设计近现代密码体系。古典密码采用的加密思想可分为代换和置换。

1)代换

代换是将明文中的每一个元素映射成另一个元素,明文元素被其他元素所替代而形成密文。已知最早的代替密码是凯撒密码,将字母表中的每个字母,用它之后的第 k 个字母代替。凯撒密码仅有 25 种可能的密钥，很不安全。

如果允许任意代换，即明文 a 用任意字母代换，b 用剩下的 25 个字母中的随机一个代换，c 用剩下的 24 个字母中随机的一个代换……以此类推，得到一个明文字母到密文字母的映射表，这种方法称为单表代换密码，可能的映射表有 26! 张，也就是说，约有 4×10^{26} 种可能的密钥。然而人类的语言是有冗余的，字母的使用频率是不同的，单表代换技术很容易受到统计分析攻击。为了隐藏字母的统计规律，可以采用多表代换，著名的多表代换密码有 Playfair 密码、Hill 密码，Vigenere 密码等。

2）置换

置换是改变明文消息中各元素的排列位置，但明文消息元素本身的取值或内容不变。最简单的置换方法是给定一张置换表作为加密密钥，将明文元素按照置换表中给定的顺序重新排列得到密文，解密时给定解密置换表（加密置换表的逆）作为解密密钥，将密文元素按照解密置换表给定的顺序重新排列得到明文。

2. 数据加密标准 DES

数据加密标准 DES 算法由 IBM 公司研制，1983 年起作为国际数据加密标准。DES 算法属于对称密码，使用 Feistel 网络结构，加密和解密的步骤完全相同，仅仅是密钥的使用顺序相反，这就使得在制作 DES 芯片时易于做到标准化和通用化，且 DES 算法性能良好，易于实现，在国际上得到了广泛的应用。2001 年 DES 算法作为标准退役，被 AES 替代。

1）DES 加密/解密过程

DES 是典型的分组密码，每个分组的长度为 64 比特。DES 算法的主要步骤如图 7.4 所示。将 64 比特明文数据用初始置换 IP 置换，得到一个乱序的 64 比特明文分组，然后分成左、右等长的 32 比特，分别记为 L_0 和 R_0。进行 16 轮完全类似的迭代运算后，将所得左、右长度相等的两半 L_{16} 和 R_{16} 交换得到 64 比特数据 $R_{16}L_{16}$，最后再用初始逆置换 IP^{-1} 进行置换，产生密文数据组。初始置换 IP 和初始逆置换 IP^{-1} 如表7.1 和表 7.2 所示。

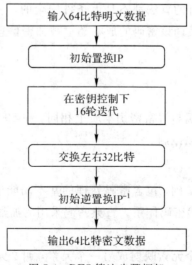

图 7.4 DES算法步骤框架

表 7.1 初始置换

58	50	42	34	26	18	10	2
60	52	44	36	28	20	12	4
62	54	46	38	30	22	14	6
64	56	48	40	32	24	16	8
57	49	41	33	25	17	9	1
59	51	43	35	27	19	11	3
61	53	45	37	29	21	13	5
63	55	47	39	31	23	15	7

表 7.2 初始逆置换

40	8	48	16	56	24	64	32
39	7	47	15	55	23	63	31
38	6	46	14	54	22	62	30
37	5	45	13	53	21	61	29
36	4	44	12	52	20	60	28
35	3	43	11	51	19	59	27
34	2	42	10	50	18	58	26
33	1	41	9	49	17	57	25

下面介绍一次迭代的过程。迭代变换是 DES 算法的核心部分，如图 7.5 所示。每轮开始时将输入的 64 比特数据分成左右长度相等的两半，右半部分原封不动的作为本轮输出的 64 比特数据的左半部分，同时对右半部分进行一系列的变化，即用轮函数 F 作用右半部分，然后将所得结果(32 比特数据)与输入数据的左半部分进行逐位异或，最后将所得数据作为本轮输出的 64 比特数据的右半部分。

轮函数 F 由选择扩展运算 E、与子密钥的异或运算、选择压缩运算 S 和置换 P 组成。下面分别介绍这几种运算。

选择扩展运算 E：将输入的 32 比特数据扩展为 48 比特的输出数据，变化如表 7.3 如示。

表 7.3 选择扩展运算 E

32	01	02	03	04	05
04	05	06	07	08	09
08	09	10	11	12	13
12	13	14	15	16	17
16	17	18	19	20	21
20	21	22	23	24	25
24	25	26	27	28	29
28	29	30	31	32	01

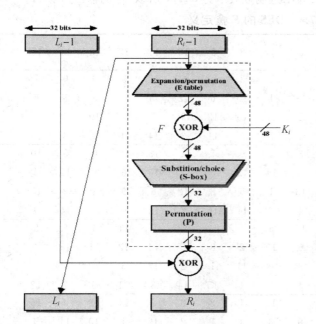

图 7.5 DES 的一轮迭代

　　与子密钥的异或运算：将选择扩展运算的 48 比特输出数据与子密钥 K_i（48 比特）进行异或运算。

　　选择压缩运算：将输入的 48 比特数据从左至右分成 8 组，每组 6 比特，然后输入 8 个 S 盒，如图 7.6 所示。

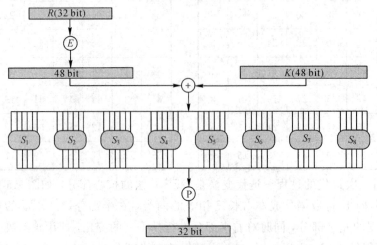

图 7.6　选择压缩运算

　　每个 S 盒为一非线性代换网络，有 4 个输出。盒 $S_1 \sim S_8$ 的选择函数关系如表 7.4 所示。对每个盒 S_i，6 比特输入中的第 1 和第 6 比特组成的二进制数确定 S_i 的行，中间 4 位二进制数用来确定 S_i 的列。S_i 中相应行、列位置的十进制数的 4 位二进制数表示作为输出。例如，S_2 的输入为 101001，则行数和列数的二进制表示分别是 11 和 0100，即第 3 行和第 4 列，S_2 的第 3 行第 4 列的十进制数为 3，用 4 位二进制表示为 0011，所以 S_2 的输出为 0011。

表 7.4　DES 的 S 盒定义

行＼列	0	1	2	3	4	5	6	7	8	9	10	11	12	13	14	15	
0	14	4	13	1	2	15	11	8	3	10	6	12	5	9	0	7	
1	0	15	7	4	14	2	13	1	10	6	12	11	9	5	3	8	S_1
2	4	1	14	8	13	6	2	11	15	12	9	7	3	10	5	0	
3	15	12	8	2	4	9	1	7	5	11	3	14	10	0	6	13	
0	15	1	8	14	6	11	3	4	9	7	2	13	12	0	5	10	
1	3	13	4	7	15	2	8	14	12	0	1	10	6	9	11	5	S_2
2	0	14	7	11	10	4	13	1	5	8	12	6	9	3	2	15	
3	13	8	10	1	3	15	4	2	11	16	7	12	0	5	14	9	
0	10	0	9	14	6	3	15	5	1	13	12	7	11	4	2	8	
1	13	7	0	9	3	4	6	10	2	8	5	14	12	11	15	1	S_3
2	13	6	4	9	8	15	3	0	11	1	2	12	5	10	14	7	
3	1	10	13	0	6	9	8	7	4	15	14	3	11	5	2	12	
0	7	13	14	3	0	6	9	10	1	2	8	5	11	12	4	15	
1	13	8	11	5	6	15	0	3	4	7	2	12	1	10	14	9	S_4
2	10	6	9	0	12	11	7	13	15	1	3	14	5	2	8	4	
3	3	15	0	6	10	1	13	8	9	4	5	11	12	7	2	14	

续表

列 行	0	1	2	3	4	5	6	7	8	9	10	11	12	13	14	15	
0	2	12	4	1	7	10	11	6	8	5	3	15	13	0	14	9	
1	14	11	2	12	4	7	13	1	5	0	15	10	3	9	8	6	S_5
2	4	2	1	11	10	13	7	8	15	9	12	5	6	3	0	14	
3	11	8	12	7	1	14	2	13	6	15	0	9	10	4	5	3	
0	12	1	10	15	9	2	6	8	0	13	3	4	14	7	5	11	
1	10	15	4	2	7	12	9	5	6	1	13	14	0	11	3	8	S_6
2	9	14	15	5	2	8	12	3	7	0	4	10	1	13	11	6	
3	4	3	2	12	9	5	15	10	11	14	1	7	6	0	8	13	
0	4	11	2	14	15	0	8	13	3	12	9	7	5	10	6	1	
1	13	0	11	7	4	9	1	10	14	3	5	12	2	15	8	6	S_7
2	1	4	11	13	12	3	7	14	10	15	6	8	0	5	9	2	
3	6	11	13	8	1	4	10	7	9	5	0	15	14	2	3	12	
0	13	2	8	4	6	15	11	1	10	9	3	14	5	0	12	7	
1	1	15	13	8	10	3	7	4	12	5	6	11	0	14	9	2	S_8
2	7	11	4	1	9	12	14	2	0	6	10	13	15	3	5	8	
3	2	1	14	7	4	10	8	13	15	12	9	0	3	5	6	11	

置换 P：置换 P 如表 7.5 所示

表 7.5　置换 P

16	07	20	21	29	12	28	17
01	15	23	26	05	18	31	10
02	08	24	14	32	27	03	09
19	13	30	06	22	11	04	25

　　子密钥的产生：给定 64 比特的密钥 K，利用密钥生成算法，可以得到 16 个长度为 48 比特的子密钥。

　　DES 的解密：由于 DES 算法是在 Feistel 网络结构的输入和输出阶段分别添加初始置换 IP 和初始逆置换 IP^{-1} 而构成的，所以它的解密使用与加密相同的算法，只是子密钥的使用次序相反。

　　2）DES 问题讨论

　　当 DES 算法被建议作为一个标准时，曾出现过很多批评。其中最有争议的问题之一就是 S 盒。S 盒是 DES 的安全核心，因为在 DES 算法中，除了 S 盒外，所有计算都是线性的。然而 S 盒的设计准则并没有完全得到规范，有人认为 S 盒可能存在陷门。不能排除这种说法，但至今没有迹象表明 S 盒中存在陷门。

　　关于 DES 算法的另一个最有争议的问题是担心实际 56 比特的密钥长度不足以抵御穷举攻击，因为密钥量只有 $2^{56} \approx 10^{17}$ 个。事实证明确实如此，由于计算机技术的发展，56 位的密钥已经经不起穷举攻击了。为此，人们利用两个密钥进行 3 次 DES 加密，称为三重 DES，它的密钥长度相当于有 112 位，目前三重 DES 依然是安全的。

3. 其他分组密码简介

(1) AES。1997 年，美国国家标准技术研究所（NIST）发起征集高级加密标准 AES（Advanced Encryption Standard）的活动，目的是确定一个非保密的、可以公开技术细节的、全球免费使用的分组密码算法，以作为新的数据加密标准。2000 年，NIST 选中了 Rijndael 算法作为 AES 标准。AES 限定了明文分组长度为 128 位，而密钥长度可以为 128、192、256 位，相应的迭代轮数为 10 轮、12 轮和 14 轮，能有效地抵抗穷举攻击。

(2) IDEA。IDEA 算法是最强大的数据加密标准之一，由来学嘉在 1990 年提出。尽管 IDEA 很强大，但并不像 DES 和 AES 那么普及，主要原因是 IDEA 受专利保护，要先获得许可证之后才能在商业应用程序中使用。IDEA 的分组长度是 64 位，密钥长度是 128 位，该算法的整体设计非常有规律，非常适合大规模集成电路实现。

7.2.3 公钥密码体制

1. 对称密码体制的问题

利用对称密码体制，可以快速加密和解密信息，然而对称密码体制也存在难以解决的问题。

(1) 密钥分配问题。通信双方进行加密通信，需要通过秘密的安全信道协商加密密钥，而这种安全信道难以实现。

(2) 密钥管理问题。在有多个用户的网络中，任何两个用户之间都需要有共享的密钥，当网络中的用户很大时，需要管理的密钥数目是非常大的，是用户规模的平方。

(3) 没有签名功能。当主体 A 收到主体 B 的电子文档时，无法向第三方证明此电子文档确实来源于 B。

2. 公钥密码体制的基本思想

公钥密码体制又称为非对称密码体制，它的出现是整个密码学历史上的一次革命。在公钥密码体制出现之前，几乎所有的密码系统都是建立在基本的代换和置换技术上的。公钥密码体制以数论为基础，基于一种特殊的数学函数，而不是代换和置换，实现加密和解密。

公钥密码体制的基本思想是，使用两个不同的密钥进行加密和解密，一个可对外公开，称为公钥；另一个严格保密，只有所有者才知道，称为私钥。公钥和私钥互为加密密钥和解密密钥，即用公钥加密、私钥解密或用私钥加密、公钥解密。因为由一个密钥推导出另一个密钥在计算上是不可行的，因此用接收方的公钥加密信息，可以实现数据保密的功能，用发送方的私钥加密信息，可以实现数字签名和认证的功能。通过这种方式，解决了对称密码体制中的密钥管理、分发和数字签名的难题。

公钥密码体制的实现基于单向陷门函数。单向陷门函数是满足下列条件的函数 f：

(1) 给定 x，计算 $y = f(x)$ 是容易的；

(2) 给定 y，计算 x 使 $x = f^{-1}(y)$ 是不可行的；

(3) 存在 k，已知 k 时，对给定的任何 y，若相应的 x 存在，则计算 $x = f_k^{-1}(y)$ 是容易的，k 就是陷门信息。

寻找合适的单向陷门函数是公钥密码体制实现的关键，陷门信息就是私人密钥。公钥密码体制必须满足以下条件：

（1）产生一对密钥是计算可行的；

（2）已知公钥和明文，产生密文是计算可行的；

（3）接收方利用私钥来解密密文是计算可行的；

（4）对于攻击者，利用公钥来推断私钥是计算不可行的；

（5）已知公钥和密文，恢复明文是计算不可行的。

和对称密码体制一样，如果密钥太短，公钥密码体制也会受到穷举攻击。然而由于公钥密码体制的计算复杂性与密钥长度不是线性关系，而是增大的更快，所以密钥长度太大又会使得加密解密运算太慢。因此公钥密码体制目前主要用于密钥管理和数字签名，是对称密码体制的补充而不是代替。

目前世界公认的比较安全的公钥密码体制有基于大整数分解困难性之上的 RSA 密码类和基于有限域上离散对数困难性的 ElGamal 密码类。

3. RSA 公钥密码体制

RSA 公钥密码体制在 1977 年由 MIT 的 Rivest、Shamir 和 Adleman 共同提出，RSA 就是他们三人姓氏的首字母拼在一起组成的。RSA 是被广泛使用的公钥密码方案，也是迄今为止理论上最为成熟完善，安全性能良好的密码体制。

建立一个 RSA 密码体制的过程如下：

（1）选择两个大素数 p 和 q（100～200 位的十进制数或更大）；

（2）计算乘积 $n=pq$ 和 $\phi(n)=(p-1)(q-1)$；

（3）选择大于 1 小于 $\phi(n)$ 的随机数 e，使得 $\gcd(e,\phi(n))=1$，即 e 与 $\phi(n)$ 互素；

（4）计算 d，使得 $de=1 \bmod \phi(n)$；

（5）以 $\{e,n\}$ 为公开密钥，$\{p,q,d\}$ 为私有密钥；

（6）加密的步骤。加密时首先将明文比特串分组，使得每个分组对应的十进制小于 n，即分组长度小于 $\log_2 n$，然后对每个明文分组 m，做加密运算：$c=m^e \bmod n$；

（7）解密的步骤。对密文分组 c 的解密运算为 $m=c^d \bmod n$。

RSA 的安全性主要依赖于大整数分解的困难性。若攻击者能分解 n 得到 p 和 q，则可得到 $\phi(n)$ 与 d，RSA 即被破解。然而虽然已有很多整数分解方法，但对于长度大于 1024 比特的大整数的分解仍是计算上的难题。目前，其他攻击方法也未能实质性地破解 RSA，因此认为 RSA 在取较大密钥时仍是安全的。

7.3 认 证 技 术

7.3.1 身份认证

在电子商务交易进行之前，交易双方首先需要向对方证明自己的身份，对实体的身份认证是一切电子商务开展的基础。身份认证是验证主体的真实身份与其所声称的身份是否符合的过程。

1. 身份认证方案

根据被认证对象的属性，电子商务中的身份认证方案主要有 3 类：基于口令的身份认证方案、基于智能卡的身份认证方案和基于生物特征的身份认证方案。

(1) 基于口令的身份认证方案。基于口令的身份认证方案是最常用的一种认证技术，口令通常是通信对象自己设置的某个秘密值，同时在认证中心保存通信对象设置的口令或者口令的变换值。当通信对象登录认证中心时，需要输入自己的口令。基于口令的认证方案属于单因素认证系统，系统开销最小，但是认证仅依赖秘密口令，因此安全性最低。单纯的基于口令的身份认证方案在现代电子商务应用中不是很多。

(2) 基于智能卡的身份认证方案。智能卡是一种带有智能的集成电路卡，不仅具有读写和存储数据的功能，还具有加密数据、处理数据的能力。智能卡能存储用户的秘密信息或者数字证书，而且使用智能卡时还需要输入用户的 PIN 码，因此基于智能卡的身份认证方案属于双因素认证系统。进行验证时，用户输入 PIN 码，智能卡先验证 PIN 码的正确性，如果正确，即可读出智能卡中的秘密信息，再利用该秘密信息与对方的认证中心进行验证。此类认证方案安全性较高，但是认证系统相对复杂。

(3) 基于生物特征的身份认证方案。用户具有某些生物学特征，如指纹、虹膜等，这些特征可以识别，且对每个人是唯一的。用户的生物特征信息事先需要通过物理的方式或其他方式存入验证服务器，当用户通过网络进行电子商务交易时，需要通过特定仪器，提取自己的生物特征，在安全协议的保护下，传送给验证服务器进行验证。基于生物特征的身份认证在电子商务中应用前景十分广阔。

上述三种认证方案，是按照身份标识的不同来区分的，无论是哪一种身份认证方案，都需要在身份认证协议的控制下才能实现安全的认证，例如指纹在传输过程中可能被非法用户窃取，要做到安全认证，还需要认证协议来保证。

2. 身份认证协议

身份认证协议是一种特殊的通信协议，它定义了在身份认证过程中，参与验证的所有通信方所交换报文的格式、报文发生的次序以及报文的语义。大多数身份认证协议都是基于密码学原理的。依据认证时使用的密码体制，分为基于对称密码体制的认证协议和基于公钥密码体制的认证协议；依据认证的目标数目，分为单向认证和双向认证。

这里以 Needham/Schroeder 为例，介绍一个双向的基于对称加密算法的协议。Needham/Schroeder 协议要求有可信第三方 KDC 参与，且 A 与 KDC 有共享密钥 K_A，B 与 KDC 有共享密钥 K_B。协议过程如下：

(1) A→KDC：$ID_A \parallel ID_B \parallel N_1$；

(2) KDC→A：$E_{K_A}[K_S \parallel ID_B \parallel N_1 \parallel E_{K_B}[K_S \parallel ID_A]]$；

(3) A→B：$E_{K_B}[K_S \parallel ID_A]$；

(4) B→A：$E_{K_S}[N_2]$；

(5) A→B：$E_{K_S}[f(N_2)]$。

本协议的目的是认证 A 和 B 的身份后，安全地分发一个会话密钥 K_S 给 A 和 B。第(1)步，A 向 KDC 申请要和 B 通信，发送自己和 B 的身份标识和一个随机数 N_1 给 KDC；第(2)步，KDC 安全地发送了一个会话密钥 K_S 给 A，并通过随机数 N_1 保证了这条消息是对刚刚请求的应答，并不是一个重放；第(3)步，A 将 KDC 发给 A 的消息的一部分发送给 B，该消息包括会话密钥 K_S，并用 B 与 KDC 的共享密钥 K_B 加密，B 收到该消息后，得知 A 的身份标识，且安全地得到了会话密钥 K_S；第(4)步中，B 通过加密随机数 N_2 向 A 证

明自己知道 K_s，从而向 A 证明了 B 的身份；第(5)步中，A 通过加密随机数 N_2 的一个运算，向 B 证明自己知道 K_s，从而向 B 证明了 A 的身份。

这个协议通过使用随机数 N_1 和 N_2，利用挑战/应答的方式防止重放攻击，然而该协议仍然有漏洞。假定攻击方 C 已经掌握 A 和 B 之间通信的一个老的会话密钥，C 可以在第(3)步冒充 A，利用老的会话密钥欺骗 B，然后，C 中途拦截 B 发送的消息(4)，冒充 A 在第(5)步响应。至此 C 就可以向 B 发送伪造的消息，而 B 认为是在与 A 进行正常的通信。可以通过增加时间戳的方法改进该协议，然而这又引入了新的问题——必须依靠时钟同步。

3. 身份认证实例 Kerberos

Kerberos 是美国麻省理工学院开发的一种身份认证服务。它解决的问题是：在一个公开的分布式网络中，工作站上的用户访问服务器时，用户与服务器能够互相证明自己的身份。Kerberos 一共有五个版本，前三个版本仅用于内部测试，第四版得到了广泛的应用。第五版对第四版做了修订。Kerberos 的本意是希腊神话故事中地狱之门的守护者，设计者希望它能守卫网络之门。

Kerberos 提供了一种集中式的认证服务器结构，利用对称加密技术，认证服务器实现用户与其访问的服务器间的相互认证。从理论上讲，如果认证服务器拥有与所有用户和所有服务器之间的对称密钥，采用与 Needham/Schroeder 协议类似的过程，仅用认证服务器就可以实现用户与服务器之间的互相认证。而实际上，为了减轻认证服务器的负担，认证工作是由一个认证服务器和若干票据许可服务器共同完成的。

完整的 Kerberos 认证系统包括认证服务器 AS，票据许可服务器 TGS，网络应用服务器 S 以及网络用户 C。认证服务器拥有和全部用户的对称密钥，以及和全部票据许可服务器的对称密钥，每一个票据许可服务器都拥有全部应用服务器的对称密钥。整个 Kerberos 系统架构如图 7.7 所示。

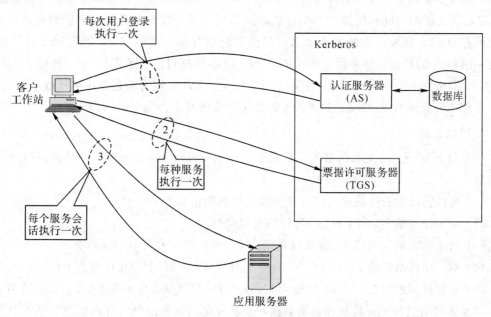

图 7.7 Kerberos 系统架构

Kerberos 认证过程分为 3 大步骤，每个都与前文介绍过的 Needham/Schroeder 协议类似。在第一个步骤中，客户工作站和认证中心彼此认证身份，工作站得到认证服务器提供的、与票据许可服务器的会话密钥；在第二个步骤中，工作站和票据许可服务器彼此认证身份，工作站得到了票据许可服务器提供的、与应用服务器的会话密钥；在第三个步骤中，工作站和应用服务器互相认证身份。为了防止重放，Kerberos 在每条消息中都加入了时间戳。

7.3.2 消息认证

消息认证是证实收到的消息来自可信的源点且未被篡改的过程，目的是保护消息的完整性。目前常用的消息认证方法有消息加密认证、哈希函数和消息认证码。

1. 消息加密认证

一个直观的想法是利用对称密码体制，对数据加密传输，然而如果发送方发送的消息本身没有明显的语法结构或特征，如二进制文件，那么接收方很难确定解密后的消息就是明文本身。为了解决这个问题，要求明文具有某种结构，例如，根据明文消息 M 和公开的函数 F 产生消息的校验和 FCS，然后把 M 和 FCS 合在一起加密传输。接收端收到密文后解密得到 M，根据 F 计算 FCS，然后比较计算得到的 FCS 与接收得到的 FCS 是否相等，以判断消息的完整性。如果攻击者修改了密文，则接收者计算的 FCS 与其收到的 FCS 将无法匹配。

用公钥密码体制也能判断消息的完整性是否受到破坏。将消息用发送者的私钥加密，如果接收方能够用发送方的公钥解密，就说明该消息的确是由发送方发送的，且消息内容没有被篡改。当然这种方法不保护消息的机密性，因为任何人都可以得到发送方的公钥。这种方法在认证时极少使用，因为公钥密码体制解密的速度很慢，当需要加密的信息很多时，要耗费大量的时间和资源。一个自然而然的想法是，既然无需保证消息的机密性，能否将消息的 FCS 用发送方的公钥加密后与明文消息合在一起传输呢？这取决于计算 FCS 的公开函数 F 的特点，如果给定明文消息 M，很容易找到另一条消息 M'，使得 $F(M)=F(M')$，那么攻击者就可以用 M' 替换掉 M，而接收方却误以为消息被正确接收了。这时，设计合理的公开函数 F 就成了关键。可以使用哈希函数来作为公开函数 F。

2. 哈希函数

哈希(Hash)函数，又称为散列函数或杂凑函数，表示为 $h=H(M)$，是满足以下特点的函数：

(1) 可以将任意长度的输入经过变换以后得到固定长度的输出；

(2) 对于任意给定的 x，$H(x)$ 的计算相对简单；

(3) 对于给定的散列值 h，要发现满足 $H(x)=h$ 的 x 在计算上不可行；

(4) 对于任何给定的 M_1，寻找 M_2，使得 $H(M_1)=H(M_2)$ 在计算上不可行；

(5) 寻找任何的 (M_1, M_2)，使得 $H(M_1)=H(M_2)$ 在计算上不可行。

哈希函数的这种单向特征和输出数据的长度固定的特征使得它可以生成消息或其他数据块的"数据指纹"(也称消息摘要或散列值)，因此在数据完整性认证和数字签名等领域有广泛的应用，哈希函数在现代密码学中起着重要作用。

目前的哈希算法一般都采用迭代型结构，这种结构的哈希函数已经被证明是合理的。在设计新的哈希函数时，也往往只是改进这种结构，或者增加哈希码长。迭代型哈希函数的一般结构如图 7.8 所示。

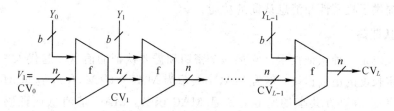

图 7.8　哈希算法的迭代型结构

图 7.8 中，明文 M 被分为 L 个分组 Y_0，Y_1，$\cdots$，Y_{L-1}，b 为明文分组长度，n 为输出 Hash 值的长度，CV_i 是各级输出，最后一个输出值即是 Hash 值。算法的核心技术是设计无碰撞的压缩函数 f，应保证找出其碰撞在计算上是不可行的。

常用的哈希函数有 MD5 算法、SHA - 1 算法等，都采用迭代型结构。MD5 输出 128 位的哈希值，SHA - 1 算法输出 160 位的哈希值。

由于散列函数没有密钥，且本身属于公开函数，需要配合加密算法或通信双方的其他共享秘密值一起使用才能实现消息认证的功能，总结为以下 6 种。

(1) 用对称密码对消息及附加在其后的消息摘要加密：

$$A \rightarrow B: E_K[M || H(M)]$$

这种方式提供了机密性，因为消息 M 用 A 和 B 的共享密钥 K 加密。接收方 B 使用密钥 K 对接收到的密文解密，再对得到的消息生成消息摘要，如果与解密得到的原始消息摘要相同，他可以确认消息一定来自 A，且没有被篡改。

(2) 用对称密码只对消息摘要加密：

$$A \rightarrow B: M || E_K[H(M)]$$

这种方法只提供真实性保护，消息摘要 $H(M)$ 用 A 和 B 的共享密钥 K 加密。B 对接收到消息生成消息摘要，如果与解密得到的原始消息摘要相同，他可以确认消息一定来自 A，且没有被篡改。

(3) 仅用发送方的私钥对消息摘要签名：

$$A \rightarrow B: M || E_{KRa}[H(M)]$$

这种方法提供真实性保护和数字签名。B 先用 A 的公钥解密签名得到消息的哈希值，再对收到的明文消息计算其哈希值，如果二者相同，可以确认消息没有被篡改。其次，因为只有 A 能生成这样的签名，所以消息一定来自 A，该方法也提供了抗否认保护。

(4) 发送方的私钥对消息摘要签名，再对全部消息加密：

$$A \rightarrow B: E_K[M || E_{KRa}[H(M)]]$$

该方法既提供对消息的保密，又提供数字签名，比较常用。

(5) 使用双方的共享秘密值，不使用加密函数来进行消息鉴别：

$$A \rightarrow B: M || [H(M || S)$$

因为双方共享秘密值 S，所以 B 也可以计算哈希值，并验证正确性，而不知道秘密值的攻击者不能伪造和篡改消息。

（6）对整个消息和消息摘要加密：

$$A \rightarrow B: E_K[M||[H(M||S)]$$

该方法提供了机密性和消息认证的功能。

3. 消息认证码

消息认证码是一种认证技术。它把一个密钥和需要认证的消息一起代入一个函数，计算出一个固定长度的短数据块，称为 MAC，表示为 MAC＝$C(M, K)$，这里 M 是需要认证的消息，K 是通信双方共享的密钥，C 是 MAC 函数，MAC 是消息认证码。发送方把MAC 附加在消息后，一起发送给接收方。接收方收到消息后，只需要根据密钥、收到的消息以及 MAC 函数重新计算 MAC，并检查是否等于传过来的 MAC。如果两者相等，接收者可以确信消息 M 未被篡改，因为如果攻击者改变了消息，由于不知道 K，无法生成正确的 MAC，接收者也可以确认消息来自所声称的发送者，因为其他人不能生成和原始消息相对应的 MAC。

7.3.3　数字签名

电子商务的交易环境是虚拟的网络世界，为了保证交易的安全可靠，有时交易双方在交易之前，需要签订电子合同或者文件，这些电子合同或文件是以网络报文的方式传递的，因此传统的手工签名或者盖章的方式是不可行的，需要采取电子签名的方式。电子签名起到和手工签名同等作用，目的是保证交易的安全性、真实性和不可抵赖性。数字签名是目前电子商务中技术最成熟、应用最广泛的一种电子签名方法。

1. 数字签名的特点

数字签名是指附加在某一电子文档中的一组特定的符号或代码，它是利用数学方法和密码算法对该电子文档进行关键信息提取并进行加密而形成的，用于标识签发者的身份以及签发者对电子文档的认可，并能被接收者用来验证该电子文档在传输过程中是否被篡改或伪造。数字签名应具备以下几个特点：

（1）签名是可以被确认的，即收方可以证实签名确实是由发方签名的。

（2）签名是不可伪造的，即收方和第三方都不能伪造签名。

（3）签名不可重用，即签名是和消息绑定在一起的，不能把签名移植到其他文件上，冒充对其他文件的签名。

（4）签名是不可抵赖的，即发方不能否认他所签发的消息。

（5）第三方可以确认收发双方之间的消息传送但不能篡改消息。

2. 数字签名过程

（1）仅提供数字签名功能。在不需要保护信息的机密性时，可以仅用发送方的私钥对消息摘要签名。即发送方 A 对消息用哈希函数求消息摘要，然后用其私钥加密该散列值，这个被加密的散列值就是发送方的数字签名，将其附在文件后，一起发送给接收方 B。消息格式为 $M||E_{KRa}[H(M)]$。验证签名时，接收方 B 先用 A 的公钥解密数字签名，然后比

较提取的散列值和自己计算的文件散列值，如果二者相同，就认为该签名是有效的。

（2）提供数字签名和保密性功能。如果对消息有保密性要求，则不可以直接发送明文和数字签名，而是先用接收方 B 的公钥加密一个对称密钥，称为数字信封，再将明文和数字签名的组合体用该对称密钥加密，最后将加密后的组合体以及数字信封发送给接收方。消息格式为 $E_{KUb}[K]||E_K[M||E_{KRa}[H(M)]]$。这种方式将数字签名和数字信封技术结合在一起，实现了带有保密性要求的数字签名

3. 数字签名算法

理论上讲，只要是双向可逆的公钥加密算法都能用于实现数字签名，常见的数字签名算法有 RSA、ElGamal、ECC 等。下面以 RSA 为例，介绍数字签名算法。

RSA 算法的私钥为 d，公钥为 (e,n)，具体过程如下：

（1）签名过程。用户 A 对消息 M 进行签名，他先计算 M 的摘要 $H(M)$，再用自己的私钥 d 计算 $S_A=\text{Sig}(H(M))=H(M)^d \bmod n$，然后将 S_A 附在消息 M 后作为用户 A 对消息 M 的签名。

（2）验证签名过程。如果其他用户要验证 A 对消息 M 的签名，其他用户用 A 的公钥 e 计算：$M'=S_A^e \bmod n$。如果 M' 与 $H(M)$ 相等，则相信签名确实是用户 A 所产生的。

7.3.4　数字证书

在公钥密码体制中，用户的公钥是公开的，任何人都可以在一个公开的地方查找其他用户的公钥。为了保证公钥的真实性，Kohnfelder 于 1978 年提出了数字证书的概念。数字证书证明了用户与用户持有的公钥之间的关联关系，即证明某个特定的公钥属于某个主体。数字证书由可信第三方认证中心 CA 签发。

主体将其身份信息和公钥以安全的方式提交给 CA 认证中心，CA 用自己的私钥对主体的公钥和身份信息等的混合体进行签名，将签名信息附在公钥和主体名等信息之后，这样就生成了一张证书，它主要由公钥、主体名和 CA 签名三部分组成，如图 7.9 所示。CA 将证书发布到相应的目录服务器上，供其他用户查询和获取。

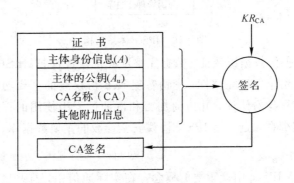

图 7.9　数字证书示意图

主体的身份信息和主体的公钥绑定在一起，被 CA 用其私钥计算数字签名。CA 的私钥除了 CA 外其他人都不知道，因此任何人（CA 除外）都无法修改主体的身份信息和公钥值的捆绑体，否则验证者用 CA 的公钥验证 CA 对证书的签名后会发现其中的散列值和证

书的散列值不一致。这样，数字证书就建立了主体与公钥之间的关联。

目前常用的证书是 X.509 证书，X.509 证书是指该证书的定义和格式遵循 ITU-T 定义的 X.509 标准，X.509 是一种行业标准。X.509 证书格式的版本到目前为止一共有三个，用 V1、V2、V3 表示。X.509 证书已被广泛接受，应用于许多网络安全领域，包括 IPSec、SSL、SET 和 S/MIME。

7.4 安全技术协议

7.4.1 IPSec

1. IPSec 体系结构

IP 数据包本身没有任何安全特性，攻击者很容易伪造 IP 包的地址、修改包内容、重播以前的包以及在传输途中拦截并查看包的内容。为了保护 IP 数据包的安全，因特网工程任务组与 1998 年 11 月公布 IPSec 协议簇作为 IP 安全标准，在 IP 层上提供数据源地验证、无连接数据完整性、数据机密性、抗重播和有限业务流机密性等安全服务。IPSec 可以保障主机之间、主机与安全网关之间或安全网关之间的数据包的安全。IPSec 不是一个协议，而是一个安全体系结构，如图 7.10 所示。

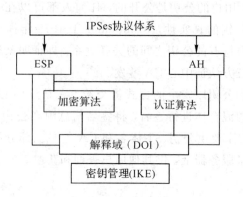

图 7.10　IPSec 体系结构

其中，AH 协议提供数据源认证、数据完整性和抗重放保护；ESP 协议提供加密服务、抗重放保护，也可以用于保护完整性；密钥管理 IKE 协议簇的主要功能是在安全通信进行之前，对通信双方进行身份认证，并协商加密和认证过程中使用的算法和密钥；解释域将所有的 IPSec 协议捆绑在一起，是 IPSec 协议安全参数的主要数据库。

2. 安全关联

安全关联（SA）是 IPSec 中最重要的概念。在实际通信中，有些数据包不需要保护、有些数据包需要保护机密性、有些数据包需要保护完整性，即不同特点的数据包，需要得到的保护类型是不同的，我们并不需要对所有的数据包都进行加密与认证，引起不必要的开销。IPSec 安全策略决定了为哪种类型的数据包提供何种安全服务，安全策略先描述数据包的特征，如源 IP 地址、目的 IP 地址、源端口、目的端口、协议类型等，然后说明符合这些特征的数据包该受到什么协议的保护：AH 或 ESP。即策略描述主要包括两方面的内容：一是对通信特征的描述，二是对保护方法的描述。安全策略存放在安全策略数据库中，在该数据库中，每个条目都定义了要保护的是什么通信、怎样保护它以及和谁共享这种保护。IPSec 的安全策略决定做什么，不关心怎么做。比如安全策略决定某组数据包应该用 ESP 来进行加密保护，但用什么算法加密、用什么密钥加密，安全策略中并不说明，对这些实现细节的描述存放在安全关联（SA）里。SA 是两个应用 IPSec 实体间的一个单向逻辑连接，决定保护什么、如何保护以及由谁来保护通信数据。它规定了用来保护数据包安全的 IPSec 协议、转换方式、密钥以及密钥的有效时间等等。安全关联可以人工创建，也可以用 IKE 协议动态的协商。

当有数据需要发送时，发送方 IPSec 实体先查看安全策略数据库，判断该数据包是否需要用 IPSec 安全协议进行保护，如不需保护，就依照策略直接发送或丢弃，如果需要保护，例如需要 ESP 加密，就进一步去安全关联数据库中查找与该安全策略匹配的安全关联，即可知道该使用什么加密算法和加密密钥对这个数据包进行加密。然后提取该安全关联的编号——安全参数索引，将其按照 ESP 协议格式封装进 IPSec 数据包中。如果没有查到匹配的安全关联，就用 IKE 协议动态的协商一个。一个安全关联为其所携带的业务流仅提供一种安全机制（AH 或 ESP），因此若要对特定的业务流提供多种安全保护，就要有多个 SA 序列组合。

3. IPSec 的工作模式

IPSec 的工作模式有传输模式和隧道模式两种。

1）传输模式

传输模式保护的是 IP 包的有效载荷，使用原始明文 IP 头，通常用于两台主机之间的安全通信。

（1）AH 传输模式。AH 用于传输模式时，保护的是端到端的通信，通信终点必须是 IPSec 终点。AH 头插在原始的 IP 头之后，在 IP 数据包封装的上层协议（如 TCP、UDP、ICMP 等协议，或其他 IPSec 协议头）前，如图 7.11 所示

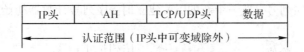

图 7.11　AH 传输模式

（2）ESP 传输模式。ESP 用于传输模式时，ESP 头插在原始的 IP 头之后，在 IP 数据包封装的上层协议（如 TCP、UDP、ICMP 等协议，或其他 IPSec 协议头）前，如图 7.12 所示。

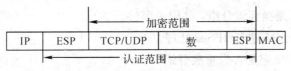

图 7.12　ESP 传输模式

2）隧道模式

隧道模式为整个 IP 包提供安全保护，将一个数据包用一个新的数据包封装。隧道模式首先为原始 IP 包增加 AH 或 ESP 头部，然后再在外面增加一个新的 IP 头部。沿途路由器值检查新增的 IP 头部，不检查内部原来的 IP 头。隧道模式通常用在至少一端的安全网关的安全通信中。

（1）AH 隧道模式。在 AH 隧道模式中，AH 插在原 IP 头之前，并重新生成一个新的 IP 头放在 AH 之前，如图 7.13 所示。

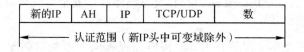

图 7.13　AH 隧道模式

（2）ESP 隧道模式。在 ESP 隧道模式中，ESP 插在原 IP 头之前，并重新生成一个新的 IP 头放在 ESP 之前，如图 7.14 所示。

图 7.14　ESP 隧道模式

4. IPSec 的工作过程

1）AH 处理

（1）外出处理。

① 使用相应的选择符（目的 IP 地址，端口号和传输协议）查找安全策略数据库获取策略。如需要对分组进行 IPSec 处理，且到目的主机的 SA 已经建立，那么符合分组选择符的 SPD 将指向外出 SA 数据库的一个相应 SA，如果 SA 还未建立，IPSec 将调用 IKE 协商一个 SA，并将其连接到 SPD 条目上。

② 产生或增加序列号，当一个新的 SA 建立时，序列号计数器初始化为 0，以后每发一个分组，序列号加 1。

③ 计算完整性校验值。

④ 转发分组到目的节点。

（2）进入处理。

① 若 IP 分组采用了分片处理，要等到所有分片到齐后重组。

② 使用 IP 分组头中的 SPI、目的 IP 地址以及 IPSec 协议在进入的 SA 数据库中查找 SA，如果查找失败，则抛弃该分组，并记录事件。

③ 使用已查到的 SA 进行 IPSec 处理。

④ 检查序列号，确定是否为重放分组。

⑤ 使用 SA 指定的 MAC 算法计算完整性校验值，并与认证数据域中的消息摘要比较，如果两值不同，则抛弃分组。

2) ESP 处理

(1) 外出处理。

① 使用分组的相应选择符（目的 IP 地址、端口、传输协议等）查找安全策略数据库（SPD）获取策略，如分组需要 IPSec 处理，且其 SA 已建立，则与选择符合相匹配的 SPD 项将指向安全关联数据库中的相应 SA，否则则使用 IKE 建立 SA。

② 生成或增加序列号。

③ 加密分组，SA 指明加密算法，一般采用对称密码算法。

④ 计算完整性校验值。

(2) 进入处理。

① 若 IP 分组分片，先重组。

② 使用目的 IP 地址、IPSec 协议、SPI 进入 SAD 索引 SA，如果查找失败，则丢弃分组。

③ 使用已查到的 SA 进行 IPSec 处理。

④ 检查序列号，确定是否为重放分组。

⑤ 如 SA 指定需要认证，则检查数据完整性。

⑥ 解密。

7.4.2　SSL

1. SSL 协议概述

SSL 协议是由 Netscape 公司于 1994 年推出的一套基于 Web 应用的 Internet 安全协议，该协议基于 TCP/IP 协议，提供浏览器和服务器之间的认证和安全通信。SSL 协议提供的安全服务包括以下三个方面：

(1) 身份认证。在浏览器和服务器进行通信之前，必须验证对方的身份。SSL 利用数字证书，使客户端和服务器相互验证对方的身份，以防止假冒的网站或用户。

(2) 机密性。SSL 客户端和服务器之间通过密码算法和密钥的协商，建立起一个安全通道，以后在安全通道中传输的所有的信息都将使用协商的会话密钥进行加密处理。

(3) 完整性。SSL 利用密码算法和散列函数，通过对传输信息提取散列值并生成 MAC 的方法来保证传输信息的完整性。

2. SSL 协议体系结构

SSL 协议分为两层，上层协议包括 SSL 握手协议、SSL 修改密文规约协议、SSL 告警协议，底层是 SSL 记录协议。

1) SSL 握手协议

握手协议使得服务器和客户能互相鉴别对方的身份，协商加密和 MAC 算法，保护数据使用的密钥。其过程如下：

第一阶段：安全能力的建立。

(1) 客户 → 服务器：client_hello。

(2) 服务器 → 客户：server_hello。

client_hello 消息是客户第一次连接服务器时向服务器发送的第一条消息。该消息主要用来协商以下信息：客户端所能支持的 SSL 协议最高版本、所支持的加密算法和压缩算列表、密钥交换方法、会话 ID、一个用于生成主密钥的随机数。server_hello 消息是服务器对客户端 client_hello 消息的回复。server_hello 对客户端提供的版本信息、加密算法、密钥交换方法、会话 ID 做出选择，并产生一个随机数。该阶段完成后，客户端与服务器端都获得了对方的随机数，同时也确定了在接下来通信时使用的密码算。

第二阶段：服务器认证和密钥交换。

（3）服务器 → 客户：server_certificate。

（4）服务器 → 客户：server_key_exchange。

（5）服务器 → 客户：certificate_request。

（6）服务器 → 客户：server_hello_done。

在 hello 报文之后，服务器发送 server_certificate 消息，向客户端提供服务器证书，证书的类型一般是 X.509v3。server_key_exchange 消息是可选的，如果在第一阶段中协商的密钥交换方式是 DH，则需要 server_key_exchange 消息提供服务器的临时公钥。如果在第一阶段中协商的密钥交换方式是 RSA，则不需要发送该条消息。如果服务需要验证客户的身份，就发送 certificate_request 消息，向客户端要求一个客户证书，这条消息也是可选的，因为服务器不一定要鉴别客户端。服务器总是发送 server_hello_done 报文，表明服务器端的握手请求报文已经发送完毕，正在等待客户端的响应。

第三阶段：客户认证和密钥交换。

（7）客户 → 服务器：client_certificate。

（8）客户 → 服务器：client_key_exchange。

（9）客户 → 服务器：certificate_verify。

client_certificate 报文是客户端对服务器 certificate_request 消息的响应，这一步是可选的，只有服务器请求客户端证书时才发送。若服务器请求数字证书，而客户端没有证书，则向服务器端发送 no_certificate 的告警消息，由服务器决定是否还继续。client_key_exchange 报文是客户端随机生成的一个预主密钥，用服务器证书中的公钥加密。在完成密钥交换的同时验证了服务器的身份。certificate_verify 报文只有在服务器要求验证客户端证书时才需要，客户端用它的私钥签名一些信息，向服务器证明它是客户端证书的拥有者。

第四阶段：结束阶段。

（10）客户 → 服务器：change_cipher_spec。

（11）客户 → 服务器：finished。

（12）服务器 → 客户：change_cipher_spec。

（13）服务器 → 客户：finished。

客户端向服务器发送修改密文规约消息 change_cipher_spec，通知服务器以后发送的消息都用协商好的会话密钥进行加密。然后发送用协商好的加密算法和会话密钥加密的 finished 报文。服务器也发送相同的两条消息给客户端。整个握手协议过程结束。

2) SSL 报警协议

报警协议以报警消息的形式描述了错误的危害程度。报警消息由报警等级和报警描述两部分构成。根据报警消息描述的危害程度严重性，报警等级分为警告（Warning）和致命（Fatal）。当通信的一方收到一个致命警告时，如 MAC 记录出错，解压失败，握手失败，非法参数等，当前连接立即中断；而对告警消息通常只进行日志记录，对通信过程不造成影响。

3) SSL 记录协议

SSL 记录协议将数据流分割成一系列的片段并对这些片段进行加密来传输，接收方对每条记录单独的进行解密和验证。这种方案是数据一经准备好就可以从连接的一端传输到另一端，并在接收到时即刻加以处理。

SSL 记录协议说明了所有发送和接收数据的封装方法。SSL 记录协议完整的操作过程如图 7.15 所示。

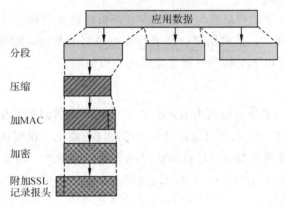

图 7.15　SSL 记录协议

7.4.3　SET

1. SET 概述

SET（Secure Electronic Transaction，安全电子交易）是由 VISA 和 MASTCARD 所开发，是为了在 Internet 上进行在线交易时保证用卡支付的安全而设立的一个开放的规范。由于得到了 IBM、HP、Microsoft、NetScape、VeriFone、GTE、VeriSign 等很多大公司的支持，它已形成了事实上的工业标准，目前它已获得 IETF 标准的认可。

SET 主要是为了解决用户、商家和银行之间通过信用卡支付的交易而设计的，以保证支付信息的机密性，支付过程的完整性，商家和持卡人的身份认证。SET 中的核心技术包括公开密钥加密、数字签名、电子安全证书、电子信封、双向签名等。

2. SET 的参与方

SET 支付系统主要由持卡人、商家、发卡银行、收单银行、支付网关以及认证机构等 6 个部分组成。

（1）持卡人。持卡人是指网上购物的消费者或客户。SET 支付系统中的网络消费者或客户必须是信用卡或借记卡的持卡人，还需要从身份认证机构获取一张数字证书并安装一套符合 SET 协议标准的钱包软件。

（2）商家。商家是 SET 支付系统中的网上商店的经营者。商家首先必须在收单银行中开设账户，由收单银行负责交易中的清算工作，还需要从身份认证机构获取一张数字证书并安装一套符合 SET 协议标准的商家软件。

（3）发卡银行。发卡银行是为持卡人建立账号并发行支付卡的金融机构，发卡银行保证根据支付卡的品牌规则和本地法律对被授权的交易进行付款。

（4）收单银行。收单银行是为商家建立账号的金融机构，它负责处理支付卡的授权和支付活动。

（5）支付网关。支付网关一边连接因特网，一边通过银行网络与收单银行相连。用来处理商家的付款信息以及持卡人发出的付款指令。支付网关安装一套符合 SET 标准的网关软件，与收单银行交易处理主机建立符合 ISO8583 报文格式的通信，并从身份认证机构获取一张数字证书。

（6）认证机构。认证机构是参与交易的各方都信任的可信第三方中立组织，负责对交易各方的身份进行确认。认证机构接收发卡行和收单行的委托，对持卡人、商家和支付网关发放数字证书，作为电子交易中的所有成员的身份证明。

3. 双向签名

双向签名是安全电子交易协议中引入的非常重要的一项创新。在电子商务活动中，持卡用户需要将订购信息（OI）和支付信息（PI）一起发送给商家。说明这笔支付是为了这次定购，而不是为其他商品的付款。这里订购信息是发送给商家的，而支付信息是需要发送给银行系统的。为了向持卡用户提供更好的隐私保护，SET 采用双向签名技术。

双向签名的产生过程：

（1）持卡人生成订单信息 OI 和付款指示 PI 的报文摘要 $H(OI)$ 和 $H(PI)$；

（2）连接报文摘要 $H(OI)$ 和 $H(PI)$ 得到消息 OP；

（3）生成 OP 的报文摘要 $H(OP)$；

（4）用持卡人的私钥密钥加密 $H(OP)$ 得到双向签名 $Sign[H(OP)]$；持卡人发送给商家的消息为 OI、$H(PI)$、$Sign[H(OP)]$；持卡人发送给银行的消息为 PI、$H(OI)$、$Sign[H(OP)]$。

商家验证双向签名的过程为：

（1）商家根据接收的订单信息 OI，创建订单摘要 $H(OI)$；

（2）将所创建的报文摘要 $H(OI)$ 和所接收的付款指示摘要 $H(PI)$ 连接成 OP'；

（3）生成 OP' 的报文摘要 $H(OP')$；

（4）用持卡人的公钥解密收到的双向签名得到 $H(OP)$，比较 $H(OP)$ 和 $H(OP')$，若一致，则证明所接收的消息是有效的。

银行验证双向签名的过程为：

（1）银行根据接收的付款指示 PI，创建付款指示摘要 $H(PI)$；

（2）将所接收的订单摘要 $H(OI)$ 和所创建的报文摘要 $H(PI)$ 连接成 OP'；

（3）生成 OP' 的报文摘要 $H(OP')$；

（4）用持卡人的公钥解密收到的双向签名得到 $H(OP)$，比较 $H(OP)$ 和 $H(OP')$，若一致，则证明所接收的消息是有效的。

这样，通过双向签名，接收者只能看到他应该看到的信息，对于不应该看到的消息则以报文摘要的形式出现，而不是消息本身。通过双向签名，将订单信息和付款指示关联在一起，同时也避免商家看到付款指示，避免银行看到订单信息。

4. SET 协议的工作流程

下面以一个完整的网上购物流程来说明 SET 协议是如何工作的，其流程如图 7.16 所示。

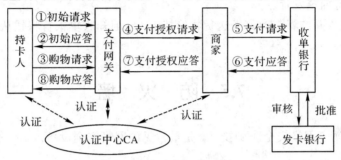

图 7.16　SET 协议的购物流程

（1）初始请求。持卡人使用浏览器，在商家的购物网站上选好商品后，填写订货单，选择 SET 作为其付款协议，浏览器就会自动激活支付软件，向商家发送初始请求。初始请求信息中包括持卡人使用的交易卡种类和数字证书，以及持卡人的 ID 等。

（2）初始应答。商家收到持卡人的初始请求后，会产生初始应答信息，包括该笔交易的标识号、商家标识和支付网关标识、购买项目和价钱等。商家将初始应答签名后，连同商家证书、支付网关证书一起，发送给持卡人。

（3）购物请求。持卡人接收初始应答，验证商家和支付网关证书的有效性，然后验证初始应答信息的数字签名，确认商家的身份后向商家发出购物请求。购物请求包括：① 与订购相关的信息：订单信息 OI、付款摘要 $H(PI)$、双向签名；② 与付款相关的信息：付款指示 PI、订单摘要 $H(OI)$、双向签名，然后将这些信息用支付网关的公钥加密，该消息将由商家转发给支付网关；③ 持卡人的数字证书。

（4）商家发出支付授权请求给支付网关。商家收到持卡人的购物请求后，先验证持卡人的数字证书，然后验证双向签名，验证通过后，商家生成支付授权请求（即商家同意交易的标识）。商家将证书（持卡人的数字证书、商家的数字证书和商家的密钥交换证书）、支付授权请求的密文（用支付网关的公钥加密）、商家对支付授权请求的签名、持卡人通过商家转发的双向签名等信息发送给支付网关。

（5）支付网关验证支付授权请求并向发卡银行发送支付授权请求。支付网关收到商家的支付授权请求后，验证商家证书和商家对支付授权请求的签名，然后验证持卡人的证书和双向签名，最后验证来自商家的交易标识与来自持卡人的付款指示 PI 中的交易标识是否匹配，若相匹配，说明是同一个交易，则支付网关产生一个支付授权请求，通过银行专用网，发送给持卡人所属的发卡银行。

（6）发卡银行对支付授权请求应答。发卡银行在收到支付网关的支付授权请求后，检查持卡人的信用卡是否有效。若有效，则发卡银行批准交易，并向支付网关发出支付授权应答。

（7）支付网关向商家发送支付授权应答。支付网关产生支付授权应答信息，包括发卡银行的响应信息和支付网关的证书等，并将其用商家密钥交换证书中的公钥加密形成数字信封。将发卡银行的响应信息用其私钥加密，作为支付授权应答信息发给商家。

（8）商家向持卡人发送购物应答。商家验证支付网关的证书和支付授权应答报文，然后产生购物应答并签名，将商家证书、购物应答、数字签名一起发给持卡人。

（9）持卡人接收并处理商家订单确认信息。持卡人验证商家证书和购物应答报文，记录交易日志，等待商家发货。

（10）商家发货并结算。商家发送货物给持卡人，通知收单银行将钱从持卡人的账号转移到商家账号。

7.5 防 火 墙

防火墙技术属于网络安全防御技术，是最常见的网络安全设备。

7.5.1 防火墙的概念

防火墙是位于两个信任程度不同的网络之间（如 Intranet 与 Internet）的软件与硬件设备的组合，它对两个网络之间的通信进行控制，通过强制实施统一的安全策略，防止对重要信息资源的非法存取与访问，以达到保护系统安全的目的。

使用防火墙的目的是在不安全的网络环境中构造一个相对安全的子网环境。其核心思想是在被保护的内部网与不安全的非信任网络之间设立唯一的通道，按照事先制定的策略控制信息的流入和流出，监督和控制使用者的操作。

一个好的防火墙应该满足以下条件：

（1）内部和外部之间的所有网络数据流必须经过防火墙；

（2）只有符合安全策略的数据流才能通过防火墙；

（3）防火墙自身不受各种攻击的影响。

7.5.2 防火墙的功能与局限性

防火墙确保一个单位内的网络与因特网的通信符合该单位的安全方针，为管理人员提供下列问题的答案：谁在使用网络、他们在网络上做什么、他们什么时间使用了网络、他们上网去了何处、谁要上网却没有成功？总体来说，防火墙为我们带来了如下好处：

（1）对内部网络的集中安全管理（对比分散的主机管理）；

（2）防止非授权用户进入内部；

（3）可以很方便地监视网络安全性，并报警；

（4）通过网络地址转换，隐藏内部网络结构和公用 IP 地址短缺问题；

（5）通过分离重点网段，限制安全问题扩散；

（6）是审计和记录 Internet 使用费用的一个最佳地点。

防火墙可以提高内部网的安全性，但是防火墙存在局限性，主要有：

（1）为了提高安全性，限制或关闭了一些有用但存在安全缺陷的网络服务，给用户带来使用的不便；

（2）目前防火墙对于来自网络内部攻击的防范能力有限；

（3）防火墙不能防范不经过防火墙的攻击，如内部网用户通过拨号直接进入 Internet；

（4）防火墙对用户不完全透明，可能带来传输延迟、瓶颈及单点失效；

（5）防火墙不能有效地防范数据驱动式攻击；

（6）作为一种被动的防护手段，防火墙不能防范因特网上不断出现的新的威胁和攻击。

7.5.3　防火墙的实现技术

通常将现在常用的防火墙分为两类：包过滤型和代理型。包过滤型防火墙又可以分为静态包过滤型和状态监测型防火墙。代理型防火墙又包括应用级网关和电路级网关。

1. 静态包过滤防火墙

静态数据包过滤技术是防火墙最常用的技术，即在网络中适当的位置对数据包实施有选择的通过，选择依据，即为系统内设置的过滤规则（通常称为访问控制表——Access Control List），只有满足过滤规则的数据包才被转发至相应的网络接口，其余数据包则被从数据流中删除。

静态数据包过滤一般要检查网络层的 IP 头和传输层的头部信息，如 IP 源地址、IP 目标地址、数据包协议类型、TCP 或 UDP 包的源端口与目的端口、TCP 标志字段等。

静态包过滤防火墙逻辑简单，价格便宜，对网络性能的影响较小，有较强的透明性，易于安装和使用。它的缺点是配置基于包过滤方式的防火墙，需要对 IP、TCP、UDP、ICMP 等各种协议有深入的了解，否则容易出现因配置不当带来的问题；过滤判别依据的只有网络层和传输层的有限信息，因而各种安全要求不能得到充分满足，不能彻底防止地址欺骗；一些需要动态分配端口的服务需要防火墙打开许多端口，增大了网络的安全风险。

2. 状态监测防火墙

静态包过滤防火墙最明显的缺陷是为了实现期望的通信，必须保持一些端口的永久开放，这就为潜在的攻击提供了机会，为了克服这一点，发展出了动态包过滤技术。状态监测技术就是在动态包过滤技术的基础上发展而来，是对动态包过滤技术的增强。对于新建立的应用连接，状态监测型防火墙先检查预先设置的安全规则，允许符合规则的连接通过，并记录下该连接的相关信息，生成状态表。对该连接的后续数据包，只要是符合状态表，就可以通过。状态监测防火墙保留状态连接表，并将进出网络的数据当成一个个的会话，利用状态表跟踪每一个会话状态。状态监测对每一个包的检查不仅根据规则表，更考虑了数据包是否符合会话所处的状态，因此提供了完整的对传输层的控制能力。

3. 应用级网关防火墙

应用级网关防火墙通常也称为应用代理服务器，工作于 OSI 模型的应用层。应用级网关代理能够检查进出的数据包，通过网关复制传递数据，防止在受信任服务器和客户机与不受信任的主机间直接建立联系。应用级网关能够实现身份认证、理解应用层上的协议，可以完成复杂一些的访问控制，并做精细的注册和稽核，是目前最安全的防火墙技术。但应用级网关防火墙速度较慢，且针对每一个特定应用都需要有一个代理程序。常用的应用级防火墙已有了相应的代理服务器，例如：HTTP、FTP、Telnet 等，对于新开发的应用，尚没有相应的代理服务。

4. 电路级网关防火墙

本质上，电路级网关也是一种代理服务器，接收客户端连接请求，代理客户端完成网络连接，在客户和服务器中间转发数据，是一个通用代理服务器。电路级代理工作在 OSI 的会话层或 TCP/IP 的 TCP 层，在客户和服务器之间不解释应用协议即建立回路，对数据包起转发作用，通过电路级网关传递的数据似乎起源于防火墙，隐藏了被保护网络的信息。

电路级网关为一般的应用提供了一个框架。电路级网关的典型实现是 Socks 协议，专门设计用于防火墙，在应用层和传输层之间垫了一层。电路级代理的优点在于它能对各种不同的协议提供服务，可以在转发数据包之前完成身份认证的工作。缺点在于资源占用大、速度慢，同样的，由于它也不分析上下文，包过滤技术中与此相关的缺点它同样具有。

7.5.4 防火墙的体系结构

防火墙的体系结构是防火墙系统实现所采用的架构及其实现所采用的方法，它决定着防火墙的功能、性能以及使用范围。目前，防火墙的体系结构一般有包过滤防火墙、双宿/多宿主机模式、屏蔽主机模式和屏蔽子网模式。在介绍这几种结构前，先介绍两个概念。

堡垒主机：堡垒主机是一种配置了安全防范措施的网络上的计算机，堡垒主机为网络之间的通信提供了一个阻塞点，也就是说如果没有堡垒主机，网络之间净不能相互访问。

双宿主机：有两个网络接口的计算机系统，一个接口接内部网，一个接口接外部网。

1. 包过滤型防火墙

包过滤型防火墙往往用一台路由器来实现，其基本思想很简单，对所接收的每个数据包进行检查，根据过滤规则决定转发或者丢弃该包。因为一个服务的数据包有流入和流出的，往往配置成双向的。如果匹配则按规则执行，没有匹配则按默认策略。有两种基本的默认策略，一种是没有被拒绝的流量都可以通过，管理员必须针对每一种新出现的攻击，制定新的规则；另一种是没有被允许的流量都要拒绝，这种策略比较保守，安全性比较高。

2. 双宿/多宿主机模式

双宿/多宿主机防火墙是用一台装有两块或多块网卡的堡垒主机实现的，两块或多块网卡格子与受保护网和外部网相连，其配置结构如图 7.17 所示。

这种防火墙的特点是主机的路由功能是被禁止的，两个网络之间的通信通过应用层代理服务来完成。一旦黑客侵入堡垒主机并使其具有路由功能，防火墙将变得无用。

3. 屏蔽主机模式

屏蔽主机防火墙由包过滤路由器和堡垒主机组成，其配置如图 7.18 所示。在这种体系结构中，堡垒主机与内部网络连接，在路由器上设置过滤规则，使这个堡垒主机成为从外部网络唯一可直接到达的主机，确保内部网络不受未被授权外部用户的攻击。屏蔽主机防火墙实现了网络层和应用层的安全，因而比单独的包过滤或应用网关代理更安全。

4. 屏蔽子网模式

屏蔽子网防火墙采用了两个包过滤路由器和一个堡垒主机，在内外网络之间建立了一个被隔离的子网，如图 7.19 所示。在这种模式中，内部网络有 3 道安全屏障，因此屏蔽子网防火墙具有更高的安全性，比较适合保护大型网络，但成本也比较高。

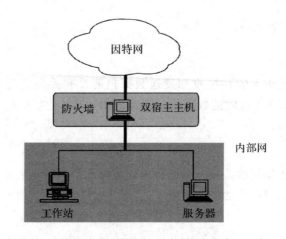

图 7.17　双宿/多宿主机模式

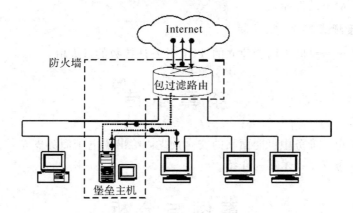

图 7.18　屏蔽主机模式

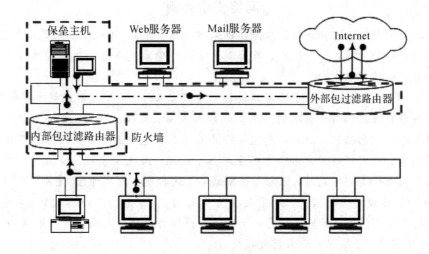

图 7.19　屏蔽子网模式

7.5.5 防火墙的评价指标

1. 吞吐量测试

这项测试用来确定防火墙在接收和发送数据包而没有丢失情况下的最大数据传输速率，是测试防火墙在正常工作时的数据传输处理能力，是其他指标的基础。它反映的是防火墙的数据包转发能力。

2. 延迟测试

延时是指从测试数据帧的最后一个比特进入被测设备端口开始至测试数据包的第一个比特从被测设备另一端口离开的时间间隔。

3. 丢包率测试

丢包率测试用来确定防火墙在不同传输速率下丢失数据包的百分数，目的在于测试防火墙在超负载情况下的性能。

4. 并发连接测试

本项测试用于测试防火墙能建立的 TCP 并发连接数的最大值。

本 章 小 结

本章提出了电子商务中可能面临的安全问题，给出了电子商务安全体系结构，并对涉及的主要电子商务安全技术逐一介绍。

案 例 与 分 析

网络安全实例

由于互联网传统边界的消失，各种数据遍布终端、网络、手机和云上，加上互联网黑色产业链的利益驱动，网络安全事件日益加剧。下面我们举几个例子说明网络安全问题对电子商务安全造成的严重威胁。

1. 2011 年 12 月 21 日，CSDN 网站数据库遭黑客入侵，由于该网站明文存储用户信息，导致 600 万用户注册邮箱和密码被泄露。此后人人网、天涯社区、百合网等众多知名网站数千万网友个人信息相继被泄露，更有人将其做成压缩包，上传至网络供人下载。由于很多用户图省事会用同样的用户名和密码注册多个网站，因此黑客用已泄露的用户名密码去尝试登陆其他电子商务网站时，很容易登陆成功，这种攻击方法称为"撞库"。

2. HTTP 协议传输数据时，传输数据为明文形式。利用网络嗅探器，在局域网中抓包，很可能会捕捉到用户的敏感信息，如登陆某论坛的用户名密码。再利用这些信息去"撞库"电子商务网站，会给用户带来巨大损失。

3. 2017 年 5 月，全球突发黑客勒索比特币事件。黑客利用操作系统漏洞，加密用户文件，勒索比特币赎金。国内多个高校、政府网站由于不注重更新系统，中了该病毒，造成巨大的损失。

　　如何预防此类安全问题，保护用户电子商务活动中各个环节的安全，是电子商务活动的重要工作。

思　考　题

　　如何保护电子商务信息系统本身的安全？保护数据的安全存储、传输和使用？

复 习 与 讨 论

1. 电子商务面临哪些安全问题？
2. 电子商务安全体系结构是怎样的？
3. 电子商务安全模型是什么？
4. 电子商务安全技术主要涉及哪些？请逐一具体阐述。

第8章　电子商务支付系统

　　　　　会支付、会生活——财付通

　　随着电子商务的发展，众多在线支付平台迅猛发展起来，财付通就是其中一支在线支付平台。"归根到底互联网的收入可以分为三个形式，一种是来源于娱乐性的收入，用户直接付费；第二种是商户付费，也就是广告收入；第三种就是中介服务，通过为买卖双方提供中介平台来赢利，而拍拍网和财付通就是这种服务。"腾讯总裁刘炽平说。在拥有大量个人用户的基础上，和企业合作，构建打通双方需求的平台则是实现中介模式赢利的关键。

　　作为腾讯公司的专业在线支付平台，自从 2005 年 9 月推出以来，财付通就受到了广大 QQ 用户的推崇和好评，成为广大 QQ 用户最为信赖的电子支付品牌。财付通的品牌主张"会支付、会生活，做您的生活好帮手"。个人用户通过 QQ 号码或 E-mail 免费注册财付通账号后，即可在拍拍网及全国 40 多家购物网站进行网上购物，为手机和游戏账户充值，还可以享受到信用卡还款、生活缴费、机票订购、特价酒店预订、彩票购买、基金和保险购买等多项在线服务。财付通支持全国各大银行的网银支付，并且支持中国银行、招商银行、上海浦发银行、兴业银行、民生银行的信用卡支付。用户也可以先充值到财付通账户，不用通过网银就可以进行便捷的支付。

　　在线生活主线被勾勒出来。就财付通而言，围绕账户整合各种应用，根本目的在于为用户提供一个整合的网罗生活空间，全面提升在线生活的品质。

8.1　网上支付系统

8.1.1　电子商务与网上支付系统

1. 网上支付的定义

　　网上支付是指以商用电子化工具和各类电子货币为媒介，以计算机技术和通信技术为手段，通过电子数据存储和传递的形式在计算机网络系统上实现资金的流通和支付。在电子商务中运用网上支付手段，能够拉近消费者和商家之间的距离，就如同在现实生活中的"面对面"交易一般。

2. 网上支付的基本流程

　　基于 Internet 平台的网上支付一般流程如图 8.1 所示。

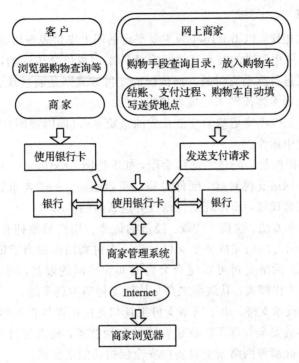

图 8.1　某电子商务网站网上支付结算流程

（1）客户接入因特网（Internet），通过浏览器在网上浏览商品，选择货物，填写网络订单，选择应用的网络支付结算工具，并且得到银行的授权使用，如银行卡、电子钱包、电子现金、电子支票或网络银行账号等。

（2）客户核对相关订单信息，如对支付信息进行加密，在网上提交订单。

（3）商家服务器对客户的订购信息进行检查、确认，并把相关的、经过加密的客户支付信息转发给支付网关，直到银行专用网络的银行后台业务服务器确认，以期从银行等电子货币发行机构验证得到支付资金的授权。

（4）银行验证确认后，通过建立起来的经由支付网关的加密通信通道，给商家服务器回送确认及支付结算信息，为达到进一步的安全，银行会给客户回送支付授权请求（也可没有）。

（5）银行得到客户传来的进一步授权结算信息后，把资金从客户账号上转拨至开展电子商务的商家银行账号上，借助金融专用网进行结算，并分别给商家、客户发送支付结算成功信息。

（6）商家服务器收到银行发来的结算成功信息后，给客户发送网络付款成功信息和发货通知。至此，一次典型的网络支付结算流程结束。商家和客户可以分别借助网络查询自己的资金余额信息，以进一步核对。

需要说明的是，网上支付结算流程只是对目前各种网上支付结算方式的应用流程的普遍归纳，并不表示各种网上支付方式的应用流程与图中所示的一模一样，或不同网上支付结算工具的应用流程也一样。图 8.1 所示为某电子商务网站网上支付结算流程。在实际应用中，这些网上支付方式的应用流程由于技术上、资金数量上、管理机制上的不同还是有所区别的。

3. 网上支付特征

与传统支付方式相比，以 Internet 为主要平台的网上支付表现出的特征如下：

（1）网上支付是采用先进的技术通过数字流转来完成信息传输的，其各种支付方式都是采用数字化的方式进行款项支付的。而传统的支付方式则是通过现金的流转、票据的转让及银行的汇兑等物理实体流转来完成款项支付的。

（2）网上支付的工作环境是基于一个开放的系统平台（即因特网）之中。而传统支付则是在较为封闭的系统中运作。

（3）网上支付使用的是最先进的通信手段，如因特网、Extranet。而传统支付使用的则是传统的通信媒介。网络支付对软、硬件设施的要求很高，一般要求有联网的微机、相关的软件及其他一些配套设施，而传统支付则没有这么高的要求。

（4）网上支付具有方便、快捷、高效、经济的优势。用户只要拥有一台上网的 PC，便可足不出户，在很短的时间内完成整个支付过程。支付费用仅相当于传统支付的几十分之一，甚至几百分之一。网络支付可以完全突破时间和空间的限制，可以满足 24/7（每周 7 天，每天 24 小时）的工作模式，其效率之高是传统支付望尘莫及的。

（5）网络支付的技术支持。由于网络支付工具和支付过程具有无形化、电子化的特点，因此对网络支付工具的安全管理不能依靠普通的防伪技术，而需通过用户密码、软硬件加密和解密系统以及防火墙等网络安全设备的安全保护功能来实现。

8.1.2 网上支付系统的基本构成

网上支付系统主要由以下几个元素组成：Internet、客户、商家、客户开户行、商家开户行、支付网关、银行网络、CA 信用体系，如图 8.2 所示等。

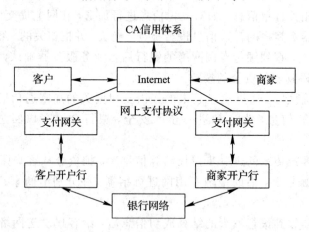

图 8.2　网上支付体系的基本构成

（1）CA 信用体系。CA 信用体系是法律承认的权威机构，用于对电子商务各参与方——客户、商家、支付网关、网上银行等进行身份认证，发放数字证书，以保证电子商务交易和支付能安全、可靠地进行。

（2）Internet。Internet 是电子商务网上支付的基础，是商务信息、支付信息传递的载体。

（3）客户。客户是指与商家有着交易关系并未清偿的债权债务关系的一方（一般是债务），客户用自己已拥有的支付工具(如电子现金、电子钱包、电子支票等)来支付，是网上支付系统运作的原因和起点。

（4）商家。商家是拥有债权的商品交易的另一方，它可以根据客户发起的支付指令向金融体系请求获取货币给付。商家一般准备了优良的服务器来处理这一过程，包括认证以及不同支付工具的处理。

（5）支付网关。支付网关是 Internet 公用网和银行网络之间的接口，支付信息必须通过支付网关才能进入银行支付系统，进而完成支付的授权和获取。支付网关关系着支付结算的安全以及银行自身的安全，关系着金融系统的安全，因此十分重要。

（6）客户开户行。客户开户行是指客户在其中拥有账户的银行。客户所拥有的支付工具是由开户行提供的，客户开户行在提供支付工具的时候也同时提供了一种银行信用，用以保证支付工具的兑付。

（7）商家开户行。商家开户行是商家在其中开设账户的银行，其账户是整个支付过程中资金流向的地方。商家将客户的支付指令提交给其开户行后，就由开户行完成支付授权的请求以及银行间的清算等工作。商家开户行是依据商家提供的合法账单(客户的支付指令)来工作的，因此又称为收单行。

（8）银行网络。银行网络作为一个金融专用网，是银行内部及行间进行通信的网络，应具有较高的安全性。

除以上各参与方外，在网上支付一般结构的构成中还包括支付中使用的电子货币以及所遵循的网上支付协议。因此，网上支付系统应该是融购物流程、电子货币、网上支付协议、CA 信用体系、Internet、客户、商家、支付网关、开户行、收单行及银行网络为一体的综合大系统。

8.1.3　网上支付系统的种类

虽然网上支付系统发展的方向是兼容多种支付工具，但事实上做到这一点是比较困难的。因为各种支付工具之间有着较大的差距，在支付流程上也各不相同。从目前已经开发出来的各种支付系统来看，一般也只是针对某一种支付工具设计的。如 SET 协议针对的是信用卡，PSTC(金融服务技术联合会)设计的是电子支票系统，Mondex 系统针对的是电子现金等。根据系统中使用的支付工具的不同，可以将网上支付系统大致分为四类，即信用卡支付系统、电子转账支付系统、电子现金支付系统和第三方支付系统。

（1）信用卡支付系统的特点是每一张卡对应一个账户，资金的支付最终是通过转账实现的，但是由于在消费中实行"先消费，后付款"的办法，对其信用卡账户的处理是后于货款支付的。也就是说，购物支付是通过银行提供消费信贷来完成的，对信用卡账户的处理还是事后的事情，因此属于"延迟付款"一类，与电子转账有实质上的不同。信用卡支付系统需采用在线操作，可以透支。

（2）电子转账支付系统的特点是支付过程中的操作直接针对账户，对账户的处理即意味着支付的进行，是一种"即时付款"的支付办法。在支付过程中由于发起人不同，电子转账支付又可分为付款人启动的支付和接收人启动的支付。在此系统中，付款人对支付的确认意义十分重大，这就需要一些确认的手段，如支票。于是这一系统又包括直接转账的支付系统和电子支票支付系统。由于涉及账户，此系统也必须在线操作，不允许透支。

（3）电子现金支付系统的特点是不直接对应任何账户。想持有电子现金者事先预付资金，便可获得相应的货币值的电子现金，因此，可以离线操作，是一种"预先付款"的支付系统。

（4）第三方支付系统的特点是付款人和收款人不直接发生货款来往，而是借助第三方支付服务商完成款项在付款人、银行、支付服务商、收款人之间的转移。第三方支付服务商所完成的每一笔转账都与交易订单密切相关，并非像银行一样提供资金汇划服务。另外，第三方的支付模式使商家看不到客户的信用卡信息，同时又避免了信用卡信息在网络上多次公开传输而导致信用卡信息被窃，所以第三方支付系统是一个交易信息相对安全的系统。

8.1.4　网上支付系统的功能

虽然货币的不同形式会导致不同的支付方式，但安全、有效、便捷是各种支付方式追求的目标。对于一个支付系统而言，应有以下功能：

（1）使用数字签名和数字证书实现对各方的认证。为实现协议的安全性，对参与贸易的各方身份的有效性进行认证，通过认证机构和注册机构向参与各方发放 X.509 证书，以证实身份合法。

（2）使用较为尖端的加密技术对业务进行加密。可以采用单钥体制和双钥体制来进行消息加密，并采用数字信封、数字签名等技术来加强数据传输的保密性，以防止未被授权的非法第三者获取消息的真正含义。

（3）使用数字摘要算法（即数字指纹）确认业务的完整性。为保护数据不被未授权者建立、嵌入、删除、篡改、重放，且完整无缺地到达接收者，可以采用数据变换技术。通过对原文的变换生成消息摘要一并传送给接收者，接收者就可以通过摘要来判断所接收的消息是否完整，否则，要求发送端重发以保证其完整性。

（4）当交易双方出现异议、纠纷时，保证对业务的不可否认性。这用于保护通信用户对付来自其他合法用户的威胁，如发送用户对他所发消息的否认，接收者对他已接收消息的否认等。支付系统必须在交易的进程中生成或提供足够充分的证据来迅速辨别纠纷中的是非，这个可以采用仲裁签名、不可否认签名等技术来实现。

（5）能够处理贸易业务的多边支付问题。由于网上贸易的支付要牵涉到客户、商家和银行等多方，其中传送的购货信息与支付信息必须连接在一起，因此商家只有确认了支付用户后才会继续交易，银行也只有确认了购货信息后才会提供支付。但同时，商家不能读取客户的支付信息，银行不能读取商家的订单信息，这种多边支付的关系就可以通过双联签字等技术来实现。

8.2　传统支付方式与网上支付方式

8.2.1　传统支付方式

1. 现金支付

现金是标有价值、用作流通和支付的一种货币形式。现金有两种，即纸币和硬币，由国家组织或政府授权的银行发行。其中,纸币本身没有价值,它只是一种由国家发行并强制流通的货币符号,但却可以代替货币加以流通,其价值是由国家加以保证的。硬币本身含有一定的金属成分,故而具有一定的价值。此外,还有一些非官方的辅币,如意大利在20 世纪六七十年代曾用糖块代替小额零钱,这种情况只是在硬币中的金属的内在价值超过其表面价值时才出现。

在现金交易中,买卖双方处于同一位置,而且交易可以匿名进行。卖方不需要了解买方的身份,因为现金本身是有效的,其价值是由发行机构加以保证的,而非由买方认同。加之现金所具有的使用方便和灵活的特点,故而多数交易是通过现金来完成的。

现金交易方式程序上非常简单,一手交钱,一手交货。交易双方在交易结束后马上就可以实现其交易目的:卖方用货物换取现金,买方用现金买到货物。

然而,现金支付也存在如下一些缺陷:

(1)受时间和空间的限制。对于不在同一时间、同一地点进行的交易,就无法采用现金支付的方式。

(2)现金表面金额的固定性意味着在大宗交易中需携带大量的现金,这种携带的不便性以及由此产生的不安全性在一定程度上限制了现金作为支付手段的采用。

2. 票据支付

1)传统票据

(1)汇票。汇票是出票人签发的,委托付款人见票即付或者在指定日期无条件支付确定的金额给汇款人或者持票人的票据。在上述汇票的概念中,基本当事人有三个:一是出票人,即签发票据的人;二是付款人,即接受出票人委托而无条件支付票据金额的人,付款人可以是包括银行在内的他人,也可以是出票人;三是收款人,即持有汇票而向付款人请求付款的人。

(2)本票。我国票据法第 73 条规定本票的定义是:本票是由出票人签发的,承诺自己在见票时无条件支付确定的金额给收款人或持票人的票据。第 2 款接着规定,票据法所指的本票是指银行本票,不包括商业本票,更不包括个人本票。本票是出票人自己于到期日无条件支付一定金额给收款人的票据。

(3)支票。支票则是指由出票人签发的,委托办理支票存款业务的银行或者其他金融机构在见票时无条件支付确定的金额给收款人或者持票人的票据。开立支票存款账户和领用支票,必须有可靠的资信,并存入一定的资金。支票可分为现金支票和转账支票。运用支票进行货币结算,可以减少现金的流通,节约货币流通费用。

2)票据的支付功能

在电子商务交易中,交易双方往往分处两地或远居异国,经常会发生在异地之间兑换或转移金钱的需要,因为一旦成交,就要向外地或外国输送款项供清偿之用。在这种情况下,如果输送大量现金,不仅十分麻烦,而且途中风险很大。但是,如果通过在甲地将现金转化为票据,再在乙地将票据转化为现金的办法,以票据的转移代替实际的金钱的转移,则可以大大减少上述麻烦或风险。汇票出现以后,便成为异地交易中代替现金支付的最佳工具。在国际贸易中,汇票的这种作用更加突出。

汇票、本票作为汇总工具的功能逐渐形成后,在交易中以支付票据代替现金支付的方式逐渐流行起来。用票据代替现金作为支付工具,可以避免清点现金时可能产生的错误,并可以节省清点现金的时间，因此，人们在经济生活中都普遍使用票据，特别是支票作为支付的工具。

作为支付手段，各种票据都可以使用。例如买方付款给卖方，可以直接签发支票，也可以直接签发本票，也可以签发汇票。但不论是何种形式，都需有出票人的签名方能生效。

在支票交易中，支票由买方签名后即可生效，故而买卖双方无须处于同一位置。卖方需通过银行来处理支票，需为此支付一定的费用，并需等待提款。因而，与现金交易相比，这种交易方式不再匿名，而且费用也较高。

汇票交易流程与支票大体相同，本票交易则有所不同。即汇票、支票是由卖方通过银行处理的，而本票则是由买方通过银行处理的。但是，无论怎样，票据本身的特性决定了交易可以异时异地进行，这样就突破了现金交易同时同地的局限，大大增加了交易实现的机会。此外，票据所具的汇总功能也使得大型交易成为可能。尽管如此，票据本身也存在一定的不足，如票据的真伪、遗失等都可能带来一系列的问题。

3. 银行卡支付

银行卡是商业银行向个人和单位发行的，用于向特约单位购物、消费或向银行存取现金，具有消费信用的一种凭证卡片，其外形尺寸为 86mm×54mm，正面印有发卡银行名称、有效期、号码、持卡人姓名、读写触点（IC卡）等内容，背面有磁条（磁卡）、签名条的纸质或塑料卡片。

银行卡包括借记卡、货记卡、准货记卡等，信用卡是指准货记卡和货记卡，是一种可以透支付款的银行卡，由银行签发给那些资信良好的用户，允许用户在一定额度上透支支付，可以解决顾客一时缺钱的情况，方便客户的经济活动。

我国银行卡按使用对象分为单位卡和个人卡，按信誉等级分为白金卡、金卡和普通卡，按币种分为人民币卡、国际卡或兼有两种功能的双币种卡。

我国目前发行的信用卡具有如下应用特点：

（1）不需存款即可透支消费，并享有 20～50 天的免息期，按时还款不收利息。

（2）购物刷卡不仅安全、卫生、方便，还有多重优惠及积分、抽奖机会。

（3）持卡在银行的特约商户消费，可享受折扣优惠。

（4）积累个人信用，在个人信用档案中增添诚信记录，使用户受益。

（5）全国通行，在有银联标识的 ATM 和 POS 机上均可取款或刷卡消费。

（6）提供周到服务，可按用户要求每月免费邮寄对账单，24 小时免费 800 电话服务，挂失即时生效，失卡零风险。

（7）一号双卡功能，分主卡、附属卡，可以多人共同使用同一张卡。

（8）可供选择的一卡双币形式，通行全世界，境外消费境内人民币还款。

8.2.2 网上支付方式

网上支付又称为在线支付，指的是消费者通过互联网进行直接款项支付的行为。从某种意义上说，网上支付可以理解为电子支付的高级方式。与其他支付方式相比，网上支付工具有随时随地的特性，因此被广泛接受与使用。目前，网上支付方式主要包括银行卡、电子现金、电子支票、基于第三方支付平台支付、移动支付等。

1. 银行卡网上支付

这种支付方式借助于各大银行发行的银行卡，包括借记卡与信用卡。在使用者向银行申请开通了银行卡的在线支付功能后，可登录相应的网上银行，并在在线支付步骤中利用无证书的密码或有证书的 UKey 等途径来完成支付，这是目前我国应用非常普遍的网上支付模式。

2. 电子现金支付方式

电子现金又被称为电子货币或数字货币，是一种以加密序列数来表示现实中货币金额的技术。简单地说，就是用电子形式来模拟现金。用电子现金进行网上支付，无需与银行连接，具有灵活多用、匿名快捷、方便节省等特点，在小额度支付中特别实用。目前，在我国电子现金方面的开发和应用与国外比还有很大差距，实际网络交易中使用电子现金的交易也不多。

3. 电子支票支付方式

顾名思义，电子支票就是电子化的纸质支票，其功能与传统支票几乎相同。电子支票通过数字签名来确认交易双方的身份、银行和账户等信息，因此比传统支票具有更高的安全性。利用这种方式进行网上支付，可以使支票支付业务实现电子化和自动化，具有方便、高效、易于流通、安全性高、绿色环保、省时省钱等诸多优点。虽然电子支票支付方式出现得较晚，但目前在一些国家得到广泛应用，已逐步取代传统的纸质支票。

4. 基于第三方支付平台的支付

目前对第三方支付平台尚无公认统一的定义，一般是指为网络交易双方实现网络支付而搭建的资金转移平台。它属于第三方的服务性中介机构，作为银行、网站及商家之间资金来往的中转站，提供网上支付通道。第三方网上支付平台主要分为两类：一是以北京首信、上海环讯与网银在线等为代表的网关型支付平台。在这种支付模式下，交易各方权责明确、结算便利，但消费者使用前需要向银行申请，需要支付较高手续费，且存在交易安全问题。二是以支付宝为代表的信用担保型第三方支付平台。这种支付平台是大型电子商务公司自建的支付平台，与公司本身的信用挂钩，保证资金流和货物流在交易双方顺利对流，起到交易保证和货物安全保障的作用。

5. 移动支付

移动支付是指用户通过移动终端尤其是手机，借助于移动网络或 Internet 无线网络，对所消费的商品或服务进行账务支付的一种新型支付方式，通常也称为手机支付。从狭义上看，移动支付并不算典型的网上支付，因为其支付过程往往是通过上述的银行卡在线支付功能或支付平台来实现的，这种新型的支付方式在国内外的发展都非常迅速，尤其是在小额支付场合下特别流行。可以说，移动支付是目前为止速度最快的一种支付方式，而且随着移动网络的发展，其应用的场合必将越来越广。

8.3　第三方支付方式

第三方平台结算支付模式是当前国内服务数量最多的支付模式。在这种模式下，支付者必须在第三方支付中介开立账户,向第三方支付中介提供信用卡信息或账户信息,在账户中"充值",通过支付平台将该账户中的虚拟资金划转到收款人的账户,完成支付行为。收款人可以在需要时将账户中的资金兑成实体的银行存款。

由于第三方支付平台结算支付模式架构在虚拟支付层,本身不涉及银行卡内资金的实际划拨,信息传递流程在自身的系统内运行,所以电子支付服务商可以有比较自由的系统研发空间。目前国内很多第三方支付平台运用客户的 E-mail 作为账户,也就是所谓的"E-mail 支付"。

8.3.1 第三方支付概述

1. 第三方支付基本概念

(1) 第三方支付。

第三方支付是具备一定实力和信誉保障的独立机构,采用与各大银行签约的方式,提供与银行支付结算系统接口的交易支持平台的网络支付模式。在第三方支付模式中,买方选购商品后,使用第三方平台提供的账户进行货款支付,并由第三方通知卖家货款到账,要求发货;买方收到货物,检验货物,并且确认后,再通知第三方付款;第三方再将款项转至卖家账户。第三方支付是电子支付产业链中重要的纽带,它一方面连接银行,处理资金结算、客户服务、差错处理等一系列工作;另一方面连接商户和消费者,使客户的支付交易能顺利接入。

(2) 第三方支付平台。

第三方支付平台是指平台提供商通过通信、计算机和信息安全技术,在商家和银行之间建立连接,从而实现消费者、金融机构以及商家之间货币支付、现金流转、资金清算、查询统计的一个平台。

第三方支付平台将交易信息和物流信息进行整合,为电子商务的资金流、信息流、物流三大瓶颈问题提供一致的解决方案。通过第三方支付平台,商家网站能够进行实时交易查询和交易系统分析,提供及时的退款和支付服务,便于客户查询交易动态信息、物流状态以及对交易进行相应处理等。

2. 实现原理

除了网上银行、电子信用卡等支付方式以外,还有一种方式也可以相对降低网络支付的风险,那就是正在迅猛发展起来的利用第三方机构的支付模式及其支付流程,而这个第三方机构必须具有一定的诚信度。在实际的操作过程中这个第三方机构可以是发行信用卡的银行本身。在进行网络支付时,信用卡卡号以及密码的披露只在持卡人和银行之间转移,降低了通过商家转移而导致的风险。

同样当第三方是除了银行以外的具有良好信誉和技术支持能力的某个机构时,支付也通过第三方在持卡人或者客户和银行之间进行。持卡人首先和第三方以代替银行账号的某种电子数据的形式传递账户信息,避免了持卡人将银行信息直接透露给商家,另外也可以不必登录不同的网上银行界面,取而代之的是每次登录时,都能看到相对熟悉和简单的第三方机构的界面。

第三方机构各个主要银行之间又签订有关协议,使得第三方机构与银行可以进行某种形式的数据交换和相关信息确认。这样第三方机构就能实现在持卡人或消费者与各个银行，以及最终的收款人或者是商家之间建立一个支付的流程，如图 8.3 所示。

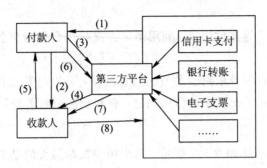

图 8.3　第三方支付实现原理

3. 支付流程和支付步骤

第三方平台结算支付的资金划拨是在平台内部进行的，此时划拨的是虚拟的资金，真正的实体资金还需要通过实际支付层来完成，支付流程如图 8.4 所示。

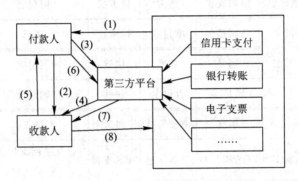

图 8.4　第三方支付平台结算支付流程

大体上来说，第三方结算支付主要经过以下八个步骤：

（1）付款人将实体资金转移到支付平台的支付账户中。

（2）付款人购买商品。

（3）付款人发出支付授权，第三方平台将付款人账户中相应的资金转移到自己的账户中保管。

（4）第三方平台告诉收款人已经收到货款，可以发货。

（5）收款人完成发货许诺。

（6）付款人确认可以付款。

（7）第三方平台将临时保管的资金划拨到收款人账户中。

（8）收款人可以将账户中的款项通过第三方平台和实际支付层的支付平台兑换成实体货币，也可以用于购买商品。

4. 第三方支付平台的特征

（1）第三方支付平台是一个为网络交易提供保障的独立机构。

(2) 第三方支付平台不仅具有资金传递功能而且可以对交易双方进行约束和监督。

(3) 第三方支付平台支付方式多样灵活，用户可使用网络、电话、手机短信等多种方式进行支付。

(4) 较之 SSL、SET 等支付协议，利用第三方支付平台进行支付操作更加简单而易于接受。

(5) 第三方支付平台本身依附于大型的门户网站，且以与其合作的银行的信用作为信用依托，能较好地突破网上交易中的信用问题，有利于推动电子商务的快速发展。

5. 主流产品

主要的第三方支付产品如表 8.1 所示，其中用户数量最大的是 PayPal 和支付宝，前者主要在欧美国家流行，后者是阿里巴巴旗下产品，拉卡拉则是中国最大线下便民金融机构服务提供商。另外中国银联旗下银联电子支付也开始发力第三方支付，推出了银联商务，提供相应的金融机构。

表 8.1　主要的第三方支付产品

公司	eBay 公司	阿里巴巴	通联支付	盛大	拉卡拉	财付通	腾付通
产品	PayPal	支付宝	通联钱包	盛付通	拉卡拉	腾讯	腾付通
公司	易宝	中汇宝	网易	百度	快钱	国付宝	网达网
产品	易宝支付	中汇宝支付	网易宝	百付宝	快钱	国付宝	物流宝
公司	京东	环迅	乐富	中投科技	汇付天下	汇聚支付	宝付
产品	网银在线	环迅支 IPS	POS 机收单	宝易互通	POS 支付	互联网支付、移动支付	网银支付、快捷支付

6. 应用领域

第三方支付主要适合于 C2C、B2C 的部分领域。

在 B2C 市场，银行和第三方支付共存。商业信用高的、金额较大的以银行结算为主；商业信用低的或金额较小的以第三方支付为主。

8.3.2　第三方平台结算支付经营模式、特点与优势

1. 经营模式

纵观中国当前经营状况相对较好的第三方支付平台企业主要基于以下两种经营模式。

(1) 支付网关模式。第三方支付平台将多种银行卡支付方式整合到一个界面上，充当了电子商务交易各方与银行的接口，负责交易结算中与银行的对接，消费者通过第三方支付平台付款给商家，第三方支付平台为商家提供一个可以兼容多银行支付方式的接口平台。

(2) 信用中介模式。为了增强线上交易双方的信任度，更好地保证资金和货物的流通，充当信用中介的第三方支付服务应运而生，实行"代收代付"和"信用担保"。交易双方达成交易意向后，买方须先将支付款存入其在支付平台的账户内，待买家收货通知支付平台后，由支付平台将买方先前存入的款项从买家的账户中划至卖家在支付平台上的账户。这种模式的实质便是以支付公司作为信用中介，在买家确认收到商品前，代替买卖双方暂时保管货款。

2. 第三方支付的特点

（1）第三方支付平台是一个为网络交易提供保障的独立机构。

（2）第三方支付平台不仅具有资金传递功能，而且可以对交易双方进行约束和监督。

（3）第三方支付方式灵活多样，用户可以使用网络、电话、手机短信等多种方式进行支付。

（4）较之 SSL、SET 等支付协议，使用第三方支付平台进行支付操作更加简单而易于接受。SSL 是现在应用比较广泛的安全协议，SSL 中只需要验证商家的身份。SET 协议是发展的基于信用卡支付系统的比较成熟的技术。但在 SET 中，各方的身份都需要通过 CA 进行认证，程序复杂，手续繁多，速度慢且实现成本高。有了第三方支付平台，商家和客户之间的交涉由第三方来完成，使网上交易变得更加简单。

（5）第三方支付平台本身依附于大型的门户网站，且以与其合作的银行的信用作为信用依托，因此第三方支付平台能够较好地突破网上交易中的信用问题，有利于推动电子商务的快速发展。

在通过第三方平台的交易中，买方选购商品后，使用第三方平台提供的账户进行货款支付，由对方通知卖家货款到达、进行发货；买方检验物品后，就可以通知付款给卖家。第三方支付平台的出现，从理论上讲，彻底杜绝了电子交易中的欺诈行为。

3. 第三方平台结算支付模式的优势

（1）比较安全，信用卡信息或账户信息仅需要告知支付中介，而无需告诉每一个收款人，大大减少了信用卡信息和账户信息失密的风险。

（2）支付成本较低，支付中介集中了大量的电子小额交易，形成规模效应，因而支付成本较低。

（3）使用方便。对支付者而言，他所面对的是友好的界面，不必考虑背后复杂的技术操作过程。

（4）支付担保业务可以在很大程度上保障付款人的利益。

（5）合作金融机构数量众多。包括工行、农行、中行、建行四大国有银行在内的 65 家金融机构，境外信用卡组织 VISA 也在其中。一个第三方支付平台所支持的银行越多，说明其覆盖的银行用户数越多，用户通过其付款的灵活性就越高。

（6）充值渠道便利。账户余额、网上银行、线下网点支付、信用卡付款、手机支付、消费卡充值、国际卡支付、语音支付等均可以作为充值渠道。大多数情况下，网上购物都是以第三方支付平台中的余额付款，若无法上网，又或者账户余额不足，那就需要更多元化的支付手段了。

4. 第三方平台结算支付模式的缺点

（1）这是一种虚拟支付层的支付模式，需要其他的"实际支付方式"完成实际支付层的操作。

（2）付款人的银行卡信息将暴露给第三方支付平台，如果这个第三方支付平台的信用度或者保密手段欠佳，将带给付款人相关风险。

（3）第三方结算支付中介的法律地位缺乏规定，一旦该中介破产，消费者所购买的"电子货币"可能成了破产债权，无法得到保障。

（4）由于有大量资金寄存在支付平台账户内，而第三方平台非金融机构，所以有资金寄存的风险。

除此之外，还有风险问题，电子支付经营资格的认知、保护和发展问题，恶性竞争问题，法律、法规支持问题等都应引起监管部门和企业自身的注意，由于涉及网络，因此当遇到黑客袭击时，资金无法保障安全。

5. 第三方支付市场发展趋势

第三方支付是现代金融服务业的重要组成部分，也是中国互联网经济高速发展的底层支撑力量和进一步发展的推动力。随着国内电子商务的兴起，一些信息服务企业兴办的支付平台也已经开始崭露头角，第三方支付作为新技术、新业态、新模式的新兴产业，具有广阔的市场需求前景。

2009 年以来，第三方支付市场的交易规模保持 50％以上的年均增速，并在 2013 年成功突破 17 万亿元的基础，达到 17.2 万亿元，同比增长 38.71％；2014 年交易规模达到 23.3 万亿元；2015 年交易规模达 31.2 万亿元，如图 8.5 所示。

图 8.5　2009 — 2015 年中国第三方支付市场交易规模（单位：万亿元、％）

移动支付是第三方支付的发展方向。第三方支付明确了机构的属性是非金融机构，而移动支付明确了支付的实现工具是以智能手机为代表的移动设备，而移动支付除了第三方支付机构可以提供外，银行的手机银行及手机厂商、移动运营商、银行和卡组织主推的 NFC 近场支付也属于移动支付的范畴。就目前市场来说，以支付宝和微信为主要提供方的第三方扫码支付是主流。在移动支付兴起之前，借助电商平台的大发展的势头，互联网支付占据主要市场，但随着移动设备的普及，电商推出各种手机购物 APP，将原本互联网支付的群体导入移动支付，加之线下支付的应用场景越来越丰富，逐步实现的线上线下联动，移动支付已是大势所趋。移动支付的场景包括线上消费、线下商户、转账、红包及跨境支付等。

金融增值服务将成为新的利润增长点。随着各种电子支付业务的发展，第三方支付企业面临的竞争越来越激烈，各类收单业务的利润空间也一再压缩。基于网关支付的电子支付业务由于进入和运营门槛并不是特别高，产品的同质化现象严重。所以各类收单业务逐渐出现"通道化"的特征，即各类收单业务只作为资金流通的通道，企业的赢利点将由收单业务向更高层级的增值业务发展。此外，支付企业为了更好地服务客户，提高资金的流转效率也必然进行一系列创新。在这种情况之下，以信贷和供应链融资为代表的金融增值服务将成为未来第三方支付行业的一个新的利润增长点。

然而，第三方支付行业分化加剧，生存境遇也大不同。2015 年中国第三方移动支付市场交易总规模达 9.31 万亿元，而支付宝和财付通两家占据了第三方移动支付 90％以上的市场份额。最后，预付卡领域更是风险事件高发区，挪用客户资金等违规行为时有发生，整个行业都有待进行一次大清洗。

8.4　典型电子商务模式的支付方式

8.4.1　支付方式的发展

随着电子商务的发展和广泛应用，人们的交易方式逐渐从传统以现金和实物为主的方式转变为以 Internet 为基础的交易方式，这时，传统意义上的现金、支票等都将以电子现金和电子支票等电子货币的形态参与到整个电子商务交易流程之中。

1. 从传统货币到电子货币

货币的产生是生产力发展的必然结果。当生产力发展到一定阶段，人类有了剩余产品，就产生了产品交换。起初的产品交换是以物易物，但是，这种方式受主观意识的影响很大，如果交易双方在产品价值上没有达到一致性的认可，那么交易双方就很难达成最终的交易。人们需要一种可以交换任何商品的媒介物，于是货币就产生了。此后，随着人类社会经济和科学技术的发展，货币的表现形式经历了几次大的变革。

（1）商品货币。商品货币以普通商品的形式出现，如贝壳、兽皮等都充当过一般等价物，但是这种货币难保存、易损耗，不便于携带和流通。

（2）贵金属货币。随着交易范围的扩大，逐渐出现了以金银等贵重金属铸造的货币，后来国家以政治强权铸造和推行贵金属货币，由此，产生了具有一定重量和成色以及形式的金属货币。

（3）纸币。典型意义上的纸币是指国家发行并强制流通的货币符号。由于流通中不足值的铸币依然可以充当流通手段，国家便利用这种货币名义价值与实际价值分离的现象，有意识地铸造不足值铸币，以致最后发行没有内在价值的纸币。纸币只能代表商品流通中所需要的金属货币量，纸币发行数量与金属货币必要量是相一致的。发行纸币过多，会引起纸币贬值、通货膨胀；发行纸币过少，则不能保证正常的商品流通需要。

（4）信用货币。从形式上看，信用货币也是一种纸制货币。信用货币本身已脱离了金属货币成为纯粹的货币价值符号，它本身不能与金属货币相兑换，因而信用货币是一种债务型的货币。20 世纪 30 年代，世界各国因经济危机与金融危机先后脱离金本位，纸币成为不可兑换的信用货币，目前已是世界上绝大多数国家采用的货币形态。

信用货币的主要形式有纸币、辅币和银行存款。

（5）电子货币。电子货币是计算机介入货币流通领域后产生的，是现代商品经济高度发展要求资金快速流通的产物。电子货币利用银行的电子存款系统和各种电子清算系统记录来转移资金，它使纸币和金属货币在整个货币供应量中所占的比例越来越小。电子货币使用方便、流通快速，而且成本较低。电子货币的出现彻底改变了银行传统的手工记账、手工算账、邮寄凭证等操作方式。同时，电子货币的广泛使用也给普通消费者在购物、饮食、旅游和娱乐等方面的付款带来了更多的便利。

2. 电子货币的功能特点、形式及其应用

电子货币是以计算机技术和通信技术为手段，以金融电子化网络为基础，以商用电子化设备和各类交易卡为媒介，以电子数据（二进制数据）形式存储在银行的计算机系统中，通过计算机网络系统以电子信息传递形式实现流通和支付功能的货币。

电子货币作为现代金融业务与现代科学技术相结合的产物，具有以下特点：

（1）是一种电子符号。电子货币是一种电子符号，其存在形式随处理媒介的变化而变化，如在磁盘上存储时是磁介质，在网络中传播时是电磁波或光波。

（2）依赖相关设备正常运行。电子货币的流通以相关的设备正常运行为前提，新的技术和设备也引发了电子货币次年的业务形式的出现。

（3）安全保护要求高。电子货币的安全性不是依靠普通的防伪技术，而是通过用户密码、软硬件加密/解密系统及网络设备的安全保护功能来实现的。

（4）应用领域广。电子货币集存储、信贷和非现金结算等功能于一体的，可广泛应用于生产、交换、分配和消费领域。

（5）使用方便，成本低廉。电子货币无需实体交换，从而简化异地支付手续，节省流通费用，特别是节省了处理现金、支票的人力和物力。

电子货币作为计算机技术、信息技术与金融产业相结合的产物，与纸质等传统货币相比具有以下几种功能：

① 转账结算功能：直接消费结算，代替现金转账。

② 储蓄功能：使用电子货币存款和取款。

③ 兑现功能：异地使用货币时，进行货币汇兑。

④ 消费信贷功能：先向银行贷款，提前使用货币，这是传统货币所不具备的。

电子货币的形式和应用根据不同的标准可以进行不同的类型划分，不同类型的电子货币具有不同的特征。按照电子货币价值的存储媒介，可以将其分为卡基型电子货币和网基型电子货币；按照在流通和支付过程中，是否需要同中央数据库进行联机授权，可以将其分为联机型电子货币和脱机型电子货币；按照电子货币与银行账户的关系，可以将其分为存款型电子货币和现钞型电子货币；按照电子货币的使用范围，可将其分为单一型电子货币和复合型电子货币。

3. 常见电子商务支付形式

电子商务出现至今，针对不同的用户需求，常用的支付形式按照交易中的货币形态可分为两种：传统货币支付和电子方式支付。

（1）传统货币支付的主要形式为货到付款、邮局汇款和银行转账。货到付款是消费者在网站上购买商品后，在"付款方式"中选择"货到付款"，当商品到达，双方当场验收，确认无误后消费者将全额货款以现金的方式支付给配送人员。邮局汇款是消费者在网站购买商品后，前往邮局汇款，当款项到达商家账户，商家收到货款后进行商品配送。银行转账同邮局汇款一样，也是先将货款汇给商家。

（2）电子方式支付。电子支付是电子商务的基础和平台，指交易双方通过电子终端，直接或间接地向金融机构发出支付指令，实现货币支付与资金转移的一种支付方式，它是以电子方式处理交易的各种支付方式的总称。在电子商务交易中，目前比较常用的典型的网上支付工具主要有银行卡、电子现金、电子支票网上支付工具、第三方支付和移动支付这五种类型。

8.4.2　典型 B2B 型电子商务支付方式

随着电子商务规模的扩大，越来越多的企业与政府组织部门拓展电子商务及电子政务，B2B 或 B to G 等网络交易加速发展，G to G 或 G to B 等电子政务逐步付诸实施，这些均迫切需要发展适合中大额网络交易与服务的网络支付手段。很显然，信用卡等网络支付结算方式面对这些业务需求有些勉为其难，需要发展与应用更加安全可靠的、快速的、跨区域的，并且适合较大金额资金转账的 B2B 型网络支付结算方式。这正是本节叙述的内容。

结合中国实际发展情况，本节主要叙述几种典型的 B2B 型网络支付方式，包括线下与线上方式，如电子支票、电子汇兑系统、国际电子支付系统 SWIFT 与 CHIPS、中国国家现代化支付系统 CNAPS、金融 EDI、企业网络银行与支付宝等的技术应用特征及其应用状况。

1. 电子支票网络支付模式

传统的纸质支票是商务活动中广泛应用的支付与结算工具。在西方发达国家特别是美国，支票有个人支票与企业支票等多种，可以应用于个人与个人、个人与企业、企业与企业、企业与政府组织或部门间的小、中、大额资金支付与结算。在中国，支票一般用于企业或组织间的中、大额资金支付与结算。电子支票是在类似传统纸质支票应用的基础上发展起来的，尤其适用于 B2B 等大额电子商务交易。结合中国的实际应用情况，本节把电子支票划归为 B2B 型网络支付方式中比较重要且有较好发展潜力的一种。

所谓电子支票，英文一般描述为 E - Check，也称数字支票，它将传统支票的全部内容电子化和数字化，形成标准格式的电子版，借助计算机网络（Internet 与金融专网）完成其在客户之间、银行与客户之间以及银行与银行之间的传递与处理，从而实现银行客户间的资金支付结算。简单地说，电子支票就是传统纸质支票的电子版。它包含和纸支票一样的信息，如支票号、收款人姓名、签发人账号、支票金额、签发日期、开户银行名称等，具有和纸质支票一样的支付结算功能。电子支票系统传输的是电子资金，它最大限度地利用了当前银行系统的电子化与网络化设施的自动化潜力。例如，借助银行的金融专用网络，可以进行跨省、市的电子汇兑和清算，实现全国范围的中、大额资金传输，甚至是世界银行之间的资金传输。

电子支票与纸质支票工作方式大致相同，简单来说就是客户向商家发出电子支票，商家将其存入银行，以兑现现金。电子支票的网络支付模式，按照参与银行的情况，可分为同行电子支票网络支付模式和异行电子支票网络支付模式两种。

电子支票主要遵循国际金融服务技术联盟(Financial Services Technology Consortiu, FSTC)提出的 BIP(Bank Internet Payment)标准。除 FSTC 电子支票外,典型的电子支票系统还有 NetCheque,以及由美国匹兹堡的 Carnegie Mellon 大学研发的 NetBil 系统等。

FSTC 成立于 1993 年,它共有 60 多个成员,包括美洲银行、化学银行和花旗银行等。1995 年 9 月,FSTC 给出了一个示范性的电子支票概念。NetBil 系统参与者包括客户、商家以及为他们保存账户的 NetBil 服务器。目前,NetBil 仅是个研究计划,其具体应用还有待时日。NetCheque 包含 NetCheque 服务器,它提供分布式清算账目服务,同时也允许用户在可信性、已接近性、可靠性等原则的基础上挑选其中意的银行。

2. 电子汇兑系统

所谓电子汇兑,英文为 Electronic Agiotage 或 Electronic Exchange,即利用电子手段处理资金的汇兑业务,以提高汇兑效率,降低汇兑成本。电子汇兑系统的用户主要是各个银行,终端客户主要是企业、政府机构等组织,社会大众用得很少。这种系统与个人自助银行系统相比,具有交易额大、风险性大、对系统的安全性要求高、跨行和跨国交易所占比重大等特点。

银行业自 20 世纪 70 年代起,就借助计算机通信网络技术开发与应用电子汇兑系统了,国内外应用均比较广泛。国际上著名的电子汇兑类系统有国际环球银行间金融通信系统 SWIFT、国际银行同业支付结算系统 CHIPS、美国联邦储备局清算系统 FEDWIRE、日本全银系统和日银系统、英国的 CHAPS 等。国内最著名的电子汇兑系统要数中国人民银行的全国电子联行系统,此系统用于异地资金的划转和传送,可在 20 个城市和所辖 48 个县实现大额逐笔实时清算、小额批量处理和清算账户处理。

3. 电子数据交换 EDI

EDI 作为企业间商务往来的重要工具,最早用于制造业、运输业等大型企业,在 20 世纪 80 年代得到真正发展。随着 21 世纪基于 Internet 的电子商务的迅速发展,结合经济全球化的深入,EDI 又得到了除大企业之外中小企业的关注。

EDI 的本质是将企业与企业间的商业往来信息借助计算机业务系统,转换成标准化、规范化的电子化文件格式,通过通信网络系统在商业伙伴间直接进行业务信息交换与处理,以提高效率和效益。这种 EDI 贸易方式其实就是 B2B 电子商务的雏形,现在有人把 EDI 贸易方式直接认为就是电子商务,只不过是在专用网络平台上。如果通信网络系统采用 Internet 平台,即 Web 式 EDI,那么它就是 B2B 电子商务的一种开展形式。

8.4.3 典型 B2C 型电子商务支付方式

本节主要针对几种较主要的 B2C 型网络支付方式如信用卡、智能卡、电子钱包、第三方支付工具及个人网络银行等进行介绍。

1. 信用卡网络支付方式

信用卡是银行或其他财务机构签发给资信状况良好人士的一种特制卡片,是一种特殊的信用凭证。持卡人凭卡在发卡机构指定的商户购物和消费,也可以在指定的银行机构存取现金。调研国内外信用卡的应用情况,发现信用卡的功能主要有直接消费、储蓄存款与取款、通存通兑、转账与支付结算、透支信贷等功能。信用卡支付是目前 Internet 上网络支付方式中最常用的方式，可以分为无安全措施的信用卡支付模式、借助第三方代理机构的信用卡支付模式、基于 SSL 协议机制的信用卡支付模式和基于 SET 协议机制的信用卡支付模式四种模式。前两种信用卡网络支付模式由于安全性不高，正处于逐渐被淘汰的境地；后两种信用卡支付模式是目前主要的信用卡支付模式。

2014 年 3 月，阿里巴巴公司旗下的浙江支付宝网络科技有限公司正式对外宣布，将推出与中信银行合作的国内首张"网络信用卡"，用于所有在线消费。苹果公司在 2014 年苹果秋季新品发布会上发布的基于 NFC 的手机支付功能就是 Apple Pay。Apple Pay 完全基于信用卡。

2. 电子钱包网络支付方式

电子钱包是客户在电子商务网站购物时进行小额支付结算的常用工具，是近几年才研发出来的新型网络支付工具，通常与信用卡、电子现金等一起使用。目前，其在理论体系、应用规范与模式、普及应用等方面像电子现金一样均在进一步发展中。

电子钱包本质上是个装载电子货币的"电子容器"，可把有关方便网上购物的信息，如信用卡信息、电子现金、钱包所有者身份证、地址及其他信息等集成在一个数据结构里，以后整体调用，需要时又能方便地辅助客户取出其中的电子货币进行网络支付，是小额购物或购买小商品时常用的新式虚拟钱包。因此，在电子商务中应用电子钱包时，真正支付的不是电子钱包本身，而是它装的电子货币，就像生活中钱包本身并不能购物付款，但可以方便地打开钱包，取出钱包里的纸质现金、信用卡等来付款，看起来就像用钱包付款了。

电子钱包最早于 1997 年由英国西敏史银行开发成功，经过几年的发展，电子钱包已经在世界各国得到广泛应用，特别是预付式电子钱包，即 IC 卡式或智能卡式电子钱包的应用更为普及。纯软件电子钱包方案由于只能在 Internet 平台上使用，投入较大，配置麻烦，所以成本较高，应用范围有些局限性。目前世界上最主要的三大电子钱包解决方案是 Visa Cash、Mondex 和 Proton，不过多是基于卡式的，既可用于传统 POS 支付，也可用于 Internet 平台上网络支付。纯软件形式的电子钱包解决方案，如支持电子现金与电子支票等进行网络支付的解决方案，各个银行也在发展与试运行中，应该说还在发展成熟中。

3. 智能卡网络支付方式

智能卡是结合信用卡的便利，集信息存储与计算机编程等多个功能为一体的综合体，用在网络支付上也表现出多种特征。智能卡本质上是硬式的电子钱包，它既可支持电子现金的应用，也可与信用卡一样应用；既可应用在专用网络平台上，也可用在基于 Internet 公共网络平台的电子商务网络支付中。因此，此处叙述的智能卡的应用与前面的电子钱包应用是类似的。

所谓智能卡，英文描述为 IC 卡（集成电路，Integrated Circuit），就是外形上类似信用卡大小、形状，但卡上不是磁条，而是计算机集成电路芯片（如微型 CPU 与存储器 RAM 等），用来存储用户的个人信息及电子货币信息，且具有支付与结算等功能的消费卡。由于 IC 卡是在 IC 芯片上将消费者信息和电子货币存储起来，因此不但存储信息量大，还可用来支付购买的产品、服务和存储信息等，具有多功能性。

在国外，已有智能卡用于网络支付的事例，如 Mondex 系统中，预先在智能卡中载入币值，然后可以在零售场合花费，进而实现币值从一张 Mondex 芯片到另一张芯片的转移支付。智能卡的使用与电子钱包、电子现金的使用是紧密联系在一起的，目前世界上 Visa Cash、Mondex、Proton 三大类电子钱包其实都是智能卡式的电子钱包。在中国内地，目前银行发行的用于网络支付的主要还是普通消费卡，用于网络支付结算的智能卡还未真正普及。智能卡的大规模应用首先是在移动通信网上，在广东、上海邮电局开通的移动通信网已经使用带 CPU 的智能卡。上海工商银行发行了浦江智能卡，它是兼有磁条和集成电路的复合卡，集储蓄、消费转账、ATM 服务、工资转存、公用事业转账、异地通兑、电子钱包功能于一体。智能卡式电子客票即"市政交通一卡通"已在北京所有的轨道交通线上大规模应用，以方便市民的出行。

4. 支付宝、安付通第三方支付工具

支付宝，是由全球最大的 B2B 网上商务平台阿里巴巴公司旗下的支付宝公司针对网上交易而特别推出的第三方安全网络支付服务，它主要提供支付及理财服务，包括网购担保交易、网络支付、转账、信用卡还款、手机充值、水和电使用等的缴费、个人理财等多个领域。在进入移动支付领域后，支付宝为零售百货、电影院线、连锁超市和出租车等多个行业提供服务，还推出了余额宝等理财服务，详细信息可参阅支付宝网站(www.alipay.com)。

安付通是由易趣网联合中国工商银行、中国建设银行、招商银行和银联网络支付服务有限公司提供的一种促进网上安全交易的支付手段。其应用原理类似前面所述的支付宝，因为易趣网在交易中自始至终充当值得信赖的第三方中介并且控制付款流程，只有买家收到物品后决定将货款支付给卖家，易趣网才会严格遵守买家意愿和安付通的流程规定实施放款。

5. 个人网络银行支付方式

1996 年 6 月，美国有三家银行联手在 Internet 上创办世界上第一家新型的网络银行，称为"安全第一网络银行"，这也是在 Internet 上提供大范围和多种银行业务的第一家银行，其前台业务在 Internet 上进行，后台处理集中在一个地点进行，业务处理速度快，服务质量高，服务范围广。作为第一家网络银行，仅仅在它开业后的短短几个月，即有近千万人次上网浏览，给金融界带来极大震撼。许多银行立即紧跟其后在网络上开设银行，随即此风潮逐渐蔓延全世界，网络银行走进了人们的生活。例如，截至 2014 年年末，中国个人网络银行客户就已超过 6.65 亿客户，比 2008 年增长了 4 倍，反映了中国个人网络银行业务发展的后发优势。

8.5 移动支付技术

8.5.1 移动支付概述

1. 移动支付定义

移动支付，是指交易双方对所消费的商品或服务，通过移动设备进行账务支付的一种服务方式。整个移动支付价值链包括移动运营商、支付服务商（比如银行、银联等）、应用提供商（公交、校园、公共事业等）、设备提供商（终端厂商、卡供应商、芯片提供商等）、系统集成商、商家和终端用户。移动支付所使用的移动终端可以是手机、PDA、移动 PC 等。

2. 移动支付形式

移动支付存在着多种形式，不同的形式其表现方式也不相同。大体上讲，有以下几种分类方式：

(1) 根据支付金额的大小，可以将移动支付分为小额支付和大额支付。

① 小额支付业务指运营商与银行合作，建立预存费用的账户，用户通过移动通信的平台发出划账指令代缴费用。

② 大额支付指把用户银行账户和手机号码进行绑定，用户通过多种方式对手机捆绑的银行卡进行交易操作。

(2) 根据支付时支付方与受付方是否在同一现场，可以将移动电子支付分为远程支付和近场支付。

① 近场支付，就是用手机刷卡的方式坐车、买东西等，非常便利。

② 远程支付，指通过发送支付指令(如网银、电话银行、手机支付等)或借助支付工具(如通过邮寄、汇款)进行的支付方式，如掌中付推出的掌中电商、掌中充值、掌中视频等属于远程支付。

(3) 根据实现方式的不同，可以将移动支付分为两种。

① 通过短信、WAP 等远程控制完成支付。

② 通过近距离非接触技术完成支付，主要的近距离通信技术有 RFID、NFC、蓝牙、802.11 等。

不同形式的移动支付对安全性、可操作性、实现技术等各方面都有着不同的要求，适用于各类不同的场合和业务。

3. 移动支付的基本原理

移动支付是由移动运营商、移动应用服务提供商(MASP)和金融机构共同推出的、构建在移动运营支撑系统上的一个移动数据增值业务应用。移动支付系统将为每个移动用户建立一个与其手机号码关联的支付账户，其功能相当于电子钱包，即为移动用户提供了一个通过手机进行交易支付和身份认证的途径。用户通过拨打电话、发送短信或者使用 WAP 功能接入移动支付系统，移动支付系统将此次交易的要求传送给 MASP，由 MASP 确定此次交易的金额，并通过移动支付系统通知用户，在用户确认后，付费方式可通过多种途径实现，如直接转入银行、用户电话账单或者实时在专用预付账户上借记，这些都将由移动支付系统(或由用户和 MASP 开户银行的主机系统协作)来完成。

现阶段国内移动支付服务主要的推动力量来自移动运营商，尽管有越来越多的金融机构参与其中，但金融机构并没有给予该业务足够的重视。移动运营商和金融机构采取的合作方式主要分为以下三种：建立合资公司进行专门的移动支付运营，如中国移动和中国银联合资的联动优势；建立战略合作关系，如中国联通和中国银联的合作；第三类是第三方支付平台推动的运营商和银行的合作，目前主要是各类公共事业费用的收取。

目前国内用户通过移动支付可获得的商品或服务包括：水电费等公共事业费用、移动话费的缴纳，具有额度限制的保险、网上教育等费用的缴纳，游戏点卡等虚拟卡的购买，彩票和电影票等票务的购买,移动支付的技术实现方式主要是短信、WAP、USSD、JAVA、BREW 或者 IVR 方式。移动运营商尽管还没有进行专门的移动支付芯片的研发,但是也在高度关注和跟踪新技术的发展并进行相应的研发工作,同时积极制订和完善相关的业务和技术规范,不断探索新的产品设计和业务应用。

从移动支付的服务内容和运营模式来看,国内移动支付服务的种类主要分为移动小额支付、手机银行移动支付和公共事业缴费三类。移动运营商将成为移动小额支付业务的运营主体。

4. 移动支付的价值链

移动支付价值链是通过移动运营商代收费形式实现的,即用户订购某项服务后,移动运营商直接从用户手机账户中划取所有费用,然后移动运营商再与服务提供商分成。这是以运营商为主体的支付方式。随着移动服务种类的增多,需要进行支付的数量越来越大,涉及的金额也变大,移动商务价值链中就需要有第三方支付机构或者银行专门负责移动支付。实际上,以运营商为主体、以专业的第三方支付机构为主体和以银行为主体是移动支付的三种主要运作模式,如图 8.6 所示。

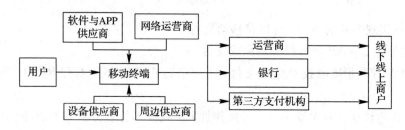

图 8.6 移动支付价值链

（1）用户向移动运营商发送订购信息。

（2）移动运营商将订购信息以某种标准进行转换,比如按照 TCP/IP 转换,再发送给第三方支付机构。

（3）第三方支付机构对订购信息进行确认,包括对用户的确认、商家的确认等,从而保证交易的安全性。至于如何确认,每个支付机构采取的措施可能有所区别,涉及复杂过程,这里不详细说明。确认订购信息准确无误后,支付机构将订购信息发送给相关银行,即用户的开户银行和商家的开户银行,同时将订购信息发送给商家。

（4）银行收到支付信息后,将购买产品/服务的资金从用户账户中划拨到商家账户中。

（5）商家的开户银行通知商家支付成功。

（6）商家核对到账信息和订购信息后,通过移动运营商网络,向用户发送使用产品、服务的数字信息,比如用户名、密码或服务序列号等。

（7）用户利用收到的数字信息,享受由商家提供的产品、服务。

8.5.2 移动支付的运营模式

1. 移动运营商模式

移动运营商模式是通过手机话费或其支付账户购买商品或服务。此模式下消费者可以选择手机，即将账户与手机进行绑定，支付款项将从手机话费中扣除。该方式一般只支持小额商品的购买，主要是运营商的自有商品，业务有较大的局限性。也可以选择使用非银行的实体账户作为支付账户，用户开户后通过指定方式完成对支付账户的充值，形成一个只能用于移动支付的虚拟的银行账户，账户信息将保留在支付平台本地，支付时金额将从这个支付账户中扣除。这样，移动运营商以用户的手机话费账户或专门的支付账户作为手机支付账户，用户所发生的手机支付交易费用全部从用户的账户中扣减。

1) 运营商主导

在这种模式中，处主导地位的依然是运营商，所不同的是有金融机构加入。在这个产业链中移动运营商提供移动支付业务数据传输网络，金融机构负责管理移动支付账户。

此种模式下，移动支付的主要收入来源与运营商独立模式相似，也是从商家获得的每笔交易的服务佣金和从消费者获得的通信费。但这部分收入要在运营商和金融机构之间分配，分配比例由移动运营商决定。

此种模式的优势有二：其一，由于有了金融机构的参与，承受金融风险的能力极大增强，支付额度的限制大大减小，信用安全等级提高；其二，商家的销售款项由金融机构负责结算，运营商独立运营商业模式中结算周期过长的问题得到解决。但从当前发展来看，由于缺乏行之有效的合作模式，金融机构对和移动运营商合作开展移动支付业务的积极性不高。

NTT DoCoMo 后来与三井住友合作推出的 ID 借记卡业务和 DCMX 信用卡业务就属于这种类型。韩国 SKT 联合五家卡类组织(KORAM Bank、SAMSUNG Card、LG Card、Korea Exchange Card、Hang Card)共同推出的移动支付业务品牌 MONETA，也是此种形式的代表。

2) 运营商独立运营

运营商独立运营的商业模式没有金融机构参加，产业链关系比较简单，移动运营商是该产业链中的唯一业务提供者。移动运营商既是移动支付业务数据传输网络提供者，又是移动支付账户的管理者。

移动运营商采用两种方式管理移动支付账户。一种是将移动支付款项直接记入电信账单。另一种是开设单独的账户专门结算移动支付款项，用户需要事先在账户中存入现金才能使用。

移动运营商的收益主要来自两部分：从商家获得每笔交易的服务佣金；从消费者获得通信费包括短信费、WAP 浏览费等。

这种商业模式的优势是产业链关系简单，运营商具有绝对的掌控权。劣势有三：其一，运营商由于缺乏管理和运作金融类业务的经验以及处理金融风险的能力，支付额度受到极大的限制，只能开展支付额度较小的移动支付业务；其二，由于经营金融类业务受到严格的管制，运营商通常只能经营与移动通信业务相关的支付；其三，运营商的资费账单结算周期通常是一个月，这样的结算周期对商家来说过长(对于传统支付业务，金融机构和商家的结算周期通常是一天)。

NTT DoCoMo 最初提供的移动支付业务就属于这种。我国一些省份在没有银行的合作下推出的小额支付业务也采用这种模式。欧洲一些运营商如 Orange、Vodafone、T－mobile等提供的小额支付业务也属于这种类型。

2. 银行模式

在金融机构主导的移动支付商业模式中，银行可以借助移动运营商的通信网络，独立提供移动支付服务。银行拥有丰富的账户管理和支付领域的经验，以及庞大的用户群和客户信任度。凭此基础银行可以独立享有移动支付的用户。

在该模式下，各家银行通过与移动运营商搭建专线等通信线路实现互联，自建计费认证系统，同时在各自用户的移动终端中增加 STK，植入银行账户等加密信息，实现移动支付的功能；同时也可以引导用户通过 WAP 等方式登录银行网站，利用手机进行网络支付。

银行可能购买、也可能自己开发移动支付平台，但必须独立运营移动支付平台。所有的交易以及信息流的控制均在银行端，移动运营商只是充当此业务系统的信息通道，商家也相当于系统上的一个 POS 终端。

在该流程中，移动用户在商场、超市等提供移动支付的购物场所选购商品后，支付时通过手机与 POS 的接触获取商品信息，并通过移动运营商的通信网络发送支付信息；同时商家通过 POS 获取用户的账户信息，并将其发送至移动运营商的网络上；移动运营商将用户信息及其支付信息发送至银行运营的移动支付平台，银行从商家处获取交易信息，对移动用户和商家双方的交易进行确认后，实现资金转移，并将支付结果通过通信网络反馈给移动用户和商家。

在银行主导的移动支付模式中：移动运营商收取用户和银行的通信费；银行向商家收取平台使用费和利润分成，银行不对用户收取交易手续费，但可能收取金融信息定制费（账户业务费用）；商户付给银行平台使用费和交易手续费，从用户的商品购买中得益。

整个支付服务中，移动用户必须先在移动运营商处定制手机支付服务，增设手机账户，费用按移动运营商的收费标准，按交易次数或按月份收取；同时，用户还需将银行卡账户与手机账户绑定，之后便可随时使用，每次使用均可能需要向银行支付金融信息费，但具体情况视银行的营销战略而定；而在商家 POS 上的使用则是免费的。商家则需先购置移动POS，并与银行运营的移动支付平台连接，向银行支付平台使用费和后续的利润分成。在该模式中，移动运营商为银行和移动用户的交互提供了通信网络，因此可以从银行和用户两端获取通信费，其与银行之间的价值分配比例是由双方在该支付产业链中的地位和作用所决定的，在银行主导的商业模式中，显然移动运营商的议价能力较低，因此在对银行的通信费收取方面可能较低，对用户则可能较高，但用户在银行方面可能已经得到了费用上的优惠。

3. 第三方支付模式

第三方支付服务提供商是独立于银行、移动运营商的第三方经济实体，利用移动运营商的通信网络资源和金融组织的各种支付卡，由自己拓展用户，进行支付的身份认证和支付确认，提供手机支付业务。此模式下，将银行、运营商、商户等各利益群体之间的关系简单化，使用户有了更多选择，只要加入到平台中即可实现跨行之间的支付交易，并还可以享受支付商的信用担保服务。

该模式最典型的例子是瑞典的 PayBox。南非 MoPay 和我国上海捷银提供的移动支付业务也属第三方运营模式。以瑞典 PayBox 为例，第三方运营的移动支付业务流程如下：

（1）消费者给商家他（她）的手机号或者 PayBox 化名手机号；

（2）商家将消费者的手机号和商品金额发送到 PayBox；

（3）PayBox 通过 TVR 的方式，给消费者打电话，并请消费者确认消费；

（4）消费者确认消费并将 PIN 码发送至 PayBox；

（5）PayBox 通知德意志银行从消费者账户中将消费金额转账到商家账号；

（6）通过语音或短信的方式通知商家商品款已经转账到商家账号。

第三方运营的最大优势是：可以利用其支付平台，为消费者提供跨银行和运营商的移动支付服务。劣势是：没有用户基础，业务推广难度大。通常第三方机构需要有运营商或银行的背景，否则，业务很难开展起来。

8.5.3　移动支付安全与风险防范

1. 移动支付安全技术

针对移动支付存在的安全问题，可以通过身份认证、数字签名和 WPKI 等相关技术手段来解决。

（1）身份认证技术。身份认证是在交易过程中确认操作者身份的技术，以保证操作者拥有合法身份，通常采用静态密码、短信密码、动态口令等认证方式。在实际使用过程中，不同的安全需求决定不同的认证方式：小额支付通常采用移动电话号码和固定密码认证的方式；大额支付可采用固定密码和动态密码的方式来提高安全性；以 WIM 为基础的移动 PKI 认证可以同时满足以上两种要求。

（2）数字签名技术。数字签名又称电子加密，可以区分真实数据与伪造、被篡改过的数据。公开密钥加密技术是实现数字签名的主要技术，它有两个密钥：一个是签名密钥，它必须保持秘密，称为私钥；另外一个是验证密钥，它是公开的，称为公钥。用户在提交单据和账号信息后，同时生成一个私钥和证书，然后将该账号连同证书和签名文件作为一个包传输给接收方；接收方在收到签名账号信息后，首先去 CA 中心验证此证书的合法性，来确定发送方的身份是否可信。如果可信，则用证书中的公钥来验证传输来的文件是否是发送方所签署的。

（3）WPKI 技术。WPKI 即"无线公开密钥体系"，它通过采用公钥基础设施以及证书管理策略，有效地建立了安全有效的无线网络通信环境。WPKI 中使用两个不同的公开密钥：一个用于密钥交换（其证书可用于身份认证），另一个可用于数字签名，这样能够有效地将身份认证和访问控制分开。无线 PKI 的架构包括无线终端、注册中心（RA）、证书认证中心（CA）、目录服务器和无线网关等。注册中心负责接收用户对证书的颁发、撤销等请求；证书认证中心负责证书的颁发和管理，证书内容包括使用者的姓名和公开密钥、证书有效期等信息以及 CA 对这些信息的数字签名；目录服务器用来存放证书、CRL 等供用户查询、下载；无线网关完成无线和有线环境协议的相互转化。在安全协议 WTLS 中，服务器和客户(如果服务器要求的话)分别利用其公钥证书向对方证明自己的身份。

为了适应无线应用环境，WPKI 对传统的 PKI 作了相应的优化工作，如采用压缩证书格式，减少了存储容量；采用椭圆曲线算法，提高了运算效率，并在相同的安全强度下减少了密钥的长度。

2. 移动支付风险分析

(1) 设备与信息安全风险。首先是设备安全风险。终端自有是移动支付的重要特征，支付终端为消费者个人所有，这加大了支付终端被不法分子加装非法装置的风险，在缺少谨慎使用和设备维护的情况下，移动支付的交易安全将受到极大威胁。设备风险主要来自两方面：一是购机风险，比如消费者通过不规范渠道购买手机，支付终端的系统环境存在不安全的可能性；二是维护风险，比如消费者疏于管理，缺少防范意识，未安装病毒软件，未设定支付密码等。然后是信息安全风险。在移动支付中，消费者主要通过验证码、密码等信息达成支付交易的。支付信息一旦泄露，将极大地影响交易安全。可能导致消费者支付信息被窃取的因素很多，比如消费者使用了不安全的 WiFi 网络，银行等机构对消费者信息保护认识不到位等。此外，惩戒机制的缺失、技术和人为因素的影响等都可能加大消费者的资金安全风险。

(2) 系统与欺诈风险。

① 系统风险。移动支付有自动化、高效率和高准确率的特点，对系统的依赖性非常大。一旦出现系统技术漏洞，交易的安全性就彻底失去了保障。2014 年 4 月，被普遍运用的 Open SSL 网络安全协议曝出安全漏洞，众多使用该协议的机构受到不同程度的波及。虽然各机构及时补救，但潜在风险已经形成。同时，随着移动支付对网络依赖性的加大，支付本身的连续性威胁大幅增加。极易引起业务办理的中断，直接给消费者的资金使用带来不利影响。

② 欺诈风险。便捷高效是移动支付的特点。为深化消费者的便捷体验，各移动支付企业多使用手机验证信息对消费者进行身份认证。这种方式简单、速度快，但不利于重要信息的安全保证。像密码重置等重大安全环节均通过手机短信验证达成，这使得移动支付的欺诈风险始终存在。如果消费者手机丢失或安全意识不足，没有及时加以处理，他们的资金安全将得不到保证。此外，对于短信验证，支付类病毒很容易截获其中的信息，且不容易被消费者发现，等到消费者察觉，资金损失很可能已经发生。

(3) 消费者权益侵害风险。为了稳定移动支付业务的发展，相关企业加大了对移动支付的技术创新力度，将加密技术、计算机技术的先进成果运用于服务中，让使用者们感受到了更加高效便捷的使用体验。但是，由于专业背景的缺失，越是复杂多样的产品，使用者们对它进行安全评估的难度就越大。以当下非常盛行的二维码支付来说，使用者们与二维码的接触只停留在扫描等简单动作，但二维码的使用实际上牵涉到二维码生成、支付指令验证等多个环节，环节越多，流程越复杂，其中存在漏洞的可能性越大，对使用者交易安全的威胁就越大。移动支付的管理制度相对落后，业务标准并不明确，能够向消费者提供的风险提示非常有限，消费者权益受到侵害的风险始终存在，很容易动摇他们对移动支付的信心。

3. 移动支付风险防范

（1）加强移动支付的顶层设计。一要加强安全管理法规建设，以法律形式明确对支付交易数据的保护要求。同时，建立完善用户身份验证机制标准和欺诈损失承担机制，提升市场对认证的认可度，严防交易欺诈。二要加快安全管理标准建设。应在移动支付13.56M通信标准的基础上完善安全管理标准，站在技术的高度明确管理要求，构建配套机制。三要加紧支付平台建设，加大对 MTPS 的推广力度，充实平台功能，扩充平台接入机构数量，发挥平台的功能优势，促进移动支付发展。

（2）优化业务发展环境。移动支付离不开由通信、金融等多行业主体的参与，其安全问题具有跨行业、跨领域的特点。产业链中的任何环节出现漏洞，都会导致移动支付风险，所以必须深化各产业链主体间的合作。一要在各主体间构建协商机制。定期召开以产业链各业务主体为参与对象的移动支付风险协商会，尽早解决风险隐患，防患未然；二要构建市场化的输出机制，加强公共平台建设，构建安全管理资源市场化输出机制，提升企业的安全管理积极性，修复弱势企业在安全管理问题上的短板，推动产业整体安全管理水平的提升。

（3）强化各主管部门的监管协作。移动支付产业链中牵涉的如银行、运营商等机构处于不同部门的管理下。为降低移动支付的安全风险，各管理部门应当在法规制度、行业标准建设等问题上加强监管协作。第一，要建立健全信息交流共享机制，互通移动支付风险问题，商讨解决策略；第二，要实施移动支付联合检查，特别是对移动支付中的薄弱环节，要开展联合检查，对其中的欺诈风险进行集中排查，营造一个安全公正的市场环境；第三，要加强对相关知识的宣传，支付机构、运营商应联合开展支付安全知识宣传活动，不断强化消费者的风险防范意识。

（4）提升消费者安全防范意识。要有计划、有针对地对相关安全知识进行宣传。应积极指导消费者，加强对终端设备的安全管理，不要从非正规渠道购买手机，养成加设密码的手机使用习惯并定期杀毒，减少终端设备的安全风险。同时，相关机构要主动向客户提供宣传资料，指导客户科学设置移动支付限额，缩小风险敞口；引导消费者以正确的处理方式解决移动支付使用风险，不断提升客户的风险处理能力。此外，必须强化对风险案例的研究，借助讲座、邮寄资料等方式提升客户风险意识。

8.5.4　移动支付发展现状及趋势

1. 国外移动支付发展趋势及概况

（1）亚洲。庞大的手机用户与潜在用户一起构成亚洲移动支付市场雄厚的资本。所以亚洲一直是手机支付的重点发展地区。近年来，亚洲各国的移动支付业务得到了广泛发展，尤以日韩的移动支付应用日趋丰富，产业合作日趋完善，用户规模持续增长，成为全球移动支付业务发展的领先者。据 Garter 公司的 2008 年 5 月的报告显示，2008 年亚洲用手机进行移动支付的用户达到全球用户总量的 85%。这个数量是惊人的，但是这里显然包括我国的庞大手机用户群所占的比例，但我国在移动支付方面却只是处于起步阶段。

（2）美国。美国一直是现代工业社会的领军国家，其移动通信技术也是领先于世界其他国家，1946 年，贝尔实验室造出了第一部所谓的移动通信电话（因为它体积巨大只能摆在试验室内），这是移动通信史上里程碑式的事件。而在 1973 年 4 月摩托罗拉公司工程技术人员马丁·库帕制造并成功使用了世界第一部手机———一部便携式蜂窝电话。这一事件对世界通信业乃至世界经济的发展方式都产生了深远的影响。

近年来随着移动通信技术的飞速发展，美国在移动数据业务上的发展也日新月异，移动上网、图铃下载、MMS/SMS 和流媒体业务都居世界领先地位。但是与之相比，美国在真正的移动支付业务上却并没有很快的发展。不过，不能就此否定美国在移动支付上取得的丰富成果。美国的移动支付起步较早，发展全面。由于深厚的技术基础和开放的思想，包括 WAP、NFC 在内的多种支付方式都得到了广泛的发展。因此全方位发展也就成了美国移动支付的一大特点。

（3）法国。法国在 20 世纪末期由于移动通信牌照高额的费用，其移动通信技术及应用并没有与其经济发展一道取得辉煌的成就。进入 21 世纪，法国积极地与欧洲其他国家合作开发技术，并且主动下调了包括 3G 许可证等硬性规定的费用，调整了费用的支付方式。这使得一直处在不利地位的移动通信技术开始高速发展。经过多年的努力，法国的移动通信技术和移动商务的发展已经达到欧洲的先进水平。

（4）英国。英国是移动商务开展较早的欧洲国家之一，不仅发展速度较快且已取得一定成果，尤其是在"电子钱包"等方面成果显著。2007 年 9 月英国几家最大的手机运营商推出了"Pay For It"支付系统，该系统能让手机用户将不超过 10 英镑的小额购买记入其话费账户，从而将手机变为"电子钱包"。至 2007 年 11 月，英国的移动运营商、手机厂商、金融机构等联合推出现场支付服务，用户可用手机购买报纸、地铁票、公共汽车票等。他们将获得一个包含信用卡信息的手机，在消费时只要刷"手机"就可以完成支付过程，其交易的最大支付额度也是 10 英镑。到 2008 年随着著名运营商 O2 电子钱包的使用，以及其与 Oyster 智能卡的良好衔接和补充，"电子钱包"在英国成为主流发展趋势。

O2 公司于 2008 年 5 月完成的一份历时半年多，数百人参与的关于"手机钱包"的调查表明：90% 的参与者陶醉于手机采用 NFC 技术后所带来的便利的移动支付，78% 的参与者希望使用与非接触式技术相关的手机应用。这也进一步证明基于 NFC 技术的"电子钱包"是民众较为满意的发展方向。NFC 技术与 SIM 卡集成便利和拥有广大的客户群都将为这项技术的发展起到极大的促进作用。另外，由于 NFC 技术在安全性和稳定性方面优于其他的非接触式支付方式，也使得历来以谨慎和保守著称的英国人可以积极接受。

2. 国内移动支付发展趋势及概况

2012 年，我国移动支付发展迎来"新元年"，移动支付标准正式确立，金融机构、运营商、支付机构积极布局和拓展移动支付服务市场，推动了我国移动支付产业的快速增长。中国人民银行于 2015 年 2 月发布的《2014 年支付体系运行总体情况》显示，2014 年全国共发生移动支付业务 45.24 亿笔，金额 22.59 万亿元，同比分别增长 170.25% 和 134.30%。

（1）三大模式。我国移动支付市场现有移动互联网远程支付、O2O 电子商务支付以及近场支付三种技术模式。移动互联网远程支付是指将 PC 端移植到移动终端的支付模式，以支付宝手机客户端、银行网银手机客户端等为代表。O2O 电子商务支付主要是指支付机构推出的一些创新的支付形态，以二维码支付、声波支付、手机刷卡器支付等为代表，虽然这些新型支付方式是通过二维码、声波、手机刷卡器等新兴技术生成支付数据的，但其本质上仍是借助网络实现数据传输和远程支付，由于其操作简单、用户体验好，因此迅速被社会公众所接受，目前已较为广泛地应用于线下转账、消费、缴费等领域，推动了我国移动支付产业的短期高增长，但因过程简单、对设备要求低所带来的安全性问题限制了其持续发展。近场支付的代表是 NFC 支付，这种支付通过短距离的高频无线通信技术，允许电子设备之间在 10 厘米内进行非接触式点对点数据传输交换，不需要使用移动网络。NFC 对移动支付的影响在于将 NFC 芯片植入手机，使人们的手机变成一个电子钱包，其典型场景是消费者在购买商品或服务时即时通过手机向商家进行支付。

（2）三大参与方。一是金融机构。目前银行业金融机构正重点关注 80、90 后群体的金融需求和服务体验，着力拓展移动金融，抢占零售金融市场商机。目前银行业以移动支付作为移动金融服务主要接入手段，国内大多数银行均推出手机银行，集成传统网上银行的功能，实现转账汇款的远程支付功能。二是运营商。运营商发力移动支付。运营商是移动支付产业的重要参与者，中国移动、中国联通和中国电信三大移动运营商均成立了以支付为主营业务的子公司，专司开发移动支付服务市场，目前其远程支付的发展快于近场支付。在远程支付方面，运营商提供支付钱包模式、网关模式和快捷支付模式。在近场支付方面，主要为 NFC 模式。三是支付机构。目前，国内有近 150 家支付机构获得人民银行核发的互联网支付或支付业务牌照。在移动支付领域，支付机构主要致力于远程支付。由于支付机构大都脱胎于互联网企业，因此其普遍将互联网时代的 PC 端 Web 支付方式移植到手机端以实现远程支付；近场支付方面，尽管支付机构尚未推出基于 NFC 技术的支付产品，但其利用自身在远程支付领域的优势进行创新，通过二维码、声波、手机刷卡器等技术手段，以 O2O 电子商务支付模拟实现了近场支付的功能。

（3）两大应用场景。交通是相对普及且使用频率最高的移动支付应用场景，以往运营商推广 NFC 支付也是选择公交卡作为切入点，腾讯、阿里等互联网巨头则陆续涉足打车应用领域，且补贴数亿元资金展开前所未有的倒贴式营销竞争，旨在培养移动支付场景。在微信以"红包"带"支付"的方法之后，阿里、微博等纷纷跟进，手机 QQ、百度也先后角力"红包"支付领域，培育移动支付场景的竞争渐趋白热化。

3. 国内移动支付发展趋势

移动支付是未来我国电子支付发展的方向。目前我国移动支付产业总体上仍处于培育期，实现爆发式增长尚需时日。但从发展趋势来看，移动支付必将成为未来电子支付领域最活跃的组成部分。我国移动支付现有产业格局还欠成熟，在探索产业发展的过程中，必须充分尊重市场，充分发挥市场的主导作用。目前我国移动支付产业的主要推动力来自金融机构、运营商和支付机构，各方正在并仍将在移动支付领域进行积极尝试。对于移动支付终端用户控制力最强的是移动运营商，其次是银行；就对移动支付的应用和支付安全性的控制力而言，银行最强，运营商次之；支付机构则具有较强的业务模式创新能力，对市场需求和用户观念变化的感知最为敏锐。因此，任何一方参与者主导整个产业均是不现实的，只有通过加强各方合作才能推动整个产业的发展。

本 章 小 结

电子商务网上支付系统是建立在现存的银行清算系统的基础之上的下层支付服务系统,是在金融电子支付体系的基础之上发展起来的。它主要依托于 Internet,是一种以实时和零距离为典型特征的电子支付方式。

网上支付工具包括银行卡、数字现金、电子钱包、电子支票等。信用卡和借记卡是银行或金融公司发行的,是授权持卡人在指定的商店或场所进行记账消费的凭证,是一种特殊的金融商品和金融工具。数字现金是一种以数据形式存在的现金货币,它把对应的现金数值转换成为一系列的加密序列数,通过这些序列数来表示现实中各种金额的币值。电子钱包是电子商务购物(尤其是小额购物)活动中常用的一种支付工具。电子支票是客户向收款人签发的、无条件的数字化支付指令。

第三方支付是指独立于电子商务商户和银行,为商户和消费者(在交易过程中,消费者可能是其他商户)提供支付服务的机构。第三方支付服务商通过与银行、运营商、认证机构等合作,以银行的支付结算为基础,向企业及个人客户提供个性化的支付清算服务和营销增值服务。

移动支付是用手机等移动终端实现资金的转移,通过移动通信网络,实现资金由支付方转移到受付方的支付方式。移动支付作为一种崭新的支付方式,具有方便、快捷、安全、低廉等优点,将会有非常大的商业前景,而且将会引领移动电子商务和无线金融的发展。

案 例 与 分 析

第三方支付平台——支付宝

电子商务是利用先进的电子技术进行商务活动的总称,它通过网络,使用先进的虚拟系统处理工具,利用电子技术,将买卖双方的商务、产品、销售、服务等信息用相互认同的交易标准实现,这就是人们所说的网上交易。为了实现网上支付,出现了网上支付平台。网上银行形式的网络交易平台,通过电子货币的方式来完成网上的支付,但是网上银行只具备资金的传递功能,不能对交易双方进行约束和监督,于是由其带来的支付安全和交易诚信等问题,使网络用户不敢放心地进行网上商务活动。为全面解决网上支付的安全和诚信问题,出现了第三方支付平台,其中,尤其以支付宝交易量大,它独立于交易双方和银行,能对交易后的支付过程进行全面的监控,并对交易中的易损一方提供等额赔偿,使网上用户可以毫无后顾之忧地进行网上交易,因此促进了电子商务的极大发展。

现阶段,电子商务网站的交易流程有两种,即货到付款和款到发货。这两个交易流程的优缺点非常明显,其最大的缺点是不能同时保证买卖双方的利益。在买卖双方的利益不能同时得到保证的情况下,电子商务的开展就非常困难。鉴于以上情况,以支付宝为代表的第三方支付平台的交易流程应运而生。支付宝凭借过硬的产品技术及倡导互信的商业关系得到了众多互联网商家的认可和支持。国内各大商业银行以及 VISA 国际组织等均与支付宝建立了合作关系,这使得更多的网络用户享受到了网络支付的简单和快捷。支付宝交易，是指买卖双方使用支付宝公司提供的"支付宝"软件系统，且约定买卖合同项下的付款方式为通过该公司于买方收货后代为支付货款的中介支付。在买卖过程中，买家的支付对象为第三方的支付宝，这样买家就不用担心把款直接付给卖家而卖家不给发货的问题。同时为了保证买卖双方的利益，在交易过程中有超时机制启动，买卖双方必须在交易的规定时间内进行交易，否则会造成一定的损失。

一、发展简史

支付宝最初是淘宝网公司为了解决网络交易安全所开发的一个功能，该功能为首先使用的"第三方担保交易模式"，由买家将货款打到支付宝账户，由支付宝通知卖家发货，买家收到商品确认后指令支付宝将货款放至卖家，至此完成一笔网络交易。

支付宝公司从 2004 年建立开始，始终以"信任"作为产品和服务的核心。不仅产品上确保用户在线支付的安全，同时让用户通过支付宝在网络间建立起相互的信任，为建立纯净的互联网环境迈出了非常有意义的一步。

支付宝提出的建立信任、化繁为简、以技术的创新带动信用体系完善的理念，深得人心。在六年不到的时间内，为电子商务各个领域的用户创造了丰富的价值，成长为全球最领先的第三方支付公司之一。支付宝首创的担保交易付款模式极大地推动了中国网上购物的发展。淘宝和支付宝共同培育和教育了大批中国网购消费者，使他们敢于并且乐于网上购物，也间接促进了中国 B2C 的发展。支付宝方便、经济的支付模式，也对企业间交易互联网化有很大的促进。

二、商业模式

1. 战略目标

创造支付行业第一品牌，成为国内领先的第三方独立支付平台。支付宝依托于淘宝的发展壮大，逐步拓展合作伙伴，致力于发展成为独立的信誉可靠的第三方支付平台，专注于网上支付与工具行业相结合的应用工作，为国内电子商务运营商、互联网和无线服务提供商以及个人用户创造了一个快捷、安全和便利的在线及无线支付平台。

2. 目标客户

支付宝致力于为电子商务服务提供商、互联网内容提供商、中小商户以及个人用户等提供安全、便捷和保密的电子收付款平台及服务。目标客户一类是个人注册用户，包括以淘宝为主的各支付宝合作伙伴的注册用户，主要有芒果、山东航空、申通、网龙、卓越、携程等；一类是专门从事电子商务的银行，例如工商银行、农业银行、建设银行、邮政储蓄、招商银行、民生银行等。以"支付宝"为品牌的支付产品包括人民币网关、外卡网关等众多产品，支持互联网、手机等多种终端，满足各类企业和个人的不同支付需求。

3. 利润来源

(1) 服务佣金。目前第三方支付企业首先和银行签协议，确定给银行缴纳的手续费率；然后，第三方支付平台根据这个费率，加上自己的毛利润即服务佣金，向客户收取费用。

(2) 广告收入。支付宝主页上发布的广告针对性强，包括横幅广告、按钮广告、插页广告等。总体来看，广告布局所占空间较少，布局设计较为合理，体现出了内容简捷、可视性强的特点。而且主页上也还有若干公益广告，可以让用户了解更多的技术行业信息。

(3) 其他金融增值性服务，如代买飞机票、代送礼品等生活服务。

4. 核心能力

一方面，支付宝在依托于淘宝以及阿里巴巴的各项电子商务产业的发展壮大自己的同时，又将自己定位在第三方独立支付，兼顾网上支付与具体行业相结合的应用工作上。支付宝专门设计银行不愿做的特别服务，凭借这一点，支付宝又能真正掌握用户的个性化需求，积累了大量的用户，增强了用户的黏性。同时，支付宝利用自己现有的用户资源优势，收集、总结用户使用信息，根据用户反馈的各项意见综合提出有针对性的改进，并设计推出一系列增加用户忠诚度的增值性服务，包括生活助手等，以微利的模式为用户提供服务，从而有效地保持用户黏性又保证了其他业务增值在平台上顺利延伸。

另一方面，在支付宝进行一系列战略合作的背后，它拥有一个具有一定技术优势的费率架构。其独特的服务收费理念不仅保证了消费者用户能够免费便捷使用，同时也降低了中小商家企业开展网络营销的门槛。这种理念被行业普遍认可，迅速成为同行竞相模仿的价值所在。

5. 盈利模式

(1) 非淘宝卖家的技术服务费。

(2) 支付宝账户收款或付款服务费。

(3) 支付宝从 2009 年 1 月 1 号零点开始进行收费。

(4) 收费范围包括：

① 直接登录支付宝网站使用"我要收款"、"担保交易收款"、"我要付款"、"交房租"、"送礼金"功能；

② 阿里旺旺中使用"AA 收款"功能。

以上两种情况进行收款或付款的支付宝交易，支付宝将收取服务费。每个月有一定的免费流量，在这个免费额度内，不产生服务费，超过免费额度的金额才产生手续费，同时收费是针对交易发起方的(担保交易收款除外)。在淘宝网上进行的交易是不收服务费用的。

6. 技术模式

(1) 采用独立支付密码。

(2) 网站 SSL 加密技术。

(3) 数字认证技术。

安全性：为了避免传统数字证书方案中由于使用不当造成的证书丢失等安全隐患，支付宝创造性地推出双证书解决方案：支付宝会员在申请数字证书时，将同时获得两张证书，一张用于验证支付宝账户，另一张用于验证会员当前所使用的计算机。第二张不能备份，会员必须为每一台计算机重新申请一张。这样即使会员的数字证书被他人非法窃取，仍可保证其账户不会受到损失。支付盾是一个类似于 U 盘的实体安全工具，它内置的微型智能卡处理器能阻挡各种风险，让会员的账户始终处于安全的环境下。

唯一性：支付宝数字证书根据用户给予相应的网络资源访问权限申请使用数字证书后，如果在其他电脑登录支付宝账户，没有导入数字证书备份，那就只能查询账户，不能进行任何操作，这样就相当于让用户拥有了类似"钥匙"一样的数字凭证，增强用户使用安全。

三、展望支付宝行业前景

在 2011 年 5 月支付宝曝出"重组门"之后，马云与雅虎和软银的交锋也就逐渐白热化。杨致远和孙正义在过去两个月的谈判中都亲力亲为，不仅亲赴中国，并且随行前来谈判的均为强大律师团，目的很简单：争取利益。阿里巴巴内部人士透露：各方通过几轮谈判，考虑了各种复杂的因素，最终一致同意达成协议。这一协议经过了三方的认可，并且反映了支付宝的现状和将来的价值，以及阿里巴巴集团的利益。"三方 CEO 都积极参与整个过程，同时委派了各自企业的适当人选参与了日常的协商。可以说每个人都非常合作，所有人都希望达成了协议能够保存股东价值。"关于达成协议后各方的态度，在权衡利弊后各方均积极地向外界传递出一个信息：这是一个公平的交易，实现了交易各方的利益最大化——既保护了淘宝以及阿里集团的利益，也对支付宝股权转移进行了补偿。"如果支付宝的管理团队在未来创建了更多的价值，该交易的条款还将保证各方股东可以享受此价值的增长及未来的上涨潜力。"

支付宝重点推进"快捷支付"和"快捷登录"两大服务，利用其成熟账户体系以及庞大的用户群体拓展新的盈利渠道。"我们可以和合作商户一起分享支付宝的优质客户资源"，一位支付宝内部工作人员对记者说，"以目前支付宝的主要商业模式来分析，我们在为商户提供一种支付解决方案，并获得相应的服务费。我们相信，随着支付宝帮助客户价值获得不断提升的同时，支付宝的盈利水平将越来越好。"

案例分析：以下对支付宝运用 SWOT 分析法进行点评。

1. 优势分析

支付宝作为第三方支付是一种新的支付模式，利用第三方的加入使交易具有可行性、稳定性，并为后续可能出现的问题提供相应的其他服务。支付宝的推出至少有以下几点优势：

(1) 采用了与众多银行合作的方式，极大地方便了网上交易的进行。银行对于中国消费者来说就是诚信的保证，大大降低了用户对网上支付风险的担心。

(2) 因使用了支付宝而被欺骗遭受损失的用户，支付宝将全额赔偿损失。这种"全额赔付"制度在一定程度上也取得了大多数用户的信任。

(3) 能够提供增值服务，帮助商家网站解决实时交易查询和交易系统分析，提供方便、及时的退款和支付服务。

(4) 可以对交易双方的交易进行详细的记录，从而防止交易双方对交易行为可能的抵赖以及为在后续交易中可能出现的纠纷问题提供相应的证据。

2. 劣势分析

(1) 我国对于网络法律的立法不完备，支付安全得不到保证。

(2) 支付宝面临的安全问题。支付宝提供的服务与专业银行提供的网上银行有类似之处，它一样可以成为仿冒和攻击的对象。

(3) 支付宝多种支付终端的局限性。未来通信技术的发展以及人们交易习惯的改变，使我们不能忽视多种支付终端的采用，如手机、电话支付等，这些支付终端正逐步走向市场，这些终端在生活中的普遍性决定了它们必将成为人们开展网上交易的可选支付方式。

(4) 支付宝交易纠纷。支付宝虽然在信用中介方面有很好的功能，但在用户对所购买的物品进行支付之后，买家对资金的掌控能力便基本丧失。如果遇到纠纷，买家只有申请退款权，而卖家却是资金权利的主要掌控者。买家诉求往往只能通过司法途径解决。而对于这一类纠纷，比如买家在收货后不及时确认放款，而是等支付宝自动转款，这样给卖家的资金流转带来的影响，支付宝也不能很好地解决。

3. 机会分析

电子商务是一种新兴的经营模式，第三方支付企业的出现又解决了买卖双方信任度不高的问题，注定将有一个广阔的市场。目前应用支付宝的服务范围虽然覆盖了 B2B、B2C、C2C 领域，但主要集中在以淘宝为代表的 C2C 领域，而 B2B 和 B2C 是中国电子商务的绝对主流，市场潜力巨大，将会给支付宝等第三方支付企业带来新的增长点。

4. 威胁分析

（1）同业恶性竞争。支付宝作为第三方支付平台很大程度上弥补了网上信任不足的问题，因而获得了成功。但是也因为电子商务发展迅速，让第三方支付看起来成了大金矿。据不完全统计，目前国内提供第三方支付服务的企业已超过 50 家，产品的同质化导致价格战成为企业争夺商户的武器，很多公司为培养客户都提供免费服务，支付宝面临激烈的竞争。

（2）来自银行的竞争。支付宝作为第三方支付平台，其运作的基础是银行系统，必须依赖银行作为清算管理的核心，而银行由于专门从事金融服务，信誉高、用户认可率高和技术实力强，公信力远大于支付宝这一第三方支付企业，一旦各商业银行之间实现自身整合，看到第三方支付市场有利可图，则会改变目前对第三方支付平台的政策，势必会对支付宝等第三方支付企业带来严重威胁。

对支付宝发展的建议：

（1）树立公信度，做好信用中介。

电子支付的发展必须有良好的信用保障，目前我国信用体制不健全，买卖双方相互信任度不高。因此，第三方支付企业要抓住这个市场空白，做好信用中介，不参与买卖双方的具体业务，不触及客户商业信息，为买卖双方提供双向财产保护。不仅保存交换支付信息，而且保留商户和消费者的有效交易电子证据，作为交易纠纷时的证据。

（2）强化市场细分，提供多元化的支付模式，提供市场竞争力。

① 提高服务质量。质量是企业的生命，第三方支付企业也不例外，要尽可能提高服务质量，还可以创新服务方式，向企业用户提供高附加值的服务。

② 对市场进行有效细分，根据自身优势准确定位，找到适合本公司的细分市场，这样更有利于企业做大做强，取得竞争优势。

③ 提供多元化的支付方式，例如可以提供手机支付、网上在线支付、电话支付等多种支付方式，为用户提供方便。

（3）密切与银行的关系。

银行系统是第三方支付服务的运作基础，而且银行由于其规模庞大，实力雄厚，在早期的发展过程中已经树立了值得信赖的品牌，支付宝要密切与银行的合作关系，同时避开银行优势项目，使第三方支付成为网上支付的主流。

（4）解决好第三方支付的在途资金问题，提高结算系统的效率

① 第三方账户由银行统一管理，规定中转账户的资金不得挪作他用。

② 确定时限，规定第三方支付中转账户的每笔到款必须在规定的时间内划走。

③ 采取限制第三方支付公司一定时期内的账户资金余额，或缴纳一定比例保证金的方式，以避免因发生问题而使消费者、商家蒙受损失。

思 考 题

1. 根据支付宝这个第三方网络支付平台的情况，简要谈谈中国电子商务发展过程中的信用安全问题。

2. 你认为将来的中国网络支付市场中，是支付宝一枝独秀，还是会涌现出更多的支付平台，百花齐放？请简要谈谈你的看法。

3. 你认为支付宝的发展前景如何？

复 习 与 讨 论

1. 简述网上支付系统的基本流程。

2. 电子商务网上支付系统的基本组成部分有哪些？试简述之。

3. 简述网上支付系统的种类及其特点。

4. 简述传统支付方式与网上支付方式的区别。

5. 简述第三方支付的流程和步骤。

6. 谈谈你对第三方支付发展前景的看法。

7. 简述典型电子商务模式的种类及其特点。

8. 简述移动支付的运营模式。

9. 简述移动支付的发展趋势。

第9章 电子商务物流系统

沃尔玛的物流

美国最大的百货公司-沃尔玛公司在全美有 25 个规模很大的配送中心,一个配送中心要为 100 多家零售店服务,日处理量约为 20 多万个纸箱。每个配送中心分三个区域:收货区、拣货区、发货区。在收货区,一般用叉车卸货。先把货堆放到暂存区,工人用手持式扫描器分别识别运单上和货物上的条码,确认匹配无误才能进一步处理,有的要入库,有的则要直接送到发货区,称作直通作业以节省时间和空间。在拣货区,计算机在夜班打印出隔天需要向零售店发运的纸箱的条码标签。白天,拣货员拿一叠标签打开一只只空箱,在空箱上贴上条码标签,然后用手持式扫描器识读。根据标签上的信息,计算机随即发出拣货指令。在货架的每个货位上都有指示灯,表示那里需要拣货以及拣货的数量。当拣货员完成该货位的拣货作业后,按一下"完成"按钮,计算机就可以更新其数据库。装满货品的纸箱经封箱后运到自动分拣机,在全方位扫描器识别纸箱上的条码后,计算机指令拨叉机构把纸箱拨入相应的装车线,以便集中装车运往指定的零售店。

9.1 电子商务物流概述

电子商务是通过信息网络以电子数据信息流通的方式在世界范围内进行并完成各种商务活动、交易活动、金融活动和相关的综合服务活动。电子商务的核心是以网络信息流的畅通,带动物流与资金流的高度统一协调发展。物流环节是电子商务中实现商务目的的最终保障,缺少了与电子商务模式相适应的现代物流技术和体系,电子商务所带来的一切变革都将等于零。电子商务的发展历史告诉我们,电子商务的发展离不开现代物流,而现代物流业在电子商务环境下又获得了千载难逢的发展机遇,电子商务与物流二者之间相互影响、相互促进。

9.1.1 现代物流在电子商务中的作用

1. 物流是电子商务系统的组成部分

电子商务由电子商务实体、电子市场、交易事务和信息流、商流、资金流、物流等基本要素构成。电子商务中的任何一笔交易都会涉及四方面:商品所有权的转移,货币的支付,有关信息的获取与应用,商品本身的转交。即商流、资金流、信息流、物流。其中信息流既包括商品信息的提供、促销行销、技术支持、售后服务等内容,也包括诸如询价单、报价单、付款通知单、转账通知单等商业贸易单证,还包括交易双方的支付能力、支付信誉等。

商流是指商品在购、销之间进行交易和商品所有权转移的运动过程，具体是指商品交易的一系列活动。资金流主要是指资金的转移过程，包括付款、转账等过程。在电子商务环境下，这四个部分都与传统商务有所不同。商流、资金流与信息流这三种流的处理都可以通过计算机和网络通信设备实现。物流，作为四流中最为特殊的一种，是指物质实体的流动过程，具体指运输、储存、配送、装卸、保管、物流信息管理等各种活动。对于少数商品和服务来说，可以直接通过网络传输的方式进行配送，如各种电子出版物、信息咨询服务等。而对于大多数商品和服务来说，物流仍要经由物理方式传输。

2. 现代物流是电子商务的执行保证

商流活动的最终结果是将商品所有权由供方转移到需方，但是实际上在交易合同签订后，商品实体并没有立即移动。在传统交易环境下，商流的结果必须由相应的物流活动来执行完成，也就是卖方按买方的需求将商品实体以适当的方式和途径转移。而在电子商务的环境下，网络消费者虽然通过上网订购完成了商品所有权的交割过程，但必须通过物流的过程将商品和服务真正转移到消费者手中，电子商务的交易活动才告以终结。因此，物流在电子商务交易的商流中起到了后续者和服务者的作用。

3. 物流是实现"以顾客为中心"理念的根本保证

电子商务的出现为消费者购物提供了极其便捷的条件，消费者不必再到拥挤的商业街，而只需在网上点击，足不出户即可轻松完成购物过程。但如果商家不具备现代化的物流技术，就极易出现不能按时送货、商品质量不符合要求等问题。因此，物流是电子商务中实现"以顾客为中心"理念的最终保证。

可以预见，随着电子商务发展日趋成熟，跨国、跨区域的物流的重要性越发突出，没有物流网络、物流设施和物流技术的支持，电子商务将受到极大抑制。

9.1.2　电子商务物流的概念与特点

1. 电子商务物流的概念

电子商务物流的概念起源于物流电子化，物流电子化是指物流服务提供商通过以互联网为核心的现代信息通信技术在物流业务活动中的应用，以更好地实现"以客户为中心"的物流服务目标，并通过物流信息在供应链合作伙伴之间的实时共享，致力于实现供应链中物流管理的效率和效益的最大化。通过物流行业的电子化，为电子商务物流的发展奠定了基础。

电子商务物流是指物流企业在实现物流电子化的基础上，以物流业务为核心，整合信息流、商流、物流、资金流这"四流"的优势，开展电子商务相关应用服务。

物流电子化和电子商务既有区别又有联系。物流电子化的侧重点是通过现代通信技术，达到提高整个物流流通的效率和效益的目的。而电子商务的侧重点在于将电子商务、物流和信息应用进行有机结合，使电子商务物流企业能够兼备电子商务企业、物流企业和信息应用企业的优点，将信息流、商流、物流、资金流进行完美的融合。

电子商务物流是物流企业发展到一定阶段的必然产物，物流企业利用自身的核心竞争力进行电子商务相关应用服务，势必会促使"四流"进一步的融合，从而提升企业的竞争优势。

2. 电子商务物流的特点

（1）信息化。电子商务时代，物流信息化是电子商务的必然要求。物流信息化表现为物流信息的商品化、物流信息收集的数据库化和代码化、物流信息处理的电子化和计算机化、物流信息传递的标准化和实时化、物流信息存储的数字化等。因此，条码技术（BarCode）、数据库技术（Database）、电子订货系统（EOS：Electronic Ordering System）、电子数据交换（Electronic DataInter change，EDI）、快速反应（Quick Response，QR）及有效的客户反映（Effective Customer Response，ECR）、企业资源计划（Enterprise Resource Planning，ERP）等技术与观念在我国的物流中将会得到普遍的应用。信息化是商务物流的基础，没有物流的信息化，任何先进的技术设备都不可能应用于物流领域，信息技术及计算机技术在物流中的应用将会彻底改变世界物流的面貌。

（2）自动化。自动化的基础是信息化，自动化的核心是机电一体化，自动化的外在表现是无人化，自动化的效果是省力化。另外还可以扩大物流作业能力、提高劳动生产率、减少物流作业的差错等。物流自动化的设施非常多，如条码/语音/射频自动识别系统、自动分拣系统、自动存取系统、自动导向车、货物自动跟踪系统等。这些设施在发达国家已普遍用于物流作业流程中，而在我国由于物流业起步晚，发展水平低，自动化技术的普及还需要相当长的时间。

（3）网络化。物流领域网络化的基础也是信息化，这里指的网络化有两层含义：一是物流配送系统的计算机通信网络，包括物流配送中心与供应商或制造商的联系要通过计算机网络；另外与下游顾客之间的联系也要通过计算机网络通信。比如物流配送中心向供应商提出订单这个过程，就可以使用计算机通信方式，借助于增值网（Value Added Network，VAN）上的电子订货系统（EOS）和电子数据交换技术（EDI）来自动实现，物流配送中心通过计算机网络收集下游客户的订货的过程也可以自动完成；二是组织的网络化，即所谓的企业内部网（Intranet）。物流的网络化是物流信息化的必然，是电子商务下物流活动的主要特征之一。当今世界 Internet 等全球网络资源的可用性及网络技术的普及为物流的网络化提供了良好的外部环境。

（4）智能化。这是物流自动化、信息化的一种高层次应用，物流作业过程大量的运筹和决策，如库存水平的确定、运输（搬运）路径的选择、自动导向车的运行轨迹和作业控制、自动分拣机的运行、物流配送中心经营管理的决策支持等问题都需要借助于大量的知识才能解决。在物流自动化的进程中，物流智能化已成为电子商务物流发展的一个新趋势，需要通过专家系统、机器人等相关技术来解决。

（5）柔性化。柔性化本来是为实现"以顾客为中心"理念而在生产领域提出的，但要真正做到柔性化，即真正地能根据消费者需求的变化来灵活调节生产工艺，没有配套的柔性化的物流系统是不可能达到目的的。柔性化的物流正是适应生产、流通与消费的需求而发展起来的一种新型物流模式。这就要求物流配送中心要根据消费需求"多品种、小批量、多批次、短周期"的特色，灵活组织和实施物流作业。另外，物流设施、商品包装的标准化，物流的社会化、共同化也都是电子商务下物流模式的新特点。

9.1.3 电子商务物流的内容

电子商务物流活动本质上仍然是物流，但由于采用不同形式，因此电子商务的物流服务内容可以分为以下两个方面。

1. 传统物流服务

传统物流活动主要有六个方面的内容,其中实现物质、商品空间移动的运输以及时间移动的存货是两个中心要素,另外四个要素是因包装物流顺利进行而开展的搬运、流通加工和信息,它们对物流的顺利运行起着十分重要的作用。

(1) 商品运输。运输是用设备和工具,将物品从一地点向另一地点运送的物流活动。其中包括集货、分配、搬运、中转、装入、卸下、分散等一系列操作。

(2) 储存功能。主要包括保护、管理、贮藏物品。电子商务服务提供商的目的不是要在物流中心的仓库中储存商品,而是要通过仓储保证市场分销活动的开展。因此,提供社会化物流服务的公共型物流中心需要配备高效率的分拣、传送、储存、拣选设备。在电子商务方案中,可以将信息作为虚拟库存(Visual Inventory),办法是可以建立需求端数据自动收集系统(Automated Data Collection,ADC),在供应链的不同环节采用 EDI 交换数据,建立基于 Internet 的 Intranet,为用户提供 Web 服务器以便于数据实时更新和浏览查询。

(3) 物流活动包装。包装与物流领域有直接的关系,这种包装称为工业包装,也称运输包装或外包装运输包装 (transport package)以满足运输贮存要求为主要目的的包装。它具有保障产品的安全,方便储运装卸,加速交接、点验等作用。与商品零售有关的包装称为商品包装或零售包装、消费者包装。销售包装(sales package)又称内包装,是直接接触商品进入零售网点和消费者或用户直接见面的包装。

(4) 装卸与搬运功能。在仓库管理中,物料搬运是一项重要的活动。产品必须有人接收、分拣、组装,以满足顾客的订货需要。产品搬运的过程越少,产品损坏的可能性也就越小,而仓储的整体效率却会增加。第三方物流服务提供商应该提供更加专业化的装载、卸载、提升、运送、码垛等装卸搬运机械,以提高装卸搬运作业效率,降低订货周期,减少作业对商品造成的损坏。

(5) 流通加工功能。流通加工 (distribution processing)是物品在从生产地到使用地的过程中,根据需要施加包装、分割、计量、分拣、刷标志、拴标签、组装等简单作业的总称。流通加工是为了弥补生产过程加工不足,更有效地满足用户或本企业的需要,使产需双方更好的衔接,将这些加工活动放在物流过程中完成,而成为物流的一个组成部分。流通加工是生产加工在流通领域中的延伸,也可以看成是流通领域为了更好地服务,在职能方面的扩大。

(6) 物流信息处理功能。物流信息指的是物流活动过程中所必需的各种信息。迅速和准确的信息交流能够改善物流,可以制定新的和独特的物流解决方案,使物流达到前所未有的作用。

2. 增值性物流服务

除了传统的物流服务外,电子商务还需要增值性的物流服务。增值性服务主要包括以下几层内容:

(1) 增加便利性的服务。在提供电子商务的物流服务时,推行一条龙门到门服务、提供完备的操作或作业提示、免费培训、维护、省力化设计或安装、代办业务、一张面孔接待客户、24 小时营业、自动订货、传递信息和转账(利用 EOS、EDI、EFT)物流全过程追踪等都是对电子商务销售实用的增值性服务。

（2）加快反应速度的服务。优化电子商务系统的配送中心、物流中心网络，重新设计适合电子商务的流通渠道，减少物流环节、简化物流过程，提高物流系统的快速反应性能。

（3）降低成本的服务。发展电子商务，一开始就应该寻找能够降低物流成本的物流方案。企业可以考虑的方案包括：采用第三方物流服务商与电子商务经营者之间或电子商务经营者与普通商务经营者之间进行联合，采取物流共同化计划。同时，如果具有一定的商务规模，可以通过采用比较适用但投资比较少的物流技术和设施设备，或推行物流管理技术。

（4）延伸服务。向上可以延伸到市场调查与预测、采购及订单处理；向下可以延伸到配送、物流咨询、物流方案的选择与规划、库存控制决策建议、货款回收与结算、教育与培训、物流系统设计与规划方案的制作等。

以上这些延伸服务最具有增值性，但也是最难提供的服务，能否提供此类增值服务现在已成为衡量一个物流企业是否真正具有竞争力的标准。

9.2 电子商务物流实现模式

9.2.1 电子商务下的自营物流

自营物流是企业早期物流活动的重要特征。企业为了提高物流效率和服务水平，往往自己组建物流队伍，对物流进行管理，使物流成为营销环节的一部分。自营物流有利于企业掌握对顾客的控制权，管理方便，但成本高。自营物流由企业直接支配物流资源，控制物流职能，做到供货准确和及时，保证为顾客服务的质量，维护了企业和顾客间的长期关系。

在海尔的网站上，海尔物流的成绩斐然，其中包括：统一采购，实现每年降低材料成本6%；统一仓储，库存资金减少63%；实施一体化供应链管理，下达订单的周期由原来的7天以上缩短到现在的1小时内；订单响应速度由整合前的36天缩短至现在的不到10天。应该说，海尔物流几年来搭建的全球供应链资源网络、全球配送网络、投资过亿元的物流执行系统，再加上海尔集团物料管理的经验和能力，都是海尔物流社会化后的竞争力所在。

但是，自营物流也有缺点。首先，由于企业为了实现对物流的直接组织和管理，就需要投入较大的资金，配备相应的物流人员，削弱企业的市场竞争力。其次，它规模化程度较低。第三，自营物流不利于核心竞争力的提高。对于非物流企业来说，尽管物流对自身的经营活动有着重要的影响，但物流并非企业自身的核心业务，也非自身最擅长的业务。如果采取自营物流，一方面减少对核心业务的投入，另一方面企业管理人员需花费过多的时间、精力和资源去从事物流工作，会削弱企业的核心竞争力。

9.2.2 第三方物流

第三方物流是近年来广泛流行的新概念，所谓第三方物流是指生产经营企业为集中精力搞好主业，把原来属于自己处理的物流活动，以合同方式委托给专业物流服务企业，同时通过信息系统与物流企业保持密切联系，以达到对物流全程管理控制的一种物流运作与管理方式。因此第三方物流又叫做合同制物流。提供第三方物流服务的企业，其前身一般是运输业、仓储业等从事物流活动及相关行业的企业。

第三方物流具有以下几方面优势：

首先，可以使企业专心致志地从事自己所熟悉的业务，将资源配置在核心事业上。企业集中精力于核心业务。由于任何企业的资源都是有限的，很难成为业务上面面俱到的专家。为此，企业应把自己的主要资源集中于自己擅长的主业，而把物流等辅助功能留给物流公司。

其次，灵活运用新技术，实现以信息换库存，降低成本。当科学技术日益进步时，专业的第三方物流公司能不断地更新信息技术和设备，而普通的单个制造公司通常短时间难以更新自己的资源或技能；不同的零售商可能有不同的、不断变化的配送和信息技术需求，此时，第三方物流公司能以一种快速、更具成本优势的方式满足这些需求。

第三，减少固定资产投资，加速资本周转。企业自建物流需要投入大量的资金购买物流设备，建设仓库和信息网络等专业物流设备。这些资源对于缺乏资金的企业特别是中小企业是个沉重的负担。而如果使用第三方物流公司不仅减少设施的投资，还缩减了仓库和车队方面的资金占用，加速了资金周转。

第四，提供灵活多样的顾客服务，为顾客创造更多的价值。通过第三方物流公司的仓储服务，可以满足原材料需求客户需要迅速的货源补充的需求；利用第三方物流公司还可以向最终客户提供超过自己提供给他们的更多样的服务品种，为顾客带来更多的附加价值，使顾客满意度提高。

第三方物流在为企业提供上述便利的同时，也存在着一些弊端。首先，企业不能直接控制物流职能，不能保证供货的及时性和准确性，不能保证顾客服务的质量。其次，第三方物流公司设计的方案通常都是针对不同的客户量身定制的，不具有广泛适用性。第三，传统上，企业可以通过优化库存、利用地区服务代理商和第三方物流来满足客户不断增长的需要。但是到现在，企业发现第三方物流提供商缺乏当前所需的综合技能、集成技术、战略和全球扩张能力。

目前，不同的电子商务模式企业对第三方物流的选择有如下几种情况。

1. B2B 电子商务与第三方物流

企业间的 B2B 电子商务主要有两种情况：一是原材料、半成品或零部件的采购或供应；二是成品的批发销售。目前的交易采用第三方物流比例不高，一半以上的生产企业的原材料主要采用供方物流，原因在于：一是目前的第三方物流企业供应链整合能力较差，不能为企业提供一揽子物流解决方案，企业难以通过实施第三方物流达到降低成本、加快资金周转、提高竞争力的目的；二是物流在 B2B 企业战略中处于比较重要的地位，认为必须掌握在供应链中的主导权，与原材料供应商结成战略合作伙伴关系，所以往往不愿意依赖第三方物流，普遍采用供方物流和自营物流。

2. B2C 电子商务与第三方物流

B2C 企业的经营主要分两种情况：一种是交易的对象中有大量音像、在线图书、软件等虚拟化产品或服务，可以在线交货，避开物流配送；另一种交易的对象主要是有形产品，必须借助物流配送。

在 B2C 企业中，规模较大的公司如亚马逊公司建有自己的物流系统，可以将一部分货物配送由自己的物流系统来处理，由于面对全球市场，不能处理所有物流业务，将部分海外物流业务外包给第三方；规模较小的 B2C 企业无力组建自己的物流系统，较小规模的业务量也不足支撑一个自营物流体系，这些企业多采用第三方物流。

3. C2C 电子商务与第三方物流

目前的 C2C 电子商务多数使用公用的交易平台，个人在网站上发布商品信息，买方在网页上浏览选择商品后下订单成交。C2C 交易平台上客户一般无力承担也没有必要建立自营物流体系，基本上靠第三方物流来完成。

9.2.3 第四方物流

第四方物流是一个供应链的集成商，是供需双方及第三方的领导力量。它不是物流的利益方，而是通过拥有的信息技术、整合能力以及其他资源提供一套完整的供应链解决方案，以此获取一定的利润。它能帮助企业实现降低成本和有效整合资源，并且依靠优秀的第三方物流供应商、技术商、管理咨询以及其他增值服务商，为客户提供独特的、广泛的供应链解决方案。第四方物流的优势突出表现在以下四个方面：

（1）它对整个供应链及物流系统进行整合规划。第三方物流的优势在于运输、储存、包装、装卸、配送、流通加工等实际的物流业务操作能力。但在综合技能、集成技术、战略规划、区域及全球拓展能力等方面存在明显的局限性，特别是缺乏对整个供应链及物流系统进行整合规划的能力。而第四方物流的核心竞争力就在于对整个供应链及物流系统进行整合规划的能力，也是降低客户企业物流成本的根本所在。

（2）它具有对供应链服务商进行资源整合的优势。第四方物流作为有领导力量的物流服务提供商，可以通过其影响整个供应链的能力，整合最优秀的第三方物流服务商、管理咨询服务商、信息技术服务商和电子商务服务商等，为客户企业提供个性化、多样化的供应链解决方案，为其创造超额价值。

（3）它具有信息及服务网络优势。第四方物流公司的运作主要依靠信息与网络，其强大的信息技术支持能力和广泛的服务网络覆盖支持能力是客户企业开拓国内外市场、降低物流成本所极为看重的，也是取得客户的信赖，获得大额长期订单的优势所在。

（4）具有成本优势和服务质量优势。第四方物流公司拥有大量高素质国际化的物流和供应链管理专业人才和团队，可以为客户企业提供全面的卓越的供应链管理与运作，提供个性化、多样化的供应链解决方案，从而大幅度降低企业物流成本，改善物流服务质量。

9.3　典型电子商务物流解决方案

9.3.1　国外电子商务物流解决方案

1. 美国的物流中央化

物流中央化的美国物流模式强调"整体化的物流管理系统"，是一种以整体利益为重，冲破按部门分管的体制，从整体进行统一规划管理的管理方式。在市场营销方面，物流管理包括分配计划、运输、仓储、市场研究、为用户服务五个过程；在流通和服务方面，物流管理过程包括需求预测、订货过程、原材料购买、加工过程，即从原材料购买直至送达顾客的全部物资流通过程。

2. 日本的高效配送中心

物流过程是生产—流通—消费—还原（废物的再利用及生产资料的补足和再生产）。在日本，物流是非独立领域，由多种因素制约。物流（少库存多批发）与销售（多库存少批发）相互对立，必须利用统筹来获得整体成本最小的效果。物流的前提是企业的销售政策、商业管理、交易条件。销售订货时，交货条件、订货条件、库存量条件对物流的结果影响巨大。流通中的物流问题已转向研究供应、生产、销售中的物流问题方向。

3. 物流代理

物流代理（Third Party Logistics，TPL，即第三方提供物流服务）的定义为："物流渠道中的专业化物流中间人，以签订合同的方式，在一定期间内，为其他公司提供的所有或某些方面的物流业务服务。"

从广义的角度以及物流运行的角度看，物流代理包括一切物流活动，以及发货人可以从专业物流代理商处得到的其他一些价值增值服务。提供这一服务是以发货人和物流代理商之间的正式合同为条件的。这一合同明确规定了服务费用、期限及相互责任等事项。

狭义的物流代理专指本身没有固定资产但仍承接物流业务，借助外界力量，负责代替发货人完成整个物流过程的一种物流管理方式。

物流代理公司承接了仓储、运输代理后，为减少费用的支出，同时又要使生产企业觉得有利可图，就必须在整体上尽可能地加以统筹规划，使物流合理化。

9.3.2　国外电子商务物流模式案例

美国的物流配送业发展起步早，经验成熟，尤其是信息化管理程度高，对我国物流发展有很大的借鉴意义。

1. 美国配送中心的类型

从本世纪 60 年代起，商品配送合理化在发达国家普遍得到重视。为了向流通领域要效益，美国企业采取了以下措施：一是将老式的仓库改为配送中心；二是引进电脑管理网络，对装卸、搬运、保管实行标准化操作，提高作业效率；三是连锁店共同组建配送中心，促进连锁店效益的增长。美国连锁店的配送中心有多种，主要有批发型、零售型和仓储型三种类型。

（1）批发型。美国加州食品配送中心是全美第二大批发配送中心，建于 1982 年，建筑面积 10 万平方米，工作人员 2000 人左右，共有全封闭型温控运输车 600 多辆，1995 年销售额达 20 亿美元。经营的商品均为食品，有 43 000 多个品种，其中有 98% 的商品由该公司组织进货，另有 2% 的商品是该中心开发加工的商品，主要是牛奶、面包、冰激凌等新鲜食品。该中心实行会员制。各会员超市因店铺的规模大小不同、所需商品配送量的不同，而向中心交纳不同的会员费。会员店在日常交易中与其他店一样，不享受任何特殊的待遇，但可以参加配送中心的定期的利润处理。该配送中心本身不是盈利单位，可以不交营业税。所以，当配送中心获得利润时，采取分红的形式，将部分利润分给会员店。会员店分得红利的多少，视其在配送中心的送货量和交易额的多少而定，多者多分红。

该配送中心主要靠计算机管理。业务部通过计算机获取会员店的订货信息，及时向生产厂家和储运部发出要货指示单；厂家和储运部再根据要货指示单的先后缓急安排配送的先后顺序，将分配好的货物放在待配送口等待发运。配送中心 24 小时运转，配送半径一般为 50 公里。

该配送中心与制造商、超市协商制定商品的价格，主要依据是：① 商品数量与质量；② 付款时间，如在 10 天内付款可以享受 2％的价格优惠；③ 配送中心对各大超市配送商品的加价率，根据商品的品种、档次不同以及进货量的多少而定，一般为 2.9％～8.5％。

（2）零售型。美国沃尔玛商品公司的配送中心是典型的零售型配送中心。该配送中心是沃尔玛公司独资建立的，专为本公司的连锁店按时提供商品，确保各店稳定经营。该中心的建筑面积为 12 万平方米，总投资 7000 万美元，有职工 1200 多人，配送设备包括 200 辆车头、400 节车厢、13 条配送传送带，配送场内设有 170 个接货口。中心 24 小时运转，每天为分布在纽约州、宾夕法尼亚州等 6 个州的沃尔玛公司的 100 家连锁店配送商品。

该中心设在 100 家连锁店的中央位置，商圈为 320 公里，服务对象店的平均规模为 1.2 万平方米。中心经营商品达 4 万种，主要是食品和日用品。通常库存为 4000 万美元，旺季为 7000 万美元，年周转库存 24 次。在库存商品中，畅销商品和滞销商品各占 50％，库存商品期限超过 180 天为滞销商品，各连锁店的库存量为销售量的 10％左右。1995 年，该中心的销售额为 20 亿美元。

在沃尔玛各连锁店销售的商品，根据各地区收入和消费水平的不同，其价格也有所不同。总公司对价格差价规定了上下限，原则上不能高于所在地区同行业同类商品的价格。

（3）仓储型。美国福来明公司的食品配送中心是典型的仓储式配送中心。它的主要任务是接受美国独立杂货商联盟加州总部的委托业务，为该联盟在该地区的 350 家加盟店负责商品配送。该配送中心建筑面积为 7 万平方米，其中有冷库、冷藏库 4 万平方米，杂货库 3 万平方米，经营 8.9 万个品种，其中有 1200 个品种是美国独立杂货商联盟开发的，必须集中配送。在服务对象店经营的商品中，有 70％左右的商品由该中心集中配送，一般鲜活商品和怕碰撞的商品，如牛奶、面包、炸土豆片、瓶装饮料和啤酒等，从当地厂家直接进货到店，蔬菜等商品从当地的批发市场直接进货。

2. 美国配送中心的运作流程

美国配送中心的库内布局及管理井井有条，使繁忙的业务互不影响，其主要经验是：

（1）库内货架间设有 27 条通道，19 个进货口；

（2）以托盘为主，4 组集装箱为一货架；

（3）商品的堆放分为储存的商品和配送的商品，一般根据商品的生产日期、进货日期和保质期，采取先进库的商品先出库的原则，在存货架的上层是后进的储存商品，在货架下层的储存商品是待出库的配送商品；

（4）品种配货是数量多的整箱货，所以用叉车配货；店配货是细分货，小到几双一包的袜子，所以利用传送带配货；

（5）轻量、体积大的商品（如卫生纸等），用叉车配货，重量大、体积小的商品用传送带配货；

（6）特殊商品存放区，如少量高价值的药品、滋补品等，为防止丢失，用铁丝网圈起，标明无关人员不得入内。

9.3.3 我国物流业发展现状及物流解决方案

近年来,随着全球和区域经济一体化的深度推进,以及信息技术尤其是互联网在多个国家的广泛应用,全球物流业的发展经历了深刻的变革并获得了越来越多的关注。目前,现代物流已经发展成包括合同物流(第三方物流)、地面运输(公路和铁路系统提供的物流)、快递及包裹、货运代理、第四方物流、分销公司在内的庞大体系。据 Armstrong& Associates 的最新数据显示,截至 2013 年底,全球物流业市场的规模已经超过 8.5 万亿美元,中国物流业市场规模达 1.59 万亿美元,占全球的 18.6%,继 2012 年后再次位居世界第一。中国经济多年保持平稳较快增长,为现代物流业的快速发展提供了良好的宏观环境。据国家发改委统计数据,2015 年,我国社会物流总费用约 11 万亿元,物流业市场规模巨大,前景广阔。

1. 我国物流业发展现状及特点

中国物流产业目前正处在"物流硬件升级阶段"末期和"物流成本管理时代"初期的发展阶段。具体来说,随着中国产业结构日益走向规模化和专业化的格局,伴随信息技术的大量应用、电子商务的兴起以及对成本控制要求的提升,物流行业进入整合阶段,从无序走向有序,各种新的业态也开始涌现,例如供应链管理、整车零担运输等等,也涌现出很多具有很强竞争力和成长能力的公司。

但是,目前我国物流市场仍处在粗放经营阶段,初级物流服务多,高端物流服务少;大部分的物流服务商只能提供简单的传统物流服务,而提供系统化、一体化综合物流服务的现代物流企业不多;物流服务业的竞争更多集中在低端的运输、仓储、装卸搬运层面,而少数的现代物流服务商由于其行业渗透度及服务集成度还不高。我国物流行业的竞争状况的特点有以下几方面:

(1) 单一物流服务多,一体化物流服务少。大部分企业仍然在离散的物流功能上过度竞争,把精力过多地放在成本降低和价格竞争方面,提供的产品同质化严重,还不能满足物流需求社会化的需要。

(2) 一些领先的物流企业从制造业需求出发,介入企业采购、生产、销售流程,共享资源、共担风险,成为制造企业不可或缺的合作伙伴。

(3) 基础物流服务商因进入门槛较低,竞争非常激烈。只有首先专注某细分行业的物流服务,才能形成服务商的比较优势。

(4) 国际物流公司进入中国市场,凭借其雄厚的资金实力和丰富的行业经验,在争夺跨国公司物流业务方面具有一定的优势。随着现代物流业的发展,中外物流公司将会互相进入对方优势领域,展开对优质客户的争夺。

(5) 总体看来,我国物流市场已逐步与国际市场接轨,本土企业将面临巨大的国际物流企业的竞争压力。但本土企业可利用自身拥有的物流资源、服务网络和本土化优势,通过品牌建设、扩大服务规模和服务品质来化解面临的压力。

(6) 全行业物流信息化水平还比较低,难以利用信息化手段整合物流流程,提高市场反应速度。物流技术应用在模式创新和价值链重构中的作用日益突出。

我国经济增速整体放缓、产业结构整体重构、消费结构整体升级,未来 8~10 年,物流业面临不可预知的外部环境的深刻变化，需要行业内部在成本、规模、产品、服务、组织、效率之间不断进行优化平衡。投资机构、金融机构、电商企业、实体企业、地产商等多类在物流业中活跃的投资主体及物流行业从业企业，都需要重新进行战略审视及策略调整，以赢得更大的空间发展。

2. 我国第三方物流解决方案

20世纪90年代中期，第三方物流的概念开始传到我国，它是运输、仓储等基础服务行业的一个重要发展。这些年，随着市场经济体制的完善和企业改革的深入，企业自我约束机制增强，外购物流服务的需求日益增大。特别是随着外资企业的进入和市场竞争的加剧，企业对物流重要性的认识逐渐深化，视其为"第三利润源泉"，对专业化、多功能的第三方物流需求日渐增加。

根据第三方物流企业的形成方式，目前国内第三方物流企业可以分为四类：

（1）传统仓储、运输企业经过改造转型而来的第三方物流企业。这类企业规模较大，基础较好，在市场中占主导地位。如中远国际货运公司、中国对外贸易运输（集团）总公司、中国储运总公司等等，凭借原有的物流业务基础和在市场、经营网络、设施、企业规模等方面的优势，不断拓展和延伸其他物流服务，实现了从传统物流行业不断向现代物流企业的转变。

（2）新兴的物流公司。这种公司成立的时间不长，是在第三方物流概念引入和发展的过程中诞生的。此类公司大多是私有企业或者合资企业，其业务地域、服务和客户相对集中。由于这些公司的根基不深，经营规模不大，它只能在有限的区域内集中利用自己的资源，提供高质量的物流服务。由于新型的组织结构，进取向上的企业文化，先进的管理理念，这类企业的效率相对较高，发展速度很快，它们一般都拥有先进的管理信息系统和经营理念，机制灵活，管理成本较低，是物流企业中最具活力的第三方物流企业。例如，中海物流公司成立于1993年11月，从仓储开始发展物流业务，现已发展成能为国际大型知名跨国公司提供包括仓储、运输、配送、报关等多功能物流服务的第三方物流企业。

（3）企业内部物流公司。很多大型企业受传统观念"大而全、小而全"的概念影响，都是自办物流。但随着市场竞争的加剧，社会分工层次的提升，企业为了专注于其核心竞争力的形成，增强物流资源的利用率，一些有战略眼光的企业开始将原来自有的物流部门从企业中独立出来，利用原公司的客户资源来发展自己的客户网络，帮助新成立的物流企业发展，并以此为基础不断开拓其他客户资源，逐步成为独立的第三方物流服务企业，如青岛海尔物流有限公司、安得物流股份有限公司等等。

（4）外资物流企业。它们一方面为原有客户跨国公司进入中国市场提供延伸服务，另一方面用它们的经营理念、经营模式和优质服务吸引中国企业，逐渐向中国物流市场渗透，如丹麦有利物流公司主要为马士基船运公司及其货主企业提供物流服务，深圳的日本近铁物流公司主要为日本在华的企业服务。

从提供的服务范围和功能来看，中国的第三方物流企业仍以运输、仓储等基本物流业务为主，加工、配送、定制服务等增值服务功能处在发展完善阶段。像宝供、中海这样功能完善的第三方物流企业目前为数不多，规模也不是很大。中远集团、中外运集团、中国储运总公司这样大型的运输、仓储企业虽已向第三方物流企业转化，但它们的传统运输、仓储业务仍占主要部分，第三方物流的功能还不完善。

9.4　物　流　技　术

物流技术是指物流活动中所采用的自然科学与社会科学方面的理论、方法，以及设施、设备装置与工艺的总和。它包括在采购、运输、装卸、流通加工和信息处理等物流活动中所使用的各种工具、设备、设施和其他物质手段，以及由科学理论知识和实践经验发展而成的各种方法、技能以及作业流程等。物流技术按技术形态分类，可以分为物流硬技术和软技术。物流硬技术是指人们在物流活动中所使用的各种运输工具、搬运、存储设备、服务于物流活动的电子计算机、网络通信设备以及其他物质物手段等。物流软技术是指物流活动中所采用的由科学知识劳动经验发展而成的各种技能、作业程序和现代管理方法等，例如物流中心运输终端的合理配置、物流途径的最佳选择等。

随着计算机网络技术的应用普及，物流技术中综合了许多现代技术，如条码技术、GIS射频技术、EDI 技术、GIS 技术、GPS 等。这里仅就电子商务物流中常用的这几种物流技术进行介绍。

9.4.1　条码技术及应用

条码技术是在计算机的应用实践中产生和发展起来的一种自动识别技术。它是为实现对信息的自动扫描而设计的。它是实现快速、准确而可靠地采集数据的有效手段。条码技术的应用解决了数据录入和数据采集的"瓶颈"问题，为供应链管理提供了有力的技术支持。

物流条码是物流过程中用以标识具体实物的一种特殊代码，它是由一组黑白相间的条空组成的图形，利用识读设备可以实现自动识别、自动数据采集。物流条码是条码中的一个重要组成部分，它不仅在国际范围内提供了一套可靠的代码标识体系，而且为贸易环节提供了通用语言，为 EDI 和电子商务奠定了基础。在商品从生产厂家到运输、交换、整个物流过程中都可以通过物流条码来实现数据共享，使信息的传送更加方便、快捷、准确，从而提高整个物流系统的经济效益。

条码技术在物流中的应用较为广泛，主要有以下几方面：

（1）生产管理。在生产中可以应用产品识别码监控生产，采集生产测试数据和生产质量检验数据，进行产品完工检查，建立产品识别码和产品档案，从而有序的安排生产计划，监控生产流程及流向，提高产品下线合格率。

（2）销售信息系统。在商品上贴上条形码就能快速、准确的利用计算机进行销售和配送管理。其过程为：对销售商品进行结算时，通过光电扫描读取并将信息输入计算机，然后输入收款机，收款后开出收据。同时通过计算机处理，掌握进、销、存的数据。

（3）仓库管理。根据货物的品名、型号、规格、产地、牌名、包装等划分货物品种，并且分配唯一的编码，也就是"货号"。按货号管理货物库存和管理货号的单件集合，并且应用与仓库管理的各种操作。

仓库库位管理是对存货空间的管理。仓库分为若干个库房，库房是仓库中独立和封闭的存货空间，库房内空间细分为库位。在产品入库时将库位条形码号与产品条形码号一一对应，在出库时按照库位货物的库存时间可以实现先进先出或批次管理。

进行货物单件管理。条码技术不仅可以按品种管理库存，也可以管理库存的具体每一单件。采用产品标识条码记录单件产品所经过的状态，就可实现对单件产品的跟踪管理，更加准确的完成仓库出入库操作。

仓库业务管理。包括出库、入库、盘库、月盘库、移库，不同业务以各自的方式进行，完成仓库的进、销、存管理。

（4）运输中的分货、拣选系统。铁路运输、航空运输、邮政通信等许多行业都存在货物的分拣搬运问题，大批量的货物需要在很短的时间内准确、无误地装到指定的车厢或航班。解决这个问题的办法就是应用物流标识技术，使包裹或产品自动分拣到不同的运输机上。

9.4.2 射频技术及应用

无线射频识别技术（Radio Frequency Identification），英文简称为"RFID"。它是一种非接触的自动识别技术，其基本原理是利用射频信号和空间耦合（电感或电磁耦合）或雷达反射的传输特性，实现对被识别物体的自动识别。从射频系统的工作原理来看，射频系统一般都由信号发射机、信号接收机、发射接收天线几部分组成。信号发射机为了不同的应用目的，会以不同的形式存在，典型的形式是标签。信号接收机一般称作阅读器，阅读器的功能就是提供与标签进行数据传输的途径。

射频系统的优点是不局限于视线，识别距离比光学系统远，射频识别卡可具有读写能力，可携带大量数据，难以伪造，且有智能。RFID 适用于物料跟踪、运载工具和货架识别等要求非接触数据采集和交换的场合，由于 RFID 标签具有可读写能力，对于需要频繁改变数据内容的场合尤为适用。

9.4.3 EDI 技术及应用

EDI 是英文 Electronic Data Interchange 的缩写，中文可译为"电子数据交换"，EDI 商务是指将商业或行政事务按一个公认的标准，形成结构化的事务处理或文档数据格式，从计算机到计算机的电子传输方法。简单地说，EDI 就是按照商定的协议，将商业文件标准化和格式化，并通过计算机网络，在贸易伙伴的计算机网络系统之间进行数据交换和自动处理。俗称"无纸化贸易"。

构成 EDI 系统的三个要素是 EDI 软件、硬件、通信网络以及数据标准化。一个部门或企业若要实现 EDI，首先必须有一套计算机数据处理系统；其次，为使本企业内部数据比较容易地转换为 EDI 标准格式，须采用 EDI 标准；另外，通信环境的优劣也是关系到 EDI 成败的重要因素之一。

EDI 是一种信息管理或处理的有效手段，它是对供应链上的信息流进行运作的有效方法。EDI 的目的是充分利用现有计算机及通信网络资源，提高贸易伙伴间通信的效益，降低成本。EDI 主要应用于以下行业：① 制造业：JIT 即时响应（Just In Time）以减少库存量及生产线待料时间，降低生产成本；② 贸易运输业：快速通关报检、经济地使用运输资源，降低贸易运输空间、成本与时间的浪费。③ 流通业：QR 快速响应，减少商场库存量与空架率，以加速商品资金周转，降低成本。应用 EDI 建立的物资配送体系，可完成产、存、运、销一体化的供应线管理。EDI 应用获益最大的是零售业、制造业和配送业。在这些行业中的供应链上应用 EDI 技术使传输发票、订单过程达到了很高的效率。

9.4.4　GIS 技术及应用

GIS(Geographical Information System，地理信息系统)是多种学科交叉的产物，它以地理空间数据为基础，采用地理模型分析方法，适时地提供多种空间的和动态的地理信息，是一种为地理研究和地理决策服务的计算机技术系统。其基本功能是将表格型数据(无论它来自数据库、电子表格文件或直接在程序中输入)转换为地理图形显示，然后对显示结果浏览、操作和分析。其显示范围可以从洲际地图到非常详细的街区地图，显示对象包括人口、销售情况、运输线路以及其他内容。

GIS 应用于物流分析，主要是指利用 GIS 强大的地理数据功能来完善物流分析技术。国外公司已经开发出利用 GIS 为物流分析提供专门分析的工具软件。完整的 GIS 物流分析软件集成了车辆路线模型、最短路径模型、网络物流模型、分配集合模型和设施定位模型等。

车辆路线模型是用于解决一个起始点、多个终点的货物运输中如何降低物流作业费用，并保证服务质量的问题，包括决定使用多少辆车，每辆车的路线等。网络物流模型是用于解决寻求最有效的分配货物路径问题，也就是物流网点布局问题。分配集合模型则可以根据各个要素的相似点把同一层上的所有或部分要素分为几个组，用以解决确定服务范围和销售市场范围等问题。设施定位模型是用于确定一个或多个设施的位置。在物流系统中，仓库和运输线共同组成了物流网络，仓库处于网络的节点上，节点决定着线路，如何根据供求的实际需要并结合经济效益等原则，在既定区域内设立多少个仓库，每个仓库的位置，每个仓库的规模，以及仓库之间的物流关系等问题，运用此模型均能很容易地得到解决。

9.4.5　GPS 技术及应用

GPS(Global Positioning System，全球定位系统)是由美国国防部研制建立的一种具有全方位、全天候、全时段、高精度的卫星导航系统，能为全球用户提供低成本、高精度的三维位置、速度和精确定时等导航信息。GPS 在物流领域的应用有以下几个方面：

(1) 用于车辆的自定位、跟踪调度，而且可以提供出行路线和导航。

(2) 用于铁路运输管理。我国铁路开发的基于 GPS 的计算机管理信息系统，可以通过 GPS 和计算机网络实时收集全路列车、机车、车辆、集装箱及所运货物的动态信息，可实现列车、货物追踪管理。只要知道货车的车种、车型、车号，就可以立即从近 10 万公里的铁路网上流动着的几十万辆货车中找到该货车，还能得知这辆货车现在何处运行或停在何处，以及所有的车载货物发货信息。铁路部门运用这项技术可大大提高其路网及其运营的透明度，为货主提供更高质量的服务。

(3) 用于军事物流。GPS 首先是因为军事目的而建立的，在军事物流中，如后勤装备的保障等方面，应用相当普遍，尤其是在美国。目前，我国军事部门也在运用 GPS。

本 章 小 结

电子商务的核心是以网络信息流的畅通,带动物流与资金流的高度统一协调发展。物流环节是电子商务中实现商务目的的最终保障,缺少了与电子商务模式相适应的现代物流技术和体系,电子商务所带来的一切变革都将等于零。电子商务物流具有信息化、网络化、自动化、智能化和人性化的特点。

电子商务物流实现的模式主要有:自营物流模式、第三方物流模式和第四方物流模式。自营物流有利于企业掌握对顾客的控制权,管理方便,但成本高。第三方物流是近年来广泛流行的新概念,它能降低作业成本,使企业致力于核心业务,重新整合供应链等优点,但是企业不能直接控制物流职能,不能保证供货的及时性和准确性,也不能保证顾客服务的质量。

目前我国物流市场仍处在粗放经营阶段,初级物流服务多,高端物流服务少;大部分的物流服务商还不能提供系统化、一体化综合物流服务;从提供的服务范围和功能来看,中国的第三方物流企业仍以运输、仓储等基本物流业务为主,加工、配送、定制服务等增值服务功能还处在发展完善阶段。

随着计算机网络技术的应用普及,物流技术中综合了许多现代技术,如条码技术、GIS射频技术、EDI 技术、GIS 技术、GPS 等。

案 例 和 分 析

京东物流的青龙配送系统

相信很多人选择京东的一大理由就是因为京东的物流速度。在电商时代,物流速度是整个服务体系中尤为重要的一个环节,它直接影响了用户的购物体验,甚至是购物决策。很多人都很喜欢京东"211 限时达"这样的服务,但在看似简单的发货和收货之间,却隐藏着一套复杂的物流系统,京东称之为"青龙"。京东物流是京东商城的核心竞争力之一,青龙系统正是在背后支持这一庞大的物流体系的核心系统。

在京东青龙物流配送系统中实现快速配送的核心就是预分拣子系统。预分拣是承接用户下单到仓储生产之间的重要一环,可以说没有预分拣系统用户的订单就无法完成仓储的生产,而预分拣的准确性对运送效率的提升至关重要。

预分拣系统根据收货地址等信息将运单预先分配到正确的站点,分拣现场依据分拣结果将包裹发往指定站点,由站点负责配送。所以预分拣结果的准确性对配送系统至关重要。青龙配送系统在预分拣中采用深度神经网络、机器学习、搜索引擎技术、地图区域划分、信息抽取与知识挖掘,并利用大数据对地址库、关键字库、特殊配置库、GIS 地图库等数据进行分析并使用,使订单能够自动分拣,且保证 7×24 小时的服务,能够满足各类型订单的接入,提供稳定准确的预分拣接口。服务于京东自营和开放平台(POP)的业务。

整个的青龙配送系统是由一套复杂的核心子系统搭建而成的。在各个环节中有相应的技术进行配合。

终端系统：通常你会看到，京东的快递员手中持有一台 PDA 一体机，这台一体机实际上是青龙终端系统的组成部分。在分拣中心、配送站都能看到它的身影。据了解，目前京东已经在测试可穿戴的分拣设备，推行可穿戴式的数据采集器，解放分拣人员的双手，提高工作效率。此外，像配送员 APP、自提柜系统也在逐步覆盖，用来完成"最后一公里"物流配送业务的操作、记录、校验、指导、监控等内容，极大地提高了配送员的作业效率。

运单系统：这套系统是保证你能够查看到货物运送状态的系统，它既能记录运单的收货地址等基本信息，又能接收来自接货系统、PDA 系统的操作记录，实现订单全程跟踪。同时，运单系统对外提供状态、支付方式等查询功能，供结算系统等外部系统调用。

质控平台：京东对于物品的品质有着严格的要求，为了避免因为运输造成的损坏，质控平台针对业务系统操作过程中发生的物流损耗等异常信息进行现场汇报收集，由质控人员进行定责。质控系统保证了对配送异常的及时跟踪，同时为降低损耗提供质量保证。

GIS 系统：基于这套系统，青龙将其分为企业应用和个人应用两个部分，企业方面利用 GIS 系统可以进行站点规划、车辆调度、GIS 预分拣、北斗应用、配送员路径优化、配送监控、GIS 单量统计等功能，而对于个人来说能够获得 LBS 服务、订单全程可视化、预测送货时间、用户自提、基于 GIS 的 O2O 服务、物联网等诸多有价值的物流服务，通过对 GIS 系统的深度挖掘，使物流的价值得到进一步的扩展。

青龙系统从诞生以来，经历了从 1.0 到 3.0 的蜕变。1.0 完成了对海量信息处理，满足日常海量数据处理的需求，对原有系统进行了重构，使得分拣系统与配送系统达到了全方位的提升。而在 2.0 阶段，京东推出了自提柜系统，用以解决"最后一公里"的难题。经过不断的更新，自提柜的功能也在不断地丰富，水电缴费、一卡通充值、社区 O2O、冷藏/冷冻，生鲜自提、WiFi 热点等诸多功能将会逐步实现。

系统在技术上也进行了革新，包括 SOA 框架、分布式调度、Redis、MQ、分布式 MySQL 等，有力地保障系统平稳运行，提升系统效率。针对架构研发团队进行了诸多改进，如基于 Redis 的分布式调度，做到了兼容已有数据库方案，实现了平滑升级、重启等不丢数据、高并发、支持批量处理、支持防重注、支持 Redis 故障（自动和手动）切换。

2014 年，青龙迈向了 3.0 时代，这一阶段"对外开放，构建生态系统"成为了重要的战略方向，完成了 SOP 订单对接和 ISV 对接的重要项目，至此青龙的业务模式也开始从京东内部物流系统转变为社会化物流。这种开放，使得京东的物流平台具备了更多的功能，例如跨境的电商，O2O 的配送。而京东也在进一步地将渠道下沉，青龙乡村管家系统，将物流配送的深度扩展到了农村，使村里人和城里人享受同等的消费服务。青龙的创新还在继续，物流的速度以一句话来总结："没有最快，只有更快。"

来源：山西新闻网

思　考　题

京东公司如何通过青龙物流系统成功地打造自己的核心竞争力的？给你哪些启示？

复 习 与 讨 论

1. 电子商务物流的特点有哪些？

2. 电子商务物流包括哪些内容？

3. 企业自营物流的优缺点是什么？

4. 第三方物流模式有哪些优缺点？

5. 第四方物流模式的概念和优势有哪些？

6. 简述几种电子商务物流技术的内容。

7. 讨论题：电子商务企业该如何考虑适合自己的物流解决方案？从具体的电商企业进行分析讨论。

第10章 网上服务业

建设银行电子商务解决方案

中国建设银行正在尝试将传统的融资业务、资产负债业务、中间业务、信用卡业务、国际业务和批发零售等业务结合前沿的电子商务发展方向，建设自主的电子商务平台，创新业务发展模式，以电子商务为基本结算模式，以银行信用为担保，为企业客户和个人客户提供资金结算、清算、监管、托管等中间业务以及信贷融资等全方位一体化的金融解决方案。

中国建设银行电子银行和电子支付业务近两年取得长足发展，形成了包括网上银行、电话银行、手机银行等电子银行产品系列，构建了网上支付、电话支付、手机支付三位一体的电子支付结算体系。目前该行电子商务产品涵盖缴费支付、网上商城、大宗商品交易平台、网络信贷等领域：

1. "缴费支付"提供全方位的缴费服务，包括缴纳手机费、电话费、水费、电费等各种日常生活费用，可以批量缴纳、预约缴纳。

2. 中国建设银行网上商城依托于中国建设银行国际互联网站，云集众多商家，致力于为商户搭建营销展示平台和便捷结算通道，为客户营造快捷、安全、方便的购物环境。

3. "e商贸通"是中国建设银行面向大宗交易市场客户的综合信息服务平台，该平台对内连接中国建设银行的核心业务系统和中国建设银行的各营业网点及电子银行渠道，组成贯通全行的信息交换平台；对外连接中国建设银行交易市场客户，为市场以及市场所属会员客户提供资金结算、清算、托管、贸易融资、信贷资金监管等服务。

4. 对公网络银行信贷业务是中国建设银行专门为网络交易平台上的电子商务客户提供融资服务的金融业务，通过银行与网络交易平台的合作，引入网络信用记录作为评价的重要依据，通过系统对接，实现贷款全流程的线上操作，使企业客户得到更简单、更快捷、更高效的服务。

10.1 服务业概述

10.1.1 服务的定义

由于社会分工的发展，一部分人不从事工农业生产，只为他人提供非工农业产品的效用或有益活动，人们便把这种现象称之为服务。因为服务涉及人类复杂的行为，所以国内外至今也没有形成一个被普遍接受的解释。代表性的定义有：

（1）1960年，美国市场营销学会（AMA）将服务定义为：用于出售或者是用产品连在一起进行的出售活动、利益或满足感。

（2）1963年，著名学者雷根（Regen）将服务定义为：直接提供满足（交通、房租）或者与有形商品及其他服务（信用卡）一起提供满足的不可感知活动。

（3）1990年，北欧学者格鲁诺斯（Gronroos）将服务定义为：服务是指或多或少具有无形特征的一种或一系列活动，通常（但并非一定）发生在顾客同服务的提供者及其有形的资源，商品或系统相互作用的过程中，以便解决消费者的有关问题。

综合以上各种定义，可将服务定义为：服务是具有无形特征却可给人带来某种利益或者满足感的可供有偿转让的一种或一系列活动。此处定义的服务概念反映下面三个要点。

（1）服务首先要具有使用价值，是一种无形产品。

（2）服务是交易对象，应当反映不同经济主体之间的关系，如果是同一经济主体内部发生的经济关系，比如为自己做家务等，就不算服务。

（3）服务是运动形态的客观使用价值，一般不表现为静态的客观对象。

10.1.2 服务业的划分

我国服务业的统计范围与国际通行的范围基本一致，根据我国的标准国民经济行业分类，所有的产业部门划分为三个产业，第一产业是农林牧渔业；第二产业为工业和建筑业；第一产业和第二产业以外的部门是第三产业，也就是服务业。服务业包括12个行业：农林牧渔服务业、地质勘查水利管理业、交通运输仓储及邮电通信业、批发和零售贸易餐饮业、金融保险业、房地产业、社会服务业、卫生体育和社会福利业、教育文化艺术及广播电影电视业、科学研究和综合服务业、国家机关党政机关和社会团体、其他行业。

由于我国的服务业是在经济发展的不同阶段建立和发展起来的，因此，包括的范围广泛，既有传统的行业，如邮电业、交通运输业、商业饮食业、居民服务业、修理业等，又有新兴的服务部门，像旅游业、广告业、文化体育娱乐业、房地产开发及管理业、电子商务、金融业、软件业、信息咨询服务业等现代服务业。

基于服务概念的相对性和多层次性，现代服务业有狭义和广义之说。从狭义来讲，现代服务业是相对于"传统服务业"而言的，它伴随信息技术的应用和信息产业的发展而出现，是信息技术和服务产业结合的产物。具体包括两类：一类是直接因信息产业和信息化的发展而产生的新兴服务业形态，如计算机和软件服务、移动通信服务、信息咨询服务等；另一类是通过应用信息技术，从传统服务业改造和衍生而来的服务业形态，如金融、房地产、电子商务等。从广义来看，现代服务业是一种现代化、信息化意义上的服务业，它是指在一国的产业结构中，基于新兴服务业成长壮大和对传统服务业改造升级而形成的新型服务业体系，体现为整个服务业在国民经济和就业人口中的重要地位，以及服务的高度信息化水平等方面。

10.1.3 服务业的特点

现代服务业的发展本质上来自于社会进步、经济发展、社会分工的专业化等需求。传统服务业一般具有增值低、乘数效应小和劳动力素质差等特点。与之相比，现代服务业一般具有五大基本特征。

(1) 高技术性，即现代服务业科技含量高。例如，银行存贷款业务是传统的银行服务业务，但若采用高科技的计算机网络技术，建立起电子银行和网上存贷款服务系统，则银行业就变成了现代服务业。

(2) 知识性，即现代服务业为消费者提供知识的生产、传播和使用服务，使知识在服务过程中实现增值。例如，教育服务、科研服务、文化传媒服务、专业技术服务、计算机软件应用服务等。

(3) 高增值性和集群性，即现代服务业不仅可以是服务产生知识的增值，而且可以产生服务的规模效应和各种服务相互融合的聚集效应，产生服务的大幅度增值。例如，现代服务业的交互融合程度高、大多聚集于国际大都市之中，从而使像纽约、伦敦、东京、北京等大都市，拥有众多的国际性咨询企业、金融企业、网络服务企业、市场中介组织和教育培训基地等，由此带动整个大都市的服务经济能够产生规模效应和乘数效应，即引起现代服务业的不断扩张、专业分工细化和高效益的协作。

(4) 从业人员高素质性，即现代服务业的从业人员大都具有良好的教育背景、专业知识基础和技术、管理的能力，从而构成了现代服务业的核心能力和"白领"、"灰领"阶层的聚集。

(5) 新兴性，即在时间上是现代兴起的或从过去演变而来的。例如，计算机服务业和软件业就是新兴的；以电子商务和第三方集中配送为基础的物流服务业就是从传统商业、运输业中衍生而来的。

10.2　网上金融

10.2.1　金融业概述

1. 金融与金融活动

金融，一般是指金融资产，也可以说是与金融资产流通和信用有关的各种活动。严格地讲，金融是指在社会经济生活中金融资产流通和信用活动以及与其相关联的一切经济关系的总和。具体地讲，金融作为一个经济范畴，其内容包括金融关系、金融活动、金融机构、金融工具、金融市场等一切与金融资产信用相关的经济关系和活动。在这里，融通的主要对象是货币和货币资金，而组织这种融通的机构则为银行和其他金融机构。因此，金融活动涉及货币、信用、银行和非银行金融机构、金融市场等诸多方面。凡是货币和货币资金的借贷、收付、有价证券的发行、转让和外汇的买卖，以及与上述活动密切相关的信托、保险等都属于金融活动。

2. 金融业务及产品

金融机构是从事各类金融活动的组织，一般是指商业银行、保险公司、投资基金机构、证券公司、期货经纪公司等，在不同的金融机构中有着不同的金融业务。

商业银行是以创造最大化利润为目标，通过多种金融负债筹集资金，进行多种金融资产的经营活动和信用创造，为客户提供多功能、综合性服务的金融企业，它是最重要的、最基本的金融机构，是金融市场中最主要的金融机构之一。商业银行既是金融市场上的资金提供者，又是资金需求者；既参与货币市场活动，又参与资本市场活动。因此是金融市场上的重要主体。此外，商业银行在金融市场上还发挥着信用中介、支付中介和金融服务等功能。尽管各国商业银行的组织形式、名称、经营内容和重点各异，但就其经营的主要业务来说，一般均分为负债业务、资产业务以及表外业务。随着银行业国际化的发展，国内这些业务也还可以延伸为国际业务。

保险公司一般可分为人寿保险公司、财产保险公司和灾害保险公司。人寿保险公司是为人们因意外事故或死亡而造成的经济损失提供保险的金融机构。人身保险业务，包括人寿保险、健康保险、意外伤害保险等保险业务。财产和灾害保险公司是为企业及居民提供财产意外损失保险的金融机构。财产保险业务包括财产损失保险、责任保险、信用保险等保险业务。

投资基金机构是金融市场上的主要资金供应者，其资金主要投放于股票、债券、期货合约和期权合约等金融工具。证券公司是指依法设立具有法人资格可经营证券业务的金融机构。证券公司的主要业务有代理证券发行、代理证券买卖、自营证券买卖以及其他咨询服务业务等。

10.2.2 网上银行

1. 网上银行模式

网上银行，包含两个层次的含义，一个是机构概念，指通过信息网络开办业务的银行；另一个是业务概念，指银行通过信息网络提供的金融服务，包括传统银行业务和因信息技术应用带来的新兴业务。在日常生活和工作中，我们提及网上银行，更多是指第二种概念，即网上银行服务的概念。网上银行业务不仅仅是传统银行产品简单向网上的转移，其服务方式和内涵也发生了一定的变化，而且由于信息技术的应用，又产生了一系列全新的业务品种。网上银行最早起源于美国，其后迅速蔓延到 Internet 所覆盖的各个国家。美国安全第一网上银行(SFNB)从 1996 年就开始了网上金融服务。

目前国际上提供网上银行服务的机构分两种。一种是原有的负担银行(Incumbent Bank)，机构密集，人员众多，在提供传统银行服务的同时推出网上银行系统，形成营业网点、ATM、POS 机、电话银行、网上银行的综合服务体系，这种形式的网上银行占了网上银行总数的 90％以上。另一种是信息时代崛起的直接银行(Direct Bank)，机构少，人员精，采用电话、Internet 等高科技服务手段与客户建立密切的联系，提供全方位的金融服务。

2. 网上银行主要业务

随着银行电子技术的发展，网上银行的业务及服务功能也在不断地创新和发展，特别在发达国家，由于网上银行起步早，技术先进，网上银行几乎可以提供与传统的营业网点相同的服务。根据服务对象的不同，可以把我国网上银行划分为个人网上银行和企业网上银行。

　　1）个人网上银行

　　个人网上银行是指银行以网络为媒介，为个人客户提供的自助金融服务。目前我国商业银行为个人客户所提供的服务主要有以下几类：

　　（1）基本业务。包括新闻资讯、银行内部信息及业务介绍、银行分支机构导航、外汇牌价、存贷款利息、股票指数、基金净值公共信息；针对具体个人账户的余额查询、交易查询、密码修改等私人业务。

　　（2）自助缴费。客户可以通过互联网向银行特约收费单位自行缴纳各类日常费用，如电费、电话费、保险费等，具体包含自助缴费功能申请、缴费、功能取消。

　　（3）转账汇款。能够实现多种账户之间的网上自助转账汇款，收款人既可以是同行个人客户或企业客户，也可以是其他银行的个人或企业客户。具体功能一般包括活期转账汇款、定活互转、向企业转账、跨行转账、预约转账、批量转账、外汇汇款、结果查询、收款人名册等。

　　（4）在线投资。能够随时分析、投资基金、外汇、黄金、债券、保险、期货等，进行全方位的投资理财。

　　（5）网上支付。在各个 B2B、B2C 商家网上购物时实现实时付款结算。

　　（6）信用卡服务。提供基本和常用的信用卡业务功能，具体包括在线开通信用卡、查询信用额度、取款额度/可用额度/余额/消费积分、信用卡还款、挂失信用卡等。

　　（7）自助贷款。可以把存在银行账户的定期外币储蓄存款作质押，向银行申请贷款，贷款资金随时申请随时获得。具体功能包括申请贷款、申请展期、债务转化、归还贷款、查询贷款情况、查询贷款额度、住房贷款、汽车贷款、查询业务（逾期）情况、试算等。

　　（8）其他服务。包括针对客户个人情况的理财计划，债券债务管理服务，密码维护、短信查询和安全提醒、网银安全定制等服务。

　　2）企业网上银行服务

　　企业网上银行是指银行以网络为媒介，为企业客户提供的自助金融服务。目前我国商业银行为企业客户所提供的服务各具特色，但总的来说可分为以下几类：

　　（1）基本业务。包括新闻资讯、银行内部信息及业务介绍、银行分支机构导航、外汇牌价、存贷款利息、股票指数、基金净值公共信息；企业账户的余额查询、交易查询、密码修改等业务。

　　（2）自助贷款。银行预先审批贷款授信额度、循环使用、自助提取额度内贷款和自助还款，资金实时到账。

　　（3）代理收付。实现全国本地、异地代发代扣业务，款项实时到账。

　　（4）网上票据。为公司客户在涉及商务链的商流销售票据回笼和物流采购票据支付等方面提供完善的电子解决方案。

　　（5）网上信用证。通过网上企业银行实现网上开证、修改、通知以及网下授信和议付，完成国内信用证的全部业务操作。

　　（6）转账汇款。通过互联网为企业客户提供方便、快捷的同城或异地款项汇出和汇入服务。

（7）投资理财。为企业网上银行客户提供银行发行的理财产品信息查询、认购、买卖、终止以及理财账务管理等业务服务，提供黄金买卖服务。

（8）国际贸易相关业务。包括网上外汇汇款、网上国际信用证等业务。

（9）委托贷款。通过企业网上银行自助进行委托贷款放款申请、还款申请和委托贷款查询等服务。

（10）个性化服务。企业网上银行服务不仅是将传统的企业银行业务进行网络化，而且依托互联网不断进行产品服务的创新，企业网上银行已经深入企业内部管理，结合企业实际为其提供个性化服务。比如招商银行推出的"网上结算中心"和"财务管理中心"，工商银行推出的"工行财 e 通"都已经成为企业财务管理的好帮手。

3. 网上银行的特点

（1）降低银行交易成本。据国外资料统计，通过不同途径进行每笔交易的成本如下：营业网点为 1.07 美元，电话银行为 0.54 美元，ATM 为 0.27 美元，PC 为 0.15 美元，Internet 为 0.1 美元。可见网上银行交易成本是最低的。

（2）为客户提供更高质量的金融服务。网上银行与传统的营业网点相比，网上银行提供的服务是更加标准化和程序化的服务，避免了由于个人情绪及业务水平不同带来的服务质量的差异。

（3）提供的服务简便、快捷、不受时空限制，节约时间，降低客户交易成本。

（4）有助于树立银行良好形象。开办网上银行是一家银行实力的标志，社会公众能从中享受高质量的金融服务，增强了客户与银行的业务联系，提高了客户对银行的认知率，在无形中树立了银行的良好形象和良好信誉。因而，网上银行能增强银行的竞争能力。

（5）业务智能化、虚拟化。传统"砖瓦型"银行，其分支行以物理形式存在，主要借助于物质资本，通过众多银行员工的辛苦劳动为客户提供服务。而网上银行主要依赖终端机和互联网，借助现代技术让客户以自助形式自己在短时间内完成账户查询、资金转账、现金存取等银行业务。

（6）服务个性化。传统银行一般是单方面开发业务品种，向客户推销产品和服务，客户只能在规定的业务范围内选择自己需要的银行服务，而互联网为银行服务提供了交互式的沟通渠道，客户可以在访问网上银行站点时提出具体的服务要求，网上银行与客户之间采用一对一金融解决方案，使金融机构在与客户的互动中，提供有特色、有针对性的服务，通过主动服务赢得客户。

（7）金融业务创新的平台。传统银行的业务创新主要围绕资产业务，针对商业银行的资产负债业务，进行资产证券化，对金融产品进行改造与组合，满足客户和银行的新需求。而网上银行侧重于利用其成本低廉的优势和互联网丰富的信息资源，对金融信息提供、企业资信评估、理财顾问、资金头寸控制、专家投资分析等业务进行创新和完善，提高信息的附加值，强化银行信息中介职能。

4. 中国电子银行消费状况

中国金融认证中心（CFCA）公布的《2016 年中国电子银行调查报告》显示，2016 年个人网银用户比例达 46%，相比 2015 年增长了 6 个百分点，增速呈现平稳态势。2016 年，个人网银用户比例在一二三线城市分别为 52％、48％、42％，用户比例呈现随城市级别逐级下降趋势；三线城市用户比例紧追二线城市，三线城市与一二线城市"数字化鸿沟"特点不再显著。2016 年全国个人网银活动用户比例为 79％，从 2013 年呈现出逐年下降的趋势；交易用户比例 61％，回落到 2011 — 2012 年的水平。下降的主要原因：① 以支付宝、微信支付为代表的第三方支付广泛应用对电子银行渠道的替代作用；② 以手机银行为代表的多种电子银行渠道的替代作用，用户认为有一种银行电子渠道即可，没必要使用更多渠道。个人手机银行用户经常使用账户查询、转账、缴费功能。

2016 年，在全国企业用户中，企业网上银行用户比例为 75％，近三年增长速度呈现放缓的趋势，企业网银用户比例提升主要受限于微型企业。企业电话银行、企业手机银行、企业微信金融服务的用户比例分别为 22％，14％和 8％。企业微信金融服务因技术较低，增长只有 1.7 倍。

个人网银的发展障碍主要是第三方支付和手机银行的替代，而个人手机银行的发展障碍是第三方支付的替代和担心不安全，在消除手机银行的安全顾虑后，个人手机银行发展空间更大。

10.2.3　网上证券

1. 网上证券及其特点

网上证券业务可以看作是证券业务的电子商务实现。证券电子商务就是运用先进的信息与网络技术对证券公司原有业务体系中的各类资源及业务流程进行重组。证券电子商务的特点主要表现为以下几点：

(1) 网上交易不受地域限制，极大地提高了投资选择的自由度。

(2) 营业部的业务核心地位降低，相关业务、数据逐渐整合到中心业务平台。

(3) 网上交易量逐渐增加。传统委托方式主要以现场委托、电话委托为主，随着互联网的普及、越来越多的用户选择以互联网为交易渠道，在享受方便、快捷的服务的同时，也可以获得一定的证券交易佣金优惠。

(4) 与银行系统联网，资金跨地区实时划拨。目前我国在证券交易管理中遵循"券商管证券，银行管资金"的原则，投资者的证券保证金由银行托管，投资者可以通过银行方便地进行资金地自由划转。

(5) 证券市场的地域概念明显淡化，国际国内的证券市场逐步走向整合。

2. 网上证券业务

证券业电子商务的表现形式十分丰富，几乎可以涵盖经纪业务、投资银行业务、研究咨询业务、理财业务等证券业务的各个方面。目前，开展比较好的主要是网上证券发行、网上证券交易和各种增值服务。

(1) 网上证券发行。网上证券发行是由证券发行者借助互联网，通过主承销商与投资者之间进行的交易活动，而网上路演已经成为了当前网上证券发行的一个重要方面。网上路演是指证券发行人和网民通过互联网进行互动交流的活动。通过实时、开放、交互的网上交流，一方面可以使证券发行人进一步展示所发行证券的价值，加深投资者的认知程度，并从中了解投资者的投资意向,对投资者进行答疑解惑;另一方面使各类投资者了解企业的内在价值和市场定位,了解企业高管人员的素质,从而更加准确地判断公司的投资价值。

(2) 网上证券交易。网上证券交易即通过互联网实现证券的交易过程。网上交易及其相关业务主要包括查询上市公司历史资料、查询证券公司提供的咨询信息、查询证券交易所公告、进行资金划拨、网上实时委托下单、电子邮件委托下单、电子邮件对账单、公告板、电子讨论、双向交流等。目前,投资者可以使用计算机、手机、机顶盒、手提式电子设备等各种信息终端进行网上证券交易。网上委托是网上证券交易中最重要的一个环节,所谓网上委托是指证券公司通过互联网,向本机构开户的投资者提供用于下达证券交易指令、获取交易成功的一种服务方式。目前我国证券公司主要提供两种网上委托方式。

第一种是证券公司门户网站模式。证券公司门户网站指证券公司建立的实现信息发布、业务咨询、营销推广、客户服务和投资者教育等功能的网站,证券公司以自己的门户网站作为固定的互联网站点,作为网上委托的入门网站。

第二种是网上证券客户端模式。网上证券客户端是指证券公司通过互联网向本公司开户的客户提供的用于查看行情、检索资讯、交易委托等的应用程序,包括基于计算机和手机等终端的前端软件。投资者按要求下载安装指定客户端程序,进行网上委托时开启客户端程序进行交易。

(3) 证券增值服务。基于互联网的证券增值服务从内容上可分为一般财经信息服务、信息研究服务、专业咨询服务、投资理财顾问服务等。一般财经信息服务基本都由网站免费发布,其他几种服务或需要付费获得,或由证券公司向网上交易注册客户专门提供,基本都是有偿的。

证券增值服务从提供方式来分,可分为主动服务、互动服务和个性化服务等。证券交易的互动服务包括证券投资操作事务、证券投资提示服务、证券投资心理咨询、证券投资法律咨询、个股咨询等。

除了以上三种主要的证券电子商务形式外,不少证券类网站和证券公司还通过互联网向客户提供相关的外汇、期货等方面的辅助投资服务,还有一些证券投资顾问与外汇交易所、期货交易所的专业人士通过互联网结盟,共同为相关的投资者提供跨行业的组合投资分析,帮助客户更好地规避风险,获得更多的投资回报。

3. 网上证券面临的问题及对策

2000 年 3 月中国证监会颁布的《网上证券委托暂行管理办法》规范和推动了网上交易的发展,随后网上交易系统发展速度很快。网上进行的交易平均占比从 2006 年的 40% 发展到目前的 70%,最高达到 90% 以上。但网上证券交易存在以下几个方面的不足。

(1) 券商依靠服务商为其提供交易软件、技术支持和系统维护。而券商作为网上证券交易的经营方,往往自身不具备应用系统的技术开发能力,如果与服务商合作不顺畅,也会给网上交易带来风险。

(2) 计算机及网络的普及程度不足,这从根本上制约着网上交易的发展空间。

(3) 安全性问题始终困扰着网上交易的开展。无处不在的 BUG、病毒、黑客等安全问题让投资者面临不容忽视的交易风险。

通过互联网进行证券交易的投资者可能也面临下列交易风险：

(1) 因在互联网上传输，交易指令可能会出现中断、停顿、延迟、数据错误等情况。

(2) 机构或投资者的身份可能会被仿冒。

(3) 行情信息及其他证券信息，有可能出现错误或误导。

为了有效防范风险，我国《网上证券委托暂行管理办法》规定证券公司必须在入口网站和客户终端软件上对上述风险进行揭示。同时证券公司必须采取可靠的技术或管理措施，正确识别投资者的身份，防止假冒客户身份或证券公司身份；能够防止非法访问；必须保证网上委托中交易数据传输的安全、完整与准确；必须有防止事后否认的技术或措施。2009 年 6 月 23 日，中国证券业协会发布了《证券公司网上证券信息系统技术指引》(以下简称《指引》)，《指引》强调了网上证券信息系统安全的重要性，使证券公司能据此对网上证券信息系统进行统一规划、建设、管理和运行，提升行业网上证券信息系统安全的整体水平，保障网上证券信息系统安全运行；《指引》提出了确保网上证券信息系统安全的一些基本要求；明确了网上证券信息系统建设中的网络隔离、身份认证、防入侵、防攻击等一些具体的技术指标和要求，为公司的系统技术建设提供具体的指导；《指引》明确了网上证券信息系统安全管理相关的具体措施和要求，如人员分离、软件升级、测试、评估、系统的访问控制、容量管理、应急预案等，为公司的系统安全建设提供具体的指导。

10.2.4　网上保险

1. 网上保险的含义

网上保险也称保险电子商务，是指保险公司或保险中介机构以互联网和电子商务技术为工具来支持保险经营管理活动的经济行为。完整意义上的保险业电子商务是实现保险信息咨询、保险计划书设计、投保、缴费、核保、承保、保单信息查询、理赔和给付等保险全过程的网络化，也就是说，真正的保险业电子商务是要通过网络实现投保、核保、理赔、给付的全过程，完全免除传统的人工程序。网络保险不仅应包括面向客户的网站建设，还应包括构建公司内部的信息系统。

一般来说，保险业电子商务的参与方包括保险客户、保险公司、保险中介机构、银行和认证中心等，不同的险种还涉及与其相关的各类业务部门，如交通车辆险与政府交通管理部门相关，寿险则与医院联系密切。可以说，保险电子商务涉及面很广，利用互联网实现相关部门的信息传递与交互，对保险业的高效运作有着重要的保障作用。

2. 网上保险的特点

(1) 虚拟性。开展保险电子商务不需要具体的物理场所和地址，只需要申请一个网址，建立一个服务器，并与相关交易机构做链接，就可以通过 Internet 进行交易。它没有现实的纸币乃至金属货币，一切金融往来都是以数字化在网络上得以进行。

(2) 直接性。网络使客户与保险机构的相互作用更为直接，它解除了传统条件下双方活动的时间、空间制约。与传统营销"一对多"的传播方式不同的是，网上营销可以随时根据消费者的个性化需要提供"一对一"的个性化信息。客户也可以主动选择和实现自己的投保意愿，无须消极接受保险中介人的硬性推销，并可以在多家保险公司及多种产品中实现多样化的比较和选择。

（3）电子化。客户与保险公司之间通过网络进行交易，尽可能地在经济交易中采用电子单据、电子传递、电子货币交割，实现无纸化交易，避免了传统保险活动中书写任务繁重且不宜保存、传递速度慢等弊端，实现了快速、准确双向式的数据信息交流。

（4）时效性。网络使得保险公司随时可以准确、迅速、简洁地为客户提供所需的资料、客户也可以方便、快捷地访问保险公司的客户服务系统，获得诸如公司背景、保险产品及费率的详细情况，实现实时互动。而且，当保险公司有新产品推出时，保险人可以用公告牌、电子邮件等方式向全球发布电子广告，向客户发送有关保险动态，防灾防损等信息，投保人也用不着等待销售代表回电话，可以自行查询信息，了解新的保险产品的情况，有效地解决了借助报纸、印刷型宣传小册子时效性差的问题。

（5）个性化及多样化。保险公司通过互联网可以实现高效的客户关系管理，为客户提供更富个性化的专业产品和服务，同时，也为他们提供了更多的保险产品和服务选择，对提高客户的满意度大有帮助。

（6）低成本。保险公司通过互联网直接与投保人建立关系，并能便捷、方便地完成交易和传递信息；同时还可在保险活动"价值链"中超越一些不必要的中间环节，可节省代理费或直接佣金，形成一种新型的低成本运作的供应链结构。这样一来，顾客可以以较低的价格获得保险产品和优质的保险服务。

3. 网上保险的主要业务模式

目前国内外比较常见的保险电子商务模式主要有以下七种：

（1）保险公司网站模式。保险公司网站模式是最初也是目前国内最常见的保险业电子商务模式，保险公司通过建立自己的网站向客户介绍本公司的保险产品和服务，并且提供与保险业务相关的各种信息。这种模式的主要目的是保险公司通过网络宣传和介绍自己的公司和产品，树立良好的市场形象。目前各大保险公司都构建了自己的企业网站，比如平安保险、人寿保险等。但目前保险行业的电子商务率还是比较低的，网站主要起到产品推介的作用，客户可以在网上获得绝大部分产品的咨询服务，但只有少数标准化的产品如车险、旅游险等可以在线投保。

（2）保险产品网站模式。保险产品网站模式是指保险公司建立起独立的电子商务平台，实现保险产品的网上销售以及为客户提供电子化服务等功能。

（3）综合性网站模式。综合网站在提供其他信息服务的同时，还常常提供金融和保险的网站链接，例如，在销售汽车主题下面，为客户设置汽车贷款和汽车保险的链接；在退休生活主题下面，设置养老保险的链接。

（4）网上保险经纪人模式。网上保险经纪人又被称为保险信息集合中心、搜寻器、保险超市或保险购物中心。这类网站是独立的，不为特定的保险公司进行宣传和服务。与传统保险经纪人完全不同，它专门提供这种保险产品的价格并对这些来自不同保险公司的产品进行比较。比如我国的易保网、优保网就提供此种服务。

（5）网上风险市场模式。这类网站扮演着风险交换站的角色，专门为保险公司、再保险公司和大型公司相互交换大型风险和风险组合提供场所和服务。

（6）反向拍卖模式。反向拍卖模式是指那些有特定的保险需求，或者保险采购额比较大的机构和个人通过专门的保险网站向保险公司发布求购信息,保险公司通过竞标的方式参与保险业务的交易。这是一种较为典型的 C2B 电子商务交易方式,因为投保人主动发布保险需求,所以投保人在交易过程中处于较为主动的地位,可以购买到更为合适、价格和服务更优的保险产品,特别是政府机构、大型企事业单位购买大额保险时,这种方式更合适。

(7) 提供某项专门服务的网上公司模式。除了以上提到的提供保险服务的网站之外,最近还出现了一些专门为保险业务的某一环节提供服务的网站,例如美国的 Cybersettle,这家公司专门处理律师和保险公司之间因责任险索赔发生的争议。另外还有一些公司提供其他类型的专业服务,例如专门为保险公司管理内勤。

4. 我国网上保险的发展现状

我国网上保险还没有实现全面的电子商务,目前保险电子商务主要是以信息咨询、保险计划书设计、在线投保、缴费、保单信息查询为主要内容。就在线投保产品而言,目前汽车保险、意外保险、家庭财产保险、旅游保险等相对简单的标准化产品可以实现在线投保;而一些相对复杂的个性化的保险品种,如理财保险、健康保险、养老保险、医疗保险、团体保险等可以进行在线保险计划书设计,但投保还是以传统方式为主。截至 2009 年底,全国有 32 家保险公司在网上销售产品,2009 年保险业网上实现保费收入为 77.7 亿元。除了在本公司的门户网站销售产品外,多家保险公司还联合网上商城、第三方支付平台,扩大网上销售渠道,目前提供网上保险销售服务的平台主要有以下三种:

(1) 保险公司网站。保险公司自建门户网站,比如中国平安、中国人寿等。此类网站作为保险公司的门户为本公司客户提供全方位的综合保险服务。其服务内容涵盖了信息咨询、保险计划书设计、在线投保、缴费、保单信息查询、保险客户服务、保险新闻、保险知识等。

(2) 第三方保险服务网站。第三方保险服务网站不属于任何保险公司,而是以中介平台的形式集合了若干保险公司的产品,如优保、易保、慧择网等。第三方保险服务网站可以提供保险咨询、险种对比、在线投保、在线支付、理赔咨询等。

(3) 第三方网上商城。第三方网上商城模式是我国一种新兴的网上保险模式,2010 年年初,泰康人寿、华泰保险、阳光保险、平安保险等保险公司登录淘宝商城通过淘宝网销售旗下保险产品。目前淘宝网保险区在售产品主要是旅游意外险、综合意外险、交通工具意外险、家庭财产险等四类。

10.3 网 上 旅 游

10.3.1 旅游业及其特点

1. 旅游业含义与范围

根据世界旅游组织的定义,旅游是指人们不为谋求职业或从中获得赢利而短期离开常住地,到其他地方停留。旅游业则是指提供旅游产品与服务的产业,主要包括旅行社业、旅游饭店业、资源景区业、旅游餐饮业、旅游交通业。

2. 旅游业特点

与其他行业相比,电子信息手段在旅游业中的地位和作用尤为突出。世界旅游组织商务理事会(WTOBC)的一份报告指出,今后世界主要旅游客源地约 1/4 的旅游产品订购将通过互联网进行。电子商务在旅游业中有如此快速的普及和发展,和旅游业本身的性质和特征是分不开的。旅游业与电子商务的适应性表现在下面几点:

(1) 旅游业是一个综合性行业。旅游业不是单一行业,其内部包括既密切相关又相对独立的若干行业,如景区、餐饮、交通、饭店、娱乐、旅游企业等。这些行业之间互相联系,互相制约,形成一个系统,任何单一要素出现问题都有可能导致系统失灵。

(2) 旅游业是信息密集型和信息依托型产业。信息在旅游业中是至关重要的,旅游者在决定行程前要广泛收集关于旅游目的地和旅游产品的信息,做出比较。旅游促销是向目标客源市场传递信息的过程。旅游者预定旅游产品,得到确认,实际上是严格的信息传递过程。为了更好地组织和设计旅游产品、适应市场需求,旅游经营机构也希望了解尽可能多的旅游者信息,如旅行者偏好、旅游者对产品的看法、旅游需求的发展趋势等。

(3) 旅游业是跨国界合作和跨空间运作的典型产业。随着世界经济的发展以及国际间交流合作的扩大旅游业迅速发展。通信和运输手段的现代化以及世界经济的发展,为国际旅游提供了保证。当前国际国内市场趋于统一,无国界经济的发展带来旅游活动的国际化和资本流向国际化,这使得世界各国的旅游业越来越相互依赖、紧密联系,呈现一体化的无国界旅游状态。

国际化的旅游业,需要解决旅游产品和旅游交易信息的跨国传递、资金的跨国结算等问题,操作中的票据、票证、文件繁多。以微电子为基础的信息技术、信息网络尤其是 Internet 的形成,给国际旅游业的发展提供了又一次动力。基于 Internet 的电子商务的兴起更是为传统的国际旅游业的优化和创新提供了动力和机会。

(4) 旅游电子商务较少涉及物流问题,与实物产品贸易不同,在旅游电子商务交易中,对物流环节的需求相对较少。交易的确认可以通过信息流的形式实现,而以旅游者的流动,完成旅游者消费而实现整个交易过程。这是由旅游生产与消费同时性的特点所决定的。

10.3.2 网上旅游主体要素

旅游电子商务是指通过先进的网络信息技术手段实现旅游商务活动各个环节的电子化,包括通过网络发布、交流旅游基本信息和旅游商务信息,以电子手段进行旅游宣传促销、开展旅游售前售后服务;通过网络查询、预订旅游产品并进行支付;也包括旅游企业内部流程的电子化及管理信息系统的应用等。

旅游业的复杂性决定了服务于旅游信息沟通和交易的旅游电子商务体系的多元复杂性。旅游电子商务的应用机构包括旅游服务企业(即旅游饭店、旅游车船公司、从事接待服务的旅行社)、旅游中间商(即旅游批发商、旅游代理商、订房中心)、旅游营销机构。同时,主要由技术公司开发建设的全球分销系统(GDS)和计算机预订系统(GRS),以及面向公众的专业旅游网站、网站旅游频道、提供交易中介服务的旅游电子商务平台在旅游电子商务中也扮演着重要的角色。

这里从要素的角度来介绍旅游电子商务体系,这些要素主要包括以下内容:

（1）网络信息系统——旅游电子商务体系的架构和基础。旅游电子商务的基础是网络信息系统，它是提供信息、实现交易的平台。旅游电子商务中涉及的信息流、资金流都和网络信息系统紧密相关。网络信息系统由旅游机构和电子商务服务商在计算机网络基础上开发设计，它可以成为旅游企业、机构及旅游者之间跨越时空进行信息交换的平台。在信息系统的安全和控制措施的保证下，旅游机构可以在网站上发布信息，旅游者可搜寻和查看信息。交易双方能便捷地交流，通过网络支付系统可进行网上支付。旅游预订和交易信息可指示旅游企业组织旅游接待服务，最后保证旅游业务的顺利实现。网络信息系统的主要作用是提供一个通畅的、安全的和可控制的信息交换平台，它是旅游电子商务体系的骨架和基础。

（2）电子商务服务商——旅游电子商务的技术支持者。旅游电子商务系统作为信息技术服务于旅游业的庞大体系，需要有一大批专业化分工者进行相互协作，为旅游企业、旅游机构和旅游者在网络信息系统上进行商务活动提供支持。根据服务内容和层次的不同，可以将电子商务服务商分为两大类：一类是系统支持服务商，为旅游电子商务系统提供系统支持服务，为旅游电子商务参与方的网上商务活动提供技术和物质基础；另一类是专业的旅游行业电子商务平台运营商，它建设、运营旅游电子商务平台，为旅游企业、机构及旅游者之间提供沟通渠道、交易平台和相关服务。

（3）旅游目的地营销机构、旅游企业和旅游者——旅游电子商务的应用主体。旅游商务活动，包括旅游产品的供方通过各种手段把旅游产品的有关信息传递给需方，影响、促进旅游需求并形成交易过程。现代旅游商务活动的主要参与者包括旅游目的地营销机构、旅游企业和旅游者。其中旅游目的地营销机构是目的地旅游形象的整体宣传者和旅游企业营销活动的统筹者。旅游企业包括旅游服务提供商和旅游中间商，生产、组织和销售旅游产品，开展跨地区、跨国界的旅游经营活动。旅游者购买旅游产品并到目的地进行旅游活动，是旅游产品的最终消费者。

（4）旅游信息化组织——旅游电子商务的推进者、规范者。旅游业的运行涉及旅游目的地营销机构、旅行社、航空公司、酒店、主题公园、景点、汽车租赁、火车、游轮公司、文娱场所、旅游购物中心、展览业等各种旅游、文化、信息传播机构等多种机构和环节。这些机构分布在不同的地域，规模大小不一，对信息化的认识和应用程度不同。旅游电子商务在行业内的普及，需要有专业的、广泛服务于行业的引导者、服务者、推动者、规范者。这些工作通常由政府旅游管理部门和旅游信息化方面的专业性机构来完成，在这里统称为旅游信息化组织。其职能包括：推动旅游营销机构和旅游企业更好地在旅游电子商务体系中定位自己，从先进的、新的通信技术中获益；推动旅游电子商务的标准化；制定旅游网络营销政策法规。

（5）支付、物流和规范——旅游电子商务实现的重要支持。网上支付是指电子交易的当事人，包括消费者、厂商和金融机构，使用安全电子支付手段通过网络进行的货币支付或现金流转。

10.3.3　网上旅游运作模式

1. 旅游企业间电子商务（B2B）

在旅游电子商务中，B2B 交易形式主要有以下几种：

（1）旅游企业之间的产品代理，如旅行社代订购机票与饭店客房，旅游代理商代售旅游批发商组织的旅游线路产品。

（2）组团社之间相互拼团，即两家或多家组团旅行社经营同一条旅行线路，并且出团时间相近，而每家旅行社只拉到为数较少的旅客时，旅行社征得游客同意后可以将客源合并，交给其中一家旅行社操作，以实现规模运作的成本降低。

（3）旅游地接社批量订购当地旅游饭店客房、景区门票。

（4）客源地组团与目的地地接之间的委托、支付关系等。

2. 旅游企业对企业类客户的电子商务（B2E）

B2E（Business to Enterprise）中的"E"是指旅游企业与之有频繁业务联系、或为之提供商务旅行管理服务的非旅游类企业、机构、机关。大型企业常需处理大量的公务出差、会议展览、奖励旅游事务。它们常会选择和专业的旅行社合作，由旅行社提供专业的商务旅行预算和旅行方案咨询，开展商务旅行全程代理，从而节省时间和财务成本。另一些企业则与特定机票代理商、旅游饭店保持比较固定的业务关系，由此享受优惠价格。

旅游B2E电子商务较先进的解决方案是企业商务旅行管理系统。它是一种安装在企业客户端的具有网络功能的应用软件系统，通过网络与旅行社电子商务系统相连。在客户端，大企业差旅负责人可将企业特殊的出差政策、出差时间和目的地、结算方式、服务要求等输入商务旅行管理系统，系统将这些要求传送到旅行社。旅行社通过系统自动匹配或人工操作为企业客户设计最优的出差行程方案，为企业预订机票及酒店并将预订结果反馈给企业客户。通过商务旅行管理系统与旅行社建立长期业务关系的企业客户能享受到旅行社提供的便利服务和众多优惠，节省差旅成本。同时，商务旅行管理系统还提供统计报表功能。用户企业的管理人员可以通过系统实时获得整个公司全面详细的出差费用报告，并可进行相应的财务分析，从而有效地控制成本，加强管理。

3. 旅游企业对旅游者的电子商务（B2C）

旅游企业对旅游者（个人客户）的电子商务基本等同于电子旅游零售。旅游散客通过网络获取信息，设计旅游活动日程表，预订旅游饭店客房、车船机票等，或报名参加旅行团，都属于B2C旅游电子商务。对旅游业这样一个目的地高度分散的行业来说，旅游B2C电子商务方便旅游者进行远程搜寻、预订旅游产品，克服距离带来的信息不对称。通过旅游电子商务网站订房、订票，是当今世界应用最广泛的电子商务形式之一。

旅游B2C电子商务还包括旅游企业对旅游者拍卖旅游产品，由旅游电子商务网站提供中介服务，如美国的著名旅游网站 Bid-vacations.com，它针对美国的旅游饭店和旅游客舱普遍存在的空房现象，组织旅游企业将这些闲置资源公布在网上，组织旅游者之间竞价拍卖，从而有效地均衡了旅游市场供求，构建了一种具有活力的网上交易服务形式。

4. 旅游者对旅游企业的电子商务（C2B）

旅游电子商务的另一种情况是旅游者对旅游企业（包括旅游服务提供商和旅游中间商）的交易。它由旅游者提出需求，然后由企业通过竞争满足旅游者的需求，或者是由旅游者通过网络结成群体与旅游企业讨价还价。

旅游C2B电子商务主要通过电子中间商（专业旅游网站、门户网站旅游频道）进行。这类电子中间商提供一个虚拟开放的网上中介市场，通过一个信息交互的平台。上网的旅游者可以直接发布需求信息,旅游企业查询后,双方通过交流自愿达成交易。

旅游 C2B 电子商务主要有两种形式。第一种方式是反向拍卖,是竞价拍卖的反向过程。由旅游者提供一个价格范围,求购某一旅游服务产品,由旅游企业出价,出价可以是公开的或是隐蔽的,旅游者将选择认为质价合适的旅游产品成交。第二种形式是网上组团,即旅游者提供他所设计的旅游路线,并在网上发布,吸引其他兴趣相同的旅游者。通过网络信息平台,愿意按同一线路出行的旅游者汇聚到一定数量,这时,他们再请旅行社安排行程,或直接预订饭店客房等旅游产品,可提高与旅游企业议价和得到优惠的能力。

10.3.4 我国网上旅游发展现状

根据公开数据整理,截至 2016 年 12 月,网上预订机票、酒店、火车票或旅游度假产品的网民规模达到 2.99 亿,较 2015 年底增长 3967 万人,增长率为 15.3%。网民使用网上预订火车票、机票、酒店和旅游度假产品的比例分别为 34.0%、15.9%、17.2%和 7.4%。其中,手机预订机票、酒店、火车票和旅游度假产品的网民规模达到 2.62 亿,较 2015 年底增长 5189 万人,增长率为 24.7%。我国网民使用手机在线旅行预订的比例由 33.9%提升至 37.7%。2016 年在线预订市场呈现出线上平台与传统旅游服务商竞合博弈激烈的态势。

旅游度假产品预订领域,国际化与线上线下融合趋势更为明显。相比于机票和酒店,旅游消费决策周期更长,市场重点仍在线下。据统计 2016 年携程、去哪儿、途牛、同程等 OTA 平台重回线下获客、线下整合旅游资源的趋势更为明显。同时在出境游市场快速发展的背景下,OTA 平台国际化进程加速,携程分别投资印度旅游公司及美国三大旅行企业;阿里旅行与新加坡、芬兰等多个国家旅游局合作上线国家馆。

10.4 网 上 招 聘

10.4.1 网上招聘概述

1. 网络招聘的含义

网络招聘是指企业通过互联网寻找和吸引候选人发送电子简历前来应聘,并借助互联网对其进行初步筛选而组织的一系列活动。

2. 网上招聘的主要服务

目前招聘网站提供的服务大同小异,主要面向企业提供简历查询、职位发布、简历订阅、人才猎寻、校园招聘、政策法规查询、人才测评、招聘外包、企业培训、网络广告和企业博客等服务;面向求职者提供简历存储、职位搜索、职位订阅、人才测评、求职指导、职业技能培训等服务。此外,网站还提供包括人事新闻、就业指数、薪资调查、薪资指数及培训与职业发展在内的各种综合人事信息,同时网站一般还建有求职者和人事经理之间的网上社区,便于他们做进一步的沟通和交流。

例如进入智联招聘网的首页(如图 10.1 所示),可以看见"简历中心"、"职位搜索"、"校园招聘"、"高端招聘"、"智联测评"等服务内容。网站首页分别设置个人会员登录窗口和企业用户登录窗口,并分设城市频道,求职者可以直接登录自己所在的城市频道来寻求相应的招聘信息。此外，网站首页有专场招聘会信息及大量企业的横幅招聘广告。求职者可以直接点击企业名称查询招聘信息，也可以选择特定的行业查询，或者直接利用搜索引擎功能在站内按不同的职位、行业、工作地点等进行组合查询以寻求找工作的机会。

图 10.1　智联招聘网主页

3. 招聘网站的商业模式

　　招聘网站主要是在求职者和招聘企业之间架起一座桥梁，为其提供方便、快捷的沟通渠道。从招聘网站提供服务的地域和行业划分，可以分为门户型网站、区域型网站和行业型网站。门户型网站实力雄厚，在多个城市设有分支机构或分公司，设有全国绝大部分省市的区域频道，为各行各业的企业和求职者提供服务，如智联招聘、中华英才网等。区域型网站的服务局限于某一特定省市或区域，主要为区域内的企业提供全方位跨行业的招聘服务，如天府人才网、上海招聘网、深圳人才网等。行业型网站主要为各个城市和地区提供针对行业细分市场的专业化服务，因此可以更加贴近用户，行业型网站在某个特定行业的市场份额可能超过门户型网站在同行业所占的份额。典型的行业型网站有外语人才热线、制造业人才网、建筑英才网。

　　招聘网站的服务区域和行业各有侧重，但总的来说提供的服务内容趋于同质化。资料显示，从 1997 年国内首家招聘网站上线至今，招聘网站数量已经达到了 1600 多家。这些网站采用的大都是网络招聘鼻祖"Monster"模式，"Monster"模式就是把招聘网站变成一个中介平台，先获取大量的注册用户和简历，使招聘企业愿意为此付费来发布招聘信息，网上招聘服务流程如图 10.2 所示。但是这种模式由于技术门槛相对较低，同质化严重，所以非常容易被复制。从整个网上招聘行业来看，目前我国大部分招聘网站还都处于亏损状态，究其原因，主要还是国内的网络招聘市场还不够成熟，同质化现象仍然较为突出。目前招聘网站的盈利来源主要是招聘企业的会员费、网络广告费、猎头服务、传统媒体收入、培训服务等。

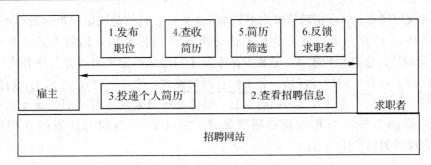

图 10.2　网上招聘服务流程

10.4.2　网上招聘的特点

对于求职者而言，网上招聘具有很大优势，具体可以归纳为如下几点：

（1）海量信息。与应聘职位相同或相近的职位非常多，少则几十条，多则上百条、上千条可供选择。

（2）效率高。传统招聘会大都需要大半天时间，且旅途劳顿；网上招聘则可以足不出户，不受风吹日晒，就能及时浏览到大量最新的职位发布，从而做出快速反应。

（3）不受空间限制。网络招聘不仅可以查到并申请所在城市的职位，而且可以跨地域地寻找工作，非常方便。

（4）节约成本。传统招聘方式需要制作简历，打印简历，如果再加上照片费用、门票、来回路费等，一场下来至少要几十元甚至上百元。网络招聘则大大节约了成本。

（5）反应快速。网上的招聘信息每天都有新动向，可以根据自己选中的公司和职位，对网络简历有针对性地做快速修改，避免了招聘会上对不同职位无法做相应变动的尴尬和遗憾。

但随着网上求职者越来越多，网上求职的弊端也逐渐显现，主要表现在：信息虚假，一些不法分子利用网络发布虚假招聘信息，诱骗求职者从事传销等非法活动；个人资料通过网络泄露，求职者在应聘时必须填写一些个人信息，这些个人信息在网络上流传容易被不法分子利用从事诈骗活动；反馈率低，很多求职者有这样的感受，网上投了很多简历，可过了很长时间也没收到一个面试通知。

对用人单位来讲，在网上招聘的优势主要体现在：资源丰富，收费低，速度快，针对性强，兼有很好的广告效果。

10.4.3　我国网上招聘发展状况

艾瑞咨询 2016 年分析认为，在互联网大环境下，传统招聘模式覆盖率低、效率差、成本高的弊端逐渐显现，同时随着互联网对各个行业的渗透，传统行业也倾向采用互联网招聘的方式。传统招聘规模的下降显而易见。此外，随着国家降低市场准入门槛改革的推行，同时又有创业热潮的进一步推动，预测未来我国中小企业规模仍会以较快速度增长。中小企业人才需求旺盛，为招聘市场带来新的发展契机。

据艾瑞咨询相关资料，我国网络招聘行业典型模式分为综合网络招聘模式、社交招聘模式、垂直社交模式、分类信息模式和新兴招聘模式。其中，综合招聘模式，代表企业有前程无忧、智联招聘等，综合招聘模式发展较早，这类企业目前是网络招聘的领军企业，市场份额超过 60%。社交招聘模式，是基于社交圈子和职业人脉的招聘方式，代表企业有 Linkedin 等网站。垂直招聘模式，是指专注于某个行业、特定人群或是某个特定区域的招聘服务，代表企业有拉勾网等网站。分类信息网站模式，代表企业有 58 同城、赶集网等网站，这类网站主要发布蓝领人群的招聘信息，招聘业务只是这类网站的一部分业务。新兴招聘模式，是指近些年兴起的新的招聘模式，如以 Boss 直聘为代表的直聊模式；以 100offer 为代表的拍卖模式等。

10.5　其他网上服务业

10.5.1　网络教育

1. 网络教育的含义

网络教育是指在网络环境下以现代教育思想和学习理论为指导，充分发挥网络的各种教育功能和丰富的网络教育资源优势，向教育者和学习者提供的一种网络教育和学习的环境，传递数字化内容，开展以学习者为中心的非面授教育活动。互联网作为一个平台，为实现知识从教育者向学习者的传递提供了新的手段。

2. 网络教育的特点

（1）网络教育的开放性。传统学校教育中由于教学条件、环境的限制，教学对象一般是特定的、有限的。网络教育系统下的教学对象却是开放的，任何学习者只要拥有了一台联网的计算机，就可以不受时间和地域的局限，自由选择感兴趣的任何专业，任何课程进行学习。

（2）网络教育的自主性。网络教育以"学"为主的教学方式，学习者可以自由安排学习时间，自由选择学习内容，既可以通过点击网站上的各种教学资源来学习，也可以将某些教学资源下载后在本地计算机上打开浏览来完成课程的学习。

（3）网络教育资源的丰富性。网络教育中的学习资源可以将文字、图形、音频、视频、动画等多种媒体按照教学需要集结在一起，以超文本方式呈现，兼具系统性和灵活性。网络教育通过网络把优秀教师的教学视频、高质量的电子教案和课件、优秀的教学成果、经典的案例与测试习题及相关的延伸知识等教学资源以多样化的形式展现在学生的面前。

（4）网络教育的交互性。在网络教育教学中，师生之间、学生之间可以根据需要选择 BBS、QQ、聊天室以及电子邮件等进行交互，及时提出并解决学习过程中出现的问题。

3. 我国的网络教育体系

根据教育阶段以及授课人群的不同，可将网络教育划分为以下几类：网络学前教育类、网络基础教育类、网络高等教育类、职业认证培训类、企业 E-learning 以及其他教育服务类等。

（1）网络学前教育类：主要为 6 岁以下儿童及家长提供各种知识、信息的网络教育，目前还处于探索阶段，分为早期教育和学前教育。

（2）网络基础教育类：主要面向中小学的基础教育，并不提供学历认证，一般称为"中小学网校"。以学校课堂同步教育的远程传播为主要特色，也可称为同步式网络教育。它是基础教育课堂教学的延伸，其内容与具体的教学过程紧密结合，包括讲义、习题答疑等，内容与学校教学完全同步，网络只是一种辅助传播的工具。这类网校主要满足高考、中考的应试要求，使普通学校的学生可接受名校教师的指导。代表性的有五中网校、101 网校、国联网校、联想网校等。

（3）网络高等教育类：主要是高等院校面向社会开设的学历类和非学历类网校。他们通过学分制对学生进行管理，开设从本科到研究生不同层次的课程。这些网校通常结合卫星系统和计算机网络，通过网站、E-mail 服务器、BBS 以及电视会议系统等设施以同步授课、讨论和异步浏览的方式进行教学辅导，通过考试后可获得国家承认的文凭。网络高等教育是目前我国网络教育的主体。

（4）职业认证培训类：其对象非常广泛，以提供职业技能培训、各种考试辅导、职业认证为主。此类网校一般是由某个公司或企业举办，其目标是使学生快速形成某种技能，学到某种实用知识。课程的实用性、职业倾向性强。远程职业技能教育在人才交流比较频繁、知识更新换代迅速、信息产业是主导产业的社会可得到迅速的发展，但我国还不具有这个成熟的环境。

（5）企业 E-learning：授课对象主要是企业员工，也包括企业管理者，是企业内部培训的一种新兴方式，规模较小或非跨地域的企业可通过内部局域网实施，而跨地域的企业则主要通过互联网来开展。

（6）其他教育服务类：主要包括如教育门户网站、平台提供商、内容服务商、各教育频道等，主要为网络教育提供相关服务。

10.5.2　网络社区

1. 网络社区概述

网络社区是指以 BBS/论坛为基础核心应用，包括公告栏、群组讨论、在线聊天、交友、个人空间、无线增值服务等形式在内的网上互动平台，同一主题的网络社区集中了具有共同兴趣的访问者，成员围绕着某种兴趣或需求进行交流，成员之间有情感交流形成人际关系，它通过网络以在线方式来创造社会和商业价值。

根据网络社区涉及的内容及影响力不同，可以将网络社区分为综合型网络社区和垂直型网络社区。综合型网络社区拥有较为庞大的用户群体和较大的全国性社会影响力，其主题涉及生活的各个方面，可以按照不同的主题划分为不同板块，比如天涯、猫扑、西祠胡同等；垂直型网络社区是基于地方或某些垂直领域的中小型论坛，其讨论的主题只涉及生活中的某一个方面或某一个地区，比如瑞星卡卡社区、比亚迪汽车俱乐部等。

根据网络社区中成员的需求不同，可以将网络社区分为交易型、兴趣型、幻想型、关系型。交易型网络社区中主要涉及数字信息产品、有形产品与服务的买卖交易，社区成员在社区中相互交流以获得产品和服务的知识、寻找买卖机会，如猪八戒、淘宝等。兴趣型网络社区是对某一个话题有共同需要的人在网络上聚集在一起而形成的社区，这类社区的个人间的交流较交易社区多，比如各种车迷会。幻想型网络社区支持在虚拟环境中个人间的交互以及游戏、社会试验等，如各个游戏社区。关系型网络社区是成员为了维持相互之间的关系而聚在一起的，它使得具有相关经验的人聚集在一起能够互相支持，如 Facebook、人人网。

2. 网络社区的特点

网络社区尽管是以现实社区为蓝本构建的，现实社区的各种观念、规范仍然要渗透进网络社区，并在其中体现出来。但网络社区依然具有不同于现实社区的基本特征。

（1）社区空间的跨地域性。网络社区跨越了地理上的限制，其成员可以散布于各地，即使同一个人也可以超越空间的障碍生活在几个网上社区里。

（2）社区人际互动的匿名性。网络交往是以计算机网络为媒介的空间交往，网民可隐藏自己的真实身份、变换自己的社区身份，通过社区虚拟角色参与网络沟通。

（3）社区的自发组织性。人们在网络社区中的交往是基于相同或相近的兴趣和爱好，以及互补的利益需求，网络社区不需要专门的行政机构来规划和安排，是其成员自发组织的结果。

（4）社区的开放性。网络社区依托网络技术而没有明确的国界或地界，人们不受地域、年龄、性别、职业、种族、肤色等的局限，通过简单的识别程序即获得网络社区的身份，这使得网络社区比现实社区具有更强的开放性。

（5）社区成员流动的频繁性。网民可以根据自己的需要在不同的社区间自由流动。如果对社区服务不满意或对社区中某些成员、言论不认可，成员随时可以离开。虚拟社区成员高流动率的原因，一方面源于社区成员兴趣、学习、情感交流等内在需求，另一方面则因为不受现实社会职业、身份、居住地和性别的束缚。

（6）群体互动性。网络社区不是两两互动，而是群体互动，社区成员往往是一起浏览某个主题并发表意见，这种行为是公开的，而不是两个人的私密互动。

3. 网络社区的商业价值

网络社区作为电子商务的一种商业模式已经得到了广泛认同，如何挖掘其商业价值并且获取投资回报，成为社区经营的核心问题。网络社区要实现商业价值，必须选择能够实现赢利的主要收入来源方式。目前网络社区赢利主要源于以下方面：广告费、会员费、内容服务费、交易费。

（1）广告费。大型网络社区由于聚集着大量网民，某些主题下又聚集着具有共同兴趣和爱好的访问者，为精准营销提供了条件，因而越来越多的企业开始将广告投向虚拟社区。网络社区的广告收入直接受社区点击量的制约，流量越大，广告收入就越高。但中小网络社区由于点击量小，广告收入就非常有限，因此其主要依靠加入网络联盟的形式（如谷歌联盟）获取广告收入。

（2）会员费。网络社区将注册会员分级，并收取不同的入会费。免费会员只能享受有限的基础会员服务，收费会员则按收费的多少享受不同程度的增值服务。收取会员费的前提是网民对社区忠诚，对功能性或专业性服务需求强烈。社区的生命力来自于成员的活跃度，聚集的成员越多，成员间互动越强烈，浏览社区和进入社区注册的网民就越多。因而在虚拟社区的发展初期，收取会员费会直接抑制社区会员规模的扩大。只有当社区成员对社区产生强烈的服务需求和忠诚感时收取会员费才比较合适。

（3）内容服务费。网络社区通过提供不同的内容服务对网民进行收费。比如 QQ 社区为了使用户在社区中获得模拟现实的感受，通过提供人物形象、装束、场景和虚拟商品等实行收费服务。游戏娱乐社区通过提供有偿的游戏服务内容向网民收费。以内容服务费作为赢利模式，取决于社区成员的忠诚度和所提供内容的价值。如果成员缺乏忠诚态度，社区内容作为一种依托于网络的内容产品缺乏吸引力，该模式就不能给社区网站带来丰厚的收益。

（4）交易费。虚拟社区通过为网民发布和提供交易信息收取费用，或者向交易者收取佣金。社区聚集各种交易信息，提供安全交易机制，网民交易需求强烈。易趣（eBay）社区按照卖主的物品价格收取物品登录费、底价设置费和交易服务费。交易费是交易社区的主要赢利模式。对非交易社区而言，以收取交易服务费作为赢利模式比较困难。一方面，这类社区 C2C 的交易量不大；另一方面社区自身缺乏有效的信任保证机制。

本 章 小 结

1. 服务是具有无形特征却可给人带来某种利益或满足感的可供有偿转让的一种或一系列活动。伴随着信息技术和知识经济的产生发展，用现代化的新技术、新业态和新服务方式改造传统服务业，创造需求，引导消费，向社会提供高附加值、高层次、知识型的生产服务和生活服务的服务业务又被称为现代服务业。

2. 网上银行，包含两层含义，一是机构概念，指通过网络开办业务的银行；另一个是业务概念，指银行通过网络提供的金融服务，包括传统银行业务和因信息技术应用带来的新型业务。根据服务的对象不同，可以把我国网上银行划分为个人网上银行和企业网上银行。

3. 网上证券业务可以看作是证券业务的电子商务实现。证券业电子商务就是运用先进的信息与网络技术对证券公司原有业务体系中的各类资源及业务流程进行重组。证券业电子商务的表现形式十分丰富，几乎可以涵盖经纪业务、投资银行业务、研究咨询业务、理财业务等证券业务的各个方面。目前，开展比较好的主要是网上证券发行、网上证券交易和各种增值服务。

4. 网上保险也成为保险电子商务，是指保险公司或保险中介机构以互联网和电子商务技术为工具来支持保险经营管理活动的经济行为。完整意义上的保险业电子商务是实现保险信息咨询、保险计划书设计、投保、缴费、核保、承保、保单信息查询、理赔和给付等保险全过程的网络化。目前国内比较常见的保险电子商务模式主要有以下几种：保险公司网站、保险产品网站、综合性网站、网上保险经纪人、网上风险市场、反向拍卖、提供某项专门服务的网上公司。

5. 旅游业的复杂性决定了服务于旅游信息沟通和交易的旅游电子商务体系的多元复杂性。旅游电子商务的应用机构包括旅游服务企业（即旅游饭店、旅游车船公司、从事接待服务的旅行社）、旅游中间商（即旅游批发商、旅游代理商、订房中心）、旅游营销机构。同时，主要由技术公司开发建设的全球分销系统（GDS）和计算机预订系统（CRS），以及面向公众的专业旅游网站、网站旅游频道、提供交易中介服务的旅游电子商务平台在旅游电子商务中也扮演着重要角色。

6. 目前招聘网站提供的服务大同小异，主要面向企业提供简历查询、职位发布、简历订阅、人才猎寻、校园招聘、政策法规查询、人才测评、招聘外包、企业培训、网络广告和企业博客等服务；面向求职者提供简历存储、职位搜索、职位订阅、人才测评、求职指导、职业技能培训等服务。从招聘网站提供服务的地域和行业划分，可以分为门户型网站、区域型网站和行业型网站。

7. 网络教育是指在网络环境下，以现代教育思想和学习理论为指导，充分发挥网络的各种教育功能和丰富的网络教育资源优势，向教育者和学习者提供一种网络教和学的环境，传递数字化内容，开展以学习者为中心的非面授教育活动。

8. 网络社区是指以 BBS/论坛为基础核心应用，包括公告栏、群组讨论、在线聊天、交友、个人空间、无线增值服务等形式在内的网上互动平台，同一主题的网络社区集中了具有共同兴趣的访问者，成员围绕某种兴趣或需求集中进行交流，成员之间有情感交流并形成人际关系，它通过网络以在线方式来创造社会和商业价值。根据网络社区涉及的内容及影响力不同，可将网络社区分为综合型网络社区和垂直型网络社区。根据网络社区中成员的需求不同，可以将网络社区分为交易型、兴趣型、幻想型、关系型。目前网络社区的赢利主要来源于以下方面：广告费、会员费、内容服务费、交易费。

案 例 与 分 析

在线旅游网站模式分析——Priceline 与携程

1. Priceline

Priceline 旗下的 Priceline.com 是全球在线旅游网站中的佼佼者，在 Priceline.com 上，最直观的可选项目就是机票、酒店、租车以及旅游保险。比如酒店预订服务，用户可以根据图片、说明、地图和客户评论来选择他们想要的酒店，并且按照公布的价格付款。

Priceline.com 最具特色的一项服务是 Name Your Own Price，意思就是让用户自己来决定价格。在 Priceline.com 上，消费者可以提出自己愿意给出的价格，等待机票、酒店、租车、旅游保险等服务的提供方是否愿意接受这个价格并为消费者服务。因此消费者在 Priceline.com 上，有可能只需花费 70 美元的价格，便可成功预订到价格超过 200 美元的五星级酒店。

虽然 Priceline.com 在中国发展的十分缓慢，但其 C2B 模式在中国已有效仿者，比较知名的如携程的"惠选酒店"。

2. 携程

携程是国内最大的在线旅游网站，在全球也拥有数量不小的用户。据相关报道，截止 2014 年初携程共有国内外近 30 000 家酒店可供预订，酒店预订业务遍布全球 38 个国家和地区的 5900 余个城市。携程官网已经支持 9 种语言，也很重视旅游攻略，收录了 5 万个旅行目的地、20 万篇游记以及 60 万个旅行问答。

用户登录 ctrip.com 后，可以进行酒店、旅游、机票、火车票、景区门票等查询及预订服务。

思 考 题

1. Priceline 和携程的模式，其本质不同是什么？

2.试论述分析 Priceline 及携程"惠选酒店"在国内的发展前景。

复 习 与 讨 论

1.现代服务业与其他行业相区别的主要特征是什么？

2.简述个人网上银行提供的主要服务。

3.简述网络证券的特点和存在的问题。

4.简述我国保险电子商务的主要业务模式，并且分别举例说明。

5.为什么旅游业是特别适合发展电子商务的行业？

6.浏览我国网上服务业的知名网站，了解其背景和发展、栏目和功能、试概括它们的定位和特点。

7.简述旅游电子商务的交易模式，并且分别举例说明。

8.举例说明企业用来寻找和吸引求职者的五种传统招聘方式，与网上招聘方式相比这些方式有哪些优点和不足？

9.选取一个网络教育网站，分析其业务模式和网站定位。

10.分析某一网络社区(如天涯社区、西祠胡同)的商业价值。

第 11 章 移动电子商务

 移动电子商务成二次突破的重要领地

苹果的 iPhone 和 iPad 彻底改变移动应用方式，加上移动支付业务日趋成熟，移动应用令电商垂涎十分。淘宝网宣布 2011 年为淘宝开放年，在卖家和买家业务、无线和物流等领域全面深度开放，引入第三方开放者、企业和服务商，共同推进电子商务生态圈高速健康发展。

可以说，无线淘宝开放平台的推出，既是大淘宝移动互联网新蓝海扩容的战略方向彰显，更是对当下日益爆发的移动生活趋势的呼应。

另外，国内 B2C 巨头之一京东商城于 2011 年 2 月 17 日正式发布了苹果 iPhone 手机客户端软件，除了实现下单、查询常用功能，还能实现线下与线上的比价功能。而据了解，老牌电子商务公司当当网、卓越亚马逊网也早已布局无线电子商务。卓越亚马逊网总裁王汉华表示，2011 年，电子商务主拼移动应用。目前，卓越亚马逊已对移动购物做了充足的技术储备和试点。由此可见，需求"二次突破"，移动应用已经成为电子商务巨头们在 2011 年的必争之地。

11.1 移动电子商务概述

移动电子商务是互联网、移动通信技术和手持终端技术等发展的必然产物，是网络经济发展的新增长点，掌握移动电子商务的概念和特点是学好移动电子商务的根本。

11.1.1 移动电子商务的定义

移动电子商务(M-commerce)又称移动商务，从字面意义上来理解，就是"移动＋商务"，移动是手段，商务是目的。本质上，移动电子商务归属于电子商务(E-commerce)的类别，是电子商务的一个新的分支，是电子商务的延伸和扩展。移动电子商务是在移动通信网、互联网、IT 和手持终端设备技术推动下产生的一种新的商务模式，对企业交易方式、业务经营、移动终端用户的生活方式等众多方面都会产生巨大的影响。

狭义的移动电子商务是指涉及货币类交易的商务模式。广义的移动电子商务则是指通过移动设备随时随地获得一切服务。本书讲的移动电子商务通常指广义的移动电子商务。可以从技术角度、商务角度和用户角度来分析移动电子商务的模式和内容。

从技术角度来看，移动电子商务不仅是技术的创新，也是一种企业管理模式的创新。依托手机、个人数字助理(PDA)、呼机和笔记本式计算机等移动通信设备，通过将移动通信网和因特网有机结合的移动电子商务突破了互联网的局限，更加直接、高效地进行信息互动，扩大了电子商务的领域，节省了人力成本，使企业不仅能够及时把握市场动态和动向，还消除了时间和地域的限制，使随时随地的信息传输和商业交易成为可能。

从商务角度来看，移动电子商务是商业模式的创新。移动电子商务是通过移动通信网络进行数据传输，并且利用手机、PDA 等移动终端开展各种商业经营活动的一种新的电子商务模式。移动电子商务是与商务活动主体最贴近的一类电子商务模式，它将各种商务业务流程从有线向无线转移和完善，把人们带入一个无时不在、无处不在的移动商务世界，是一种新的突破。

从用户角度来看，移动电子商务就是给消费者提供便利的服务。通过与移动终端的通信，可以在第一时间准确地与对象进行沟通，使用户更多地脱离设备网络环境的束缚，最大限度地驰骋于自由的商务空间。对于个体消费者来说，移动电子商务可以使他们方便地购买娱乐信息内容，包括图片、铃声、游戏、赛事成绩等；对于企业用户来说，移动电子商务可以为他们提供快速、便捷的信息服务，应用于内部办公、外部服务、信息发布及定向宣传等。

具体来讲，移动电子商务的应用层次如图 11.1 所示。

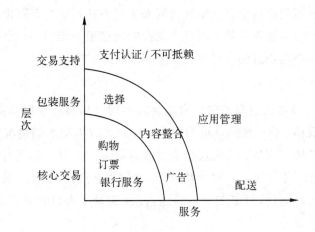

图 11.1　移动电子商务的应用层次

移动电子商务的核心交易是移动电子商务的商家向最终用户提供的核心服务，亦即狭义的移动电子商务服务，如购买演出票、电影票、书、进行手机银行交易，手机下载收费软件等。

移动电子商务的包装服务提供商业活动的环境，包括广告、营销、内部整合和搜索服务等对核心交易活动起帮助作用的服务。

移动电子商务的交易支持服务是支持交易活动所必需的业务流程，如安全认证、支付和配送等。

综上所述，所谓移动电子商务是对通过移动通信网络进行数据传输，并且利用移动终端开展各种商业经营活动的一种电子商务模式。

11.1.2 移动电子商务的特点

电子商务较之传统的商业模式更加方便、灵活、高效，而移动电子商务的这一特性更加突出。移动电子商务可以实现在任何时间、任何地点，以任何方式完成商务交易。因此，移动电子商务具备以下特点。

1. 泛在性

基于移动终端(手机、PDA、笔记本式计算机等)的移动电子商务与基于固定端的电子商务相比，其最大的优势是无论消费者处于什么位置、在什么时间，都能为其随时随地提供商务活动，真正实现任何人、在任何时间、任何地点得到整个网络的信息和贴身服务。

但是，移动电子商务并不局限于通过移动通信网提供的服务，还包括通过移动终端提供的所有服务。例如，利用移动终端以非在线方式听歌，利用无线射频技术(RFID)的非接触移动支付。

2. 个性化

移动终端设备是用户私人的物品，用户可根据自己的需求和喜好定制移动电子商务的子类服务和信息，并可根据需要灵活选择访问和支付方法，设置个性化的信息格式。结合移动电子商务的定位性，服务提供商可以主动提供区域服务给用户，令用户体验一个全新的商务环境。此外，终端设备的多样化也决定其服务的个性化。

3. 便捷性

移动电子商务通过可以随身携带的移动终端实现。移动终端操作简单、响应时间短，可一键上网，支付灵活，较传统网络更为便利。用户可以根据不同情况通过多种方式进行付费，如可使用通信账户支付、手机银行支付或者第三方支付工具支付等。此外，用户不必总是坐在计算机前，不仅可以在移动状态下，也可以在旅行、开会、社交等场合进行商务活动，如通过移动即时通信、手机邮箱等传递信息，提高了人们的效率。

4. 支付安全性

手机作为个人移动通讯工具，可以通过身份认证等制度避免虚假信息，在最大限度上提高了交易的安全性，这也使得移动电子商务交易能够更加安全、可靠。

5. 营销精准性

对于移动电子商务企业，用户对于手机的随身携带性和较高的使用黏性使得企业可以更加精准地对目标客户进行营销推广和服务关怀。

11.2 移动电子商务的技术基础

无线通信技术是移动电子商务发展的技术基础，对移动电子商务的发展起着重要的作用。只有深入了解无线通信技术的基本构成，才能理解移动电子商务系统应用的模式和体系结构。

11.2.1　移动通信技术

1. 第一代移动通信技术

第一代移动通信技术(1G)始于 20 世纪 70 年代,主要采用模拟技术和频分多址 (Frequency Division Multiple Access,FDMA)技术。第一代移动通信技术有很多不足之处,比如容量有限、制式太多、互不兼容、保密性差、通话质量不高、不能提供数据业务、不能提供自动漫游等。由于受到传输带宽的限制,第一代移动通信技术不能进行移动通信的长途漫游,只能是一种区域性的移动通信系统。第一代移动通信技术有多种制式,我国主要采用的是 ATCS。

2. 第二代移动通信技术

第二代移动通信技术(2G)出现于 20 世纪 80 年代末,基于以 GSM 为代表的时分多址 (Time Division Multiple Access,TDMA)和码分多址(Code Division Multiple Access, CDMA)数字技术,主要用于话音传输和支持电路交换。我国两种技术均采用。

第二代移动通信技术的主要业务是语音,其主要特性是提供数字化的话音业务及低速数据业务。第二代移动通信技术克服了模拟移动通信系统的弱点,话音质量、保密性能得到很大的提高,并可进行省内、省际自动漫游。尽管语音通信仍占主导地位,但是短信、数据传输的需求强劲。

3. 通用分组无线技术

通用分组技术(General Packet Radio Service,GPRS)是 GSM 移动电话用户可用的一种移动数据业务。由于第二代移动通信系统带宽有限,随着数据业务的需求越来越多,最初的 GSM 网的传输速率 9.6 kb/s 已经不能满足数据业务的需求,直接升级到 3G 是不现实的,不能有效地保护现有投资,因此通过增加相应的功能实体和对现有的基站系统进行部分改造来实现分组交换。CPRS 可以让多个用户共享某些固定的信道资源,信道资源既可以被话音占用,也可以被 GPRS 数据业务占用,从而可以提高信道资源的利用率。GPRS 是 2.5 代移动通信技术,能让用户永远在线。GPRS 的实时功能可以传输如新闻标题、比赛成绩、交通路况等数据业务。

4. 第三代移动通信技术

第三代移动通信技术(3G)是指将无线通信与互联网等多媒体通信密切结合的新一代移动通信系统。3G 的传输速率最低位 384 kb/s,最高为 2 Mb/s。高速数据传输和宽带多媒体服务是 3G 的一个主要特点,可提供更高的通信速率,不仅能传输话音,还能传输数据,使无线网络更适合于图像、音乐、视频等多媒体数据的传输,从而为用户提供更为丰富的信息服务。如提供快捷、方便的网页浏览、电话会议、电子商务等服务。

国际电信联盟(ITU)确定 3G 通信的三大主流无线接口标准分别是 WCDMA(宽频分码多重存取),CDMA2000(多载波分复用扩频调制)和 TD-SCDMA(时分同步码分多址接入)。其中,WCDMA 标准主要起源于欧洲和日本,该系统在现有的 GSM 网络上使用; CDMA2000 系统主要是由美国高通北美公司为主导提出的;TD-SCDMA 标准是中国提出的 3G 标准。目前,中国的 3G 牌照由中国移动、中国联通和中国电信三家持有,提供的 3G 网络分别是 TD-SCDMA、WCDMA 和 CDMA2000。

5. 第四代移动通信技术

第四代移动通信技术(4G)是多功能集成的宽带移动通信系统。4G集3G与WLAN于一体，能够传输高质量视频图像，它的图像传输质量与高清晰度电视不相上下。4G系统能够以100 Mb/s的速度下载，上传的速度也能到达20 Mb/s，并能够满足几乎所有用户对无线服务的要求，可实现三维图像高质量传输。

4G系统应体现移动与无线接入网及IP网络不断融合的发展趋势，是一个全IP的网络。4G系统在业务上、功能上、频带上都与3G系统不同，其将在不同的固定和无线平台及跨越不同频带的网络运行中提供无线服务，比3G移动通信更接近于个人通信。

11.2.2 短距离无线通信技术

1. 无线局域网技术

无线局域网(Wireless Local Area Network，WLAN)在国外也称无线保真(Wireless Fidelity，WiFi)，是利用无线通信技术在一定的局部范围内建立的网络，是计算机网络与无线通信技术相结合的产物。它以无线多址信道作为传输媒介，提供传统有线局域网(Local Area Network，LAN)的功能，从而使网络的构建和终端的移动更加灵活，能够使用户真正实现随时、随地、随意的宽带网络接入。WLAN作为有线局域网络的延伸，被各团体、企事业单位广泛地采用以构建办公网络。

2. 高性能无线局域网

高性能无线局域网(HiperLAN)是基于无线局域网的多媒体应用解决方案。HiperLAN由传统的LAN演变而来，支持多媒体数据业务和异步数据业务。欧洲电信标准协会(ETSI)正在制定HiperLAN标准，并将该标准作为"宽带无线接入网"计划的组成部分。所制定的标准有四个：HiperLAN1、HiperLAN2、HiperLink和HiperAccess；其中HiperLAN1和HiperLAN2用于高速无线LAN接入，HiperLink用于室内无线主干系统，HiperAccess用于室外对有线通信设备提供固定接入。

3. 蓝牙技术

蓝牙技术(Bluetooth)是在1998年5月，由爱立信、诺基亚、东芝、IBM和英特尔公司五家著名厂商，在联合开展短距离无线通信技术的标准化活动时提出的。蓝牙是一种低成本、低功率，短距离的无线通信技术，是当今市场上支持范围最广泛，功能最丰富且安全的无线标准。蓝牙技术将是网络中各种外围设备接口的统一桥梁，它消除了设备之间的连线，取而代之以无线连接，省去了传统的电线。它可以使移动电话、个人计算机、PDA、便携式计算机、打印机及其他计算机设备以最高数据传输速率1 Mb/s在10 m以内实现无线连接。

4. 红外技术

红外(Infrared)技术是通过红外线传输数据的一种无线通信技术。红外技术不需要实体连线，简单易用且实现成本较低，因而广泛应用于小型移动设备互换数据和电器设备的控制中，例如笔记本式计算机，PDA、移动电话、玩具、电视机、空调器的遥控，数据收集器，打印机和其他携带式电子装置等。1993年，成立了红外数据协会(Infrared Data Association，IrDA)，以建立统一的红外数据通信标准。1994年，发表了第一个IrDA标准IrDA1.0。

11.2.3 无线通信协议

1. WAP 协议

WAP 是一种无线通信协议,是在数字移动电话、互联网或其他个人数字助理机、计算机应用乃至未来的信息家电之间进行的通信的全球性开放标准。这一标准的诞生是 WAP 论坛成员努力的结果。WAP 论坛是于 1997 年 6 月由诺基亚、爱立信、摩托罗拉和 Phone. com 共同成立的。

它的提出和发展是基于在移动中接入 Internet 的需要,是移动通信与互联网结合的第一阶段性产物。其功能是:只要使用具有 WAP 功能的手机,连接到一个与 Internet 相连的 WAP 网关,就可以像桌面用户一样浏览网上的信息。

WAP 是一个开放式的标准协议,可以把网络上的信息传送到移动电话或其他无线通信终端上。通过 WAP,手机可以随时随地、方便快捷地接入互联网,利用无线通信终端来获取互联网或企业内部网上的信息和各种服务,真正实现无线上网。

WAP 定义了一套软硬件的接口,可以使人们像使用 PC 一样使用移动电话收发电子邮件及浏览 Internet。同时,WAP 提供了一种应用开发和运行环境,能够支持当前最流行的嵌入式操作系统。WAP 可以支持目前使用的绝大多数无线设备,包括移动电话、FLEX 寻呼机、双向无线电通信设备等。在传输网络上,WAP 也可以支持目前的各种移动网络,如 GSM、CDMA、PHS 等。

2. IPv6 和 IPv9

IPv6 是下一版本的互联网协议(Internet Protocol,IP),它是由 IETF 工程任务小组设计的用来替代 IPv4(现行的 IP)协议的一种新的 IP 协议。它的提出最初是因为随着互联网的迅速发展,IPv4 定义的有限地址空间被耗尽,地址空间的不足必将妨碍互联网的进一步发展。为了扩大地址空间,拟通过 IPv6 重新定义地址空间。IPv6 采用 128 位地址长度,最多有 2^{128-1} 个地址,几乎可以不受限制地提供地址。按保守方法估算 IPv6 实际可分配的地址,整个地球的每平方米面积上仍可分配 1000 多个地址。在 IPv6 的设计过程中,除了一劳永逸地解决了地址短缺问题外,还考虑了在 IPv4 中解决不好的其他问题,主要有端到端 IP 连接、服务质量、安全性、多播、移动性、即插即用等。

IPv9 协议是指用 0~9 的阿拉伯数字作为网络虚拟的 IP 地址,将十进制作为文本的表示方法,即一种便于找到网上用户的使用方法;为了提高效率和方便终端用户,其中有一部分地址可直接作为域名使用;同时,由于采用了将原有计算机网、有线广播电视网和电信网的业务进行分类编码,因此又称"新一代安全可靠信息综合网协议"。IPv9 是中国提出的,拥有自主知识产权,由于采用十进制技术,能分配的地址量是 IPv6 的 8 倍。IPv9 协议已用于我国提出的十进制网络中。十进制网络是指采用十进制算法和表示方法,将各种采用十进制算法的计算机进行相互连接,从而达到计算机相互通信和数据传输的目的。十进制网络是可以与现有网络实现互通的一个崭新的网络。为了区分于现有的网络,又称"新一代安全可靠信息综合网"。

11.2.4 移动电子商务的体系结构

移动电子商务涉及三个大的模块的构建,一是移动终端,二是无线通信网络,三是无线应用平台。

从图 11.2 可知,移动商务应用系统可分为四层:终端应用层、无线数据服务层(一般指企业端服务器)、业务管理平台层(一般指企业端业务管理平台和数据仓库,如政府城市管理中心的业务管理平台及数据库),还包括一个常常被用户忽略的空中的无线通信网络。

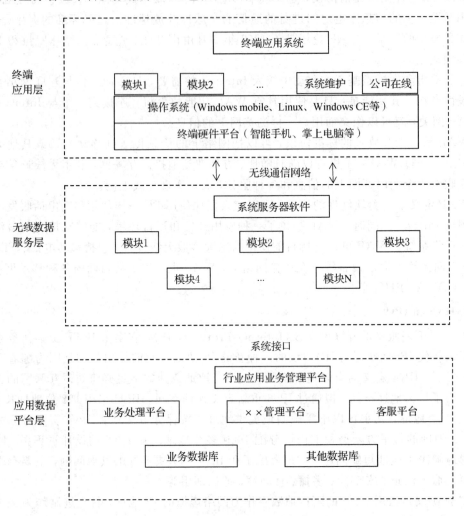

图 11.2　移动电子商务应用系统的体系结构

无线通信网络主要是指 GSM 网及演进的 WCDMA 和 TD－SCDMA 网络,还有 CDMA1X 网及演进的 CDMA EVDO 网络。

无线数据服务层是支持无线终端对后台业务管理平台的数据库系统的代理访问,它相对独立于无线终端应用层,各个服务模块提供标准的功能调用接口,可以将终端对数据的操作标准化,保证数据安全,同时便于自身的功能升级。

应用数据平台层是行业应用中根据业务管理的需要建设的后台指挥管理平台(一般带有自己的数据库系统),如城管监察系统与移动终端之间的在线互动管理平台。

终端应用层一般包括三个子层:行业应用功能模块(应用软件),一般支持流行的 B/S 结构和 C/S 结构访问方式;移动终端操作系统;移动终端硬件平台。从体系结构看,终端应用层基本就是一台浓缩了的计算机。

11.3 移动电子商务的商业模式

商务模式是对价值链中企业价值创造的反映。对移动电子商务价值链进行分析有助于对移动电子商务模式的理解。

11.3.1 移动电子商务的价值链

价值链是哈佛大学商学院迈克尔·波特于 1985 年在《竞争优势》一书中提出的概念。波特认为,"每一个企业都是在设计、生产、销售、发送和辅助其产品的过程中进行种种活动的集合体。所有这些活动可以用一个价值链来表明。"即企业的价值创造是通过一系列活动构成的,这些活动可分为基本活动和辅助活动两类,基本活动包括内部后勤、生产作业、外部后勤、市场和销售、服务等;而辅助活动则包括采购、技术开发、人力资源管理和企业基础设施等。

价值链在经济活动中是无处不在的。上下游关联的企业与企业之间存在行业价值链,企业内部各业务单元的联系构成了企业的价值链,企业内部各业务单元之间也存在着价值链联结。移动商务价值链就是直接或间接地通过各种移动平台进行产品或服务的创造、生产、传递和维持,从而获取利润的过程中所形成的价值传递链式结构。移动电子商务参与者就是价值链环节中的一部分,其作用于整个价值链并通过链中的环节实现价值获取。

自 20 世纪 80 年代中期移动技术出现以来,移动技术主要经历了三次标志性的变革——模拟技术、数字技术和无线网络技术。

移动商务的价值链也相应分为三代:第一代移动电子商务价值链、第二代移动电子商务价值链和第三代移动电子商务价值链。

1. 第一代移动电子商务价值链

第一代移动电子商务价值链是指 20 世纪 80 年代中期,移动技术刚出现,移动网络功能比较单一,基本上只能为用户提供语音业务,价值链比较简单,主要由无线服务提供商、终端设备制造商、中间服务提供商和用户四部分组成,如图 11.3 所示。

图 11.3 第一代移动电子商务价值链

2. 第二代移动电子商务价值链

第二代电子商务价值链是指 20 世纪 90 年代初期和中期随着数字技术出现,移动网络的带宽显著提高,在传统的语音业务基础上提供一定的数据增值业务,相应的移动电子商务价值链也发生了极大地变化。如图 11.4 所示,第二代移动电子商务价值链包括内容服务提供商、无线服务提供商、终端平台与应用程序提供商、用户和基础设施服务提供商五部分内容。

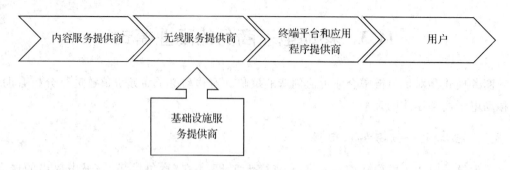

图 11.4　第二代移动电子商务价值链

3. 第三代移动电子商务价值链

第三代移动电子商务价值链是指 20 世纪末，移动通信迈入 3G 时代，与之对应的价值链。这个阶段，移动网络不仅可以提供语音服务，而且可以提供基于多媒体数据的各种服务，其价值链也更加复杂。如图 11.5 所示，第三代移动电子商务价值链主要包括内容和应用服务提供商、门户和接入服务提供商、无线网络运营商、支持性服务提供商、终端平台和应用程序提供商、用户六部分内容。

图 11.5　第三代移动电子商务价值链

内容和应用服务提供商是指依托网络运营商和其他接入服务基础，制作和提供大量具体的移动服务内容的商家。内容和应用服务提供商并不提供除内容外的其他服务。具体的服务有：新闻、音乐、游戏、微博、天气预报、移动即时通信、移动证券、定位和位置服务等。

门户和接入服务提供商包括门户网络运营商和互联网服务提供商。其作用是在内容和应用服务提供商和无线网络运营商之间搭建一个互通的桥梁，为内容和应用服务提供商提供内容介入无线网络的接口，保证其顺利进入无线网络传输系统，最终到达移动用户。门户网络运营商为用户提供无线网络接入点，让用户方便地获得内容和应用服务提供商提供的各种移动产品和服务。互联网服务提供商指将网络硬件和应用程序整合在一起，为用户提供互联网的接入服务。

无线网络运营商包括无线网络基础设施运营商和无线服务提供商。其作用是为内容和应用服务提供商和用户之间的信息交换提供信息传输的高速公路。无线网络基础设施运营商提供网络基础设施建设和维护。无线服务提供商通过从无线网络运营商处租用或者购买一定网络通信能力为移动用户提供各种类型的服务。

支持性服务提供商包括平台服务提供商和付费、安全等服务提供商。其作用是为无线网络运营商提供各种支持性服务，例如：基础设施制造、付费支持、安全支持等。平台服务提供商主要包括基础设施制造商和应用程序开发商，这主要在网络平台级。基础设施制造商为无线网络运营提供各种无线网络传输设备等；应用程序开发商为无线网络运营商开发各种建立无线通信网络所必需的应用程序。付款和安全等服务提供商主要包括安全保证、付费支持等支持性服务提供商。

终端平台和应用程序提供商包括终端平台提供商、应用程序提供商和终端设备提供商。终端平台提供商提供终端设备上的操作系统、微型浏览器等。应用程序提供商主要提供一些终端设备与网络断开时使用的应用程序。终端设备提供商提供移动终端设备，其与终端平台提供商的区别在于终端平台提供商的用户是最终的消费者。

用户指利用无线终端设备，使用移动服务的个体。价值链中的一切活动均由用户引发。用户的最大特点是经常变换自己的位置，用户接收的商品或服务可能因为时间、地点及其使用移动终端的情况的不同而不同。

11.3.2　我国移动电子商务价值链

在我国，终端厂商和电信运营商为移动电子商务平台的建设提供了网络基础及应用接口；软件提供商丰富了平台应用，通过定位、支付等功能的实现使移动电子商务能够更顺畅地进行信息和资金的交换；平台服务提供商、金融支付服务商、物流商为移动电子商务平台提供商品信息展示、资金划拨、仓储与运输等服务，在移动电子商务平台前端，为消费者和电子商务企业进行交易提供服务。我国的移动电子商务价值链如图 11.6 所示。

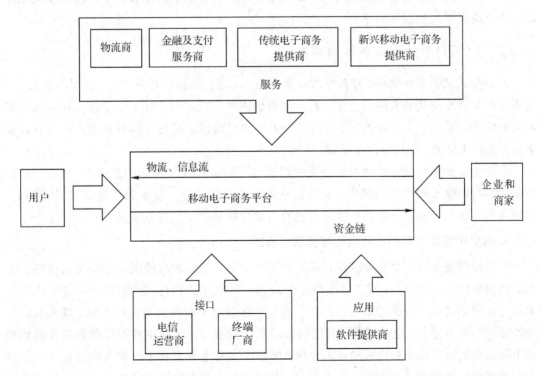

图 11.6　我国的移动电子商务价值链

终端厂商：移动电子商务的硬件接口，对于提升用户体验具有重要作用。移动电子商务的用户体验在很大程度上取决于终端产品的硬件配置和处理能力，大屏幕、全键盘、高信息处理能力的手机终端，可大大提高用户应用移动互联网进行电子商务的便捷性。

电信运营商：处于移动电子商务产业中信息交汇的核心地位。电信运营商拥有移动电子商务末端的所有用户资源，任何移动电子商务的应用服务均需通过电信运营商的信息渠道进行，电信运营商因其在移动电子商务产业链中位置的特殊性，在移动电子商务产业发展中发挥着极其重要的作用。

金融及支付服务商：对资金链具有天然控制力。商务活动中，所有资金的流动最终都要通过金融机构进行划拨和结算，因此在移动电子商务活动中，银行、银联等金融机构有着天然的资金链控制优势。在实际电子商务活动过程中，第三方支付平台确保了资金支付的安全性和合理性，其在移动电子商务产业支付环节中同样具有重要作用和现实意义。

移动电子商务提供商：目前，淘宝网、当当网和卓越亚马逊等传统电子商务企业已经完成了在移动电子商务的布局。传统电子商务提供商在 PC 端电子商务积累了成熟的运营经验，在整个移动电子商务产业链各主体中具有最为成熟的电子商务服务体系。新兴移动电子商务提供商中，立购网、爱购商城等，已经通过运营模式的创新，在移动电子商务细分市场中得到了良好的发展。

软件提供商：为移动电子商务平台提供信息及应用入口。近年来崛起的 UCWeb 等移动互联网浏览器软件，已经在移动互联网中发挥了门户网站式的重要作用。未来相应的软件提供商将形成对用户信息及应用入口的有效控制，移动电子商务服务平台将更多地依靠软件提供商提供用户进入的通道。

11.3.3 我国移动电子商务商业模式

商务模式又称商业模式、经营模式或业务模式，是企业运营业务、创造利润的模式，主要指企业如何在与其他实体的合作过程中创造价值并实现利润。移动电子商务模式就是指在现有的移动通信技术条件下，相关的经济实体如何通过运用特定的商务模式进行活动创造，实现商业价值，并获得商业利润。

移动电子商务的商务模式本质是反映移动电子商务产业中具体的某个企业价值创造、价值维护与价值实现的核心逻辑，而价值链是分析价值创造、传递和实现的工具。因此，可从我国移动电子商务价值链中参与角色的角度分析移动电子商务模式。

1. 电信运营商主导的移动电子商务服务模式

电信运营商处于整个产业链信息交汇的核心位置，绝大多数的服务均需要通过电信运营商的网络接入才能进行；此外，电信运营商拥有规模庞大的终端用户资源，这些用户资源都是开展移动电子商务的潜在用户群。基于对移动电子商务价值链的控制，以及对自身终端用户的增值服务，电信运营商开展的移动电子商务中，可利用终端厂商和软件提供商在上游为其提供定制手机内嵌的接入软件，增强了移动电子商务平台的入口建设。规模庞大的网络用户及潜在移动电子商务用户，可以吸引企业和商家以入驻的方式丰富移动电子商务平台的产品线及内容，物流商提供相关的货物运输、商品仓储和配送服务。移动电子商务平台的建设方面，电信运营商负责平台内容、用户服务和交易服务，对入驻商户进行管理，并为消费者提供信誉保障。

★小资料

中国移动旗下的广东移动商城

广东移动商城通过商家招标的方式，为手机网络购物用户和商家提供移动电子商务平台，提供生活信息查询，应用程序购买与下载，箱包、数码家电和图书音像等商品的购买，可通过手机实现在线支付。

2. 传统电子商务提供商主导模式

传统电子商务提供商通过在 PC 端的多年发展，已经具备开展移动电子商务所需的基础服务能力和运营经验。在这一服务模式下，传统电子商务提供商原有的货物渠道、商品仓储，物流及配送等后台服务体系均未发生本质变化，移动互联网可以看做是其 PC 端传统电子商务服务的手机端入口。传统电子商务提供商通常会在用户接口处通过与终端厂商和软件提供商的合作，定制相匹配的终端机，或者为手机终端设计用于进行移动电子商务的特定应用程序。

★小资料

手机淘宝网和手机当当网

手机淘宝网于 2008 年 2 月开始上线，消费者通过手机即可登录手机淘宝，同时可以用手机支付宝付款购物。手机淘宝可以实现注册、登录、搜索、浏览、收藏商品和支付等功能。目前手机淘宝是中国最大的移动购物服务提供商和个人交易平台，业务跨越 C2C、B2C 两大类，其在线商品超过两亿件，并利用支付宝实现了手机在线支付。

手机当当网于 2006 年投入实际运营。2007 年，手机当当网推出自主研发的跨平台搜索产品——图书短信比价系统；2009 年 9 月，手机当当网购买功能上线。手机当当网立足于移动电子商务 B2C，是当当网的手机门户网站。手机当当网未来将与当当网形成协同性优势，二者在商品渠道、客户信息、后台处理、库存物流等方面实现资源共享。手机当当网将依托当当网在 PC 端的优势，着力打造移动电子商务领域领先的 B2C 品牌。

3. 软件提供商主导模式

移动电子商务巨大的市场前景同样吸引着如用友等的传统应用软件企业，他们也正在加快进入电子商务的步伐。软件提供商主导的移动电子商务，目前以 B2B2C 的发展模式为主。软件提供商通过原有的软件客户资源和移动电子商务管理软件的优势，吸引移动电子商务商户入驻其搭建的移动电子商务平台，通过整合这些商户资源，为移动电子商务用户提供商品和信息等服务，服务的切入着眼于对移动电子商务商户运营多样性的满足。

★小资料

用友移动商街

移动商街是北京用友移动商务科技有限公司运营的虚拟移动电子商务平台，于 2007 年 4 月成立，是一个由消费者与商家聚集形成的虚拟商业中心。在移动商街，会员可通过手机获得及时有用的消费和生活服务信息，比较、选择和消费，了解商户并参与互动，享受折扣、奖品和积分回报等实惠。入驻的商户可通过移动商街进行市场营销、产品推广和形象展示，为会员提供商业服务，促进销售，并可实现移动交易和支付，节省成本。截至

2009 年底，入驻用友移动商城的企业和商家已经达到了 80 万家，手机注册会员数量超过 570 万，年营收规模为千万量级。

4. 新兴移动电子商务提供商主导模式

中国移动电子商务发展的过程中，一些由新兴移动电子商务提供商搭建的商务平台迅速崛起，在服务与运营模式上不断创新。新兴移动电子商务提供商主导的移动电子商务服务模式，专注于对移动互联网的电子商务服务，专注于对手机端购物平台及其运作模式的探索，具有与传统电子商务平台不同的成长特点，对移动电子商务用户需求和服务特点有较好的理解与把握。

★小资料

立购网

立购网成立于 2009 年 8 月，是致力于手机用户快捷购物和智能购物的移动电子商务平台，专注于将手机的便利和效率分享给更多的人。立购网平台所售商品均来自于传统电子商务平台，经营理念为"上一家立购，就等于同时上了数十家国内最好的网上商城"，目标用户定位于不能方便接触 PC 端网络并有网络购物需求的手机互联网用户。经过半年多的发展，立购网即已初具规模。立购网销售的所有商品，均来自传统电子商务平台，商品类型包括数码产品、手机和服饰等电子商务热销的实物商品。立购网已经与全国几十家 PC 端传统电子商务平台取得了合作，立购网所销售的商品也已经达到了数十万种。

11.4 移动电子商务的应用

移动商务的应用领域相当广泛，按照应用主体，可将移动电子商务的应用分为面向个人应用和面向政府、企业应用两类。

11.4.1 个人应用

目前，在国内个人领域应用比较多的移动电子商务主要有以下几种：

1. 移动信息服务

移动信息服务是指通过短消息或移动门户网站向用户提供信息服务的一种形式。信息可通过短消息或多媒体信息（又称彩信）的方式提供，即通过短消息服务或多媒体信息服务获得移动信息服务。移动信息服务的获取可利用移动终端搜索短消息或 WAP 站点搜索引擎系统，以实时获取用户所需的 Web、WAP 站点的各种信息，也可按用户的个性化需求定制相关移动信息服务。

2. 移动娱乐

移动娱乐是指通过移动终端，为用户提供休闲和精神娱乐享受的移动应用产品或服务，主要的移动娱乐服务有移动音乐、移动游戏、移动阅读、移动视频和移动社区等。

移动音乐主要是指应用在手机客户端的音乐应用，具体表现形式为彩铃、铃声、全曲下载、在线收听四种主要应用。

移动游戏是指用户使用手机终端,通过移动网络进行专门适配手机的单机游戏和网络游戏。

移动阅读是指通过移动终端以多样化的阅读形式向用户提供各类电子书内容,包括图书、杂志、漫画等,用户可以在前端上选择感兴趣的内容在线阅读,也可以请求下载之后离线阅读。

移动视频是指通过移动网络和移动终端为移动用户传送视频内容的新型移动业务。移动视频为移动用户分享他们的经历和感情、获得信息和娱乐及与他人交流提供了新的通信方式和业务享受。

移动社区是指使用移动终端登录 SNS 网站的应用,既包括单独针对移动终端开发的 SNS 网站,也包括传统互联网的 SNS 网站在移动终端上的使用拓展。

3. 移动即时通信

移动即时通信(Mobile Instant Message,MIM)是指通过手机等移动终端,为用户提供即时沟通服务的业务。国内 MIM 的市场竞争非常激烈,主要的 MIM 工具有手机 QQ、中国移动飞信、手机 MSN、手机阿里旺旺等。目前手机 QQ 的用户使用率最高,达到了 83.5%,其次是中国移动飞信 50.5%,手机 MSN 为 19.5%,手机阿里旺旺为 6.7%,手机 skype 为 2.8%。

4. 移动电邮

移动电邮业务是指用户通过手机端收发电子邮件。这是一种把用户在邮件服务器上的邮件,通过端到端加密的方式,主动实时地推送给移动终端的业务形式。用户可以利用移动终端随时随地接收、回复、转发和撰写包括文本、图像、声音、视频片段等一种或多种媒体内容的电子邮件的业务形式。

5. 移动支付

移动支付又称手机支付,就是允许用户使用手机、PDA、移动 PC 等移动终端对所消费的商品或服务进行账务支付的一种服务方式。从本质上讲,移动支付就是将移动网络与金融系统结合,把移动通信网络作为实现手机支付的工具和手段,为用户提供商品交易、缴费、银行账户管理等金融服务的业务。

6. 移动搜索

移动搜索是指以移动设备为终端,进行对普遍互联网的搜索,从而高速、准确地获取信息资源。主要实现方式有两种,一种是使用 WAP 接入搜索 WAP/Web,一种是 3G 直接搜索 Web 内容。随着科技的高速发展,信息的迅速膨胀,手机已经成为信息传递的主要设备之一。

7. 移动证券

移动证券是指通过移动通信终端为股民提供的证券应用服务,包括实时行情、在线交易及专业的股市资讯,方便用户随时随地把握证券市场脉搏。主要内容包括:

(1)实时行情:提供个股及基金、债券的实时行情查询,以及强大的图表分析功能(走势图、日/周/月等 K 线图)。操作简便,同时提供自选股等个性化管理功能。

（2）股市资讯：为用户提供及时、全面、权威的财经资讯、个股点评、大盘分析、汇聚名家策略、要闻分析、热点透视、潜力股推荐、投资组合等权威资讯。

（3）在线交易：通过移动终端进行各种证券品种的在线交易、查询等。

11.4.2　政府和企业应用

政府和企业应用电子商务，主要是指借助移动通信终端，帮助政府和企业与最终用户及内部员工之间进行实时信息沟通，为政府和企业提供一个在任何时间和任何地点进行政务和商务活动的机会。移动电子商务已在政府众多部门和众多行业的企业中得到了应用。举例说明如下：

1. 移动办公(OA)

公文处理：可使用手机查看待办公文、审阅流程、转批、搜索、催办、工作委托、签批处理等功能，只要客户原有的 OA 中有的功能，手机上均可实现。

移动邮箱：可通过手机上自带的邮件客户端，或使用移动办公客户端中自有的邮件功能，使手机具备写邮件、收件箱、已发邮件、草稿箱、已删除邮件、附件查看等功能。

展现类功能：可在手机上实现公告通知、通讯录查询、日程安排等。

信息推送：当用户收到新消息时，移动办公服务器会主动推送该消息给用户，保证信息流转的畅通。

其他功能：如会议管理、出差管理、费用报销等，可以按照客户要求适配到手机终端进行展现和操作。

2. 电子政务

高级政务应用：移动办公、短信政务应用、电视电话会议、电子政务应用服务平台等。

便民亲民服务：门户网站建设和保障、综合服务热线、政务彩铃、短信政务应用、网上直播服务、电子政务应用服务平台等。

电子政务监管：短信应用、全球眼视频监控应用、数据监控等。

3. 移动报税

（1）针对税务领导。

数据采集报送：税务机关领导可以通过手机请求针对某一阶段的纳税情况进行统计和汇总，以方便进行浏览和查询。

决策参考：可以通过手机查看一些最新的资讯或政策，以帮助进行规划和决策。

领导专栏：可通过手机访问企业应用系统中领导专栏部分。

（2）针对税务人员。

纳税人查询：税务工作人员可以通过手机查询指定纳税人的相关信息。

纳税催缴：对于纳税人有滞纳的情况，可以通过短信或者电话的方式进行催缴。

移动稽查：可以远程对企业的财务及运营等工作进行检查和监督，针对违法违规行为可依法对其进行处罚。

发票核定：远程核定发票是否真实有效。

（3）针对纳税人。

手机申报：纳税人不必到指定的申报点现场，使用手机就能够完成税务的申报。

纳税情况查询：纳税人可以通过手机查询自己的纳税情况。

4. 移动保险

产品信息查询：远程查询最新的保险产品信息。

保单信息查询：远程查询已受理的保单信息。

移动保险行销：远程把保险产品卖给消费者，完成业务受理流程。

现场理赔：现场核实情况后，直接进行理赔的相关流程。

业务代表自助服务：业务代表登录系统进行查询、修改等操作。

团队管理：远程进行个险、团险、银保、保费、财务、营运和行政人事的管理。

客户随身服务：客户登录系统进行咨询、查询等操作。

5. 移动物流

任务指派：远程指派新的任务或者根据任务的优先级进行任务调整。

任务反馈：任务状态变更时可及时反馈。

货物状态查询：远程查询货物的当前状态，及时了解业务情况。

出入库管理：远程发起货物出入库申请，并走在线审批流程。

货物盘点：可盘点库房中的货物当前情况，实时了解最新信息。

电子地图：可查阅电子地图，查询行车路线。

目标地点定位：可从电子地图上定位目标地点，并进行路线导航。

6. 移动销售

（1）销售现场。

查询客户信息：实时查询企业数据库中的客户信息，随时了解对方资料，为销售工作带来帮助。

订单录入：第一时间就能进行订单的录入和上报，数据直接归档进入企业业务系统，业务流程更简洁。

订单查询：实时查询企业系统中的各类订单，便于外出时了解订单信息，也方便领导管理。

价格查询：实时查询相关产品、业务、服务的价格资料，便于为用户提供准确无误的价格信息。

货源信息：查询货品、供货商等各种资料信息，不在公司也能安排订货、备货事宜。

客户签收：在现场买卖成功后，客户可通过数字签名对交易进行确认，确保交易的合法性。

电子导航：利用移动营销集成的电子地图导航系统，销售人员即便在陌生地区也可迅速上门，快速展开销售业务。

上报定位数据：利用移动营销集成的移动定位系统，实时向总部系统上报定位数据，便于公司进行销售调度。

条码、票据打印：移动营销解决方案支持手机和条码、打印机等终端设备的连接，可在现场进行条码和票据的打印。

（2）仓库现场。

收货管理：定制化的收货表单管理，可在货物到达后第一时间完成收货信息统计，并自动上传至企业系统归档。

货物流转：对于货物流转过程中的信息管理，方便公司系统记录货物的最新流转情况，进行统一的物流管理。

货物位置：对货物存放地点、摆放场所等信息的统计，使货物相关管理者能随时知道货物的相关信息。

货物信息：货物来源、重量、批次、包装等各方面的信息，实时登记并上传，方便仓储的物资管理。

货物调度：对于货物调度的现场管理，可将货物调度的对象、数量、物品信息、调度人员等实时记录到系统数据库。

配送管理：对货物配送的全方位监督管理，包括配送物品名称、数量、配送人、配送时间等信息。

（3）销售经理。

价格查询：可实时查询最新的产品价格，便于根据企业最新的决策进行跨地域的快速业务拓展。

销售报表：按照区域、全国、日、月、年等不同信息进行销售报表呈报，销售经理和领导层可实时了解公司销售情况，及早发现问题并解决。

客户管理：对客户资料的全方位管理，便于总结客户对象的需求特点，做出对应的销售策略，推动销售工作的展开。

销售分析：利用现有销售的各方面数据信息，进行快速高效的销售分析，结果可同步到相关领导人员，推进下一步工作展开。

资源调度：手机实时监控各地销售情况和库存，随时根据市场的客观情况进行货物和配套资源的调度，达成销售配置最优化。

销售计划：可在手机上制定销售计划，上报领导，并通知下属职员，快速高效地完成计划沟通和指令下达。

内部数据传递：对于销售数据、销售人员资料、各地经销代理信息、上下游供货问题、行业和产业最新资讯等各种数据实时传递。

销售代理管理：对经销商、代理商、销售直营店、专卖店、终端零售商等进行实时管理，管理表单可根据企业实际情况进行制定。

7. 移动新闻采编

一线采编应用：基于智能手机终端实现文字、图片、音频、视频等多媒体新闻稿件的采集、编辑、初加工、传送、签发等功能，实现手机发稿功能；实现前方记者和后方编辑部的互动功能；实现手机发稿和其他发稿手段的统一管理。

后台编审应用：基于智能手机终端可实现移动编审、快速响应、无线互动等功能。

公众服务应用：对于公众用户可提供移动阅读、新闻内容移动查询、手机要闻速递和群众爆料等功能。

扩展功能：基于智能手机终端可提供电子地图功能，进而实现 GPS 定位和导航功能；可提供远程获取和共享数据的功能；可提供本地数据存储功能；还可以提供统一推送功能，让新闻采编人员可以在第一时间内进行现场新闻采访或得知稿件的拒签。

11.5　移动电子商务的发展

随着移动通信技术的发展及移动电子商务市场的成熟，无论是国外移动电子商务还是国内移动电子商务，都呈现出了快速发展的势头。

11.5.1　国外移动电子商务的发展

新一代的移动电子商务终端平台 iPhone 与 iTouch 用户数的增速大大超过了之前的流行互联网应用，新型的明星终端也以不可思议的速度刷新着用户新增记录。未来巨大的承载业务终端数预示着爆发性的商机。并且，全球前 50 的移动电子商务公司在数字内容上面的收入占到了 54％，划定了未来移动电子商务投资的最佳范围。

1. 日本

日本是世界上最早提供 3G 业务的国家之一。日本政府于 2000 年颁发 3G 牌照并于同年颁发 3G 许可证，获得许可证的移动运营商是 NTT DoCoMo、KDDI 和软银公司。在此后数年中，运营商、制造厂商和服务提供商纷纷推出应用最新技术的 3G 业务和终端，有力地促进了 3G 乃至整个移动通信产业的飞速发展。

截至 2009 年 8 月，日本 3G 用户数已达 1.036 亿，占手机用户总数的 94.8％，这也是目前世界上 3G 比例最高的市场，大大超过了欧美的普及水平。3G 业务还推动了无线数据服务的快速涌现，在日本运营商于 1998 — 2009 年间推出的主要无线数据服务中，约 2/3 都是在 3G 部署后推出的。与此同时，3G 也使运营商的数据收入得到显著增长。

据市场研究公司 Research and Market 发布的《日本——电信、移动、宽带和预测报告》称，日本超过 99％ 的移动用户使用 3G 服务。报告指出，经过 10 年的运营，日本 1.2 亿移动用户中 99％ 都用上了 3G 业务。日本在 2010 年成为全球第四个部署 LTE（Long Term Evolution，长期演进）3.9G 技术的国家，且由日本最大移动运营商 NTT DoCoMo 部署。

日本的移动数据业务收入约占全球 40％ 的份额，接近 1/3 的日本人使用移动互联网业务，其中 80％ 在 3G 终端上使用移动互联网业务。日本移动运营商提供的主要移动互联网业务包括移动搜索、移动音乐、移动社交及 UGC、移动商务与 NFC 应用、移动电视、基于位置的服务和移动广告等。下面介绍一些主要业务的发展状况。

（1）移动搜索。日本的移动搜索业务在 2006 年之前还限制在运营商的官方网站内，2006 年之后 KDDI 与 Google 的合作打开了移动搜索业务发展的新局面。2006 年中，KDDI 与 Google 签订合作协议，在其 EZWeb 移动门户上放置了 Google 搜索框。此后，通过 EZWeb 提交的搜索请求增加了三倍，接近 75％ 的搜索请求直接指向互联网网站和非官方移动互联网网站。

（2）位置导航。通过在手机上输入始发地与目的地，导航芯片将会帮用户找到位置，并推荐多条线路，包括时间、线路所花掉的费用、线路交通状况等，并且在不同的地点配有相应的额外服务，例如选择不同的路线产生多少二氧化碳的排量，以及选择餐厅会有匹配的打折券等。

Navitime 是提供此服务的佼佼者，它已经成为日本三大运营商最倚重的增值服务收入来源之一，至今已在五个国家、超过一百个城市推出服务，现已拥有 400 万用户。

（3）移动社交网络。与移动音乐和游戏相比，移动社交网络的使用量相对较小，但市场前景很可观。根据 Pakuten Research/Mitsubishi Research Institute 的调查，2007 年 2 月，日本移动用户对移动 SNS 的关注度为 48.5%。在没有开始使用 SNS 的用户中，有 11.8% 的用户对此非常感兴趣。在 SNS 的活跃用户中，平均每月登录的次数为 30.8 次。

Mobage－town 是一个捆绑了免费游戏、社交网络功能及虚拟社区功能的移动互联网网站，只在移动网上运营。Mobage－town 自从 2006 年 2 月开放以来，用户数呈爆炸式增长，现已超过 1300 万，平均每月的网页浏览量超过 150 亿次。

（4）报纸在线阅读。从事数字内容技术开发的 YAPPA 于 2005 年推出了世界上第一份电子报纸。在 3G 时代，通过与运营商和制造商合作，YAPPA 在电子出版领域的强大实力得以充分展现。YAPPA 为 iPhone 定制的电子报纸阅读应用可以随时为消费者提供最新报纸内容的电子版，现已成为日本最时髦的无线应用服务之一，约 50% 的 iPhone 用户下载了这一应用并通过其服务每天浏览电子报纸。此外，YAPPA 还与日本最大的广告公司电通广告公司合作推出 MAGASTORE 业务以提供手机图书阅读服务。

（5）移动商务和拍卖。日本在线购物和拍卖市场起步较晚，但发展速度较快，用户的认知度也比较高，有 41%～48% 的移动互联网用户使用过该项业务。十几岁到二十几岁的女性较倾向于使用该业务。2006 年移动拍卖的成交量为 1295 亿日元，占到了通过手机在线购买成交量的 1/2。统计表明，接近 70% 的用户通过手机支付来对物品和拍卖进行付费。

（6）移动广告。在日本市场，由于三大运营商 DoCoMo、KDDI、SoftBank 早在 2002 年前后就介入了移动广告市场，因此日本的移动广告市场已经发展得相对成熟，移动运营商已经从中获得了一定的收益。日本移动广告市场从 2004 年开始呈现快速增长的势头，2006 年达到 450 亿日元，是互联网广告收入的 12%。随着移动搜索业务的发展，基于搜索的广告业务开始起步，并超过传统的移动标志广告和文本广告，2007 年移动搜索广告占全部广告收入的 14%。

（7）移动视频。日本手机无线移动电视台 BeeTV 是由 Avex 和 NTT DoCoMo 合资成立的手机专用频道，手机用户只需月缴 315 日元即可观看戏剧、音乐、谈话节目、卡通、综艺、movie blog 等八类节目，现 BeeTV 已提供多达 21 种节目供收视用户随选即放，已超过 200 万手机用户加入收视行列。BeeTV 拥有独占的节目内容和不靠广告赢利的媒体，新商业形态已受到广泛注意和讨论。

2. 韩国

韩国也是全球 3G 业务发展最快的市场之一。2005 年后，韩国移动通信市场维持年平均 1.3% 的低增长率，到 2009 年达到 4090 万用户，移动电话普及率为 83.1%。韩国政府一贯大力支持信息产业的发展，其良好的市场环境；产业链上下各方的紧密合作使其移动电子商务产业得以蓬勃发展。2007 年，韩国移动数据业务市场规模达到 38 870 亿韩元，平均年复合增长率达到 20%。

截至 2008 年 11 月底，韩国 3G 用户数量约为 1586 万，占移动通信用户总量的

34.95％，比欧美国家 28％的平均水平高出许多。2010 年 9 月 10 日开始，韩国电信更实施"无线数据服务"，每月缴纳 55 000 韩元（相当于人民币 320 元左右）以上的智能手机用户，可随时随地且不限量地使用无线网络，扩大 3G 用户覆盖面。

据韩国电信监管机构的统计，截至 2011 年 10 月底，韩国智能手机用户达 2000 万，占该国手机用户总数的 40％。不论是语音市场的增值业务（如彩铃业务），还是手机电视、手机音乐、手机游戏和手机定位等 3G 数据业务，在韩国都发展得有声有色。

3. 美国

美国移动电子商务渗透率较高，手机应用多样与资费的灵活促使其快速发展。2009 年，美国手机上网用户达到 7000 万，占总人口的 35％，其中消费额为 150 亿。美国市场研究公司 Forrester 于 2011 年 6 月发布报告称，美国移动商务市场将迎来爆发，市场规模将从 2010 年的 30 亿美元增长到 2016 年的 310 亿美元。

美国在移动电子商务的虚拟物品和服务的购买上较发达，其大部分业务主要集中在购买手机软件、音乐、游戏、使用 GPS 定位服务等。美国移动电子商务发展迅速主要得益于智能终端的广泛使用及多样化的应用软件，灵活的资费选择也为业务的发展提供了便宜、经济的内容通道。如苹果公司提供的智能化终端 iPhone 和其 App Store、iTunes 给用户提供了各种各样的软件应用、音乐下载、游戏、GPS 定位服务等。

4. 欧洲

移动电子商务在欧洲国家的发展迅速。欧洲目前手机上网人数已经超过 4500 万，预计 2014 年将达到 1.3 亿。2009 年，欧洲国家的移动电子商务的营业额达到了 880 亿美元，其中 390 亿美元是来自于手机订票业务，比如火车、公交、电影和戏票，以及泊车票据，还包括一些新的应用领域如移动博彩。在博彩业务上，方便的参与渠道为欧洲博彩带来了每年 600 万欧元的收入。

欧洲移动电子商务发展迅速主要得益于 NFC 移动支付系统的完善，以及各个票务博彩领域移动支付的快速普及。如西门子移动与某博彩公司合作开发出赛马博彩专用 UMTS 平台，使用户能够通过该移动设备来进行博彩下注活动，做到数字下注和实时赛场状况的结果传输。

11.5.2　中国移动电子商务的发展

近年来，国家连续出台有利政策，加大对移动电子商务实施的支持力度。各地纷纷开展移动电子商务试点工程，推进区域移动电子商务的建设，为移动电子商务的发展创造了良好的政策环境，我国移动电子商务得到了迅速发展。

据 iiMedia Research 统计，2015 年中国移动购物市场交易额为 21750 亿元，占整体网络零售市场交易额的比例为 56.1％，相对于 2014 年的 32.1％不断提升，预计到 2018 年，移动端交易额在网络零售市场中交易占比将超过 75％。

根据艾瑞咨询的研究，我国电子商务的发展主要呈现三个特点和三个风险。

特点 1：中国移动电子商务市场未来 2～3 年将步入快速发展时期。

随着未来中国手机用户数量和手机上网网民数量进一步增长等因素的影响。移动电子商务的潜在用户规模将持续扩大。而手机终端性能的不断提高、智能手机比例的逐步扩大和应用服务内容的不断丰富，也将使移动电子商务的应用环境不断改善、商务服务体系更加完善，这将促使规模庞大的潜在用户群体向移动电子商务服务进行渗透。更为重要的是，传统电子商务的发展已经为移动电子商务的发展奠定了良好的基础。在 PC 端，传统电子商务经过十多年的发展，已经解决了商家信用、货款支付等用户普遍关心的交易问题，电子商务在中国消费者中已经成为了一种时尚和重要的消费习惯。用户基于对电子商务的了解，可以快速实现对移动电子商务的认可和接受。随着移动电子商务应用意识和习惯在社会中的培养，移动电子商务服务将成为移动互联网用户生活中普遍使用的服务，中国移动电子商务用户规模将在未来 2～3 年迎来快速增长的阶段。未来 2～3 年内，中国移动电子商务用户规模年增长率将维持在 70％以上，实物交易用户规模同比增长率保持在 120％以上，实物交易规模年增长率最高达到 400％。

特点 2：传统电子商务提供商和电信运营商等布局移动电子商务的热情高涨，市场活跃度激增。

传统电子商务提供商、电信运营商等纷纷宣布进军移动电子商务，新兴移动电子商务提供商也在各个细分市场中快速崛起，显示了移动电子商务受到市场普遍看好的热烈局面。电信运营商、新兴移动电子商务提供商，尤其是传统电子商务提供商进入移动电子商务业务领域，为移动电子商务提供了更加丰富的商品，改变了原有信息发布和单一虚拟物品购买的格局，打开了移动电子商务发展的活跃局面，市场活跃度激增，这将对催发市场人气、做大市场产生重要促进作用。2008 年 2 月，淘宝网开通了其移动电子商务平台手机淘宝；2009 年下半年，当当网在其手机购物平台中提供了在线下单的功能；同期，电信运营商中国移动广东公司开通了广东移动商城；2009 年 12 月，掌上亚马逊上线，卓越宣布进军移动电子商务；2010 年 3 月京东商城开通了手机京东网，开始布局移动互联网的商务平台。此外新兴的移动电子商务提供商立购网、爱购商城和钱库网也纷纷推出了移动电子商务平台。

特点 3：当前中国电子商务市场以 B2C 为主，C2C、B2B 市场还远未成熟。

网络购物是我国移动电子商务活动的主要内容，品牌保证是手机用户普遍关心的核心问题，因此 B2C 的商务形式正契合当前移动电子商务用户需求的特点。而囿于手机端屏幕的大小，商品展示空间有限，商家与用户信息的充分沟通也存在一定的困难，C2C 商务模式的发展还有待应用条件的进一步改善。通常，在手机端进行电子商务大多出于即时性和娱乐性的需求，由于企业间交易更为复杂，以及交易金额较大，而受限于移动支付及市场发展起步等原因，B2B 类电子商务还需要等待市场条件更加成熟。因此，当前中国移动电子商务市场以 B2C 为主，C2C 和 B2B 市场还远未成熟。通过手机淘宝网的交易状况来看，交易规模主要以 B2C 为主，C2C 的交易规模较小，而其他类型的移动电子商务平台中，手机当当和掌上亚马逊等均为 B2C 的发展模式。

风险 1：用户的移动电子商务习惯需要进一步培养。

2009 年，中国手机终端用户数量和移动互联网网民用户规模都大幅增长，但移动电子商务用户数量仅 3668.4 万，用户规模还不足以支撑整个移动电子商务行业的发展。中国移动电子商务发展的根本动力来自于市场的有效需求。就中国当前移动电子商务的消费习惯而言，手机网民电子商务的意识正处于培育期，消费习惯还未养成。未来 1～2 年，随着 PC 端网购用户向手机互联网的渗透、移动互联网应用环境的不断改善，以及移动电子商务的丰富性逐渐提高，移动互联网网民的电子商务意识会逐步增强。

风险 2：产业链整合需要进一步规范和梳理。

移动电子商务是一个新兴的市场领域，产业链整合作为移动电子商务发展的一个长期趋势，合作形式已经由原有的上下游的链状合作逐步过渡到网状合作的阶段，而不同的参与主体都在适应和找寻在产业链中新的角色和定位。加上政府在监管和政策制定等方面存在一定的滞后，整个产业尤其是一些创新性的服务模式发展才刚起步。其中最为突出的就是制约移动电子商务发展的移动支付发展，艾瑞认为在市场前景较大的新产业发展早期，政府应该承担更多的推动责任，在管理上进行有效的规范监管和支持，助力促进市场稳定健康发展。

风险 3：移动电子商务服务缺乏成熟的商业模式。

由于用户属性和消费者行为的不同，移动电子商务发展并不能照搬传统电子商务的运营模式，但就目前中国移动电子商务发展的现状而言，在移动电子商务平台的建设方面，还没有出现一个较为成熟的商业模式。

本 章 小 结

移动电子商务是互联网、移动通信技术和其他技术发展的必然产物。移动电子商务的发展，推动移动电子商务的产业价值链和商务模式的发展，为个人用户和企业用户提供了各个方面的应用服务。在移动电子商务的发展过程中，日本、韩国、美国和欧洲等国家和地区走在了世界的前列，我国的移动电子商务也取得了迅猛发展。

案 例 与 分 析

滴滴出行

滴滴出行 2012 年 9 月上线，至 2014 年 1 月，属于其探索积累期。在此阶段，滴滴整体的增长较为缓慢，基本处于市场培育期和探索期。在此期间，滴滴的产品不断做基于用户体验和反馈进行迭代，一直到 2013 年年底，应用商店评论中已基本没有关于产品功能上的负面评论，用户下载曲线开始平缓上升。同年 4 月，滴滴安卓市场用户下载量已以 43.1 万位居打车软件第一，分类榜单排名趋势上行。

2014 年 2 月至 2014 年 9 月，是滴滴出行的加速增长期。在此期间，滴滴的用户增长开始显著提速，完成了产品发展商的第一次突破和加速。同期，滴滴的 v2.0 开启微信支付功能，配之市场动作，下载量上升明显，2014 年专车上线前安卓用户下载量已达 1 亿，并一度在同类产品中居于榜首的位置。

2014 年 10 月至 2016 年 2 月，是滴滴出行的爆发式增长期。在此期间，滴滴的用户增长出现极大加速，在短短不到半年的时间内，滴滴的用户数几乎翻了 5 倍！增长曲线的斜率也被拉到最大。这差不多是滴滴的发展历程中最为重要的一个阶段，借由这个阶段的成功，滴滴一举奠定了自己江湖霸主的地位。同期，滴滴 v3.1 开始专车上线，市场动作依旧猛烈，展开了一些非常有热度的品牌活动，这段时间下载量增长迅猛，应该说滴滴在这期间成功进入到了一个质变的阶段，但同时，滴滴在同类产品排名中比较波动，或许可以说明在这一阶段整个市场规模都在因为被教育而扩大。

2015 年 2 月至今，是滴滴的业务多元化发展期。在此期间，滴滴的增长开始有一定程度的放缓，同时，其业务也开始多元化发展，由此又继续拉动了用户规模的进一步增长。2015 年 2 月，滴滴快的合并，在此之后，增长持续，但是速度有所放缓，滴滴在后来相继推出顺风车、代驾、快车、大巴等业务，借此，其用户下载量得以继续回归攀升轨道。截止 2015 年 11 月，安卓用户下载量已累计 7 亿，在同类产品中居于榜首。

思 考 题

1. 滴滴发展至今，主要有哪些因素促使其在同类产品中居于榜首？

2. 相对于滴滴的主要竞争对手，滴滴的主要竞争优势是什么？你认为这种优势可以持续多久？

3. 想要保持领先地位，你认为最重要的是什么？

复 习 与 讨 论

1. 移动电子商务的定义和特点是什么？

2. 我国移动电子商务的商务模式主要有哪几种？

3. 移动电子商务有哪些具体的应用？

4. 试讨论中国移动电子商务的发展前景。

电 子 商 务

环 境 篇

第12章　电子商务法律问题

　　　　　　　　淘宝"十月围城"

2011年10月17日下午，杭州，阿里巴巴B2B总部七层，"光明顶"会议室。

阿里巴巴集团董事局主席马云的脸上还有些疲惫，声音则有些沙哑："有点时差"。

当天上午11点多，马云才走下从美国返回的飞机，这已是他今年第二次从美国匆匆返回。在媒体沟通会上，马云再次坚称"原则绝不退让"，但他同时也坦言，在新规的沟通方法和方式上存在问题，需要全面反思。

当日，针对中小卖家对淘宝商城新规的争议，淘宝商城调整了新规的执行办法，并宣布阿里巴巴将投入18亿元扶持淘宝商城卖家。而同时，在"反淘宝联盟"聚集的YY语音频道上，仍有部分卖家聚集，发表观点，继续抗议。

新规"惹祸"，小卖家"逼宫"淘宝。

这场备受关注的"围攻"事件开始于2011年10月11日。当天晚上，韩都衣舍、欧莎、七格格、优衣库等淘宝商城的大卖家，突然发现自家店里涌进了成百上千的"买家"。

"买家"们迅速拍下商品，付款或选择"货到付款"。商家还没来得及高兴销量大增就发现刚刚付款的"亲"已经在"申请退款"了，同时，在评论区则出现了大量0或1分的差评，商家的信用被大幅拉低，而退货率则直线上升，正常的生意几乎无法进行。此后几天，事态持续蔓延，参与这种"购买"行为的队伍和被攻击的商家都在持续扩大。

淘宝商城数据显示，截至10月15日，共有112名商家受到恶拍攻击。10月11日—15日，与正常情况下相比，淘宝商城每日交易额从1900多万元飙升至4869万元，但支付宝付款率则从56%猛降至0.8%，退款加投诉从7%锐升至96%。

10月10日，淘宝商城推出的2012年度商家招商续签及规则调整公告，被认为是这次攻击的"导火索"。按照这份公告，从2012年起，淘宝商城进驻商家的技术服务年费将从以往的6000元提高至3万元和6万元两个档次，当年销售额达到36～120万元时（数额因销售品类不同而不同），这部分费用将予以返还；商家的违约保证金数额也全线提高，由以往的1万元涨至5万元、10万元、15万元不等（冻结在支付宝中，如商家达到一定程度的违约行为，将扣除部分保证金，用以对消费者进行先行赔付）。

公告显示缴费截止时间为2011年12月26日，也就是说，进驻淘宝商城的所有商家须在年底前拿出比以往多10万元的资金。

在有些小卖家看来，这是相当难以承受的。有卖家表示，一次性沉淀10多万元的资金，会极大影响资金流动。有卖家则表示提价是"突然行为"，他们根本来不及筹备资金。

有小卖家更直言这是一种"过河拆桥"的行为，"淘宝商城刚创立时靠大量小卖家抬高了人气和销售额，现在又要提高资金门槛把我们排挤出去，这种行为无法容忍。"

"没想到出来后引起这么大的反响。不看规则的全貌，就来攻击我们，我们觉得很委屈。"淘宝商城总裁 Z 说，"年费是否涨了，商家的经营成本是否提高了，根据设计的返还政策，最后还看商家自己。"

以服装商家为例，淘宝商城给出了返还全部服务年费的标准：服务能力达到 4.6 分，年度交易额达到 120 万元。在 Z 看来，对于一个企业化运作的商家来说，这些都是最基本的标准。

不过，一些小卖家并不认可这一说法，在他们看来，淘宝商城所给出的经营规模额度并不容易达到。

易观国际分析师 C 表示，每次淘宝修改规则都会引起震荡，而近年来利益的受害者一直都是中小卖家。这次规则变化，应当看做淘宝放弃中小卖家，集中优势资源哺育大卖家的开始。

10 月 12 日，淘宝商城给出了解决方案：淘宝网将为刚开始创业的诚信商家提供"淘宝商城店铺一键转移淘宝网"功能，保留历史交易记录和信用记录。

不过，争端并未停止。在"反淘宝联盟"聚集的 YY 语音频道 34158 中，聚集人数一路高涨至 5 万多人，被攻击的店铺也不断增加，"聚划算"、"直通车"等也被列为攻击目标。

在事件的演进中，商务部的介入也引起了各方些许心理的变化。10 月 15 日，商务部网站发布消息，称希望淘宝商城采取积极行动回应中小商户合理要求，同时也强调相关企业和个人必须循合法途径表达诉求。

此后，10 月 16 日凌晨"反淘宝联盟"暂停部分活动。

思考及讨论：以前述信息为线索，请补充完整"十月围城"事件的前因后果及其他相关情节信息。该事件暴露了哪些深刻的法律问题？

12.1　电子商务法概述

12.1.1　电子商务引发的法律问题

电子商务的发展之多疑引发了空前规模的社会、法律问题，与电子商务本身的特点有很大关系。计算机技术和电子商务的特点突破了现有的商务和法律关系，以及人们对这些关系的理解。具体分析如下：

（1）电子商务实现了信息化、无纸化交易。在电子商务的交易中，传统记载交易者意思和交易内容的纸张被电子信息这一新的介质所代替。这些电子信息可以借助相应的计算机硬件工具和网络被方便地读取。传统交易中订立合同的形式受到挑战，这就要求有关的法律地位及其作为证据时的证据种类和证据效力。同时通过这一新的形式进行交易，交易双方不许直接接触，如何进行身份确认就需要法律来规范。

（2）计算机技术的发展使信息的复制和传递变得极为简洁。网络信息技术一方面降低了信息传递的成本，促进了交易，加快了经济的发展；另一方面拥有著作权的作品可以在几秒钟内被完全复制并向全世界散播。传统的知识产权在电子商务时代的保护问题突现。

（3）电子商务跨越时间和空间的局限性，真正实现贸易全球化。从空间概念上看，电子商务构成的新的空间范围是以前不存在的，这个依靠互联网所形成的空间范围和领土范围不同,它没有地域限制。从时间概念上看,电子商务没有时间上的间断。这种新的竞争形势使在跨国范围内如何协调税收问题及司法管辖问题变得更加困难和复杂,这就需要新的国际立法和国际合作。即使在一国之内,不同地区之间的税收和司法管辖也需要有新的法律条文进行规定。

(4)电子商务时代信息更加丰富而且收集极其容易。利用计算机技术可以轻而易举地收集各种信息,一些经济组织为获得更多利益收买消费者的各种私人信息,于是出现了一些利用自己掌握的信息或未经允许收集来的关于消费者或厂家的信息获利的网站。这时出现了如何保护个人隐私、收集或利用这些信息是否侵害消费者的权利、个人对自己的私有信息拥有哪些权利、个人对其他企业或组织又有哪些访问权等问题,这些都需要由法律来确立一个合理的界限。

(5)电子商务构造了一个虚拟的商业环境。电子商务广泛采用先进的网络通信技术作为营销手段,可以将各种商业活动所需要的信息完整地再现出来,完成意思的传递、合意的达成、货币的支付以及除实体交付外的部分物流的转移等商业活动,因此,经济学界认为电子商务构造了一个异于现实社会的虚拟商业环境,称为虚拟商业。在虚拟环境中出现了不同于实体世界的内容(如虚拟财产),应如何看待这些事务及应如何保护或规范它们,这需要法律来确定。

12.1.2 电子商务法的概念及其特征

1. 电子商务法的概念

由于电子商务活动的发展变化异常迅速,而人们对它的认识需要有个过程,并且由于观察角度不同,因而缺乏关于电子商务法的一个普遍被接受的定义。

1)广义的电子商务法

广义的电子商务法,是与广义的电子商务概念相对应的,他包括了所有调整以数据电文方式进行的商事活动的法律规范。其内容极其丰富,至少可分为调整以电子商务为交易形式的,和调整以电子信息为交易内容的两大类规范。前者如联合国的《电子商务示范法》(亦称狭义的电子商务法),后者如联合国贸易法会的《电子资金传输法》、美国的《统一计算机信息交易法》等,均属此类。

2)狭义的电子商务法

从便于立法和研究角度出发可以认为,电子商务法是调整以数据电文(DATE MESSEGE)为交易手段而形成的、因交易形式所引起的商事关系的规范体系。

2. 电子商务法的特征

根据计算机技术和电子商务的特点,电子商务相关法律需要以下特点:其一,它以商人的行业惯例为其规范标准;其二,它具有跨越任何国界、地域的、全球化的天然特性。

电子商务法作为商事法律的一个新兴的领域,除了具有上述特质之外,还存在着一些具体的特点,大致包含以下四个方面:

1)程式性

电子商务法作为交易形式法,它是实体法中的程式性规范,主要解决交易的形式问题,一般不直接涉及交易的具体内容,而是反映交易当事人所享有的利益,表现为一定的权利义务。在电子商务中以数据信息作为交易内容(即标的)的法律问题复杂多样,需要由许多不同的专门的法律规范予以调整,这不是电子商务法所能胜任的。比如一条电子信息是否构成要约或承诺,应以合同法的标准去判断;能否构成电子货币,应依照金融法衡量。所以说,电子商务法是商事交易上的程式法,它所调整的是当事人之间因交易形式的使用,而引起的权利义务关系,即有关数据电文是否有效,是否归属于某人;电子签名是否有效,是否与交易的性质相适应;认证机构的资格如何,它在证书的颁发与管理中应承担何等责任等问题。

2) 技术性

在电子商务法中,许多法律规范都是直接或间接地由技术规范演变而成的。比如一些国家将运用公开密钥体系生成的数字签名规定为安全的电子签名,这样就将有关公开密钥的技术规范转换成法律要求,这对当事人之间的交易形式和权利义务的行使,都有及其重要的影响。另外,关于网络协议的技术标准,当事人若不遵守,就不可能在开放环境下进行电子商务交易。所以,技术特点是电子商务法的重要特点之一。

3) 开放性

从民商法原理上讲,电子商务法是关于以数据电文进行意思表示的法律制度,而数据电文在形式上是多样化的,并且还在不断发展之中。因此,必须以开放的态度对待任何技术手段与信息媒介,这里开放性的规范,让所有有利于电子商务发展的设想和技巧都能容纳进来。目前,国际组织及各国在电子商务立法中,大量使用开放性条款和功能等价性条款,其目的就是为了开拓社会各方面的资源,以促进科学技术及社会应用的广泛发展。它具体表现在电子商务法基本定义的开放、基本制度的开放以及电子商务法律结构的开放这三个方面。

4) 复合型

复合型特点是与口头及传统的书面形式相比较而存在的。电子商务交易关系的复合性源于其技术手段上的复杂性和依赖性,它表现为通常当事人必须在第三方的协助下完成交易活动。例如在合同订立中,每一笔电子商务交易的进行,都必须以多重法律关系的存在为前提,这是传统口头或纸面条件下所没有的。它要求多方位的法律调整,以及多学科知识的应用。

12.1.3　电子商务法律的任务

1. 为电子商务发展创造良好的法律环境

电子商务的发展需要通过法律加以鼓励、引导、促进。因此,通过立法,为电子商务的主体提供交易规则,充分发挥现代化科学技术在商务活动中的作用,从法律上为电子商务创造良好、宽松的经营环境,是电子商务法律的基本任务。

2. 保障电子商务交易安全

交易安全是交易主体决定选择利用网络进行电子商务的最重要的因素。没有安全,就没有电子商务的存在与发展。安全性原则要求与电子商务有关的交易信息在传输、储存、交换等整个过程不被丢失、泄露、窃听、拦截、篡改等,要求网络和信息应保持可靠性、可用性、保密性、完整性、可控性和不可抵赖性。网络和电子商务的开放性、虚拟性和技术性使得网络和电子商务过程中的信息和信息系统极易受到攻击。因此，保证电子商务交易安全是电子商务法律的重要使命。

3. 鼓励利用现代信息技术促进交易活动

电子商务法的目标包括促进电子商务的普及或为此创造方便条件，平等对待基于书面文件的用户和基于数据电文的用户，充分发挥高科技手段在商务活动中的作用。这些目标都是促进经济增长和提高国际、国内贸易效率的关键所在。因而，电子商务法的目的不是从技术角度来处理电子商务关系，而是创立尽可能安全的法律环境，以便有助于电子商务参与各方之间高效率地开展贸易活动。

12.2　电子商务交易的法律问题

电子商务交易的法律问题主要包括电子合同的效力和履行、电子合同作为证据的效率和种类、电子签名的效力和交易主体身份的认证等。

订立合同的方式是交易中最常用的方式，合同的成立要求有订立合同的主体、双方意思达成一致，意思表达主要通过要约与承诺的方式。合同有效则要求主题适合、意思表达真实、不违背法律和社会道德。在电子商务中要想合同成立并且有效，则要考虑身份认证、电子签名的效力、当事人约定或法律规定的特殊形式。

12.2.1　数字签名认证问题

亲笔签名是许多法律——典型者如票据法或者合同文书的要求。亲笔签名在传统交易方式中发挥着多种功能，例如，确定当事人的身份，表明当事人同意合同的内容并预期难以接受其拘束，证明合同文书是真实和完整的。签名对于商务仍然具有价值，它具有证明合同的真实性和完整性的功能。

电子签名是电子形式的数据，是与数据电文（电子文件、电子信息）相联系的用于识别签名人的身份和表明签名人认可该数据电文内容的数据。《中华人民共和国电子签名法》（以下简称《电子签名法》）规定，电子签名同时符合下列条件的，视为可靠的电子签名：

（1）电子签名制作数据用于电子签名时，属于电子签名人专有；

（2）签署时电子签名制作数据仅由电子签名人控制；

（3）签署后对电子签名的任何改动能够被发现；

（4）签署和对数据电文内容和形式的任何改动能够被发现。

可靠的电子签名于手写签名或者盖章具有同等效力。身份认证是与数字签名相关的一项重要制度。网上交易的买卖双方在进行每一笔交易时，需要鉴别对方的可信度，因此要有一个第三方机构或个人来认证双方的身份，保证网络交易的安全。上述第三方被称为电子认证服务提供者，《电子签名法》规定其主要功能为：电子认证服务提供者收到电子签名认证书申请后，应当对申请人的身份进行审查；签发的电子签名认证证书应当准确无误；应当保证电子签名认证书内容在有效期内完整、准确，并保证电子签名依赖方能够正式或者了解电子签名认证书所载内容及其他有关事项；应当妥善保存与认证有关的信息，信息保存期限至少为电子签名认证证书失效后五年。

12.2.2　意思表达真实问题

1. 系统故障

系统故障是指计算机系统软件或硬件方面出现问题，导致计算机整个系统或某些软件无法正常使用。例如，证券公司显示股票价格的电子告示板，出现故障无法显示股票价格等信息，致使投资者无法在股票剧烈变动时了解股票走向，可能导致损失等。

2. 电子错误

美国《统一计算机信息交易法》第 10 条第（2）款给电子错误下的定义是："电子错误指如（商家）没有提供检测并纠正或避免错误的合理方法，消费者在使用一个信息处理系统时产生的电子信息中的错误"。这里的"信息处理系统"指的是交易的商家提供的交易平台，而不是指计算机终端用户自己的信息处理系统。

3. 系统故障及电子错误应承担的法律责任

电子商务本身就是依赖网站经营者的系统进行的，对于从事此方面经营的经营者在技术设备及维护上提出了很高的要求。网站的经营者对网站系统的稳定性、安全性负有责任。

迄今为止，中国的法律规定中虽然涉及系统故障的内容，但没有相应的法律责任。中国证券监督管理委员会 2000 年 3 月 30 日发布的《网上证券委托暂行管理办法》（证监信息字［2000］5 号）规定，从事网上证券业务的证券公司的网上委托系统应有完善的系统安全、数据备份和故障恢复手段。在技术和管理上要确保客户交易数据的安全、完善与准确。网上委托系统应包含实时监控和防范非法访问的功能或设施；应妥善储存网上委托系统的关键软件（如网络操作系统、数据库管理系统、网络监控系统）的日志文件、审计记录。网上委托系统中有关数据传输安全、身份识别等关键技术产品应通过国家权威机构的安全性测评；网上委托系统及维护管理制度应通过国家权威机构的安全性认证；涉及系统安全及核心业务的软件应由第三方公证机构（或双方认可的机构）托管程序源代码及必要的编译环境等。但是，没有法律责任的规定。

中国人民银行 2001 年公布了《网上银行业务管理暂行办法》（中国人民银行令［2001］第6 号），其中第三章"网上银行业务的风险管理"用十二条内容规定了银行开展网上银行业务应采取各种物理的和技术的安全措施，保证数据安全，防止未授权使用、病毒入侵、黑客入侵等，保障系统安全。对系统安全保障措施不充分，造成重大泄密，危害客户利益和银行体系安全的行为，承担的法律责任是行政处罚、停止网上银行业务，但没有涉及造成消费者损失的赔偿。

我国《电子签名法》第九条规定，数据电文是发件人的系统自动发送的视为发件人发送。由此可见，如果发件人的系统出错，收件人据此做出了相关意思表达，发件人应承担相关法律责任。

实践中，中国的银行和证券公司在从事网上银行或网上证券业务时，与消费者签订的网上银行或证券委托合同中，虽然向消费者提示了网上业务的风险，但将出现系统故障、病毒入侵、黑客攻击等情况下的风险和责任一律转嫁给消费者，银行或证券公司不承担任何赔偿。

12.2.3 书面形式问题

1. 数据电文是否是法律要求的书面形式

合同是否采用书面形式,依照《中华人民共和国合同法》(以下简称《合同法》)第 10 条的规定,合同当事人可根据自己的意愿来确定,可以是书面形式也可是其他形式,但法律另有规定的除外。

我国《合同法》第 11 条规定,"书面形式是指合同书、信件和数据电文(包括电报、电传、传真、电子数据交换和电子邮件)等可以有形地表现所载内容的形式"。在电子商务活动中,中国合同当事人可以数据电文形式订立法律要求的"书面合同"。《中华人民共和国电子签名法》第四条规定,能够有形地表现所载内容,并可以随时调取查用的数据电文,视为符合法律、法规要求的书面形式。

2. 特殊书面形式在电子商务中的应用

对于特殊形式的交易,法律规定订立合同必须采取的形式在电子商务中是否应当采用的问题,例如,《中华人民共和国拍卖法》中规定拍卖必须签订确认书。在电子商务中存在各式各样的"拍卖",涉及是否应当签订确认书的问题。

12.2.4 合同成立的时间和地点

合同成立的时间和地点对合同的履行有重要影响。我国《合同法》规定:要约到达受要约人时生效,承诺通知到达要约人时生效,承诺生效时合同成立。采用数据电文形式订立合同的,收件人指定特定系统接收数据电文的,该数据电文进入收件人的任何系统的首次时间,视为到达时间。承诺生效的地点为合同成立的地点。采用数据电文形式订立合同的,收件人的主营业地为合同成立的地点;没有主营业地的,其经常居住地为合同成立的地点。当事人另有约定的,按照其约定。

12.2.5 数据电文的证据效力

《中国华人民共和国电子签名法》规定数据电文视为书面形式;符合一定条件的数据电文,视为满足法律、法规规定的原件形式要求或文件保存要求;且数据电文不得仅因为其是以电子、光学、磁或者类似手段生成、发送、接收或者储存的而被拒绝作为证据使用。

12.3 电子商务中的知识产权问题

知识产权是指人们对其创造性的智力成果依法享有的专有权利。知识产权包括著作权、商标权、专利权,既包括相关的人身权又包括经济权力。随着网络信息流量的不断加大,网络知识产权的法律保护越来越成为人们关注的焦点。网络知识产权保护涉及面很广,本节将主要介绍有关网络著作权的法律保护、域名的法律保护、网络数据库的法律保护等问题。

12.3.1 网络著作权的法律保护

因为电子商务是建立在互联网技术上的,互联网技术发展极为迅速,对传统法律提出了极大的挑战。原有的法律无法满足在电子商务中对著作权的保护，于是我国近几年出台了一系列法律以期弥补原有法律的不足。最高人民法院于 2000 年出台了《最高人民法院关于审理涉及计算机网络著作权纠纷案件适用法律若干问题的解释》，并于 2003 年年底对此解释进行了修改、完善，发布了《最高人民法院关于修改〈审理涉及计算机网络著作权纠纷案件适用法律若干问题的解释〉的决定》，该决定于 2004 年 1 月起实施。然而，这些司法解释只规定了对网上著作权案件审理时的适应措施，无法在更大范围内保护广大著作权人的实体权利。目前，我国对网上著作权的法律存在很大盲区，对传统的著作权保护的办法无法完全适用于网络。尽管 2001 年 10 月修订的《中华人民共和国著作权法》（以下简称《著作权法》）将信息网络传播权规定为著作权人的权利——信息网络传播权，即以有线或者无线方式向公众提供作品，使公众可以在其个人选定的时间和地点获得作品的权利，但并没有规定相应的保护办法，对网上相关主体在著作权保护方面的权利义务规定得不明确，难以适应行政执法的需要。于是根据《中华人民共和国著作权法》第 58 条的授权，国家版权局和信息产业部制定了《互联网著作权行政保护办法》。

12.3.2 有关域名的法律保护

域名（Domain Name）是互联网时代出现的一个名词，它最先是一个技术用语，指网络设备和主机在互联网中的字符型地址标识。这种字符型的地址标识，把作为互联网寻址基础的 IP 地址（Internet Protocol Address）转换（或称做翻译）为与人们的语言习惯相似的表达方式，方便了人们对互联网的运用，使用计算机的人由此获得了巨大的便利。可是，域名在给用户带来便利的时候，也产生了一系列纠纷，主要是"域名抢注"和"域名盗用"。

域名具有认知网站及标示功能。因为域名有商业价值或商业标示作用，如果将他人在先的商标、服务标示或商号注册为域名，容易导致利用他人在先积累的商业信誉实现自己的目的，构成了搭便车或寄生性不正当竞争行为，从而引诱互联网用户访问域名持有人的网站或者其他联机地址，并从中牟利，因此是一种不正当竞争行为。还有一种行为是恶意抢注域名行为，即域名注册人注册域名的目的不是为了某种经营或服务，而是为了阻止他人注册或租售域名牟利。由于域名注册实行非实体审查，加之域名的规范的技术性，一旦自己的商标或商号被他人注册为域名，原权利人就无法适用商标或商号作为域名，开展网上经营，因此有必要通过法律进行规范。

国内外有关域名的立法有：国际互联网络机构于 1999 年 10 月通过了《统一域名争议解决规则》，美国国会于 1999 年 1 月通过了《反域名抢注消费者保护法》，中国互联网信息中心发布了《中文域名争议解决办法（试行）》，最高人民法院于 2001 年 6 月公布了《最高人民法院关于审理设计计算机》。在判例中会发现法院经常采用《反不正当竞争法》作为判案根据。

12.3.3 数据库的法律保护

1. 数据库的含义及特征

根据《中国大百科全书》的定义，数据库（Data Base）是指为满足某一部门中多个用户多种应用的需要，按照一定的数据模型在计算机系统中组织、存储和使用的互相联系的数据集合。

数据库技术是计算机软件技术的一个组成部分，是对信息进行收集、整理、存储与处理的一门技术。数据库具有集合性、有序性、可访问性以及信息容量的庞大性等特征。

2. 数据库的著作权保护及其缺陷

从法律保护的角度出发需要对数据库进行分类。依照数据库开发时是否具有独创性，可将数据库分为具有独创性的数据库与不具有独创性的数据库。所谓具有独创性的数据库是指对信息进行选择、编排、分类、筛选等智力工作，构成智力创作的数据库；而非独创性的数据库则是未进行智力创作的数据库，二者具有不同的法律地位与意义。

我国《著作权法》规定，数据库为"若干作品、作品的片段或者不构成作品的数据或其他材料，对其内容的选择或编排体现独创性的作品。"因此，《著作权法》以"独创性"为条件，对具有独创性的数据库进行法律保护。非独创性的数据库不受法律保护。

12.4　电子商务中隐私权的保护

信息网络技术的出现为信息的收集、传播和管理提供了得天独厚的物质条件，然而，人类在享受它带来的众多方便的同时，也应看到，它使个人隐私遭到前所未有的威胁。由于计算机强大的记录和存储功能，以及网络这一新兴媒介的普及，对个人信息的搜集和利用较以往更为容易、便捷。随着人们对网络的依赖性越强，个人隐私被窥探、窃取的可能性随之增大。

12.4.1　在网络中侵犯隐私权的种类

在网络空间中，侵害个人隐私的行为类型可分为如下情形。

（1）非法收集、利用个人数据。如利用网络跟踪软件非法跟踪用户在网上的一举一动，大量收集用户喜欢访问哪些网站，在哪些网站停留时间长等信息，从而掌握用户的习惯，建立起庞大的用户个人信息数据库，再把数据库用于自身的营销战略或者卖给其他商家，从中获取巨额的利润。如美国最大的信用机构之一 Equifax，收集有 1.6 亿个用户的信息记录，卖给 5 万家企业使用等。

（2）非法干涉、监控私人活动。如个人电子邮件在传输过程中，极易被他人、黑客或 ISP 公司（网络服务提供商）截获和篡改，使收信人看到的不是真正的发信人发来的内容；利用电子监控系统监视他人在网上的言行等。

（3）非法侵入、窥探个人领域。如网络黑客入侵他人计算机，进行浏览、下载、更改、删除、窃取等破坏活动；商家向个人邮箱投放垃圾邮件等。

（4）擅自泄露他人隐私。是指未经本人许可在网上公开他人个人资料等。

12.4.2　网络侵犯隐私的特点

1. 客体的扩大化和数据化

信息技术的发展使用户隐私被侵犯的可能性更大，内容更广泛，并呈现出扩大化的趋势，包括个人的姓名、性别、身高、指纹、血型、病史、联系电话、财产等，以及一切与个人有关的信息在内。其次，由于信息技术数字化、网络传输分组化特点，使得网络隐私主要以"个人数据"的形式出现。

2. 性质的双重化

传统上一般认为他人隐私是侵犯了受害者的一种独立的精神性人格权，不具有物质性或财产权属性。但是，在网络空间中，对个人隐私的侵犯不仅仅是基于窥探他人隐私的好奇心，而大多数是基于利益的驱使。因为个人数据已经具有了经济价值、财产属性，所以才会被网络经营商收集、利用、买卖。

3. 侵权行为手段的智能化、隐蔽化

同传统隐私侵权行为的手段相比，网络隐私侵权更多的是依靠智力和高科技去实施侵权的行为，行为人必须具备相当程度的专业知识和熟练的操作技能，否则难以达到收集他人数据或侵入他人系统的目的。而且以高科技为支撑，侵权行为可以瞬间完成，侵权证据又多存于数据、代码等无形信息中，很容易被更改和删除，甚至不留任何痕迹。

4. 侵权后果的严重化

由于网络空间的全球性和信息传输的迅捷性。公民隐私权一旦在网上披露，全球范围的人在瞬间都能知道，这将给当事人带来严重的损害后果。

12.4.3　隐私权和网络隐私权

隐私权的概念和理论，最初源于美国。传统认为隐私权是一种基本人格权，是指公民"享有的私人生活安宁与私人信息依法受到保护，不被他人非法骚扰、知悉、利用和公开的一种人格权"。一般认为，隐私权的主体只能是自然人，其内容具有真实性和隐秘性。我国现行法律中没有关于隐私权的定义。

通常认为网络隐私权大致如下内容：

（1）知情权。用户有权知道网站收集了关于自己的哪些信息，这些信息将用于什么目的，以及该信息会与何人分享。

（2）选择权。消费者对个人资料的使用用途拥有选择权。

（3）合理的访问权限。消费者能够通过合理的途径访问个人资料并修改错误的信息或删除数据，以保证个人信息资料的准确与完整。

（4）足够的安全性。网络公司应该保证用户信息的安全性，阻止未被授权的非法访问。用户有权请求网站采取必要而合理的措施，保护用户的个人信息资料的安全。

（5）除以上所述之外，还应该包括用户的信息控制权（用户有权决定是否允许他人收集或使用自己的信息的权利）和请求司法救济权（用户针对任何机构或个人侵犯自己信息隐私权的行为，有权提起民事诉讼）。

12.4.4　我国隐私权的现行法律保护

我国关于隐私权的立法，至今没有相应直接的规定。对隐私权的保护，散见于一些法律、法规、规章中。现在我国民法作为最基本的保护公民各项人身权利的法律没有将隐私权作为公民的一项独立的人格权加以保护，而只是简单地规定了与公民的隐私权有关的肖像权、名誉权，而事实上，隐私权、肖像权和名誉权同属于人身权中不同性质的权利，这样所带来的结果是法律保护隐私权的实际效力减少，隐私权寻求法律保障的实际可诉性、可

操作性降低，不利于受害者请求司法救济。

我国《计算机信息网络国际联网安全保护管理办法》第 7 条规定："用户的通信自由和通信秘密受法律保护。任何单位和个人不得违反法律规定，利用国际联网侵犯用户的通信自由和通信秘密。"《计算机信息网络国际联网管理暂行规定实施办法》第 18 条规定："不得擅自进行未经许可的计算机学校，篡改他人信息，冒用他人名义发出信息，侵犯他人隐私。"若要这些规定系统地对网络隐私权加以保护，不是它们所能胜任的，而且在审判实践中可操作性也不强。

12.5　电子商务的税收问题

电子商务代替传统的贸易方式，一方面使传统税收制度中纳税环节、纳税地点、国际税收管辖权等碰到了新情况，另一方面传统的税收理论、税收原则受到不同程度的冲击，与此同时传统的税收征管也遇到了新的挑战。

12.5.1　电子商务征税面临的难题

新的交易形式使传统税收制度中的纳税环节、纳税地点、国际税收管辖权等无法适用新的环境。传统的税收制度是通过能够控制的要素如纳税人住所、主营业机构所在地、收入来源等行驶税收管辖权。但这些在电子商务中唯以确定，例如政府通过住所来确认居民是政府对居民行使税收管辖权的依据，然而电子商务的发展使经济活动与特定点之间的关系弱化，从而对通过互联网提供的贸易或服务很难控制和管理。又如由于在电子商务中企业可以直接进行交易，而不必通过中介机构，使传统的代扣代缴税款无法进行。

课税凭证的电子化、无纸化，加大了税收征管和稽查的难度。传统的税收征管和稽查是建立在有形的凭证、账册和各种报表的基础上的，通过对其有效性、真实性、逻辑性和合法性等的审核，达到管理和稽查的目的。而电子商务的各种报表和凭证，都是以电子凭证的形式出现和传递的，电子凭证可以被轻易地修改、删除而不留痕迹和线索，无原始凭证可言，这使得传统的税收稽查变得十分被动。

12.5.2　国外电子商务税收政策

1. 美国及世界贸易组织对电子交易采取的税收政策

美国财政部于 1996 年下半年颁布了有关"全球电子商务选择税收政策"白皮书，它支持电子和非电子交易间的"税收中性"目标。美财政部认为，没有必要对国际税收原则做根本的修改，但是要形成国际共识，以确保建立对电子商务发展至关重要的统一性。明确对电子商务征税的管辖权，以避免双重税收。

1997 年 7 月 1 日美国总统克林顿发布了《全球电子商务纲要》，号召各国政府尽可能地鼓励和帮助企业发展 Internet 商业应用，建议将 Internet 宣布为免税收区，凡无形商品（如电子出版物、软件、网上服务等）经由网络进行交易的，无论是跨国交易或是在美国内部的跨洲交易，均应一律免税，对有形商品的网上交易，其赋税应该按照现行规定办理。

1998 年 5 月 14 日，几经修改的"Internet 免税法案"在美国参议院商业委员会以 41 票对 0 票的优势通过，为美国本土企业铺平自由化的发展道路；5 月 20 日，美国又促使 132 个世界贸易组织成员国的部长们达成一致，通过了《关于电子商务的宣言》，规定至少一年内免征互联网上所有的贸易活动关税。

对电子商务征税的呼声越来越高，早在 1997 年克林顿政府在"全球电子商务框架"报告中对电子商务征税提出以下原则：

(1) 国际税收制度必须保持中性，不能扭曲或阻碍电子商务发展，不应开征新税。

(2) 税收制度必须简单、明确。

(3) 各国政府必须加强合作，在现行税收原则基础上采取统一措施。

(4) 商品、劳务如经因特网传递，予以关税豁免。

OECD 组织为了适应电子商务的发展，确定了对电子商务征税的几项原则：

(1) 现行课税原则继续适用于电子商务，无须对电子商务采取旨在歧视的新课税形式。

(2) 现行双重税收协定原则继续使用，但在具体运行时应予重新审查和明确。

(3) 消费税应在消费地使用。

(4) 加强电子商务税收信息的国际交流政府与企业界共同合作解决课税问题。

2. 欧盟电子商务税收政策

欧盟认为税收系统应具有法律确定性，电子商务不应承担额外税收，但也不希望为电子商务免除税收，电子商务必须修改纳税义务，否则将导致不公平竞争。欧盟正在积极寻求和确定一种能使欧盟成员国共享税收利益的体制。

1997 年，欧盟发布"增值税第六指令"及其修改建议。该指令明确了通过互联网销售数字化产品、提供网上服务属于电信服务的范畴，即"电信服务是指通过电线、无线电、光学或电子系统，传送、发射和接受权利的转让或过渡"。指令规定："非欧盟的电讯服务提供者，必须在其服务被使用的每一个欧盟成员国注册(后因美国的压力，改为其中一个成员国注册即可)。"指令还指出："增值税是消费型税收，商品和劳务将在终点被消费，因此该税由消费地所在国按其税率征收，税收收入也属于该国。"以上规定，为欧盟将数字化产品销售视为提供劳务并在消费地征税，提供了理论和政策依据。

1998 年 6 月，欧盟发布了《关于保护增值税收入和促进电子商务发展的报告》，并在 1998 年 10 月召开的 OECD 财长会议上提出，鉴于欧盟大多数国家实行增值税体制，因此将数字化产品销售视同提供劳务而在消费地(欧盟成员国)征收增值税，并且迫使美国接受此项提议。

2000 年，欧盟对这一提议的具体实施问题进行研究，初步确定了消费地的判定、纳税人的认定、增值税纳税人的义务、欧盟以外国家的电子商务公司的税务登记等原则。但由于欧盟各成员国的增值税税率不同，这将导致非欧盟电子商务公司选择税率低的国家注册，进而影响欧盟成员国之间的税收分配，所以有关征税规定并未立即执行。经过几年协调，欧盟确定了一种能使各成员国共享税收利益的体制，即非欧盟公司只需要在一个欧盟国家登记，并按照该国的增值税税率缴税，若购买方不属于该国居民，则由该国负责向购买方所在国移交税款。这样，即使电子商务公司选择低税率国家注册，税率高的欧盟成员亦能分享税收利益。成员国间的协调一致，为欧盟实施新的电子商务增值税奠定了政治基础。

2002 年 5 月 7 日，欧盟理事会通过决议，决定从 2003 年 7 月 1 日开始，对欧盟以外公司通过互联网向欧盟成员国出售的数字产品或服务征收增值税。2003 年 7 月 1 日起，欧盟将对境外公司通过互联网向欧盟 15 个成员国出售计算机软件、游戏软件等商品和提供网上下载音乐等服务征收增值税。具体规定是：年销售额 10 万欧元以上的非欧盟公司必须缴税（年销售额 10 万欧元以下的免税）；非欧盟公司只需在一个欧盟国家登记即可，并按该国的增值税税率缴税，而不必在 15 个欧盟国家全部登记；登记后，该国税务机关将征收的税款移交给购买者（购买者须留下自己的真实地址）所在国家。

12.6　网络侵权案件的管辖

12.6.1　传统管辖制度受到的挑战

1. 司法管辖区域界限的模糊化

在传统的"现实世界"的侵权纠纷案件中，某一特定的法院的管辖区域能够通过地理上的界限加以界定。但网络空间是一个开放性的全球性系统，没有明确的边界。人们在网络上的交往借助于数字传输可以在瞬息之间往返于千里之外甚至跨越数国，而其本人却无须发生空间上的位移变化。如何在这样的虚拟空间中规定法律的管辖界限，是传统管辖基础理论面临的第一个困难。而某一特定法院对于数字传输的管辖究竟是涉及其全过程或者仅仅涉及其中一个或数个环节，也是划定管辖区域需要考虑的问题。

2. "原就被"原则的理论困难

在传统的民事诉讼中，由原告向被告住所地人民法院起诉被认为是最理所当然而应当优先予以考虑的管辖原则。但是，在网络侵权案件中，由于网络本身是一个虚拟的系统，网络空间的行为人在上网时通常无须经过真实的身份认证，该行为人的住所地的确定并不像传统条件下那样便利。同时，在网络侵权案件中，被告往往与原告相距甚远，而且跨国的侵权行为很多，如果适用"原就被"的原则，一来受害人获得司法救济十分困难，不利于保护受害者的正当权益，二来也会有损害国家司法主权。

3. 侵权行为地的不确定性

网络侵权行为以数字传输为手段，其最大的特性莫过于阶段性和复制性。根据网络数组传输规则，一个完整的网络侵权行为可以分解如下：第一，具体侵权人通过终端设备在某一特定时空条件下进行联网、访问、远程控制或下载、上载、设置超链接、设置 URL（统一资源定位器）、转发等行为；第二，侵权人的操作指令以及侵权指向的目标内容以数据流的形式在终端设备、IAP（Internet 接入提供商，即 Internet Access Provider）服务器、节点计算机设备、ICP（Internet 内容服务提供商，即 Internet Content Provider）服务器及其他网络设备（缆线、调制解调器、网卡、中继器等）之间进行传播；第三，指令及数据流到达目的服务器，完成相应操作（复制或存储等）。从这一过程分析中可知，网络侵权行为不仅涉及多个侵权环节，而且在多个网络设备中发生了相应的影响（存储或复制）。因此，在网络侵权案件中，确定侵权行为发生地、发生时间以及结果地、侵权结果发生时间，变得十分困难。

12.6.2　国外对网络侵权案件的司法管辖权

美国属于联邦制国家，各个州都具有独立的立法权。美国各州关于网络案件的管辖权确定显得比较混乱，相同或者相似的案件完全可能在不同的州法院得出不同的管辖权结果。但是总的来说，美国的司法实践中已经有了一种将"长臂管辖权"理论适用于网络案件管辖权确定上的倾向，只是各个法院在关于最低联系标准的认定上有些不统一，而且这种理论的实质是由原告首先向法院提出诉讼，然后再由具体的法院裁定自己是否对此案件具有管辖权，并非首先明确地制定出成文的法律规定什么案件由什么法院管辖。在具体的认定是否达到最低联系上，很近似于传统的最密切联系方法。

加拿大的法院受到美国较大的影响，使用"真实而实质的联系"来判断一个法院是否有权对域外的人行驶属人管辖，其实是美国长臂管辖理论的变种，而且法院判定联系的根据也是传统的物理空间比如法人的住所（办事处所在地）。

12.7　虚拟财产的法律保护

12.7.1　虚拟财产的法律界定

1. 虚拟性

顾名思义，虚拟财产首先要满足虚拟的特性，这就意味着虚拟财产对网络游戏虚拟环境的依赖性，甚至在某种程度不能脱离网络游戏而存在，当然也正是这一特征使得按照现行的法律难以调整与规范。

2. 价值性

虚拟财产能成为法律上财产之一是要具备财产的特性，财产应该凝结着某种体力或者脑力劳动，并且具有一种稀缺性，有使用价值。网络游戏中的一些虚拟角色、虚拟物品等的获得有两种方式，其一自己通过不断升级得到，其二通过支付对价从其他玩家那里直接获得。因此虚拟角色等具有经济学上价值的特点，而且这种价值在玩家这一特定的群体之间得到了普遍的认可和接受，这种虚拟财产应该成为法律意义上的虚拟财产。

3. 虚现实性

虚拟物品或虚拟财产如果仅仅发生在虚拟空间里也不能成为法律意义上的虚拟财产，只有与现实社会发生了某种联系才有可能被界定为法律上的虚拟财产，这就排除了纯粹产生并存在于虚拟空间的所谓的"财产"，比如大富翁游戏里的楼房、股票等，对于玩家而言在虚拟世界里是有一定的意义的，但这不能作为法律意义上的虚拟财产。判断这种联系一个重要的衡量标准就是这种虚拟的物品或所谓的虚拟财产能在现实中找到相应的对价，而且能实现虚拟和现实间的自由转换。

4. 合法性

这一特征主要是指虚拟财产获得方式的合法性，而非符合现行法律规定的财产，因为目前我国法律尚未明确将虚拟财产纳入法律上财产的范畴。通过非法方式获得的财产有通过使用外挂获得的虚拟财产、通过玩私服而得到的虚拟财产、通过玩非法游戏累积的虚拟财产以及通过非法途径入侵游戏程序修改虚拟物品属性而得到的虚拟财产等，诸如此类的虚拟财产对于特定范围内的玩家而言或许有一定价值，也可能发生了真实的交易关系，甚至这种交易存在的范围比较广，但这种虚拟财产不能被界定为法律上的虚拟财产。这是基于打击私服、外挂等页游顽症、维护虚拟世界的公平秩序的立法价值取向。

5. 期限性

如果虚拟财产不具有期限性，那么会对网络游戏运营商带来一个难以估量的影响，虚拟财产不具有期限性意味着运营商倒闭或破产之时必须解决玩家财产损失的赔偿问题，因为既然承认了虚拟财产的合法性且虚拟财产的所有权没有期限的限制，那么当运营商因某种原因导致网络游戏无法继续运营，那么以之为存在媒介的虚拟财产的所有权将受到侵害，且往往无法回复原状，那么运营商就应对此进行赔偿，而游戏中虚拟财产往往数额巨大，运营商难以赔偿或将背上沉重的包袱，尤其是当运营商运营情况一旦出现不景气的情况就被申请破产，这将对网络游戏产业的发展带来很大的负面影响。

12.7.2 虚拟财产纠纷的表现形式

因虚拟财产而引发的或者与虚拟财产有关的纠纷主要有这样几种情形。

（1）虚拟财产被盗引发的玩家与盗窃者之间、玩家与运营商之间的纠纷。虚拟财产一旦被盗，用户查找盗窃者往往比较困难，或者虽然能找到但难以举证，因此一旦发生虚拟财产被盗后往往会请求运营商协助提供证据，更多的是直接以运营商没有尽到应尽的安全义务为由将运营商诉诸法院。

（2）虚拟物品交易中欺诈行为引起的纠纷。虚拟物品交易已经非常普遍，因利益驱使也滋生了大量的欺诈行为，比如一方支付价款，而对方不履行移交虚拟物品的义务，或者虽然履行该义务，但与对方支付的对价不相符等。

（3）因运营商停止运营引发的虚拟财产方面的纠纷。运营商停止运营原因很多，多数是因经营不善而终止运营，也有恶意终止运营。不管哪种情况都会使得玩家的虚拟财产失去存在的依据和价值，因此往往会引起玩家和运营商之间的纠纷。

（4）游戏数据丢失损害到虚拟财产而引起的纠纷。数据丢失有的并不对虚拟财产带来影响，但也可能引起有关服务质量方面的纠纷，在此谈及的是数据丢失对虚拟财产产生影响的情形，这种影响可以表现为虚拟物品属性的更改进而影响虚拟物品的价值，也可表现为虚拟物品的丢失使玩家的虚拟财产化为乌有等。这些都可能引发玩家和运营商之间的纠纷。

（5）因使用外挂账号被封引起的虚拟财产纠纷。使用外挂一般而言属非法行为，如果说运营商有权对使用外挂的行为予以惩罚，那么这种惩罚是否会殃及玩家合法获得的虚拟财产？事实上的做法是一旦玩家使用外挂，那么账号将被封，与之相连的用户的虚拟财产也等于被完全查封了，因此往往会引起有关的纠纷。还有一种情况就是运营商因判断错误而误封玩家账号，这也会引起纠纷。

12.7.3 虚拟财产的保护

（1）合同方式保护及其局限。上述几种有关虚拟财产的纠纷某种程度都可以采取合同方式解决，但都有局限性。如第一种情况下运营商可以通过与玩家签订合同的方式约定彼此的权利义务，这使得一旦发生纠纷往往按照合同约定来处理，固然比较简便，但是合同中运营商的义务比较难以界定。

（2）计算机安全法保护及其局限。对于盗窃他人游戏账号，不论是采取何种手段（如利用黑客工具），在目前民法没有明确保护虚拟财产的情况下，可以通过计算机安全法来解决。根据《计算机信息网络国际互联网安全保护管理办法》第六条第一款："未经允许进入计算机信息网络或使用计算机信息网络资源的"和第二十条规定由公安机关给予警告，有违法所得的，没收违法所得，对个人可以并处五千元以下的罚款。构成违反治安管理行为的，依照治安管理处罚条例的规定处罚。构成犯罪的，依法追究刑事责任。

（3）知识产权保护。有人主张目前以知识产权法来保护虚拟财产，认为虚拟财产属于智力成果，因为其具备新颖性、创造性、可复制性以及需要载体，故应该把其视为知识产权中的著作权来保护，玩家通过购买或升级得到的都只是著作权的使用权，而非独占权和所有权。

本 章 小 结

1. 广义的电子商务法，是与广义的电子商务概念相对应的，它包括了所有调整以数据电文方式进行的商事活动的法律规范。狭义的电子商务法是指调整以数据电文为交易手段而形成的因交易形式所引起的商事关系的规范体系。

2. 电子商务相关法律需要具有以下特点。第一，它以商人的行业惯例为其规范标准；第二，它具有跨越任何国界、地域的、全球化的天然特性。具体特点表现为程式性、技术性、开放性和符合性四个方面。

3. 电子商务法的任务有：为电子商务发展创造良好的法律环境、保障电子商务交易安全、鼓励利用现代信息技术促进交易活动。

4. 1996 年联合国《电子商务示范法》的颁布为各国电子商务立法提供了包括原则和框架在内的示范文本。我国也陆续制定和完善了电子商务相关法律法规，2005 年 4 月 1 日实施的《中华人民共和国电子签名法》在电子商务法的发展中具有里程碑的意义。

案 例 与 分 析

埃拉索拉斯公司

艾伦·卡森是一位很成功的儿童作家，她塑造了一个名叫埃拉索拉斯的（Ellasaurus）4 岁橘红色恐龙，编写关于它的系列冒险故事。这套书非常畅销，她的商务顾问建议她围绕埃拉索拉斯开展关联业务以获取更大的收益。她采纳了这个建议，创办埃拉索拉斯公司，专门开发埃拉索拉斯玩具、彩色图书、睡衣和万圣节化妆服。

大零售商愿意销售埃拉索拉斯的系列产品，但是不愿意冒险投入埃拉索拉斯公司的新产品。所以艾伦想建一个网站向客户直销，同时通过网站维系忠诚客户。除了销售功能外，艾伦希望网站还具有一些门户的功能，如在线游戏、聊天室、电子邮件等，以促销公司的产品和图书。

埃拉索拉斯图书的读者是4~6岁的儿童，公司的产品线也是针对这个年龄段的儿童。艾伦参考了诸如公仔玩偶和多娜等面向同样年龄段孩子的网站，她希望网站能够吸引受众，还想获得网站访问者的注册信息，以便发送电子邮件介绍新产品和网站的新功能。

艾伦希望网站开始时只在美国境内销售，几年后再面向全球销售，但网站允许任何国家的访问者注册并参与门户活动。

思 考 题

1. 艾伦会在网站上使用书中的插图，还想把图书中的故事情节加入到游戏中，让注册者免费玩。讨论网站运营后会涉及的至少两个知识产权问题。
2. 列举网站要求13岁以下访问者注册时必须遵守的法律，向艾伦提出应该如何遵守这些法律。

复 习 与 讨 论

1. 简述电子商务法的概念及其特征。
2. 电子商务交易中存在哪些法律问题？
3. 电子商务中存在哪几类与知识产权有关的法律问题？
4. 隐私权包括哪些内容？电子商务中对隐私权的侵犯有哪些新的特点？
5. 电子商务时代存在哪些税收问题？美国和欧盟各采取什么样的措施？
6. 试举一个最近发生的电子商务纠纷案例。

参 考 文 献

[1] 张宽海. 电子商务概论[M]. 北京：机械工业出版社，2008.

[2] 石鉴. 电子商务概论[M]. 北京：清华大学出版社，2010.

[3] 王晓晶. 电子商务与网络经济学[M]. 北京：清华大学出版社，2014.

[4] 加里. P. 施奈德. 电子商务[M]. 北京：机械工业出版社，2014.

[5] 于淼. 电子商务运作机理初探 [J]. 北京工业大学学报(社科版). 2002, 2(1).

[6] 黄国雄. 现代商学通论[M]. 北京：人民日报出版社，1997.

[7] 王晓晶. 电子商务与网络经济学[M]. 2 版. 北京：清华大学出版社，2014.

[8] 司林胜. 电子商务案例分析[M]. 重庆：重庆大学出版社，2009.

[9] 杨连峰. 长尾理论的经济分析[J]. 生态经济. 2010, (12).

[10] 克里斯. 安德森. 免费经济学[M]. 杭州：中信出版社，2009.

[11] 杨小凯. 网络经济的超边际分析[J]. 今日科技. 2001. (10).

[12] 张铭洪，杜云. 网络经济学教程[M]. 北京：科学出版社，2010.

[13] 谢康，肖静华，李礼. 电子商务经济学[M]. 北京：高等教育出版社，2010.

[14] 李琳. 网络营销[M]. 北京：电子工业出版社，2015.

[15] 温浩宇，李慧. Web 网站设计与开发教程(HTML5、JSP 版). 西安：西安电子科技大学出版社，2014.

[16] 阿尔文·伯恩斯，罗纳德·布什. 营销调研[M]. 北京：中国人民大学出版社，2011.

[17] 戴恩勇，袁超. 网络营销[M]. 北京：清华大学出版社，2015.

[18] 冯英健. 网络营销基础与实践. 4 版. 北京：清华大学出版社，2013.

[19] Judy Strauss，等. 时启亮，等. 译. 网络营销[M]. 5 版. 北京：中国人民大学出版社，2010.

[20] 翟彭志. 网络营销[M]. 3 版. 北京：高等教育出版社. 2009.

[21] 谢希仁. 计算机网络[M]. 6 版. 北京：电子工业出版社，2013.

[22] 周欢怀. 电子商务实用教程[M]. 北京：电子工业出版社，2010.

[23] 唐佳. 浅论企业域名保护策略[J]. 企业家天地. 2008(02).

[24] 朱晓敏，刘红璐. 电子商务管理[M]. 北京：电子工业出版社，2013.

[25] 朱秀丽，牛玲. 普适计算浅谈[J]. 福建电脑. 2006(10).

[26] 黄敏学. 电子商务[M]. 4 版. 北京：高等教育出版社，2014.

[27] 李洪心. 电子支付与结算[M]. 2 版. 北京：电子工业出版社，2014.

[28] 申德容，于戈. 分布式数据库系统原理与应用[M]. 北京：机械工业出版社，2011.

[29] 王珊，萨师煊. 数据库系统概论[J]. 5 版. 中国大学教学. 2014(09).

[30] Bishop M. Computer Security：Art and Sciences[M]. 北京：清华大学出版社，Pearson Education Asia Limited，2004.

[31] 张建，吕慧. 电子商务和电子政务安全[M]. 武汉：武汉大学出版社，2012.

［32］ 唐四薪. 电子商务安全［M］. 北京：清华大学出版社，2013.

［33］ 王丽芳. 电子商务安全技术［M］. 北京：电子工业出版社，2015.

［34］ 吴翠红，闫季鸿. 电子商务安全技术［M］. 北京：清华大学出版社，2015.

［35］ 管有庆，王晓军，董小燕，李养群. 电子商务安全技术［M］. 北京：北京邮电大学出版社，2009.

［36］ 胡伟雄. 电子商务安全与认证［M］. 北京：高等教育出版社，2011.

［37］ 王昭，袁春. 信息安全原理与应用［M］. 北京：电子工业出版社，2010.

［38］ 冯登国，赵险峰. 信息安全技术概论［M］. 北京：电子工业出版社，2014.

［39］ 熊平. 信息安全原理及应用［M］. 北京：清华大学出版社，2014.

［40］ 吴吉义，徐瑶之，等. 电子商务概论与实例分析［M］. 北京：清华大学出版社，2012.

［41］ 宋文官. 电子商务概论［M］. 北京：高等教育出版社，2008.

［42］ 邵兵家，梁成华. 电子商务概论［M］. 北京：高等教育出版社，2012.

［43］ 李蔚田，孙学军. 网络金融与电子支付［M］. 北京：北京大学出版社，2016.

［44］ 李飒，刘春. 电子商务安全与支付［M］. 北京：人民邮电出版社，2014.

［45］ http://blog.sina.com.cn/s/blog_91632dbd0102vgse.html.

［46］ 陈德人，张少忠，等. 电子商务案例分析［M］. 北京：高等教育出版社，2013.

［47］ 方磊. 电子商务物流管理［M］. 北京：清华大学出版社，2011.

［48］ 顾东晓，王敏. 电子商务实用基础教程［M］. 北京：清华大学出版社，2012.

［49］ 黄岚，王喆. 电子商务概论［M］. 北京：机械工业出版社，2014.

［50］ 董铁，张劲珊. 电子商务［M］. 2版. 北京：清华大学出版社，2010.

［51］ 方真，于巧娥. 电子商务教程［M］. 北京：清华大学出版社 & 北京交通大学出版社，2011.

［52］ 维克托·舍恩伯格，肯尼思·库克耶. 大数据时代［M］. 杭州：浙江人民出版社，2013.

［53］ Aylin A.，Bertini，M.，and Lambrecht，A. Price promotion for emotional impact［J］. Journal of Marketing，2014(7)：80-96.

［54］ 中国报告大厅：物流行业现状：2017年我国物流行业现状分析. http://www.chinabgao.com/freereport/76180.html.

［55］ 邵兵家. 电子商务概论［M］. 3版. 北京：高等教育出版社，2011.

［56］ 亚历山大·奥斯特瓦德，伊夫·皮尼厄. 商业模式新生代［M］. 北京：机械工业出版社，2011.

［57］ 李琪. 电子商务导论［M］. 北京：中国铁道出版社，2012.

［58］ 胡奇英. 供应链管理与商业模式分析与设计［M］. 北京：清华大学出版社，2016.

［59］ 李奇，毕传福. 大数据时代精准营销：从IT到DT营销之道［M］. 北京：人民邮电出版社，2015.